제2의 종교개혁의 작은 불씨

95개의 의견서

남명식 지음

쿰란출판사

본서에 사용한 「성경전서 개역개정판」의 저작권은 재단법인 대한성서공회 소유이며 재단법인 대한성서공회의 허락을 받고 사용하였음.

제2의 종교개혁의 작은 불씨

95개의
의견서

머리말

최근 우연한 기회에 마틴 루터(Martin Luther)의 생애와 사상에 관한 책 두 권을 읽었는데, 일부는 공통된 시각이었지만, 전체적으로는 거의 상반된 시각을 갖고 있었습니다. 전반적인 평가에 대한 일부를 인용해 보겠습니다.

"개척자는 죽었으나 아직도 말하고 있다. 루터와 그의 신학은 그리스도의 교회가 존속하는 한 강한 힘으로 계속 존재할 것이다. 그는 죽었으나 신앙에 의하여 지금도 말하고 있으며 그의 저서는 신구교 학생들에게 성서를 제외하고는 어떤 교회 지도자들의 저술보다 더 많이 읽히고 있다. 주 예수 그리스도와 그의 귀중한 복음을 사랑하는 모든 사람으로부터 루터는 계속해서 사랑과 존경을 받는다. 마틴 루터는 400여 년 전에 죽었으나 하나님의 도우심으로 그가 이루어 놓은 개혁은 아직도 온 교회를 거쳐 수많은 사람에게 기쁨의 원천과 힘이 된다. 개혁은 그치지 않고 계속된다. 또한 계속되어야 할 것이다."[1]

---

1) 지원용, 《말틴 루터》, 컨콜디아사, 1980. 210-211.

"루터의 가장 위대한 점은 그가 뛰어난 독일 사람이거나 새로운 문화의 수여자라거나 혹은 종교적인 지도자였다는 것이 아닌, 복음의 증거자였다는 사실에 있다. 루터가 찬양받는 이유는 종교 개혁자이자 하나님의 교회의 참된 선생이고 성서의 명료한 주석가이며 하나님의 말씀의 증거자였기 때문이다. 그는 그의 세대와 그 후 세대를 하나님의 말씀 가운데로 인도하였다."[2]

"세계 곳곳에서 종교개혁 500주년을 맞아 루터와 그의 개혁 정신에 대한 찬사가 이어진다. 하지만 이 책의 저자 볼프강 비퍼만은 전혀 다른 목소리로 이 위대한 역사의 주인공을 비판한다. 비퍼만에 따르면, 독일 개신교는 하나님보다는 국가를 더욱 숭배했으며, 자본주의의 해악을 좌시했다. 사회적 약자인 유대인과 집시를 악마의 자식으로 경멸했을 뿐만 아니라, 나치들이 그들을 학살했을 때도 침묵과 동조로 일관했다. 저자는 루터의 저작을 면밀하게 분석하면서, 이처럼 그릇된 역사가 프로테스탄트의 창시자와 그의 신학에서 비롯되었음을 밝혀낸다. 볼프강 비퍼만은 개신교는 이제 철저한 역사연구와 자기성찰을 통해 '루터의 유산'을 극복하고, 인간의 영원하고 현세적인 구원을 향한 진정한 제2의 종교개혁으로 나아가야 한다고 주장한다."[3]

---

2) 위의 책, 218.
3) 볼프강 비퍼만, 〈루터의 두 얼굴〉, 최용찬 옮김, 도서출판 평사리, 2017, 표지(뒤), 207.

이러한 내용들로 인해 여러 가지 의문과 함께 한동안 깊이 숙고하지 않을 수 없었습니다. 그러던 중 한 가지 공통점을 발견하고 결론에 이르게 되었습니다. 그것은 개혁 운동과 제2의 종교개혁이 계속되어야 한다는 것입니다. 쉽게 말하면, 신앙 개혁과 삶의 개혁을 계속해야 한다는 의미입니다. 진정한 신앙과 삶의 개혁은 하나님의 자녀로 부르심을 받은 한 사람, 한 사람 모두가 오직 성경(Sola Scriptura)만을 하나님의 말씀으로 믿고, 그 말씀에 순종하는 삶이며, 우리의 롤모델이시며 머리이신 그리스도의 장성한 분량에 이르기까지 날마다 죽는 삶을 통해 새로운 피조물로서 자라가는 것입니다.

엡 4:13~15 [13]우리가 다 하나님의 아들을 믿는 것과 아는 일에 하나가 되어 온전한 사람을 이루어 그리스도의 장성한 분량이 충만한 데까지 이르리니 [14]이는 우리가 이제부터 어린아이가 되지 아니하여 사람의 속임수와 간사한 유혹에 빠져 온갖 교훈의 풍조에 밀려 요동하지 않게 하려 함이라 [15]오직 사랑 안에서 참된 것을 하여 범사에 그에게까지 자랄지라 그는 머리니 곧 그리스도라

고전 15:31 형제들아 내가 그리스도 예수 우리 주 안에서 가진바 너희에 대한 나의 자랑을 두고 단언하노니 나는 날마다 죽노라

고후 5:17 그런즉 누구든지 그리스도 안에 있으면 새로운 피조물이라 이전 것은 지나갔으니 보라 새것이 되었도다

이렇게 단순하고 명료한 이치를 깨닫고 되새기면서, 더 간절한 마음으로 하나님의 말씀을 받고 깨달음을 얻어, 날마다 성경을 상고하면서 《95개의 의견서》를 쓸 수 있게 해 주셨습니다.
　이 책의 출판을 허락해 주신 쿰란출판사 대표이신 이형규 장로님과 오완 편집부장님 그리고 강찬휘 형제님을 비롯해 교정, 디자인, 편집 등의 여러 과정에서 땀 흘리며 수고해 주신 모든 분들께 진심으로 감사드립니다.
　"모든 성경은 하나님의 감동으로 된 것으로 교훈과 책망과 바르게 함과 의로 교육하기에 유익하니 이는 하나님의 사람으로 온전하게 하며 모든 선한 일을 행할 능력을 갖추게 하려 함이라"(딤후 3:16~17)라는 말씀을 믿고, 그리스도 예수 안에 있는 믿음으로 말미암아 구원에 이르는 지혜가 있게 하는 성경을, 사랑하는 가족들과 주 안에서 흩어져 있는 형제자매들과 함께 공부할 기회와 은혜를 주신 아버지 하나님께 무한한 감사와 찬송을 드립니다.

2024년 10월
장암리 다락방에서 소달산을 바라보며
남명식

약어표

» **개역한글** 개역한글 6판(1971)

» **개역개정** 개역개정 4판(2017)

» **공동번역** 공동번역 개정판(1999)

» **새번역** 새번역 초판(2001)

» **새한글** 새한글 신약과 시편 초판(2021)

» **유대인신약성경**, David H. Stern, 〈Jewish New Testament〉, 이승록, 권레아, 양혜경 역, 브래드 북스, 2021.

» **BHS** Biblia Hebraica Stuttgartensia (1984)

» **NTG** Nestle-Aland Novum Testamentum Graece, 28th ed. 2020.

» **상** 상반절

» **하** 하반절

머리말_ 4
약어표_ 9

1. 복음과 회개_ 15
2. 복음 전도와 십자가의 도_ 17
3. 회개_ 19
4. 죄와 법 그리고 믿음의 법_ 22
5. 피의 제사_ 25
6. 왜 자기 십자가를 져야 하는가?_ 27
7. 왜 날마다 죽어야(피를 흘려야) 하는가?_ 31
8. 그 고난(피 흘림과 죽음)에 참여하려고 몸부림치는 자_ 34
9. 그리스도의 남은 고난_ 36
10. 자기 부인(否認)과 자기 십자가_ 39
11. 자기 부인(否認)과 자기의 것 부인(否認)_ 42
12. 하나님의 것과 온전한 십일조(十一條)와 봉헌물(奉獻物)_ 45
13. 기도와 응답(1)_ 49
14. 기도와 응답(2)_ 51
15. 자녀들의 완전함과 온전함 그리고 거룩함을 원하시는 아버지 하나님_ 57
16. 믿음과 능력_ 60
17. 믿음의 유무(有無)와 크기_ 62
18. '주여, 주여' 하는 많은 사람들의 치명적 오해_ 64
19. 더욱 큰 은사 곧, 제일 좋은 길_ 66
20. 자기의 소유를 다 팔아야 살 수 있는 보화와 진주_ 71
21. 천국은 원하는 자마다 갈 수 있는 곳이 아님_ 74
22. 이미 이룬 구원과 지금 이루어 가는 중이며 아직 이루어 가야 할 구원_ 79

목차 contents

23. 멸망문과 생명문_ 93
24. 참된 양식과 참된 음료_ 96
25. 우리가 알지 못하는 예수님의 양식_ 99
26. 이 비밀이 크도다!_ 103
27. 그리스도인의 정체성_ 109
28. 잠자는 자인가, 죽은 자인가?_ 113
29. 살아서 주(예수 그리스도)를 믿는 자는 영원히 죽지 아니함_ 115
30. 의인의 부활과 악인의 부활_ 118
31. 부활을 믿는 자의 산 증거_ 121
32. 맨 나중에 멸망 받을 원수는 사망이니라_ 124
33. 여호와를 만날 만한 때(기회)_ 128
34. 하나님을 거짓말하는 자로 만드는 것 두 가지_ 130
35. 사망에 이르는 죄와 영원한 죄_ 133
36. 항상 평안하고 죽을 때에도 고통이 없는 악인의 형통함_ 136
37. 부자라 하나 벌거벗은 수치를 모르는 자들_ 138
38. 부(富)한 자들과 부(富)하려 하는 자들에 대한 경고_ 140
39. 세상이 주는 것과 같지 아니한 평안_ 142
40. 위의 것을 찾으라_ 144
41. 아버지 하나님과 그의 아들 예수 그리스도를 사랑하지 않는 자에게 임하는 저주_ 147
42. 나에게는 결코 정죄함이 없는가_ 149
43. 하나님의 자녀로서 용서받을 자격이 있는가_ 152
44. 용서(사랑, 탕감)받고 용서(사랑, 탕감)하지 않은 자의 최후_ 157
45. 이것이 없이는 아무도 주를 보지 못하리라_ 160
46. 신성한 성품에 참여하는 자가 되게 하심_ 163
47. 복 중의 복은 하늘에 속한 신령한 복_ 166
48. 찬송을 받기 원하시는 아버지 하나님_ 170

49. 셈의 하나님 여호와를 찬송하라_ 172
50. 모든 사람을 불순종에 가두어 두신 이유_ 178
51. 하늘에서 의인 아흔아홉보다 더 기뻐하는 것 한 가지_ 182
52. 하나님 앞에서 핑계하지 못함_ 186
53. 탐심은 우상 숭배, 탐하는 자는 곧 우상 숭배자_ 191
54. 누구나 자기의 죄악으로 죽음_ 196
55. 애굽 땅과 북방 땅에서 인도해 내신 하나님의 두 맹세의 차이_ 203
56. 오직 영혼을 구원함에 이르는 믿음을 가진 자_ 209
57. 하나님께 받은 약속과 받지 못한 약속_ 212
58. 율법을 폐하지 않고 완전하게 하려 함과 율법을 폐하시고 율법은 아무것도 온전하게 하지 못함의 의미_ 219
59. 말꼬리를 잡으신 하나님_ 225
60. 행한 대로 갚으시는 하나님_ 234
61. 이 세상에서 이미 받은 상(賞)_ 237
62. 하나님을 시인하나 행위로는 부인하는 가증한 자_ 242
63. 순종의 아들과 불순종의 아들_ 245
64. 사망에서 옮겨 생명으로 들어간 줄 앎_ 249
65. 나중 된 자로서 먼저 된 자의 신앙 고백_ 252
66. 예수께서 모든 사람을 대신해 죽으신 이유_ 256
67. 구원하시는 하나님, 심판하시는 하나님_ 258
68. 말씀하신 대로 이루시는 유일하신 분_ 267
69. 없는 자가 어떻게 있는 줄 아는가_ 272
70. 예수의 제자가 되는 지름길(?)_ 276
71. 해방과 자유_ 282
72. 자기의 거룩한 이름을 아끼시는 하나님_ 285
73. 하나님이 없다 하는 어리석은 자_ 290

74. 죄로 인한 고난과 하나님의 뜻대로 받는 고난_ 296

75. 믿음, 소망, 사랑으로 얻는 구원_ 302

76. 사랑함이 많아서 사(赦)함을 받은 많은 죄_ 305

77. 첫 번째는 죄인을 위해 두 번째는 죄와 상관없이 오심_ 310

78. 여호와의 말씀을 듣지 못한 기갈_ 313

79. 보지 못하고 믿는 자들은 복되도다_ 318

80. 이 땅에 무섭고(기괴하고) 놀라운 일이 있도다_ 322

81. 맡은 자들에게 주장하는 자세를 하지 말고 양 무리의 본이 되라_ 328

82. 예수 그리스도와 영생을 함께 살 형제와 자매와 어머니_ 334

83. 썩어질 씨와 썩지 아니할 씨_ 346

84. 내가 진실로 속히 오리라_ 352

85. 믿음 안에 있는가 너희 자신을 시험하고 확증하라_ 359

86. 그 아들과 함께 모든 것을 주신 아버지 하나님: 아들 예수 그리스도, 하나님의 자녀가 되는 권세, 만물, 영광, 심판하는 권한(권세), 죄를 사하는 권능(권세) 등_ 365

87. 균등하게 하려 함_ 369

88. 땅에서는 외국인과 나그네임을 증언함: 본향 찾는 자임을 나타냄_ 374

89. 세상이 미워하는 이유와 하나님께서 미워하시는 것_ 380

90. 가장 중요하고 확실한 전도 방법_ 385

91. 만물보다 거짓되고 심히 부패한 것은 마음이라_ 390

92. 주님(예수 그리스도)의 때와 우리의 때_ 395

93. 사람의 칭찬과 하나님의 칭찬_ 401

94. 회개에 합당한 열매의 확인_ 405

95. 내가 나 된 것은 하나님의 은혜로 된 것임_ 410

맺음말_ 415
성구 색인_ 418

1.
복음과 회개

마 3:1~12 ¹그때에 세례(침례) 요한이 이르러 유대 광야에서 전파하여 말하되 ²회개하라 천국이 가까이 왔느니라 하였으니 ³그는 선지자 이사야를 통하여 말씀하신 자라 일렀으되 광야에 외치는 자의 소리가 있어 이르되 너희는 주의 길을 준비하라 그가 오실 길을 곧게 하라 하였느니라 ⁴이 요한은 낙타털 옷을 입고 허리에 가죽 띠를 띠고 음식은 메뚜기와 석청이었더라 ⁵이 때에 예루살렘과 온 유대와 요단강 사방에서 다 그에게 나아와 ⁶자기들의 죄를 자복하고 요단강에서 그에게 세례(침례)를 받더니 ⁷요한이 많은 바리새인들과 사두개인들이 세례(침례) 베푸는 데로 오는 것을 보고 이르되 독사의 자식들아 누가 너희를 가르쳐 임박한 진노를 피하라 하더냐 ⁸그러므로 회개에 합당한 열매를 맺고 ⁹속으로 아브라함이 우리 조상이라고 생각하지 말라 내가 너희에게 이르노니 하나님이 능히 이 돌들로도 아브라함의 자손이 되게 하시리라 ¹⁰이미 도끼가 나무뿌리에 놓였으니 좋은 열매를 맺지 아니하는 나무마다 찍혀 불에 던져지리라 ¹¹나는 너희로 회개하게 하기 위하여 물로 세례(침례)를 베풀거니와 내 뒤에 오시는 이는 나보다 능력이 많으시니 나는 그의

신을 들기도 감당하지 못하겠노라 그는 성령과 불로 너희에게 세례(침례)를 베푸실 것이요 ¹²손에 키를 들고 자기의 타작마당을 정하게 하사 알곡은 모아 곳간에 들이고 쭉정이는 꺼지지 않는 불에 태우시리라

막 1:14~15 ¹⁴요한이 잡힌 후 예수께서 갈릴리에 오셔서 하나님의 복음을 전파하여 ¹⁵이르시되 때가 찼고 하나님의 나라가 가까이 왔으니 회개하고 복음을 믿으라 하시더라

복음을 믿는 것에는 반드시 회개가 있어야 하며 회개에 합당한 열매를 맺는 삶이 병행되어야 합니다.
　예수 믿고 천당(천국) 가세요!
　예수 믿고 복 받으세요!
　예수 믿고 구원 받으세요!
　예수 믿고 영생 얻으세요!
　대다수의 사람들에게 호감을 불러일으킬 수 있는 이 말에 앞서 "때가 찼고 하나님의 나라가 가까이 왔으니 회개하고 복음을 믿으라 하시더라"(막 1:15)라는 말씀이 전제되어야 합니다. 그래야만 회개에 합당한 열매를 맺는 삶을 통해서, 건강하고 성숙한 하나님의 자녀로 성장할 수 있을 것입니다. 만약 그렇지 않다면 현세에서도 복을 누리고 내세에서도 복을 받아 천국에 가고 싶은, 인간의 본성에 가까운 욕구를 추구하는 삶에 불과하여, 하나님의 자녀로 거듭나는 것은 헛된 망상에 그칠 수도 있을 것입니다.

2.
복음 전도와 십자가의 도

고전 1:18~25 [18]십자가의 도가 멸망하는 자들에게는 미련한 것이요 구원을 받는 우리에게는 하나님의 능력이라 [19]기록된 바 내가 지혜 있는 자들의 지혜를 멸하고 총명한 자들의 총명을 폐하리라 하였으니 [20]지혜 있는 자가 어디 있느냐 선비가 어디 있느냐 이 세대에 변론가가 어디 있느냐 하나님께서 이 세상의 지혜를 미련하게 하신 것이 아니냐 [21]하나님의 지혜에 있어서는 이 세상이 자기 지혜로 하나님을 알지 못하므로 하나님께서 전도의 미련한 것으로 믿는 자들을 구원하시기를 기뻐하셨도다 [22]유대인은 표적을 구하고 헬라인은 지혜를 찾으나 [23]우리는 십자가에 못 박힌 그리스도를 전하니 유대인에게는 거리끼는 것이요 이방인에게는 미련한 것이로되 [24]오직 부르심을 받은 자들에게는 유대인이나 헬라인이나 그리스도는 하나님의 능력이요 하나님의 지혜니라 [25]하나님의 어리석음이 사람보다 지혜롭고 하나님의 약하심이 사람보다 강하니라

세상 죄를 지고 가는 하나님의 어린양으로 보내심을 받은 예수께서는, 인류를 죄로부터 구원하시기 위해 많은 고난을 받고 십자

가에서 죽임을 당하셨으며, 아버지 하나님께서 아들 예수 그리스도를 죽은 자 가운데서 살리심으로 삼 일 만에 부활하셨습니다. 이 사실을 믿는 자에게는 하나님의 자녀가 되는 권세와 함께 영생의 부활을 약속하셨습니다. 이방인의 사도였던 바울은 복음을 전할 때 십자가에 못 박힌 예수를 전했기 때문에, 표적을 구하는 유대인에게는 거리끼는 것이 되고, 지혜를 찾는 헬라인에게는 미련한 것이 되었습니다.

복음, 곧 십자가의 도를 믿는 것은 예수 그리스도만 십자가에서 죽고 끝나는 것이 아닙니다. 바울 사도는 롬 6:5~9에서 "[5]만일 우리가 그의 죽으심과 같은 모양으로 연합한 자가 되었으면 또한 그의 부활과 같은 모양으로 연합한 자도 되리라 [6]우리가 알거니와 우리의 옛사람이 예수와 함께 십자가에 못 박힌 것은 죄의 몸이 죽어 다시는 우리가 죄에게 종노릇하지 아니하려 함이니 [7]이는 죽은 자가 죄에서 벗어나 의롭다 하심을 얻었음이라 [8]만일 우리가 그리스도와 함께 죽었으면 또한 그와 함께 살 줄을 믿노니 [9]이는 그리스도께서 죽은 자 가운데서 살아나셨으매 다시 죽지 아니하시고 사망이 다시 그를 주장하지 못할 줄을 앎이로라"라고 증거하고, 예수께서도 "또 자기 십자가를 지고 나를 따르지 않는 자도 내게 합당하지 아니하니라"(마 10:38)라고 하셨습니다. 또한 "이에 예수께서 제자들에게 이르시되 누구든지 나를 따라오려거든 자기를 부인하고 자기 십자가를 지고 나를 따를 것이니라"(마 16:24)라고 하셨습니다.

3.
회개

마 4:17 이때부터 예수께서 비로소 전파하여 이르시되 회개하라 천국이 가까이 왔느니라 하시더라

눅 5:31~32 ³¹예수께서 대답하여 이르시되 건강한 자에게는 의사가 쓸데없고 병든 자에게라야 쓸 데 있나니 ³²내가 의인을 부르러 온 것이 아니요 죄인을 불러 회개시키러 왔노라

행 17:30~31 ³⁰알지 못하던 시대에는 하나님이 간과하셨거니와 이제는 어디든지 사람에게 다 명하사 회개하라 하셨으니 ³¹이는 정하신 사람으로 하여금 천하를 공의로 심판할 날을 작정하시고 이에 그를 죽은 자 가운데서 다시 살리신 것으로 모든 사람에게 믿을 만한 증거를 주셨음이니라 하니라

롬 3:10, 23 ¹⁰기록된 바 의인은 없나니 하나도 없으며 ²³모든 사람이 죄를 범하였으매 하나님의 영광에 이르지 못하더니

예수께서는 '회개하라'고 하시고, '죄인을 불러 회개시키러 왔노라'

라고 하셨습니다. 의인은 하나도 없고 모든 사람이 죄를 범하였기 때문에, 이 말씀은 땅에 거하는 아담의 모든 후손에게 해당하는 것입니다.

우리는 과연 무엇을 회개해야 할까요? 그것은 당연히 우리가 지은 죄에 대한 회개입니다. 그 과정을 살펴보겠습니다.

창 2:15~17 ^{15}여호와 하나님이 그 사람을 이끌어 에덴동산에 두어 그것을 경작하며 지키게 하시고 ^{16}여호와 하나님이 그 사람에게 명하여 이르시되 동산 각종 나무의 열매는 네가 임의로 먹되 ^{17}선악을 알게 하는 나무의 열매는 먹지 말라 네가 먹는 날에는 반드시 죽으리라 하시니라

창 3:1~6 ^{1}그런데 뱀은 여호와 하나님이 지으신 들짐승 중에 가장 간교하니라 뱀이 여자에게 물어 이르되 하나님이 참으로 너희에게 동산 모든 나무의 열매를 먹지 말라 하시더냐 ^{2}여자가 뱀에게 말하되 동산 나무의 열매를 우리가 먹을 수 있으나 ^{3}동산 중앙에 있는 나무의 열매는 하나님의 말씀에 너희는 먹지도 말고 만지지도 말라 너희가 죽을까 하노라 하셨느니라 ^{4}뱀이 여자에게 이르되 너희가 결코 죽지 아니하리라 ^{5}너희가 그것을 먹는 날에는 너희 눈이 밝아져 하나님과 같이 되어 선악을 알 줄 하나님이 아심이니라 ^{6}여자가 그 나무를 본즉 먹음직도 하고 보암직도 하고 지혜롭게 할 만큼 탐스럽기도 한 나무인지라 여자가 그 열매를 따먹고 자기와 함께 있는 남편에게도 주매 그도 먹은지라

롬 5:12 그러므로 한 사람으로 말미암아 죄가 세상에 들어오고 죄로 말미암아 사망이 들어왔나니 이와 같이 모든 사람이 죄를

지었으므로 사망이 모든 사람에게 이르렀느니라

이것이 첫 사람 아담과 그 안에서 우리 모든 사람이 함께 지은 죄이며 사망은 그에 대한 결과입니다. 그러나 이 죄와 더불어 잊지 않고 꼭 기억해야 할 것은 "하나님이 세상을 이처럼 사랑하사 독생자를 주셨으니 이는 그를 믿는 자마다 멸망하지 않고 영생을 얻게 하려 하심이라"(요 3:16) 말씀하신 대로, 우리 모두의 죄를 용서해 주시기 위해 그 아들을 보내주셨다는 사실과 함께, 예수 그리스도를 믿지 않는 죄가 우리에게 있다는 사실입니다. 그래서 예수께서는 "죄에 대하여라 함은 그들이 나를 믿지 아니함이요"(요 16:9)라고 하시고, 요일 2:2은 "그는 우리 죄를 위한 화목제물이니 우리만 위할 뿐 아니요 온 세상의 죄를 위하심이라"라고 증거하고 있습니다.

그러므로 요일 1:8~10은 "⁸만일 우리가 죄가 없다고 말하면 스스로 속이고 또 진리가 우리 속에 있지 아니할 것이요 ⁹만일 우리가 우리 죄를 자백하면 그는 미쁘시고 의로우사 우리 죄를 사하시며 우리를 모든 불의에서 깨끗하게 하실 것이요 ¹⁰만일 우리가 범죄하지 아니하였다 하면 하나님을 거짓말하는 이로 만드는 것이니 또한 그의 말씀이 우리 속에 있지 아니하니라"라고 말씀하고 있는 것입니다.

그렇기에 이제 한 걸음 더 나아가, 천국 복음을 듣고 '믿음의 법'(롬 3:23~28 참조)으로 살아가는 하나님의 자녀들에게는 "믿음을 따라 하지 아니하는 것은 다 죄니라"(롬 14:23하) 말씀하시며, 약 4:17에서도 "그러므로 사람이 선을 행할 줄 알고도 행하지 아니하면 죄니라" 말씀하고 있습니다. 따라서 만에 하나라도 믿음을 따라 하지 아니하는 죄가 있다면 회개해야 하며, 이미 목욕한 자라도 발을 씻을 필요가 있음(요 13:1~10 참조)을 가슴에 깊이 새겨야 할 것입니다.

4.
죄와 법 그리고 믿음의 법

롬 2:12~16 ¹²무릇 율법 없이 범죄한 자는 또한 율법 없이 망하고 무릇 율법이 있고 범죄한 자는 율법으로 말미암아 심판을 받으리라 ¹³하나님 앞에서는 율법을 듣는 자가 의인이 아니요 오직 율법을 행하는 자라야 의롭다 하심을 얻으리니 ¹⁴(율법 없는 이방인이 본성으로 율법의 일을 행할 때에는 이 사람은 율법이 없어도 자기가 자기에게 율법이 되나니 ¹⁵이런 이들은 그 양심이 증거가 되어 그 생각들이 서로 혹은 고발하며 혹은 변명하여 그 마음에 새긴 율법의 행위를 나타내느니라) ¹⁶곧 나의 복음에 이른 바와 같이 하나님이 예수 그리스도로 말미암아 사람들의 은밀한 것을 심판하시는 그날이라

롬 3:23~28 ²³모든 사람이 죄를 범하였으매 하나님의 영광에 이르지 못하더니 ²⁴그리스도 예수 안에 있는 속량으로 말미암아 하나님의 은혜로 값없이 의롭다 하심을 얻은 자 되었느니라 ²⁵이 예수를 하나님이 그의 피로써 믿음으로 말미암는 화목제물로 세우셨으니 이는 하나님께서 길이 참으시는 중에 전에 지은 죄를 간과하심으로 자기의 의로우심을 나타내려 하심이니

²⁶곧 이때에 자기의 의로우심을 나타내사 자기도 의로우시며 또한 예수 믿는 자를 의롭다 하려 하심이라 ²⁷그런즉 자랑할 데가 어디냐 있을 수가 없느니라 무슨 법으로냐 행위로냐 아니라 오직 믿음의 법으로니라 ²⁸그러므로 사람이 의롭다 하심을 얻는 것은 율법의 행위에 있지 않고 믿음으로 되는 줄 우리가 인정하노라

롬 5:13 죄가 율법 있기 전에도 세상에 있었으나 율법이 없었을 때에는 죄를 죄로 여기지 아니하였느니라

롬 7:7~8 ⁷그런즉 우리가 무슨 말을 하리요 율법이 죄냐 그럴 수 없느니라 율법으로 말미암지 않고는 내가 죄를 알지 못하였으니 곧 율법이 탐내지 말라 하지 아니하였더라면 내가 탐심을 알지 못하였으리라 ⁸그러나 죄가 기회를 타서 계명으로 말미암아 내 속에서 온갖 탐심을 이루었나니 이는 율법이 없으면 죄가 죽은 것임이라

롬 14:23하 믿음을 따라 하지 아니하는 것은 다 죄니라

엡 2:8~9 ⁸너희는 그 은혜에 의하여 믿음으로 말미암아 구원을 받았으니 이것은 너희에게서 난 것이 아니요 하나님의 선물이라 ⁹행위에서 난 것이 아니니 이는 누구든지 자랑하지 못하게 함이라

성경은 "죄가 율법 있기 전에도 세상에 있었으나 율법이 없었을 때에는 죄를 죄로 여기지 아니하였느니라"(롬 5:13)라고 말씀합니다.

또한 "율법이 없으면 죄가 죽은 것임이라"(롬 7:8하)라고 말씀하고 있습니다. 즉, 법이 없으면 범죄하였더라도 이를 입증하여 처벌할 기준이 없게 되고, 나아가 그 죄인을 불러 회개시키는 일은 더 어려워질 것입니다. 물론 율법 없이 범죄한 자가 망하는 것은 자기가 자기에게 율법이 되는 양심의 증거를 주셨기 때문입니다.

그러므로 "그 은혜에 의하여 믿음으로 말미암아 구원을 받았으니"(엡 2:8) 천국 백성들에게는 '믿음의 법'을 주셨기 때문에 "믿음을 따라 하지 아니하는 것은 다 죄니라"(롬 14:23하)라고 말씀하고 있습니다.

따라서 회개하고 복음을 믿고, 믿음의 법으로 살아가는 사람들은 "믿음의 주요 또 온전하게 하시는 이인 예수를 바라보자 그는 그 앞에 있는 기쁨을 위하여 십자가를 참으사 부끄러움을 개의치 아니하시더니 하나님 보좌 우편에 앉으셨느니라"(히 12:2) 말씀처럼, 예수를 바라보면서 "⁷우리 중에 누구든지 자기를 위하여 사는 자가 없고 자기를 위하여 죽는 자도 없도다 ⁸우리가 살아도 주를 위하여 살고 죽어도 주를 위하여 죽나니 그러므로 사나 죽으나 우리가 주의 것이로다"(롬 14:7~8)라고 할 수 있는 것입니다.

구약의 사사시대에는 "그때에 이스라엘에 왕이 없으므로 사람이 각기 자기의 소견에 옳은 대로 행하였더라"(삿 17:6, 21:25)라고 증거합니다. 그러나 우리에게는 분명히 '만왕의 왕이시며 만주의 주'(딤전 6:15)이신 하나님이 계십니다. 당연히 '그분'을 위해서, '그 법(믿음의 법)' 안에서 살아야 할 것입니다.

5.
피의 제사

레 17:11 육체의 생명은 피에 있음이라 내가 이 피를 너희에게 주어 제단에 뿌려 너희의 생명을 위하여 속죄하게 하였나니 생명이 피에 있으므로 피가 죄를 속하느니라

히 9:22 율법을 따라 거의 모든 물건이 피로써 정결하게 되나니 피흘림이 없은즉 사함이 없느니라

이 땅에 존재하는 모든 종교는 대부분 인간이 만든 방법으로 제사를 드리지만, 모세를 통해 주신 율법은 창조주 하나님께서 직접 제사의 목적, 종류, 방법 등을 계시하시고, 사랑하는 아들 예수 그리스도의 피를 통하여 단 한 번의 영원한 제사를 드리게 하셨습니다.

성경은 "[11]그리스도께서는 장래 좋은 일의 대제사장으로 오사 손으로 짓지 아니한 것 곧 이 창조에 속하지 아니한 더 크고 온전한 장막으로 말미암아 [12]염소와 송아지의 피로 하지 아니하고 오직 자기의 피로 영원한 속죄를 이루사 단번에 성소에 들어가셨느니라"(히 9:11~12)라고 말씀하시고 "[11]제사장마다 매일 서서 섬기며 자주 같은 제사를 드리되 이 제사는 언제나 죄를 없게 하지 못하거니와 ^{12}오직 그리스도는 죄를 위하여 한 영원한 제사를 드리시고 하나님 우편에 앉으사 ^{13}그 후에 자기 원수들을 자기 발등상이 되게 하실 때까지 기다리시나니 ^{14}그가 거룩하게 된 자들을 한 번의 제사로 영원히 온전하게 하셨느니라 ^{15}또한 성령이 우리에게 증언하시되 ^{16}주께서 이르시되 그날 후로는 그들과 맺을 언약이 이것이라 하시고 내 법을 그들의 마음에 두고 그들의 생각에 기록하리라 하신 후에 ^{17}또 그들의 죄와 그들의 불법을 내가 다시 기억하지 아니하리라 하셨으니 ^{18}이것들을 사하셨은즉 다시 죄를 위하여 제사 드릴 것이 없느니라"(히 10:11~18)라고 증거하고 있습니다.

6.
왜 자기 십자가를 져야 하는가?

신 21:22~23 ^{22}사람이 만일 죽을죄를 범하므로 네가 그를 죽여 나무 위에 달거든 ^{23}그 시체를 나무 위에 밤새도록 두지 말고 그 날에 장사하여 네 하나님 여호와께서 네게 기업으로 주시는 땅을 더럽히지 말라 나무에 달린 자는 하나님께 저주를 받았음이니라

마 10:38~39 ^{38}또 자기 십자가를 지고 나를 따르지 않는 자도 내게 합당하지 아니하니라 ^{39}자기 목숨을 얻는 자는 잃을 것이요 나를 위하여 자기 목숨을 잃는 자는 얻으리라

갈 3:13 그리스도께서 우리를 위하여 저주를 받은 바 되사 율법의 저주에서 우리를 속량하셨으니 기록된바 나무에 달린 자마다 저주 아래에 있는 자라 하였음이라

하나님께서는 그의 아들 예수 그리스도를, 우리를 대신하여 죄의 대속물로 삼으셨습니다. 이는 우리로 하여금 그 안에서 하나님의 의가 되게 하려 하심입니다. 또한 그것은 롬 8:3~4의 말씀대로 "율법

이 육신으로 말미암아 연약하여 할 수 없는 그것을 하나님은 하시나니 곧 죄로 말미암아 자기 아들을 죄 있는 육신의 모양으로 보내어 육신에 죄를 정하사 육신을 따르지 않고 그 영을 따라 행하는 우리에게 율법의 요구가 이루어지게 하려 하심"입니다. 죄가 없으시고 죄를 범하지도 않으신 그가 친히 나무에 달려 우리 죄를 담당하심은, 우리로 죄에 대하여 죽고 의에 대하여 살게 하심입니다. 한마디로 그가 나무에 달리는 저주를 받으신 것은, 우리를 율법의 저주에서 속량하시고 우리 죄를 없애기 위함입니다.

롬 3:23에서 "모든 사람이 죄를 범하였으매 하나님의 영광에 이르지 못하더니" 말씀하신 대로, 모든 사람이 죄를 범한 대가로 모든 사람에게 한 번 죽는 것이 정해진 것입니다. 결과적으로 자기 십자가를 지고 예수 그리스도를 따르는 자도 죽고, 그렇지 아니한 자도 죽습니다. 그렇지 아니한 자라 함은 자기 십자가를 지고 예수 그리스도를 따르지 않는 자, 즉 자기 십자가를 지지 않고 예수 그리스도를 따르는 자나, 자기 십자가를 지지도 않고 예수 그리스도를 따르지도 않는 자일 것입니다. 문맥상 자기 십자가를 지지 않고 예수 그리스도를 따르는 자를 의미할 것입니다.

그렇다면, 이 두 경우에 해당하는 사람의 차이는 무엇입니까? 자기 십자가를 지지 않고 예수 그리스도를 따르는 사람은 주님께 합당하지 않다는 것입니다. 공동번역은 마 10:38에서 "또 자기 십자가를 지고 나를 따라오지 않는 사람도 내 사람이 될 자격이 없다"라고 증거하고 있습니다. 한 걸음 더 나아가 이어지는 39절과 연결해 보면, 자기 십자가를 지고 예수 그리스도를 따르는 자에게 "나(예수 그리스도)를 위하여 자기 목숨을 잃는 자는 얻으리라"라고 말씀하셨습니다. 예수 그리스도를 따르는 자들이 자기 십자가를 지는 것은 자신이 죄를 범한 대가임에도 불구하고, 예수께서 자신(예수 그리스도)을 위하여 목숨을 잃는 자로 인정해주시는 것입니다. 이는 감당할 수 없는 하나님의 은혜와 긍휼, 그리고 사랑 이외의 그 어떤 말로도 다 형용하기 어렵습니다.

    이번 주제를 정리해 보면, 자기 십자가를 지고 예수 그리스도를 따르는 자를 합당하다 하시는 것은 주님의 고난에 동참하는 것으로 여겨주시기 때문입니다. 예수께서는 십자가의 죽음을 앞두고 겟세마네 동산에서 심히 고민하시며 심한 통곡과 눈물로 기도하실 때, 조금 떨어진 곳에 있던 제자들에게 오셔서 그들이 자는 것을 보시고 "너희가 나와 함께 한 시간도 이렇게 깨어 있을 수 없더냐 시험에 들지 않게 깨어 기도하라 마음에는 원이로되 육신이 약하도다" 말씀하시며 안타까워하셨습니다. 사랑하는 제자들이 시험에 들 것을 걱정하기도 하셨지만, 한편으로는 주님과 함께 잠시라도 깨어서 합심하여 기도하며, 그 고난에 동참하기를 기대하셨을 것이라는 생각도 해보게 됩니다. 그러므로 예수 그리스도를 따르는 모든 사람이 자기 십자가를 지고 따르는 것은 주님으로부터 합당히 여기심을 받는 것, 즉 예수 그리스도의 사람이 될 자격이 있는 것이며 그것은 곧 주님의 고난에 동참하는 것입니다. 이로 인하여 주님을 위하여 목숨을 잃는 자로 여기심을 받는 것입니다.

> 마 26:36~41 [36]이에 예수께서 제자들과 함께 겟세마네라 하는 곳에 이르러 제자들에게 이르시되 내가 저기 가서 기도할 동안에 너희는 여기 앉아 있으라 하시고 [37]베드로와 세베대의 두 아들을 데리고 가실새 고민하고 슬퍼하사 [38]이에 말씀하시되 내 마음이 매우 고민하여 죽게 되었으니 너희는 여기 머물러 나와 함께 깨어 있으라 하시고 [39]조금 나아가사 얼굴을 땅에 대시고 엎드려 기도하여 이르시되 내 아버지여 만일 할 만하시거든 이

잔을 내게서 지나가게 하옵소서 그러나 나의 원대로 마시옵고 아버지의 원대로 하옵소서 하시고 ⁴⁰제자들에게 오사 그 자는 것을 보시고 베드로에게 말씀하시되 너희가 나와 함께 한 시간도 이렇게 깨어 있을 수 없더냐 시험에 들지 않게 깨어 기도하라 마음에는 원이로되 육신이 약하도다 하시고

고후 5:21 하나님이 죄를 알지도 못하신 이를 우리를 대신하여 죄로 삼으신 것은 우리로 하여금 그 안에서 하나님의 의가 되게 하려 하심이라

히 4:15 우리에게 있는 대제사장은 우리의 연약함을 동정하지 못하실 이가 아니요 모든 일에 우리와 똑같이 시험을 받으신 이로되 죄는 없으시니라

벧전 2:22~25 ²²그는 죄를 범하지 아니하시고 그 입에 거짓도 없으시며 ²³욕을 당하시되 맞대어 욕하지 아니하시고 고난을 당하시되 위협하지 아니하시고 오직 공의로 심판하시는 이에게 부탁하시며 ²⁴친히 나무에 달려 그 몸으로 우리 죄를 담당하셨으니 이는 우리로 죄에 대하여 죽고 의에 대하여 살게 하려 하심이라 그가 채찍에 맞음으로 너희는 나음을 얻었나니 ²⁵너희가 전에는 양과 같이 길을 잃었더니 이제는 너희 영혼의 목자와 감독 되신 이에게 돌아왔느니라

요일 3:4~5 ⁴죄를 짓는 자마다 불법을 행하나니 죄는 불법이라 ⁵그가 우리 죄를 없애려고 나타나신 것을 너희가 아나니 그에게는 죄가 없느니라

7.

왜 날마다 죽어야(피를 흘려야) 하는가?

"형제들아 내가 그리스도 예수 우리 주 안에서 가진 바 너희에 대한 나의 자랑을 두고 단언하노니 나는 날마다 죽노라"(고전 15:31)라는 말씀은, 혹자들의 논리대로 단순한 제의적 묘사(ritual narrative)가 아니라, "내가 그리스도를 본받는 자가 된 것같이 너희는 나를 본받는 자가 되라"(고전 11:1), "8우리가 사방으로 욱여쌈을 당하여도 싸이지 아니하며 답답한 일을 당하여도 낙심하지 아니하며 9박해를 받아도 버린 바 되지 아니하며 거꾸러뜨림을 당하여도 망하지 아니하고 10우리가 항상 예수의 죽음을 몸에 짊어짐은 예수의 생명이 또한 우리 몸에 나타나게 하려 함이라 11우리 살아 있는 자가 항상 예수를 위하여 죽음에 넘겨짐은 예수의 생명이 또한 우리 죽을 육체에 나타나게 하려 함이라 12그런즉 사망은 우리 안에서 역사하고 생명은 너희 안에서 역사하느니라 13기록된 바 내가 믿었으므로 말하였다 한 것같이 우리가 같은 믿음의 마음을 가졌으니 우리도 믿었으므로 또한 말하노라 14주 예수를 다시 살리신 이가 예수와 함께 우리도 다시 살리사 너희와 함께 그 앞에 서게 하실 줄을 아노라 15이는 모든 것이 너희를 위함이니 많은 사람의 감사로 말미암아 은혜가 더하여 넘쳐서 하나님께 영광을 돌리게 하려 함이라 16그러므로

우리가 낙심하지 아니하노니 우리의 겉사람은 낡아지나 우리의 속사람은 날로 새로워지도다"(고후 4:8~16), "미쁘다 모든 사람이 받을 만한 이 말이여 그리스도 예수께서 죄인을 구원하시려고 세상에 임하셨다 하였도다 죄인 중에 내가 괴수니라"(딤전 1:15)라는 말씀처럼, 바울 사도의 실천하는 삶의 체험에 기반한, 진솔한 신앙 고백이라고 생각합니다.

이 피 흘림의 죽음은 "우리는 우리가 행한 일에 상당한 보응을 받는 것이니 이에 당연함"(눅 23:41상)에도 불구하고, 분에 넘치도록 과분하게 '징계받는 아들과 같이 대우해 주신다'고 증거하고 있습니다.

히 12:4~13 ⁴너희가 죄와 싸우되 아직 피 흘리기까지는 대항하지 아니하고 ⁵또 아들들에게 권하는 것같이 너희에게 권면하신 말씀도 잊었도다 일렀으되 내 아들아 주의 징계하심을 경히 여기지 말며 그에게 꾸지람을 받을 때에 낙심하지 말라 ⁶주께서 그 사랑하시는 자를 징계하시고 그가 받아들이시는 아들마다 채찍질하심이라 하였으니 ⁷너희가 참음은 징계를 받기 위함이라 하나님이 아들과 같이 너희를 대우하시나니 어찌 아버지가 징계하지 않는 아들이 있으리요 ⁸징계는 다 받는 것이거늘 너희에게 없으면 사생자요 친아들이 아니니라 ⁹또 우리 육신의 아버지가 우리를 징계하여도 공경하였거든 하물며 모든 영의 아버지께 더욱 복종하며 살려 하지 않겠느냐 ¹⁰그들은 잠시 자기의 뜻대로 우리를 징계하였거니와 오직 하나님은 우리의 유익을 위하여 그의 거룩하심에 참여하게 하시느니라 ¹¹무릇 징계가 당시에는 즐거워 보이지 않고 슬퍼 보이나 후에 그로 말미암아 연단 받은 자들은 의와 평강의 열매를 맺느니라 ¹²그러므로 피곤한 손과 연약한 무릎을 일으켜 세우고 ¹³너희 발을 위하여 곧

은 길을 만들어 저는 다리로 하여금 어그러지지 않고 고침을 받게 하라

결론적으로, 내가 날마다 죽는 이유는 겉사람은 낡아지나 속사람은 날로 새로워지는 삶, 즉 날마다 죽는 그 죽음을 통하여 새로운 피조물로 거듭나는 삶을 체험할 수 있기 때문일 것입니다.

고후 5:17 그런즉 누구든지 그리스도 안에 있으면 새로운 피조물이라 이전 것은 지나갔으니 보라 새것이 되었도다

8.
그 고난(피 흘림과 죽음)에 참여하려고 몸부림치는 자

롬 8:12~17 ¹²그러므로 형제들아 우리가 빚진 자로되 육신에게 져서 육신대로 살 것이 아니니라 ¹³너희가 육신대로 살면 반드시 죽을 것이로되 영으로써 몸의 행실을 죽이면 살리니 ¹⁴무릇 하나님의 영으로 인도함을 받는 사람은 곧 하나님의 아들이라 ¹⁵너희는 다시 무서워하는 종의 영을 받지 아니하고 양자의 영을 받았으므로 우리가 아빠 아버지라고 부르짖느니라 ¹⁶성령이 친히 우리의 영과 더불어 우리가 하나님의 자녀인 것을 증언하시나니 ¹⁷자녀이면 또한 상속자 곧 하나님의 상속자요 그리스도와 함께 한 상속자니 우리가 그와 함께 영광을 받기 위하여 고난도 함께 받아야 할 것이니라

고후 4:10~11 ¹⁰우리가 항상 예수의 죽음을 몸에 짊어짐은 예수의 생명이 또한 우리 몸에 나타나게 하려 함이라 ¹¹우리 살아 있는 자가 항상 예수를 위하여 죽음에 넘겨짐은 예수의 생명이 또한 우리 죽을 육체에 나타나게 하려 함이라

빌 1:29 그리스도를 위하여 너희에게 은혜를 주신 것은 다만

그를 믿을 뿐 아니라 또한 그를 위하여 고난도 받게 하려 하심이라

성경은 "너희가 죄와 싸우되 아직 피 흘리기까지는 대항하지 아니하고"(히 12:4)라고 말씀하고 "¹²그러므로 예수도 자기 피로써 백성을 거룩하게 하려고 성문 밖에서 고난을 받으셨느니라 ¹³그런즉 우리도 그의 치욕을 짊어지고 영문 밖으로 그에게 나아가자"(히 13:12~13)라고 증거합니다. 그 부르심에 순종하기 위해, 그 고난(피 흘림과 죽음)에 참여하려 몸부림친 바울은, 이렇게 고백하고 있습니다. "¹⁰내가 그리스도와 그 부활의 권능과 그 고난에 참여함을 알고자 하여 그의 죽으심을 본받아 ¹¹어떻게 해서든지 죽은 자 가운데서 부활에 이르려 하노니 ¹²내가 이미 얻었다 함도 아니요 온전히 이루었다 함도 아니라 오직 내가 그리스도 예수께 잡힌 바 된 그것을 잡으려고 달려가노라 ¹³형제들아 나는 아직 내가 잡은 줄로 여기지 아니하고 오직 한 일 즉 뒤에 있는 것은 잊어버리고 앞에 있는 것을 잡으려고 ¹⁴푯대를 향하여 그리스도 예수 안에서 하나님이 위에서 부르신 부름의 상을 위하여 달려가노라"(빌 3:10~14). 이어서 빌 4:9에서는 "너희는 내게 배우고 받고 듣고 본 바를 행하라 그리하면 평강의 하나님이 너희와 함께 계시리라"라고 권면하고 있습니다.

9.
그리스도의 남은 고난

요 19:28~30 ²⁸그 후에 예수께서 모든 일이 이미 이루어진 줄 아시고 성경을 응하게 하려 하사 이르시되 내가 목마르다 하시니 ²⁹거기 신 포도주가 가득히 담긴 그릇이 있는지라 사람들이 신 포도주를 적신 해면을 우슬초에 매어 예수의 입에 대니 ³⁰예수께서 신 포도주를 받으신 후에 이르시되 다 이루었다 하시고 머리를 숙이니 영혼이 떠나가시니라

골 1:24~29 ²⁴나는 이제 너희를 위하여 받는 괴로움을 기뻐하고 그리스도의 남은 고난을 그의 몸 된 교회를 위하여 내 육체에 채우노라 ²⁵내가 교회의 일꾼 된 것은 하나님이 너희를 위하여 내게 주신 직분을 따라 하나님의 말씀을 이루려 함이니라 ²⁶이 비밀은 만세와 만대로부터 감추어졌던 것인데 이제는 그의 성도들에게 나타났고 ²⁷하나님이 그들로 하여금 이 비밀의 영광이 이방인 가운데 얼마나 풍성한지를 알게 하려 하심이라 이 비밀은 너희 안에 계신 그리스도시니 곧 영광의 소망이니라 ²⁸우리가 그를 전파하여 각 사람을 권하고 모든 지혜로 각 사람을 가르침은 각 사람을 그리스도 안에서 완전한 자로 세우려 함이니 ²⁹이를 위하여 나도 내 속에서 능력으로 역사하시는 이의

역사를 따라 힘을 다하여 수고하노라

예수 그리스도께서 십자가에서 "다 이루었다" 하셨음에도 불구하고, 사도 바울은 어떻게 '그리스도의 남은 고난'을 증거하게 되었을까요? 그것은 아마도 예수 믿는 사람들을 만나면 결박하여 예루살렘으로 잡아 오려고 다메섹에 갈 때, 길에서 들었던 예수님의 말씀이 바울이 된 사울의 심중에 새겨졌으리라 생각할 수 있습니다.

> 행 9:1~5 [1]사울이 주의 제자들에 대하여 여전히 위협과 살기가 등등하여 대제사장에게 가서 [2]다메섹 여러 회당에 가져갈 공문을 청하니 이는 만일 그 도를 따르는 사람을 만나면 남녀를 막론하고 결박하여 예루살렘으로 잡아오려 함이라 [3]사울이 길을 가다가 다메섹에 가까이 이르더니 홀연히 하늘로부터 빛이 그를 둘러 비추는지라 [4]땅에 엎드러져 들으매 소리가 있어 이르시되 사울아 사울아 네가 어찌하여 나를 박해하느냐 하시거늘 [5]대답하되 주여 누구시니이까 이르시되 나는 네가 박해하는 예수라

사울은 예수 믿는 사람들을 핍박했지만, 예수께서는 "네가 어찌하여 나를 박해하느냐"고 말씀하셨습니다. 그는 핍박하던 그 예수를 아버지 하나님께서 '만물 위에 교회의 머리로, 교회는 그의 몸으로' 삼으셨다는 사실을 알고 회심한 후, 바울이 되어서 엡 1:22~23에서 "[22]또 만물을 그의 발아래에 복종하게 하시고 그를 만물 위에 교회의 머리로 삼으셨느니라 [23]교회는 그의 몸이니 만물 안에서 만물을 충만하게 하시는 이의 충만함이니라"라고 고백하며 증거하고 있습니다.

이러한 사실에 대하여 고전 8장에서는 "그리스도께서 위하여 죽으신 형제에게 죄를 지어 그 약한 양심을 상하게 하는 것이 곧 그리스도에게 죄를 짓는 것이라" 하시고, 벧전 4장에서는 "너희를 연단하려고 오는 불 시험을 오히려 그리스도의 고난에 참여하는 것으로 즐거워하라"라고 증거하고 있습니다.

고전 8:9~13 ⁹그런즉 너희의 자유가 믿음이 약한 자들에게 걸려 넘어지게 하는 것이 되지 않도록 조심하라 ¹⁰지식 있는 네가 우상의 집에 앉아 먹는 것을 누구든지 보면 그 믿음이 약한 자들의 양심이 담력을 얻어 우상의 제물을 먹게 되지 않겠느냐 ¹¹그러면 네 지식으로 그 믿음이 약한 자가 멸망하나니 그는 그리스도께서 위하여 죽으신 형제라 ¹²이같이 너희가 형제에게 죄를 지어 그 약한 양심을 상하게 하는 것이 곧 그리스도에게 죄를 짓는 것이니라 ¹³그러므로 만일 음식이 내 형제를 실족하게 한다면 나는 영원히 고기를 먹지 아니하여 내 형제를 실족하지 않게 하리라

벧전 4:12~14 ¹²사랑하는 자들아 너희를 연단하려고 오는 불 시험을 이상한 일 당하는 것같이 이상히 여기지 말고 ¹³오히려 너희가 그리스도의 고난에 참여하는 것으로 즐거워하라 이는 그의 영광을 나타내실 때에 너희로 즐거워하고 기뻐하게 하려 함이라 ¹⁴너희가 그리스도의 이름으로 치욕을 당하면 복 있는 자로다 영광의 영 곧 하나님의 영이 너희 위에 계심이라

10.
자기 부인(否認)과 자기 십자가

마 16:24~26 ²⁴이에 예수께서 제자들에게 이르시되 누구든지 나를 따라오려거든 자기를 부인하고 자기 십자가를 지고 나를 따를 것이니라 ²⁵누구든지 제 목숨을 구원하고자 하면 잃을 것이요 누구든지 나를 위하여 제 목숨을 잃으면 찾으리라 ²⁶사람이 만일 온 천하를 얻고도 제 목숨을 잃으면 무엇이 유익하리요 사람이 무엇을 주고 제 목숨과 바꾸겠느냐

딤후 3:1~5 ¹너는 이것을 알라 말세에 고통하는 때가 이르러 ²사람들이 자기를 사랑하며 돈을 사랑하며 자랑하며 교만하며 비방하며 부모를 거역하며 감사하지 아니하며 거룩하지 아니하며 ³무정하며 원통함을 풀지 아니하며 모함하며 절제하지 못하며 사나우며 선한 것을 좋아하지 아니하며 ⁴배신하며 조급하며 자만하며 쾌락을 사랑하기를 하나님 사랑하는 것보다 더하며 ⁵경건의 모양은 있으나 경건의 능력은 부인하니 이같은 자들에게서 네가 돌아서라

딤후 3장의 증거대로 말세에 고통하는 때를 살고 있는 우리에게

예수께서는 "누구든지 나를 따라오려거든 자기를 부인하고 자기 십자가를 지고 나를 따를 것이니라"라고 하셨습니다. '왜요?'라는 심중의 즉문(卽問)에 "누구든지 제 목숨을 구원하고자 하면 잃을 것이요 누구든지 나를 위하여 제 목숨을 잃으면 찾으리라 사람이 만일 온 천하를 얻고도 제 목숨을 잃으면 무엇이 유익하리요 사람이 무엇을 주고 제 목숨과 바꾸겠느냐"라고 명쾌하게 즉답(卽答)을 주시고 있습니다.

'자기를 사랑'하며 '자기 잘 난 멋'에, '자기 소견에 옳은 대로' 살아가는 이 세상에서 과연 '자기를 부인하고 자기 십자가를 지고 예수를 따르는 삶'이 가능한 것인가 일백 번을 생각해 보아도, 사람의 능력으로는 어려움은 물론이고, 거의 불가능함을 고백하지 않을 수 없을 것입니다. 그래서 성경은 우리에게 '살아 있고 활력(운동력) 있는 하나님의 말씀'으로 가능성을 제시해 주셨습니다.

엡 2:1~10 [1]그는 허물과 죄로 죽었던 너희를 살리셨도다 [2]그때에 너희는 그 가운데서 행하여 이 세상 풍조를 따르고 공중의 권세 잡은 자를 따랐으니 곧 지금 불순종의 아들들 가운데서 역사하는 영이라 [3]전에는 우리도 다 그 가운데서 우리 육체의 욕심을 따라 지내며 육체와 마음의 원하는 것을 하여 다른 이들과 같이 본질상 진노의 자녀이었더니 [4]긍휼이 풍성하신 하나님이 우리를 사랑하신 그 큰 사랑을 인하여 [5]허물로 죽은 우리를 그리스도와 함께 살리셨고 (너희는 은혜로 구원을 받은 것이라) [6]또 함께 일으키사 그리스도 예수 안에서 함께 하늘에 앉히시니 [7]이는 그리스도 예수 안에서 우리에게 자비하심으로써 그 은혜의 지극히 풍성함을 오는 여러 세대에 나타내려 하심이라 [8]너희는 그 은혜에 의하여 믿음으로 말미암아 구원을 받았으니 이것은 너희에게서 난 것이 아니요 하나님의 선물이라 ⁹행위에서 난 것이 아니니 이는 누구든지 자랑하지 못하게 함이라 ¹⁰우리는 그가 만드신 바라 그리스도 예수 안에서 선한 일을 위하여 지으심을 받은 자니 이 일은 하나님이 전에 예비하사 우리로 그 가운데서 행하게 하려 하심이니라

본질상 진노의 자녀였던 우리를 그리스도와 함께 살리신 하나님 앞에서, 일곱 번 넘어져도 여덟 번 다시 일어나 자기를 부인하고 자기 십자가를 지고 예수 그리스도를 따라갈 수 있는 은혜와 믿음 주심에 감사하며 찬송을 드립니다.

11.
자기 부인(否認)과 자기의 것 부인(否認)

요 21:15~17 ¹⁵그들이 조반 먹은 후에 예수께서 시몬 베드로에게 이르시되 요한의 아들 시몬아 네가 이 사람들보다 나를 더 사랑하느냐 하시니 이르되 주님 그러하나이다 내가 주님을 사랑하는 줄 주님께서 아시나이다 이르시되 내 어린 양을 먹이라 하시고 ¹⁶또 두 번째 이르시되 요한의 아들 시몬아 네가 나를 사랑하느냐 하시니 이르되 주님 그러하나이다 내가 주님을 사랑하는 줄 주님께서 아시나이다 이르시되 내 양을 치라 하시고 ¹⁷세 번째 이르시되 요한의 아들 시몬아 네가 나를 사랑하느냐 하시니 주께서 세 번째 네가 나를 사랑하느냐 하시므로 베드로가 근심하여 이르되 주님 모든 것을 아시오매 내가 주님을 사랑하는 줄을 주님께서 아시나이다 예수께서 이르시되 내 양을 먹이라

예수께서는 부활하신 후 세 번째로 제자들에게 나타나셔서 "그들이 조반 먹은 후에 예수께서 시몬 베드로에게 이르시되 요한의 아들 시몬아 네가 이 사람들보다 나를 더 사랑하느냐"라고 말씀하시면서, 비슷한 질문을 세 번이나 하시고 새로운 사명을 주셨습니

다. 이 질문 앞에 근심하던 베드로는, 아마도 다음과 같은 의미심장한 주님의 말씀이 문득문득 떠오르지 않았을까 생각해 봅니다.

> 마 10:37 아버지나 어머니를 나보다 더 사랑하는 자는 내게 합당하지 아니하고 아들이나 딸을 나보다 더 사랑하는 자도 내게 합당하지 아니하며

> 마 26:34 예수께서 이르시되 내가 진실로 네게 이르노니 오늘 밤 닭 울기 전에 네가 세 번 나를 부인하리라

> 눅 14:26 무릇 내게 오는 자가 자기 부모와 처자와 형제와 자매와 더욱이 자기 목숨까지 미워하지 아니하면 능히 내 제자가 되지 못하고

헬라어로 쓰인 원문 성경은 요 21:15에서, 비교 대상인 지시대명사를 τούτων(these)으로 쓰고 있습니다. τούτων은 οὗτος(this)의 복수 2격(속격, 탈격) 명사로, 남성, 여성, 중성 명사의 변화형이 모두 같습니다. 본문에 일치하는 여성 명사가 없으므로, 남성 명사로 번역하면 '이 사람들보다'가 되고, 중성 명사로 번역하면 '이것들보다'가 됩니다. 그 의미를 조금 더 부연해 보면, 남성인 경우에는 '이 사람들이 예수님을 사랑하는 것보다'이거나, '베드로가 이 사람들을 사랑하는 것보다'일 것입니다. 중성인 경우에는 '물고기들이나 생계와 관련된 직업적인 활동들' 또는, 그 의미를 조금 더 확장시켜 보면 '지금 내가 누리고 있는 것들이나 내 것이라고 생각하는 모든 것들'까지도 포함할 수 있을 것입니다.

최소한 '이것들(these)'보다 예수님을 더 사랑했던 사람들의 생생한

이야기를 성경은 이렇게 증거하고 있습니다.

> 행 4:32~37 ³²믿는 무리가 한마음과 한뜻이 되어 모든 물건을 서로 통용하고 자기 재물을 조금이라도 자기 것이라 하는 이가 하나도 없더라 ³³사도들이 큰 권능으로 주 예수의 부활을 증언하니 무리가 큰 은혜를 받아 ³⁴그중에 가난한 사람이 없으니 이는 밭과 집 있는 자는 팔아 그 판 것의 값을 가져다가 ³⁵사도들의 발 앞에 두매 그들이 각 사람의 필요를 따라 나누어 줌이라 ³⁶구브로에서 난 레위족 사람이 있으니 이름은 요셉이라 사도들이 일컬어 바나바라(번역하면 위로의 아들이라) 하니 ³⁷그가 밭이 있으매 팔아 그 값을 가지고 사도들의 발 앞에 두니라

자기의 재물이나 자기의 것에 대해서도 부인(否認)하지 못하는 사람이 정녕 자기를 부인할 수 있을까요?

만일 그렇게 생각한다면 아마도, 그것은 오해이거나 착각, 아니면 난센스(nonsense)일 수도 있습니다. 왜냐하면 예수께서는 눅 16:13에서 "집 하인이 두 주인을 섬길 수 없나니 혹 이를 미워하고 저를 사랑하거나 혹 이를 중히 여기고 저를 경히 여길 것임이니라 너희는 하나님과 재물을 겸하여 섬길 수 없느니라"라고 말씀하고 있기 때문입니다.

12.
하나님의 것과 온전한 십일조(十一條)와 봉헌물(奉獻物)

말 1:6~14 ⁶내 이름을 멸시하는 제사장들아 나 만군의 여호와 가 너희에게 이르기를 아들은 그 아버지를, 종은 그 주인을 공경하나니 내가 아버지일진대 나를 공경함이 어디 있느냐 내가 주인일진대 나를 두려워함이 어디 있느냐 하나 너희는 이르기를 우리가 어떻게 주의 이름을 멸시하였나이까 하는도다 ⁷너희 가 더러운 떡을 나의 제단에 드리고도 말하기를 우리가 어떻게 주를 더럽게 하였나이까 하는도다 이는 너희가 여호와의 식탁 은 경멸히 여길 것이라 말하기 때문이라 ⁸만군의 여호와가 이르 노라 너희가 눈 먼 희생제물을 바치는 것이 어찌 악하지 아니하 며 저는 것, 병든 것을 드리는 것이 어찌 악하지 아니하냐 이제 그것을 너희 총독에게 드려 보라 그가 너를 기뻐하겠으며 너를 받아 주겠느냐 ⁹만군의 여호와가 이르노라 너희는 나 하나님께 은혜를 구하면서 우리를 불쌍히 여기소서 하여 보라 너희가 이 같이 행하였으니 내가 너희 중 하나인들 받겠느냐 ¹⁰만군의 여 호와가 이르노라 너희가 내 제단 위에 헛되이 불사르지 못하게 하기 위하여 너희 중에 성전 문을 닫을 자가 있었으면 좋겠도다 내가 너희를 기뻐하지 아니하며 너희가 손으로 드리는 것을 받

지도 아니하리라 ¹¹만군의 여호와가 이르노라 해 뜨는 곳에서부터 해 지는 곳까지의 이방 민족 중에서 내 이름이 크게 될 것이라 각처에서 내 이름을 위하여 분향하며 깨끗한 제물을 드리리니 이는 내 이름이 이방 민족 중에서 크게 될 것임이니라 ¹²그러나 너희는 말하기를 여호와의 식탁은 더러워졌고 그 위에 있는 과일 곧 먹을 것은 경멸히 여길 것이라 하여 내 이름을 더럽히는도다 ¹³만군의 여호와가 이르노라 너희가 또 말하기를 이 일이 얼마나 번거로운고 하며 코웃음 치고 훔친 물건과 저는 것, 병든 것을 가져왔느니라 너희가 이같이 봉헌물을 가져오니 내가 그것을 너희 손에서 받겠느냐 이는 여호와의 말이니라 ¹⁴짐승 떼 가운데에 수컷이 있거늘 그 서원하는 일에 흠 있는 것으로 속여 내게 드리는 자는 저주를 받으리니 나는 큰 임금이요 내 이름은 이방 민족 중에서 두려워하는 것이 됨이니라 만군의 여호와의 말이니라

말 3:7~10 ⁷만군의 여호와가 이르노라 너희 조상들의 날로부터 너희가 나의 규례를 떠나 지키지 아니하였도다 그런즉 내게로 돌아오라 그리하면 나도 너희에게로 돌아가리라 하였더니 너희가 이르기를 우리가 어떻게 하여야 돌아가리이까 하는도다 ⁸사람이 어찌 하나님의 것을 도둑질하겠느냐 그러나 너희는 나의 것을 도둑질하고도 말하기를 우리가 어떻게 주의 것을 도둑질하였나이까 하는도다 이는 곧 십일조와 봉헌물이라 ⁹너희 곧 온 나라가 나의 것을 도둑질하였으므로 너희가 저주를 받았느니라 ¹⁰만군의 여호와가 이르노라 너희의 온전한 십일조를 창고에 들여 나의 집에 양식이 있게 하고 그것으로 나를 시험하여 내가 하늘 문을 열고 너희에게 복을 쌓을 곳이 없도록 붓지 아

나하나 보라

위 말씀에 근거하여 온전한 십일조와 봉헌물을 하나님께 드리고, 나머지 십분의 구를 내 것으로 생각해서 내 임의대로 사용한다면, 그것이 과연 온전한 그리스도인의 삶이라고 할 수 있겠습니까?

다윗은 대상 29:11에서 "천지에 있는 것이 다 주의 것이로소이다"라고 고백하고, 바울 사도는 롬 14:7~8에서 "⁷우리 중에 누구든지 자기를 위하여 사는 자가 없고 자기를 위하여 죽는 자도 없도다 ⁸우리가 살아도 주를 위하여 살고 죽어도 주를 위하여 죽나니 그러므로 사나 죽으나 우리가 주의 것이로다", 고전 10:31에서 "그런즉 너희가 먹든지 마시든지 무엇을 하든지 다 하나님의 영광을 위하여 하라"라고 권면하고 있습니다.

십일조를 하나님의 것으로서, 감사와 기쁨과 즐거운 마음으로 하나님께 드릴 수 있다면, 나머지 십분의 구도 하나님의 것으로, 역시 감사와 기쁨과 즐거운 마음으로 하나님의 뜻대로 하나님의 영광을 위해서 사용할 수 있을 것입니다.

그러므로 온전한 십일조와 봉헌물을 하나님께 드리는 것같이, 나머지 십분의 구도 하나님의 뜻대로 사용하는 것이 지극히 당연합니다. 그렇기에 예수께서도 '십일조와 함께, 정의와 긍휼과 믿음과 공의와 하나님께 대한 사랑'을 강조하시는 것이라고 생각됩니다. 결론적으로, 하나님께 드리는 온전한 십일조는 나머지 십분의 구도 하나님의 뜻대로 사용될 때, 온전한 예물과 온전한 그리스도인의 삶으로 기쁘시게 받으실 것입니다.

대상 29:10~14 ¹⁰다윗이 온 회중 앞에서 여호와를 송축하여 이르되 우리 조상 이스라엘의 하나님 여호와여 주는 영원부터 영원까지 송축을 받으시옵소서 ¹¹여호와여 위대하심과 권능과 영광과 승리와 위엄이 다 주께 속하였사오니 천지에 있는 것이 다 주의 것이로소이다 여호와여 주권도 주께 속하였사오니 주는 높으사 만물의 머리이심이니이다 ¹²부와 귀가 주께로 말미암고 또 주는 만물의 주재가 되사 손에 권세와 능력이 있사오니 모든 사람을 크게 하심과 강하게 하심이 주의 손에 있나이다 ¹³우리 하나님이여 이제 우리가 주께 감사하오며 주의 영화로운 이름을 찬양하나이다 ¹⁴나와 내 백성이 무엇이기에 이처럼 즐거운 마음으로 드릴 힘이 있었나이까 모든 것이 주께로 말미암았사오니 우리가 주의 손에서 받은 것으로 주께 드렸을 뿐이니이다

마 23:23 화 있을진저 외식하는 서기관들과 바리새인들이여 너희가 박하와 회향과 근채의 십일조는 드리되 율법의 더 중한 바 정의와 긍휼과 믿음은 버렸도다 그러나 이것도 행하고 저것도 버리지 말아야 할지니라

눅 11:42 화 있을진저 너희 바리새인이여 너희가 박하와 운향과 모든 채소의 십일조는 드리되 공의와 하나님께 대한 사랑은 버리는도다 그러나 이것도 행하고 저것도 버리지 말아야 할지니라

고후 9:6~7 ⁶이것이 곧 적게 심는 자는 적게 거두고 많이 심는 자는 많이 거둔다 하는 말이로다 ⁷각각 그 마음에 정한 대로 할 것이요 인색함으로나 억지로 하지 말지니 하나님은 즐겨 내는 자를 사랑하시느니라

13.
기도와 응답(1)

마 7:7~8 ⁷구하라 그리하면 너희에게 주실 것이요 찾으라 그리하면 찾아낼 것이요 문을 두드리라 그리하면 너희에게 열릴 것이니 ⁸구하는 이마다 받을 것이요 찾는 이는 찾아낼 것이요 두드리는 이에게는 열릴 것이니라

하나님의 말씀을 믿고 구한 것에 대해 응답받는 것은 누구에게나 소중한 체험일 것입니다. 그러나 그렇다고 해서 모든 것이 다 이루어지거나, 모든 것이 끝나는 것은 아닐 것입니다. 성경은 이러한 사실을 시 106:15에서 "그러므로 여호와께서는 그들이 요구한 것을 그들에게 주셨을지라도 그들의 영혼은 쇠약하게 하셨도다"라고 하고, 유 1:5 하반절에서는 "주께서 백성을 애굽에서 구원하여 내시고 후에 믿지 아니하는 자들을 멸하셨으며"라고 증거하고 있습니다.

요일 5:14~15은 "¹⁴그를 향하여 우리가 가진 바 담대함이 이것이니 그의 뜻대로 무엇을 구하면 들으심이라 ¹⁵우리가 무엇이든지 구하는 바를 들으시는 줄을 안즉 우리가 그에게 구한 그것을 얻은 줄을 또한 아느니라"라고 하는데, 하나님의 뜻대로 무엇을 구하는 것은, 하나님의 계명들을 지키고 하나님을 기쁘시게 해 드리는 삶이 선행(先行)되는 것을 의미할 것입니다. 요일 3:21~22에서는 ²¹"사랑하는 자들아 만일 우리 마음이 우리를 책망할 것이 없으면 하나님 앞에서 담대함을 얻고 ²²무엇이든지 구하는 바를 그에게서 받나니 이는 우리가 그의 계명을 지키고 그 앞에서 기뻐하시는 것을 행함이라"라고 합니다. 이것이 곧 예수께서 가르쳐 주시고, 직접 실천하여 보여주신 삶임을 요한복음을 통해 확인해 보겠습니다.

요 8:29 나를 보내신 이가 나와 함께하시도다 나는 항상 그가 기뻐하시는 일을 행하므로 나를 혼자 두지 아니하셨느니라

요 11:41~42 상반절 ⁴¹돌을 옮겨 놓으니 예수께서 눈을 들어 우러러보시고 이르시되 아버지여 내 말을 들으신 것을 감사하나이다 ⁴²항상 내 말을 들으시는 줄을 내가 알았나이다

14.
기도와 응답(2)

요 15:7 너희가 내 안에 거하고 내 말이 너희 안에 거하면 무엇이든지 원하는 대로 구하라 그리하면 이루리라

요일 3:21~24 [21]사랑하는 자들아 만일 우리 마음이 우리를 책망할 것이 없으면 하나님 앞에서 담대함을 얻고 [22]무엇이든지 구하는 바를 그에게서 받나니 이는 우리가 그의 계명을 지키고 그 앞에서 기뻐하시는 것을 행함이라 [23]그의 계명은 이것이니 곧 그 아들 예수 그리스도의 이름을 믿고 그가 우리에게 주신 계명대로 서로 사랑할 것이니라 [24]그의 계명을 지키는 자는 주 안에 거하고 주는 그의 안에 거하시나니 우리에게 주신 성령으로 말미암아 그가 우리 안에 거하시는 줄을 우리가 아느니라

"무엇이든지 원하는 대로 구하라 그리하면 이루리라", "무엇이든지 구하는 바를 그에게서 받나니" 이 두 곳의 인생 대박 기도와 응답에 대한 말씀은, 각각 두 가지 이상의 전제 조건을 가지고 있습니다.

먼저 요 15장의 말씀은, 우리가 예수 그리스도 안에 거하는 것과 예수 그리스도의 말씀이 우리 안에 거하는 것이고, 요일 3장의 말씀은, 우리 마음이 우리를 책망할 것이 없으면 하나님 앞에서 담대함을 얻는 것과 우리가 서로 사랑하라는 그의 계명을 지키고 그 앞에서 기뻐하시는 것을 행함입니다.

이제 믿음의 조상 아브라함의 계보를 잇는 믿음의 선조 중 모세와 다윗과 바울같이 하나님의 종으로, 온유한 사람으로, 하나님의 마음에 합한 사람으로, 모든 사도들보다 더 많이 수고한 이방인의 사도로 부르심을 받고, 타의 추종을 불허할 만큼 하나님의 일에 쓰임을 받고, 죽기까지 충성한 하나님의 사람들이었지만, 그들의 기도를 외면하셨던 하나님의 예외적 경우를 살펴보겠습니다.

먼저 모세의 경우 민 12:1~8에서 "^{1}모세가 구스 여자를 취하였더니 그 구스 여자를 취하였으므로 미리암과 아론이 모세를 비방하니라 ^{2}그들이 이르되 여호와께서 모세와만 말씀하셨느냐 우리와도 말씀하지 아니하셨느냐 하매 여호와께서 이 말을 들으셨더라 ^{3}이 사람 모세는 온유함이 지면의 모든 사람보다 더하더라 ^{4}여호와께서 갑자기 모세와 아론과 미리암에게 이르시되 너희 세 사람은 회막으로 나아오라 하시니 그 세 사람이 나아가매 ^{5}여호와께서 구름 기둥 가운데로부터 강림하사 장막 문에 서시고 아론과 미리암을 부르시는지라 그 두 사람이 나아가매 ^{6}이르시되 내 말을 들으라 너희 중에 선지자가 있으면 나 여호와가 환상으로 나를 그에게 알리기도 하고 꿈으로 그와 말하기도 하거니와 ^{7}내 종 모세와는 그렇지 아니하니 그는 내 온 집에 충성함이라 ^{8}그와는 내가 대면하여 명백히 말하고 은밀한 말로 하지 아니하며 그는 또 여호와의 형상을 보거늘 너희가 어찌하여 내 종 모세 비방하기를 두려워하지 아니하느냐"라는 하나님의 증거를 받았지만, 신 3:25~27에서는 "^{25}구하옵나니 나를 건너가게 하사 요단 저쪽에 있는 아름다운 땅, 아름다운 산과 레바논을 보게 하옵소서 하되 ²⁶여호와께서 너희 때문에 내게 진노하사 내 말을 듣지 아니하시고 내게 이르시기를 그만해도 족하니 이 일로 다시 내게 말하지 말라 ²⁷너는 비스가산 꼭대기에 올라가서 눈을 들어 동서남북을 바라고 네 눈으로 그 땅을 바라보라 너는 이 요단을 건너지 못할 것임이니라"라는 거절의 응답을 받았습니다.

이어서 다윗은 왕상 15:5에서 "이는 다윗이 헷 사람 우리아의 일 외에는 평생에 여호와 보시기에 정직하게 행하고 자기에게 명령하신 모든 일을 어기지 아니하였음이라", 그리고 행 13:21~23에서 "²¹그 후에 그들이 왕을 구하거늘 하나님이 베냐민 지파 사람 기스의 아들 사울을 사십 년간 주셨다가 ²²폐하시고 다윗을 왕으로 세우시고 증언하여 이르시되 내가 이새의 아들 다윗을 만나니 내 마음에 맞는 사람이라 내 뜻을 다 이루리라 하시더니 ²³하나님이 약속하신 대로 이 사람의 후손에서 이스라엘을 위하여 구주를 세우셨으니 곧 예수라"라는 하나님의 인정을 받았지만, 대상 28:1~6에서는 "¹다윗이 이스라엘 모든 고관들 곧 각 지파의 어른과 왕을 섬기는 반장들과 천부장들과 백부장들과 및 왕과 왕자의 모든 소유와 가축의 감독과 내시와 장사와 모든 용사를 예루살렘으로 소집하고 ²이에 다윗 왕이 일어서서 이르되 나의 형제들, 나의 백성들아 내 말을 들으라 나는 여호와의 언약궤 곧 우리 하나님의 발판을 봉안할 성전을 건축할 마음이 있어서 건축할 재료를 준비하였으나 ³하나님이 내게 이르시되 너는 전쟁을 많이 한 사람이라 피를 많이 흘렸으니 내 이름을 위하여 성전을 건축하지 못하리라 하셨느니라 ⁴그러나 이스라엘 하나님 여호와께서 전에 나를 내 부친의 온 집에서 택하여 영원히 이스라엘 왕이 되게 하셨나니 곧 하나님이 유다 지파를 택하사 머리를 삼으시고 유다의 가문에서 내 부친의 집을 택하시고 내

부친의 아들들 중에서 나를 기뻐하사 온 이스라엘의 왕을 삼으셨느니라 ⁵여호와께서 내게 여러 아들을 주시고 그 모든 아들 중에서 내 아들 솔로몬을 택하사 여호와의 나라 왕위에 앉혀 이스라엘을 다스리게 하려 하실새 ⁶내게 이르시기를 네 아들 솔로몬 그가 내 성전을 건축하고 내 여러 뜰을 만들리니 이는 내가 그를 택하여 내 아들로 삼고 나는 그의 아버지가 될 것임이라"라고 하시면서, 다윗이 하나님의 성전을 건축하여 드리고 싶은 마음이 간절했으나, 받지 않으시고 수정 제안하여 응답해 주시는 결과를 얻었습니다.

이어서 바울은 고전 4:4에서 "내가 자책할 아무것도 깨닫지 못하나 이로 말미암아 의롭다함 을 얻지 못하노라 다만 나를 심판하실 이는 주시니라", 고전 15:10에서는 "그러나 내가 나 된 것은 하나님의 은혜로 된 것이니 내게 주신 그의 은혜가 헛되지 아니하여 내가 모든 사도보다 더 많이 수고하였으나 내가 한 것이 아니요 오직 나와 함께 하신 하나님의 은혜로라"라고 고백하면서, 자책할 아무것도 깨닫지 못하는, 그리고 모든 사도보다 더 많이 수고하는 하나님의 은혜를 받았으나, 고후 12:7~10에서는, "⁷여러 계시를 받은 것이 지극히 크므로 너무 자만하지 않게 하시려고 내 육체에 가시 곧 사탄의 사자를 주셨으니 이는 나를 쳐서 너무 자만하지 않게 하려 하심이라 ⁸이것이 내게서 떠나가게 하기 위하여 내가 세 번 주께 간구하였더니 ⁹나에게 이르시기를 내 은혜가 네게 족하도다 이는 내 능력이 약한 데서 온전하여짐이라 하신지라 그러므로 도리어 크게 기뻐함으로 나의 여러 약한 것들에 대하여 자랑하리니 이는 그리스도의 능력이 내게 머물게 하려 함이라 ¹⁰그러므로 내가 그리스도를 위하여 약한 것들과 능욕과 궁핍과 박해와 곤고를 기뻐하노니 이는 내가 약한 그때에 강함이라"라고 증거하면서, 세 번이나 간절하게 구한 기도를 거절하신 하나님의 뜻을 깨닫고, 도리어 크게 기뻐함으로 약한 것들에 대하여 자랑하는 성숙한 그리스도인의 신앙을 고백하고 있습니다.

이제 '기도와 응답'에 대한 마지막 결론으로, 우리 모두의 본이 되시는 예수 그리스도의 사례를 생각해 보겠습니다. 십자가의 고난을 앞두고 겟세마네에서 기도하실 때, 그는 분명한 자신의 뜻, 자신이 마음에 원하는 기도가 있었습니다.

그 기도의 내용을 옮겨서 성경으로 기록한 세 제자가 마태, 마가, 누가입니다. 그들이 현장에서 받아 적거나 녹취한 것이 아니기 때문에, 내용상 서두에 약간의 차이가 있어서, 참고하기 위해 차례대로 인용해 보겠습니다.

마태는 "내 아버지여 만일 할 만하시거든 이 잔을 내게서 지나가게 하옵소서", 마가는 "아빠 아버지여 아버지께는 모든 것이 가능하오니 이 잔을 내게서 옮기시옵소서", 누가는 "아버지여 만일 아버지의 뜻이거든 이 잔을 내게서 옮기시옵소서"라고 기록함으로 약간의 차이는 있지만, 이어지는 본문의 후반부는 세 곳 모두 거의 같은 의미로 "그러나 나의 원대로 마시옵고 아버지의 원대로 하옵소서"라고 기록했습니다. 예수께서는 아버지의 뜻을 너무 잘 아는 아들이었기 때문에 분명한 자신의 뜻을 꺾고, 자기를 부인하고 십자가를 지시며 죽기까지 순종하심으로 아버지의 뜻을 이루는 기도의 응답을 받으신 것입니다.

그러므로 우리도 예수 그리스도를 본받기 원한다면 우리 마음에 원하는 것들을 말씀드릴 수는 있으나, 최종적으로는 아버지 하나님의 뜻에 맡겨야 합니다. 그 기도가, 우리가 할 수 있는 최선의 기도입니다. 이를 통해 하나님께서는, 계획하신 대로 모든 일을 아름답게 이루시며 응답해 주실 것입니다. 그래서 엡 1:11~12은 "[11]모든 일을 그의 뜻의 결정대로 일하시는 이의 계획을 따라 우리가 예정을 입어 그 안에서 기업이 되었으니 [12]이는 우리가 그리스도 안에서 전부터 바라던 그의 영광의 찬송이 되게 하려 하심이라"라고 말씀하고, 요일 5:14은 "그를 향하여 우리가 가진 바 담대함이 이것이니 그의 뜻대로 무엇을 구하면 들으심이라"라고 증거하고 있습니다.

마 26:39 조금 나아가사 얼굴을 땅에 대시고 엎드려 기도하여 이르시되 내 아버지여 만일 할 만하시거든 이 잔을 내게서 지나가게 하옵소서 그러나 나의 원대로 마시옵고 아버지의 원대로 하옵소서 하시고

막 14:36 이르시되 아빠 아버지여 아버지께는 모든 것이 가능하오니 이 잔을 내게서 옮기시옵소서 그러나 나의 원대로 마시옵고 아버지의 원대로 하옵소서 하시고

눅 22:42 이르시되 아버지여 만일 아버지의 뜻이거든 이 잔을 내게서 옮기시옵소서 그러나 내 원대로 마시옵고 아버지의 원대로 되기를 원하나이다 하시니

15.
자녀들의 완전함과 온전함 그리고 거룩함을 원하시는 아버지 하나님

창 17:1 아브람이 구십구 세 때에 여호와께서 아브람에게 나타나서 그에게 이르시되 나는 전능한 하나님이라 너는 내 앞에서 행하여 완전하라

신 18:13 너는 네 하나님 여호와 앞에서 완전하라

마 5:48 그러므로 하늘에 계신 너희 아버지의 온전하심과 같이 너희도 온전하라

레 11:45 나는 너희의 하나님이 되려고 너희를 애굽 땅에서 인도하여 낸 여호와라 내가 거룩하니 너희도 거룩할지어다

레 19:2 너는 이스라엘 자손의 온 회중에게 말하여 이르라 너희는 거룩하라 이는 나 여호와 너희 하나님이 거룩함이니라

레 20:26 너희는 나에게 거룩할지어다 이는 나 여호와가 거룩하고 내가 또 너희를 나의 소유로 삼으려고 너희를 만민 중에서

구별하였음이니라

요 17:17 그들을 진리로 거룩하게 하옵소서 아버지의 말씀은 진리니이다

사랑하는 자녀들이, 자기를 닮기 원하는 아버지 하나님의 마음을 헤아렸던 바울은 골 1:28~29에 "[28]우리가 그를 전파하여 각 사람을 권하고 모든 지혜로 각 사람을 가르침은 각 사람을 그리스도 안에서 완전한 자로 세우려 함이니 [29]이를 위하여 나도 내 속에서 능력으로 역사하시는 이의 역사를 따라 힘을 다하여 수고하노라"라고 고백했습니다. 또한 히브리서 기자는 히 6:1~3에서 "[1]그러므로 우리가 그리스도의 도의 초보를 버리고 죽은 행실을 회개함과 하나님께 대한 신앙과 [2]세례(침례)들과 안수와 죽은 자의 부활과 영원한 심판에 관한 교훈의 터를 다시 닦지 말고 완전한 데로 나아갈지니라 [3]하나님께서 허락하시면 우리가 이것을 하리라"라고 증거하고 있습니다.

온전함에 대해서는, 민 32:11~13에 "[11]애굽에서 나온 자들이 이십 세 이상으로는 한 사람도 내가 아브라함과 이삭과 야곱에게 맹세한 땅을 결코 보지 못하리니 이는 그들이 나를 온전히 따르지 아니하였음이니라 [12]그러나 그나스 사람 여분네의 아들 갈렙과 눈의 아들 여호수아는 여호와를 온전히 따랐느니라 하시고 [13]여호와께서 이스라엘에게 진노하사 그들에게 사십 년 동안 광야에 방황하게 하셨으므로 여호와의 목전에 악을 행한 그 세대가 마침내는 다 끊어졌느니라"라고 하고, 대하 25:2에서는 "아마샤가 여호와께서 보시기에 정직하게 행하기는 하였으나 온전한 마음으로 행하지 아니하였더라"라고 하였습니다. 이어서 히브리서 기자는 히 10:19~22에서 "[19]그러므로 형제들아 우리가 예수의 피를 힘입어 성소에 들어갈 담력을 얻

없나니 ²⁰그 길은 우리를 위하여 휘장 가운데로 열어 놓으신 새로운 살 길이요 휘장은 곧 그의 육체니라 ²¹또 하나님의 집 다스리는 큰 제사장이 계시매 ²²우리가 마음에 뿌림을 받아 악한 양심으로부터 벗어나고 몸은 맑은 물로 씻음을 받았으니 참 마음과 온전한 믿음으로 하나님께 나아가자"라고 진솔하게 권면하고 있습니다.

거룩함에 대해서는 롬 6:22에 "그러나 이제는 너희가 죄로부터 해방되고 하나님께 종이 되어 거룩함에 이르는 열매를 맺었으니 그 마지막은 영생이라", 고후 7:1에 "그런즉 사랑하는 자들아 이 약속을 가진 우리는 하나님을 두려워하는 가운데서 거룩함을 온전히 이루어 육과 영의 온갖 더러운 것에서 자신을 깨끗하게 하자", 엡 5:25~27에 "²⁵남편들아 아내 사랑하기를 그리스도께서 교회를 사랑하시고 그 교회를 위하여 자신을 주심같이 하라 ²⁶이는 곧 물로 씻어 말씀으로 깨끗하게 하사 거룩하게 하시고 ²⁷자기 앞에 영광스러운 교회로 세우사 티나 주름 잡힌 것이나 이런 것들이 없이 거룩하고 흠이 없게 하려 하심이라", 살전 4:3~8에 "³하나님의 뜻은 이것이니 너희의 거룩함이라 곧 음란을 버리고 ⁴각각 거룩함과 존귀함으로 자기의 아내 대할 줄을 알고 ⁵하나님을 모르는 이방인과 같이 색욕을 따르지 말고 ⁶이 일에 분수를 넘어서 형제를 해하지 말라 이는 우리가 너희에게 미리 말하고 증언한 것과 같이 이 모든 일에 주께서 신원하여 주심이라 ⁷하나님이 우리를 부르심은 부정하게 하심이 아니요 거룩하게 하심이니 ⁸그러므로 저버리는 자는 사람을 저버림이 아니요 너희에게 그의 성령을 주신 하나님을 저버림이니라", 벧전 1:15~16에는 "¹⁵오직 너희를 부르신 거룩한 이처럼 너희도 모든 행실에 거룩한 자가 되라 ¹⁶기록되었으되 내가 거룩하니 너희도 거룩할지어다 하셨느니라"라고 증거하고 있습니다.

16.
믿음과 능력

막 9:23 예수께서 이르시되 할 수 있거든이 무슨 말이냐 믿는 자에게는 능히 하지 못할 일이 없느니라 하시니

막 16:17~18 ¹⁷믿는 자들에게는 이런 표적이 따르리니 곧 그들이 내 이름으로 귀신을 쫓아내며 새 방언을 말하며 ¹⁸뱀을 집어 올리며 무슨 독을 마실지라도 해를 받지 아니하며 병든 사람에게 손을 얹은즉 나으리라 하시더라

예수께서 말씀하신 대로 '능히 하지 못할 일'에 해당하는 '이런 표적'과 능력의 주체는 분명히 하나님이십니다. '믿는 자에게는'과, '믿는 자들에게는'은 개역개정과 헬라어 원문 성경에도, 간접 목적어, 즉 여격(3격)으로 나타납니다.

베드로와 요한이 성전 미문의 앉은뱅이를 일으킨 후, 사람의 권능과 경건으로 오해하여 주목하는 자들에게 "그 이름을 믿으므로 그 이름이 너희가 보고 아는 이 사람을 성하게 하였나니 예수로 말미암아 난 믿음이 너희 모든 사람 앞에서 이같이 완전히 낫게 하였느니라"(행 3:16)라고 증거하고, 사도 바울도 "내게 능력 주시는 자 안에서 내가 모든 것을 할 수 있느니라"(빌 4:13), "그러나 내가 나 된 것은 하나님의 은혜로 된 것이니 내게 주신 그의 은혜가 헛되지 아니하여 내가 모든 사도보다 더 많이 수고하였으나 내가 한 것이 아니요 오직 나와 함께 하신 하나님의 은혜로라"(고전 15:10)라고 고백하고 있습니다.

성경은 마 10:1에 "예수께서 그의 열두 제자를 부르사 더러운 귀신을 쫓아내며 모든 병과 모든 약한 것을 고치는 권능을 주시니라"라고 기록하고, 이러한 사실에 대해 요 17:7에는 "지금 그들은 아버지께서 내게 주신 것이 다 아버지로부터 온 것인 줄 알았나이다"라고 증거하고 있습니다. 또한 예수님의 사역에 대해 눅 5:17에는 "하루는 가르치실 때에 갈릴리의 각 마을과 유대와 예루살렘에서 온 바리새인과 율법교사들이 앉았는데 병을 고치는 주의 능력이 예수와 함께 하더라", 행 10:38에는 "하나님이 나사렛 예수에게 성령과 능력을 기름 붓듯 하셨으매 그가 두루 다니시며 선한 일을 행하시고 마귀에게 눌린 모든 사람을 고치셨으니 이는 하나님이 함께 하셨음이라", 히 5:7~10에는 "[7]그는 육체에 계실 때에 자기를 죽음에서 능히 구원하실 이에게 심한 통곡과 눈물로 간구와 소원을 올렸고 그의 경건하심으로 말미암아 들으심을 얻었느니라 [8]그가 아들이시면서도 받으신 고난으로 순종함을 배워서 [9]온전하게 되셨은즉 자기에게 순종하는 모든 자에게 영원한 구원의 근원이 되시고 [10]하나님께 멜기세덱의 반차를 따른 대제사장이라 칭하심을 받으셨느니라"라고 증거하고 있습니다.

17.
믿음의 유무(有無)와 크기

마 21:18~22 [18]이른 아침에 성으로 들어오실 때에 시장하신지라 [19]길가에서 한 무화과나무를 보시고 그리로 가사 잎사귀 밖에 아무것도 찾지 못하시고 나무에게 이르시되 이제부터 영원토록 네가 열매를 맺지 못하리라 하시니 무화과나무가 곧 마른지라 [20]제자들이 보고 이상히 여겨 이르되 무화과나무가 어찌하여 곧 말랐나이까 [21]예수께서 대답하여 이르시되 내가 진실로 너희에게 이르노니 만일 너희가 믿음이 있고 의심하지 아니하면 이 무화과나무에게 된 이런 일만 할 뿐 아니라 이 산더러 들려 바다에 던져지라 하여도 될 것이요 [22]너희가 기도할 때에 무엇이든지 믿고 구하는 것은 다 받으리라 하시니라

막 4:39~41 [39]예수께서 깨어 바람을 꾸짖으시며 바다더러 이르시되 잠잠하라 고요하라 하시니 바람이 그치고 아주 잔잔하여지더라 [40]이에 제자들에게 이르시되 어찌하여 이렇게 무서워하느냐 너희가 어찌 믿음이 없느냐 하시니 [41]그들이 심히 두려워하여 서로 말하되 그가 누구이기에 바람과 바다도 순종하는가 하였더라

눅 17:5~6 ⁵사도들이 주께 여짜오되 우리에게 믿음을 더하소서 하니 ⁶주께서 이르시되 너희에게 겨자씨 한 알만한 믿음이 있었더라면 이 뽕나무더러 뿌리가 뽑혀 바다에 심기어라 하였을 것이요 그것이 너희에게 순종하였으리라

엡 6:18 모든 기도와 간구를 하되 항상 성령 안에서 기도하고 이를 위하여 깨어 구하기를 항상 힘쓰며 여러 성도를 위하여 구하라

살전 5:16~18 ¹⁶항상 기뻐하라 ¹⁷쉬지 말고 기도하라 ¹⁸범사에 감사하라 이것이 그리스도 예수 안에서 너희를 향하신 하나님의 뜻이니라

약 4:1~3 ¹너희 중에 싸움이 어디로부터 다툼이 어디로부터 나느냐 너희 지체 중에서 싸우는 정욕으로부터 나는 것이 아니냐 ²너희는 욕심을 내어도 얻지 못하여 살인하며 시기하여도 능히 취하지 못하므로 다투고 싸우는도다 너희가 얻지 못함은 구하지 아니하기 때문이요 ³구하여도 받지 못함은 정욕으로 쓰려고 잘못 구하기 때문이라

사람이 호흡을 멈추면 살 수 없듯이, 하나님께 쉬지 않고 기도하는 가운데 이루어지는 것이 전혀 없다면, 어떻게 받아들여야 하겠습니까? 만일 의심치 아니하고 정욕으로 쓰려고 잘못 구함이 아니라면, 믿음이 없거나 겨자씨 한 알보다 더 작은 믿음이라고 말씀하고 있습니다.

17. 믿음의 유무(有無)와 크기

18.
'주여, 주여' 하는 많은 사람들의 치명적 오해

마 7:22~23 ²²그날에 많은 사람이 나더러 이르되 주여 주여 우리가 주의 이름으로 선지자 노릇 하며 주의 이름으로 귀신을 쫓아내며 주의 이름으로 많은 권능을 행하지 아니하였나이까 하리니 ²³그때에 내가 그들에게 밝히 말하되 내가 너희를 도무지 알지 못하니 불법을 행하는 자들아 내게서 떠나가라 하리라

예수께서는 마 7:21에서 "나더러 주여 주여 하는 자마다 다 천국에 들어갈 것이 아니요 다만 하늘에 계신 내 아버지의 뜻대로 행하는 자라야 들어가리라"라고 말씀하시고, 사도 바울도 고전 12:3에서 "그러므로 내가 너희에게 알리노니 하나님의 영으로 말하는 자는 누구든지 예수를 저주할 자라 하지 아니하고 또 성령으로 아니하고는 누구든지 예수를 주시라 할 수 없느니라"라고 증거하고 있습니다. 이것은 외모를 보고 판단하는 사람으로서는 분별하기가 쉽지 않은 말씀입니다. 그러나 주의 이름으로 선지자 노릇 하고, 주의 이름으로 귀신을 쫓아내며, 주의 이름으로 많은 권능을 행하는 것이 천국에 들어가는 것을 보장해 주지 않는다는 분명한 주님의 말씀입니다. 주의 이름으로 나타나는 이렇게 귀중한 은사들에 대해, 고전

13:8~10에서는, "⁸사랑은 언제까지나 떨어지지 아니하되 예언도 폐하고 방언도 그치고 지식도 폐하리라 ⁹우리는 부분적으로 알고 부분적으로 예언하니 ¹⁰온전한 것이 올 때에는 부분적으로 하던 것이 폐하리라"라고 증거하고 있습니다.

19.
더욱 큰 은사 곧, 제일 좋은 길

사 55:10~11 ¹⁰이는 비와 눈이 하늘로부터 내려서 그리로 되돌아가지 아니하고 땅을 적셔서 소출이 나게 하며 싹이 나게 하여 파종하는 자에게는 종자를 주며 먹는 자에게는 양식을 줌과 같이 ¹¹내 입에서 나가는 말도 이와 같이 헛되이 내게로 되돌아오지 아니하고 나의 기뻐하는 뜻을 이루며 내가 보낸 일에 형통함이니라

막 4:26~29 ²⁶또 이르시되 하나님의 나라는 사람이 씨를 땅에 뿌림과 같으니 ²⁷그가 밤낮 자고 깨고 하는 중에 씨가 나서 자라되 어떻게 그리되는지를 알지 못하느니라 ²⁸땅이 스스로 열매를 맺되 처음에는 싹이요 다음에는 이삭이요 그다음에는 이삭에 충실한 곡식이라 ²⁹열매가 익으면 곧 낫을 대나니 이는 추수 때가 이르렀음이라

고전 12:31~13:13 ³¹너희는 더욱 큰 은사를 사모하라 내가 또한 가장 좋은 길을 너희에게 보이리라 ¹내가 사람의 방언과 천사의 말을 할지라도 사랑이 없으면 소리 나는 구리와 울리는 꽹과

리가 되고 ²내가 예언하는 능력이 있어 모든 비밀과 모든 지식을 알고 또 산을 옮길 만한 모든 믿음이 있을지라도 사랑이 없으면 내가 아무 것도 아니요 ³내가 내게 있는 모든 것으로 구제하고 또 내 몸을 불사르게 내줄지라도 사랑이 없으면 내게 아무 유익이 없느니라 ⁴사랑은 오래 참고 사랑은 온유하며 시기하지 아니하며 사랑은 자랑하지 아니하며 교만하지 아니하며 ⁵무례히 행하지 아니하며 자기의 유익을 구하지 아니하며 성내지 아니하며 악한 것을 생각하지 아니하며 ⁶불의를 기뻐하지 아니하며 진리와 함께 기뻐하고 ⁷모든 것을 참으며 모든 것을 믿으며 모든 것을 바라며 모든 것을 견디느니라 ⁸사랑은 언제까지나 떨어지지 아니하되 예언도 폐하고 방언도 그치고 지식도 폐하리라 ⁹우리는 부분적으로 알고 부분적으로 예언하니 ¹⁰온전한 것이 올 때에는 부분적으로 하던 것이 폐하리라 ¹¹내가 어렸을 때에는 말하는 것이 어린아이와 같고 깨닫는 것이 어린아이와 같고 생각하는 것이 어린아이와 같다가 장성한 사람이 되어서는 어린아이의 일을 버렸노라 ¹²우리가 지금은 거울로 보는 것같이 희미하나 그때에는 얼굴과 얼굴을 대하여 볼 것이요 지금은 내가 부분적으로 아나 그때에는 주께서 나를 아신 것같이 내가 온전히 알리라 ¹³그런즉 믿음, 소망, 사랑, 이 세 가지는 항상 있을 것인데 그 중의 제일은 사랑이라

오직 열매를 얻기 원하시는 하나님의 뜻을 아는 히브리서 기자는 히 6:7~8에서 "⁷땅이 그 위에 자주 내리는 비를 흡수하여 밭 가는 자들이 쓰기에 합당한 채소를 내면 하나님께 복을 받고 ⁸만일 가시와 엉겅퀴를 내면 버림을 당하고 저주함에 가까워 그 마지막은 불사름이 되리라"라고 증거하고 있습니다.

열매를 맺기 위해 자라가는 과정에서, 보이지 않게 뿌리를 내리는 것은 "믿음은 바라는 것들의 실상이요 보이지 않는 것들의 증거니"(히 11:1)라고 말씀하신 대로, 우리의 믿음과 같고, 삐죽이 돋아나는 새싹은 오묘한 생명의 신비함을 맛보게 하며, 아름다운 꽃의 자태와 매혹의 향기를 통해 열매에 대한 소망을 북돋아 줍니다. 그래서 사도 바울은 롬 8:24~25에서 "^{24}우리가 소망으로 구원을 얻었으매 보이는 소망이 소망이 아니니 보는 것을 누가 바라리요 ^{25}만일 우리가 보지 못하는 것을 바라면 참음으로 기다릴지니라"라고 권면합니다. 그러나 다양한 모습의 성장 과정을 거쳐 열매를 맺는 시기가 되면, 많은 호기심을 불러일으키는 아름다운 모습은 사라지고 오직 열매만 남게 됩니다. 추수 과정을 거쳐 곳간에 들어가는 것은 곡식, 곧 열매만 들어가게 되는 것입니다.

예수께서 이 땅에 오신 목적을 십자가에서 다 이루시고, 열매 곧 '사랑의 열매'를 맺은 사실을 요 19:30에서 "예수께서 신 포도주를 받으신 후에 이르시되 다 이루었다 하시고 머리를 숙이니 영혼이 떠나가시니라"라고 증거하고 있습니다. 아버지 하나님께서 그토록 원하시던 그 열매, 사랑하는 아들 예수 그리스도가 십자가에서 온 세상 죄를 위한 화목제물이 되는 것, 곧 이 '십자가의 도(道)'를 알지 못했던 모든 제자들이 실족하여 예수님을 버리고 도망한 사실도, 성경은 막 14:50에서 "제자들이 다 예수를 버리고 도망하니라"라고 증거하고 있습니다.

예수께서 가신 '십자가의 도(道)'를 똑같이 걸었던 사도 바울에 대해 누가는 행 19:8~12에서 "^{8}바울이 회당에 들어가 석 달 동안 담대히 하나님 나라에 관하여 강론하며 권면하되 ^{9}어떤 사람들은 마음이 굳어 순종하지 않고 무리 앞에서 이 도를 비방하거늘 바울이 그들을 떠나 제자들을 따로 세우고 두란노 서원에서 날마다 강론하니라 ¹⁰두 해 동안 이같이 하니 아시아에 사는 자는 유대인이나 헬라인이나 다 주의 말씀을 듣더라 ¹¹하나님이 바울의 손으로 놀라운 능력을 행하게 하시니 ¹²심지어 사람들이 바울의 몸에서 손수건이나 앞치마를 가져다가 병든 사람에게 얹으면 그 병이 떠나고 악귀도 나가더라"라고 기록했습니다.

우리가 잘 알고 있는 것과 같이, 이때는 바울의 제3차 전도 여행 중 아시아와 에베소 두란노 서원에서 사역하던 시기로, 비교적 중기에 해당하는 심고, 물주고, 가꾸는 시기라 할 수 있을 것입니다.

이제 사도 바울의 사역 말기, 즉 열매 맺는 시기에 해당하는 성경의 증거들을 살펴보겠습니다.

딤후 1:15 아시아에 있는 모든 사람이 나를 버린 이 일을 네가 아나니 그 중에는 부겔로와 허모게네도 있느니라

딤후 4:5~16 ⁵그러나 너는 모든 일에 신중하여 고난을 받으며 전도자의 일을 하며 네 직무를 다하라 ⁶전제와 같이 내가 벌써 부어지고 나의 떠날 시각이 가까웠도다 ⁷나는 선한 싸움을 싸우고 나의 달려갈 길을 마치고 믿음을 지켰으니 ⁸이제 후로는 나를 위하여 의의 면류관이 예비되었으므로 주 곧 의로우신 재판장이 그날에 내게 주실 것이며 내게만 아니라 주의 나타나심을 사모하는 모든 자에게도니라 ⁹너는 어서 속히 내게로 오라 ¹⁰데마는 이 세상을 사랑하여 나를 버리고 데살로니가로 갔고 그레스게는 갈라디아로, 디도는 달마디아로 갔고 ¹¹누가만 나와 함께 있느니라 네가 올 때에 마가를 데리고 오라 그가 나의 일에 유익하니라 ¹²두기고는 에베소로 보내었노라 ¹³네가 올 때에 내가 드로아 가보의 집에 둔 겉옷을 가지고 오고 또 책은 특별히

가죽 종이에 쓴 것을 가져오라 ^{14}구리 세공업자 알렉산더가 내게 해를 많이 입혔으매 주께서 그 행한 대로 그에게 갚으시리니 ^{15}너도 그를 주의하라 그가 우리 말을 심히 대적하였느니라 ^{16}내가 처음 변명할 때에 나와 함께한 자가 하나도 없고 다 나를 버렸으나 그들에게 허물을 돌리지 않기를 원하노라

딤후 4:20   에라스도는 고린도에 머물러 있고 드로비모는 병들어서 밀레도에 두었노니

이 길이 예수께서 걸어가신 '십자가의 도(道)'이며, 또한 사도 바울이 소개하는 '더욱 큰 은사 곧, 제일 좋은 길'임을 믿어 의심치 않습니다. 또한 그가 앞장서서, 본을 보이면서 고전 11:1에서 "내가 그리스도를 본받는 자가 된 것같이 너희는 나를 본받는 자가 되라"라고 권면하고 있습니다.

20.
자기의 소유를 다 팔아야 살 수 있는 보화와 진주

마 13:44~46 ⁴⁴천국은 마치 밭에 감추인 보화와 같으니 사람이 이를 발견한 후 숨겨 두고 기뻐하며 돌아가서 자기의 소유를 다 팔아 그 밭을 사느니라 ⁴⁵또 천국은 마치 좋은 진주를 구하는 장사와 같으니 ⁴⁶극히 값진 진주 하나를 발견하매 가서 자기의 소유를 다 팔아 그 진주를 사느니라

막 12:28~34 ²⁸서기관 중 한 사람이 그들이 변론하는 것을 듣고 예수께서 잘 대답하신 줄을 알고 나아와 묻되 모든 계명 중에 첫째가 무엇이니이까 ²⁹예수께서 대답하시되 첫째는 이것이니 이스라엘아 들으라 주 곧 우리 하나님은 유일한 주시라 ³⁰네 마음을 다하고 목숨을 다하고 뜻을 다하고 힘을 다하여 주 너의 하나님을 사랑하라 하신 것이요 ³¹둘째는 이것이니 네 이웃을 네 자신과 같이 사랑하라 하신 것이라 이보다 더 큰 계명이 없느니라 ³²서기관이 이르되 선생님이여 옳소이다 하나님은 한 분이시요 그 외에 다른 이가 없다 하신 말씀이 참이니이다 ³³또 마음을 다하고 지혜를 다하고 힘을 다하여 하나님을 사랑하는 것과 또 이웃을 자기 자신과 같이 사랑하는 것이 전체로 드리는

모든 번제물과 기타 제물보다 나으니이다 ³⁴예수께서 그가 지혜 있게 대답함을 보시고 이르시되 네가 하나님의 나라에서 멀지 않도다 하시니 그 후에 감히 묻는 자가 없더라

밭에 감추인 보화와 좋은 진주로 비유하는 천국은, 자기 모든 소유를 다 팔아야 살 수 있는 것입니다. 돈이 많고 적음의 문제가 아니라, 마음과 목숨, 뜻과 힘을 다하여 하나님을 사랑하고, 내 이웃을 나 자신과 같이 사랑하는 것은, 나의 하나뿐인 목숨과 인생(人生), 그리고 모든 것을 투자하는 것, 즉 '나의 한 번뿐인 일생(一生)'을 심어 영생(永生)을 수확하는 것'에 비유할 수 있을 것입니다. 이것은 30배, 60배, 100배와도 비교할 수 없고, 천 배, 만 배도 아닌 무한배수의 수확입니다.

그런데 이렇게 수지맞는 장사에는 두 가지의 전제 조건이 있습니다. 첫째는 절대적 조건이고, 둘째는 임의적 조건입니다. 먼저 절대적 조건에 대하여 약 4:13~17에는 "¹³들으라 너희 중에 말하기를 오늘이나 내일이나 우리가 어떤 도시에 가서 거기서 일 년을 머물며 장사하여 이익을 보리라 하는 자들아 ¹⁴내일 일을 너희가 알지 못하는도다 너희 생명이 무엇이냐 너희는 잠깐 보이다가 없어지는 안개니라 ¹⁵너희가 도리어 말하기를 주의 뜻이면 우리가 살기도 하고 이것이나 저것을 하리라 할 것이거늘 ¹⁶이제도 너희가 허탄한 자랑을 하니 그러한 자랑은 다 악한 것이라 ¹⁷그러므로 사람이 선을 행할 줄 알고도 행하지 아니하면 죄니라"라고 말씀하고 있습니다. 이 장사의 절대적 조건은 '주의 뜻'이 있어야 가능한 장사입니다. 만일 '주의 뜻'에 대한 확인이 없다면 그것은 허탄한 자랑으로 드러날 것임을 경고하고 있습니다.

이어서 임의적 조건에 대해서 생각해 보겠습니다. 밭에 감추인 보화를 발견하고 극히 값진 진주를 만난 그들이 자기들의 소유를 다

팔아 그것들을 얻는 과정에서, 매우 중요하고 필수적인 절차를 너무나 쉽고 간단하게 말씀하셔서, 많은 사람이 쉽게 간과하는 부분일 수도 있습니다. 그것은 보화와 진주의 감정평가 과정일 것입니다. 최대한으로 섬세하고, 철저하고, 완벽하게, 가능한 모든 합리적인 수단과 방법을 동원하여 빠르게 검증하여 객관적인 보증과 공증을 담보할 수만 있다면, 감정하는 과정과 모든 소유를 다 파는 과정이 얼마나 가슴이 두근거리며 설렐지 상상만 해도 들뜨게 되는 것 같습니다.

이러한 객관적인 보증과 공증에 대한 지침서가 바로 성경이라는 사실을 요 5:39~40에서 말합니다. "[39]너희가 성경에서 영생을 얻는 줄 생각하고 성경을 연구하거니와 이 성경이 곧 내게 대하여 증언하는 것이니라 [40]그러나 너희가 영생을 얻기 위하여 내게 오기를 원하지 아니하는도다", 또한 행 17:11에서는 "베뢰아에 있는 사람들은 데살로니가에 있는 사람들보다 더 너그러워서 간절한 마음으로 말씀을 받고 이것이 그러한가 하여 날마다 성경을 상고하므로"라고 증거하며, 예수님의 말씀과 순종으로 적용하는 사례를 통해서 설명하고 있습니다. 이렇게 해서 보화와 진주를 확실하게 감정하는 과정을 잘 마친다면, 다음 과정은 자기의 소유를 다 팔아 그것들을 사는 일, 즉 '예수께로 나아가는 일'일 것입니다.

물론 이러한 과정에서, 전후 사정을 전혀 알지 못하는 사람들로부터 불가피한 오해나 비난, 핍박도 받을 수 있을 것입니다. 그래서 막 10:29~30에서는 "[29]예수께서 이르시되 내가 진실로 너희에게 이르노니 나와 복음을 위하여 집이나 형제나 자매나 어머니나 아버지나 자식이나 전토를 버린 자는 [30]현세에 있어 집과 형제와 자매와 어머니와 자식과 전토를 백 배나 받되 박해를 겸하여 받고 내세에 영생을 받지 못할 자가 없느니라"라고 증거하고 있습니다.

21.
천국은 원하는 자마다 갈 수 있는 곳이 아님

롬 9:6~18 ⁶그러나 하나님의 말씀이 폐하여진 것 같지 않도다 이스라엘에게서 난 그들이 다 이스라엘이 아니요 ⁷또한 아브라함의 씨가 다 그의 자녀가 아니라 오직 이삭으로부터 난 자라야 네 씨라 불리리라 하셨으니 ⁸곧 육신의 자녀가 하나님의 자녀가 아니요 오직 약속의 자녀가 씨로 여기심을 받느니라 ⁹약속의 말씀은 이것이니 명년 이때에 내가 이르리니 사라에게 아들이 있으리라 하심이라 ¹⁰그뿐 아니라 또한 리브가가 우리 조상 이삭 한 사람으로 말미암아 임신하였는데 ¹¹그 자식들이 아직 나지도 아니하고 무슨 선이나 악을 행하지 아니한 때에 택하심을 따라 되는 하나님의 뜻이 행위로 말미암지 않고 오직 부르시는 이로 말미암아 서게 하려 하사 ¹²리브가에게 이르시되 큰 자가 어린 자를 섬기리라 하셨나니 ¹³기록된바 내가 야곱은 사랑하고 에서는 미워하였다 하심과 같으니라 ¹⁴그런즉 우리가 무슨 말을 하리요 하나님께 불의가 있느냐 그럴 수 없느니라 ¹⁵모세에게 이르시되 내가 긍휼히 여길 자를 긍휼히 여기고 불쌍히 여길 자를 불쌍히 여기리라 하셨으니 ¹⁶그런즉 원하는 자로 말미암음도 아니요 달음박질하는 자로 말미암음도 아니요 오직 긍휼히 여

기시는 하나님으로 말미암음이니라 ¹⁷성경이 바로에게 이르시되 내가 이 일을 위하여 너를 세웠으니 곧 너로 말미암아 내 능력을 보이고 내 이름이 온 땅에 전파되게 하려 함이라 하셨으니 ¹⁸그런즉 하나님께서 하고자 하시는 자를 긍휼히 여기시고 하고자 하시는 자를 완악하게 하시느니라

하나님은 아무도 멸망치 않고 다 회개하여 구원받기를 원하시지만, 악한 날을 위해 적당하게 지으신 악인들, 지금도 불순종 가운데 있는 본질상 진노의 자녀들, 온 땅에서 멸절의 대상인 삼분의 이가 있기 때문에, 믿음은 모든 사람의 것이 아니라고 하신 말씀들을 상고해 보겠습니다.

잠 16:4 여호와께서 온갖 것을 그 쓰임에 적당하게 지으셨나니 악인도 악한 날에 적당하게 하셨느니라

겔 18:21~23 ²¹그러나 악인이 만일 그가 행한 모든 죄에서 돌이켜 떠나 내 모든 율례를 지키고 정의와 공의를 행하면 반드시 살고 죽지 아니할 것이라 ²²그 범죄한 것이 하나도 기억함이 되지 아니하리니 그가 행한 공의로 살리라 ²³주 여호와의 말씀이니라 내가 어찌 악인이 죽는 것을 조금인들 기뻐하랴 그가 돌이켜 그 길에서 떠나 사는 것을 어찌 기뻐하지 아니하겠느냐

슥 13:8~9 ⁸여호와가 말하노라 이 온 땅에서 삼분의 이는 멸망하고 삼분의 일은 거기 남으리니 ⁹내가 그 삼분의 일을 불 가운데에 던져 은같이 연단하며 금같이 시험할 것이라 그들이 내 이름을 부르리니 내가 들을 것이며 나는 말하기를 이는 내 백

성이라 할 것이요 그들은 말하기를 여호와는 내 하나님이시라 하리라

눅 13:24 좁은 문으로 들어가기를 힘쓰라 내가 너희에게 이르노니 들어가기를 구하여도 못하는 자가 많으리라

엡 2:2~3 ²그때에 너희는 그 가운데서 행하여 이 세상 풍조를 따르고 공중의 권세 잡은 자를 따랐으니 곧 지금 불순종의 아들들 가운데서 역사하는 영이라 ³전에는 우리도 다 그 가운데서 우리 육체의 욕심을 따라 지내며 육체와 마음의 원하는 것을 하여 다른 이들과 같이 본질상 진노의 자녀이었더니

살후 3:2 또한 우리를 부당하고 악한 사람들에게서 건지시옵소서 하라 믿음은 모든 사람의 것이 아니니라

딤전 2:4 하나님은 모든 사람이 구원을 받으며 진리를 아는 데에 이르기를 원하시느니라

벧후 3:9 주의 약속은 어떤 이들이 더디다고 생각하는 것같이 더딘 것이 아니라 오직 주께서는 너희를 대하여 오래 참으사 아무도 멸망하지 아니하고 다 회개하기에 이르기를 원하시느니라

천국은 오직 하나님의 주권, 즉 하나님의 뜻, 하나님의 은혜, 하나님의 긍휼을 믿고 순종하며, 하나님의 은혜의 영광을 찬송하는 자들에게 주셨음을, 하나님의 말씀을 통해 확인해 보겠습니다.

요 1:9~13 ⁹참 빛 곧 세상에 와서 각 사람에게 비추는 빛이 있었나니 ¹⁰그가 세상에 계셨으며 세상은 그로 말미암아 지은 바 되었으되 세상이 그를 알지 못하였고 ¹¹자기 땅에 오매 자기 백성이 영접하지 아니하였으나 ¹²영접하는 자 곧 그 이름을 믿는 자들에게는 하나님의 자녀가 되는 권세를 주셨으니 ¹³이는 혈통으로나 육정으로나 사람의 뜻으로 나지 아니하고 오직 하나님께로부터 난 자들이니라

요 6:37~45 ³⁷아버지께서 내게 주시는 자는 다 내게로 올 것이요 내게 오는 자는 내가 결코 내쫓지 아니하리라 ³⁸내가 하늘에서 내려온 것은 내 뜻을 행하려 함이 아니요 나를 보내신 이의 뜻을 행하려 함이니라 ³⁹나를 보내신 이의 뜻은 내게 주신 자 중에 내가 하나도 잃어버리지 아니하고 마지막 날에 다시 살리는 이것이니라 ⁴⁰내 아버지의 뜻은 아들을 보고 믿는 자마다 영생을 얻는 이것이니 마지막 날에 내가 이를 다시 살리리라 하시니라 ⁴¹자기가 하늘에서 내려온 떡이라 하시므로 유대인들이 예수에 대하여 수군거려 ⁴²이르되 이는 요셉의 아들 예수가 아니냐 그 부모를 우리가 아는데 자기가 지금 어찌하여 하늘에서 내려왔다 하느냐 ⁴³예수께서 대답하여 이르시되 너희는 서로 수군거리지 말라 ⁴⁴나를 보내신 아버지께서 이끌지 아니하시면 아무도 내게 올 수 없으니 오는 그를 내가 마지막 날에 다시 살리리라 ⁴⁵선지자의 글에 그들이 다 하나님의 가르치심을 받으리라 기록되었은즉 아버지께 듣고 배운 사람마다 내게로 오느니라

행 13:47~48 ⁴⁷주께서 이같이 우리에게 명하시되 내가 너를 이

방의 빛으로 삼아 너로 땅끝까지 구원하게 하리라 하셨느니라 하니 [48]이방인들이 듣고 기뻐하여 하나님의 말씀을 찬송하며 영생을 주시기로 작정된 자는 다 믿더라

딤후 1:9 하나님이 우리를 구원하사 거룩하신 소명으로 부르심은 우리의 행위대로 하심이 아니요 오직 자기의 뜻과 영원 전부터 그리스도 예수 안에서 우리에게 주신 은혜대로 하심이라

딛 3:3~7 [3]우리도 전에는 어리석은 자요 순종하지 아니한 자요 속은 자요 여러 가지 정욕과 행락에 종노릇한 자요 악독과 투기를 일삼은 자요 가증스러운 자요 피차 미워한 자였으나 [4]우리 구주 하나님의 자비와 사람 사랑하심이 나타날 때에 [5]우리를 구원하시되 우리가 행한 바 의로운 행위로 말미암지 아니하고 오직 그의 긍휼하심을 따라 중생의 씻음과 성령의 새롭게 하심으로 하셨나니 [6]우리 구주 예수 그리스도로 말미암아 우리에게 그 성령을 풍성히 부어 주사 [7]우리로 그의 은혜를 힘입어 의롭다 하심을 얻어 영생의 소망을 따라 상속자가 되게 하려 하심이라

22.
이미 이룬 구원과 지금 이루어 가는 중이며 아직 이루어 가야 할 구원

눅 7:47~50 ⁴⁷이러므로 내가 네게 말하노니 그의 많은 죄가 사하여졌도다 이는 그의 사랑함이 많음이라 사함을 받은 일이 적은 자는 적게 사랑하느니라 ⁴⁸이에 여자에게 이르시되 네 죄 사함을 받았느니라 하시니 ⁴⁹함께 앉아 있는 자들이 속으로 말하되 이가 누구이기에 죄도 사하는가 하더라 ⁵⁰예수께서 여자에게 이르시되 네 믿음이 너를 구원하였으니 평안히 가라 하시니라

눅 19:1~10 ¹예수께서 여리고로 들어가 지나가시더라 ²삭개오라 이름하는 자가 있으니 세리장이요 또한 부자라 ³그가 예수께서 어떠한 사람인가 하여 보고자 하되 키가 작고 사람이 많아 할 수 없어 ⁴앞으로 달려가서 보기 위하여 돌무화과나무에 올라가니 이는 예수께서 그리로 지나가시게 됨이러라 ⁵예수께서 그 곳에 이르사 쳐다보시고 이르시되 삭개오야 속히 내려오라 내가 오늘 네 집에 유하여야 하겠다 하시니 ⁶급히 내려와 즐거워하며 영접하거늘 ⁷뭇 사람이 보고 수군거려 이르되 저가 죄인의 집에 유하러 들어갔도다 하더라 ⁸삭개오가 서서 주께 여짜오되

주여 보시옵소서 내 소유의 절반을 가난한 자들에게 주겠사오며 만일 누구의 것을 속여 빼앗은 일이 있으면 네 갑절이나 갚겠나이다 [9]예수께서 이르시되 오늘 구원이 이 집에 이르렀으니 이 사람도 아브라함의 자손임이로다 [10]인자가 온 것은 잃어버린 자를 찾아 구원하려 함이니라

행 2:43~47 [43]사람마다 두려워하는데 사도들로 말미암아 기사와 표적이 많이 나타나니 [44]믿는 사람이 다 함께 있어 모든 물건을 서로 통용하고 [45]또 재산과 소유를 팔아 각 사람의 필요를 따라 나눠 주며 [46]날마다 마음을 같이하여 성전에 모이기를 힘쓰고 집에서 떡을 떼며 기쁨과 순전한 마음으로 음식을 먹고 [47]하나님을 찬미하며 또 온 백성에게 칭송을 받으니 주께서 구원받는 사람을 날마다 더하게 하시니라

행 16:27~34 [27]간수가 자다가 깨어 옥문들이 열린 것을 보고 죄수들이 도망한 줄 생각하고 칼을 빼어 자결하려 하거늘 [28]바울이 크게 소리 질러 이르되 네 몸을 상하지 말라 우리가 다 여기 있노라 하니 [29]간수가 등불을 달라고 하며 뛰어 들어가 무서워 떨며 바울과 실라 앞에 엎드리고 [30]그들을 데리고 나가 이르되 선생들이여 내가 어떻게 하여야 구원을 받으리이까 하거늘 [31]이르되 주 예수를 믿으라 그리하면 너와 네 집이 구원을 받으리라 하고 [32]주의 말씀을 그 사람과 그 집에 있는 모든 사람에게 전하더라 [33]그 밤 그 시각에 간수가 그들을 데려다가 그 맞은 자리를 씻어 주고 자기와 그 온 가족이 다 세례(침례)를 받은 후 [34]그들을 데리고 자기 집에 올라가서 음식을 차려 주고 그와 온 집안이 하나님을 믿으므로 크게 기뻐하니라

롬 10:9~10 ⁹네가 만일 네 입으로 예수를 주로 시인하며 또 하나님께서 그를 죽은 자 가운데서 살리신 것을 네 마음에 믿으면 구원을 받으리라 ¹⁰사람이 마음으로 믿어 의에 이르고 입으로 시인하여 구원에 이르느니라

엡 1:3~6 ³찬송하리로다 하나님 곧 우리 주 예수 그리스도의 아버지께서 그리스도 안에서 하늘에 속한 모든 신령한 복을 우리에게 주시되 ⁴곧 창세 전에 그리스도 안에서 우리를 택하사 우리로 사랑 안에서 그 앞에 거룩하고 흠이 없게 하시려고 ⁵그 기쁘신 뜻대로 우리를 예정하사 예수 그리스도로 말미암아 자기의 아들들이 되게 하셨으니 ⁶이는 그가 사랑하시는 자 안에서 우리에게 거저 주시는바 그의 은혜의 영광을 찬송하게 하려는 것이라

엡 2:1~10 ¹그는 허물과 죄로 죽었던 너희를 살리셨도다 ²그때에 너희는 그 가운데서 행하여 이 세상 풍조를 따르고 공중의 권세 잡은 자를 따랐으니 곧 지금 불순종의 아들들 가운데서 역사하는 영이라 ³전에는 우리도 다 그 가운데서 우리 육체의 욕심을 따라 지내며 육체와 마음의 원하는 것을 하여 다른 이들과 같이 본질상 진노의 자녀이었더니 ⁴긍휼이 풍성하신 하나님이 우리를 사랑하신 그 큰 사랑을 인하여 ⁵허물로 죽은 우리를 그리스도와 함께 살리셨고 (너희는 은혜로 구원을 받은 것이라) ⁶또 함께 일으키사 그리스도 예수 안에서 함께 하늘에 앉히시니 ⁷이는 그리스도 예수 안에서 우리에게 자비하심으로써 그 은혜의 지극히 풍성함을 오는 여러 세대에 나타내려 하심이라 ⁸너희는 그 은혜에 의하여 믿음으로 말미암아 구원을 받았으니 이

것은 너희에게서 난 것이 아니요 하나님의 선물이라 ⁹행위에서 난 것이 아니니 이는 누구든지 자랑하지 못하게 함이라 ¹⁰우리는 그가 만드신 바라 그리스도 예수 안에서 선한 일을 위하여 지으심을 받은 자니 이 일은 하나님이 전에 예비하사 우리로 그 가운데서 행하게 하려 하심이니라

히 1:1~2에서 "¹옛적에 선지자들을 통하여 여러 부분과 여러 모양으로 우리 조상들에게 말씀하신 하나님이 ²이 모든 날 마지막에는 아들을 통하여 우리에게 말씀하셨으니 이 아들을 만유의 상속자로 세우시고 또 그로 말미암아 모든 세계를 지으셨느니라"라고 하신 대로 이미 이룬 구원과, 지금 이루어 가는 중이며, 아직 이루어 가야 할 구원에 대하여 상고해 보겠습니다.

성경은 증거하기를, 성령의 감동과 때를 따라 역사하시는 은혜의 분량에 따라, 갈 1:15에서는 "그러나 내 어머니의 태로부터 나를 택정하시고 그의 은혜로 나를 부르신 이가"와 같이, 어머니의 태로부터 택정함을 말씀하고, 엡 1:4~5에서는 "⁴곧 창세 전에 그리스도 안에서 우리를 택하사 우리로 사랑 안에서 그 앞에 거룩하고 흠이 없게 하시려고 ⁵그 기쁘신 뜻대로 우리를 예정하사 예수 그리스도로 말미암아 자기의 아들들이 되게 하셨으니"와 같이 창세 전에 택하사, 예정하여 아들들이 되게 하심을 말씀합니다. 롬 10:10에서는 "사람이 마음으로 믿어 의에 이르고 입으로 시인하여 구원에 이르느니라"라고 말씀하신 것처럼, 믿고 시인할 때 이르는 구원과, 이미 예정하여 아들들이 되게 하신, 이미 이룬 구원에 대하여 증거하고 있습니다.

이어서, 지금 현재 이루어 가고 있는 중이며, 아직 이루어 가야 할 구원에 대한 말씀을 상고해 보겠습니다.

마 10:22   또 너희가 내 이름으로 말미암아 모든 사람에게 미움을 받을 것이나 끝까지 견디는 자는 구원을 얻으리라

롬 13:11   또한 너희가 이 시기를 알거니와 자다가 깰 때가 벌써 되었으니 이는 이제 우리의 구원이 처음 믿을 때보다 가까웠음이라

고전 9:26~27   ²⁶그러므로 나는 달음질하기를 향방 없는 것같이 아니하고 싸우기를 허공을 치는 것 같이 아니하며 ²⁷내가 내 몸을 쳐 복종하게 함은 내가 남에게 전파한 후에 자신이 도리어 버림을 당할까 두려워함이로다

빌 2:12   그러므로 나의 사랑하는 자들아 너희가 나 있을 때뿐 아니라 더욱 지금 나 없을 때에도 항상 복종하여 두렵고 떨림으로 너희 구원을 이루라

빌 3:10~14   ¹⁰내가 그리스도와 그 부활의 권능과 그 고난에 참여함을 알고자 하여 그의 죽으심을 본받아 ¹¹어떻게 해서든지 죽은 자 가운데서 부활에 이르려 하노니 ¹²내가 이미 얻었다 함도 아니요 온전히 이루었다 함도 아니라 오직 내가 그리스도 예수께 잡힌 바 된 그것을 잡으려고 달려가노라 ¹³형제들아 나는 아직 내가 잡은 줄로 여기지 아니하고 오직 한 일 즉 뒤에 있는 것은 잊어버리고 앞에 있는 것을 잡으려고 ¹⁴푯대를 향하여 그리스도 예수 안에서 하나님이 위에서 부르신 부름의 상을 위하여 달려가노라

히 6:9 사랑하는 자들아 우리가 이같이 말하나 너희에게는 이 보다 더 좋은 것 곧 구원에 속한 것이 있음을 확신하노라

히 9:27~28 ²⁷한 번 죽는 것은 사람에게 정해진 것이요 그 후에는 심판이 있으리니 ²⁸이와 같이 그리스도도 많은 사람의 죄를 담당하시려고 단번에 드리신 바 되셨고 구원에 이르게 하기 위하여 죄와 상관 없이 자기를 바라는 자들에게 두 번째 나타나시리라

벧전 2:1~2 ¹그러므로 모든 악독과 모든 기만과 외식과 시기와 모든 비방하는 말을 버리고 ²갓난아기들같이 순전하고 신령한 젖을 사모하라 이는 그로 말미암아 너희로 구원에 이르도록 자라게 하려 함이라

이해를 돕기 위해 헬라어 원문 성경의 고전 15:1~2을 인용하여, 몇 가지 한글 번역과 함께, 필자도 사역을 시도하여 비교해 보겠습니다. 단 필자의 사역은 헬라어 직설법 동사의 현재(동작이 계속 중이거나 반복됨), 부정과거(단순한 발생 동작), 완료(동작은 끝났으나 그 결과는 계속됨) 시상의 특성을 참조하여 가능한 범위에서 직역해 보겠습니다.

NTG: 1Γνωρίζω δὲ ὑμῖν, ἀδελφοί, τὸ εὐαγγέλιον ὃ εὐηγγελισάμην ὑμῖν, ὃ καὶ παρελάβετε, ἐν ᾧ καὶ ἑστήκατε, 2δι' οὗ καὶ σῴζεσθε, τίνι λόγῳ εὐηγγελισάμην ὑμῖν εἰ κατέχετε, ἐκτὸς εἰ μὴ εἰκῇ ἐπιστεύσατε.

개역개정: ¹형제들아 내가 너희에게 전한 복음을 너희에게 알게

하노니 이는 너희가 받은 것이요 또 그 가운데 선 것이라 ²너희가 만일 내가 전한 그 말을 굳게 지키고 헛되이 믿지 아니하였으면 그로 말미암아 구원을 받으리라

새한글 성경: ¹형제자매 여러분, 내가 여러분에게 좋은 소식으로 전했던 복음을 여러분에게 환기시켜 드립니다. 그 복음을 여러분도 전해 받았으며, 그 복음 안에 여러분도 서 계십니다. ²그 복음을 통해서 여러분도 구원받습니다. 내가 여러분에게 좋은 소식으로 전한 그 말씀을 굳게 잡고 있으면 말입니다. 그렇지 않으면 여러분은 헛되이 믿은 것이 되고 말 겁니다.

유대인 신약성경: ¹형제 여러분, 이제 나는 여러분에게 선포하고, 여러분이 받고, 그 가운데 선 복음을 기억나게 하려고 합니다. ²내가 여러분에게 선포한 그 말씀을 굳게 붙잡으면, 여러분은 그 복음으로 구원을 받을 것입니다. 그렇지 않으면, 여러분의 믿음은 헛되게 될 것입니다.

필자 사역: ¹형제들이여, 내가 여러분에게 전했던 복음을 알리고 있는 중인데, 그것은 여러분이 받은 것이요, 또 그 안에 이미 서 있습니다. ²그것을 통해서 또한 여러분은 구원받는 중입니다. 내가 여러분에게 전했던 그 말씀을 만일 여러분들이 계속해서 굳게 지키고 있으면 말입니다. 그렇지 않으면 여러분은 헛되게 믿은 것입니다.

위와 같은 방법으로 롬 10:9~10도 탐구해 보겠습니다.

NTG: 9 ὅτι ἐὰν ὁμολογήσῃς ἐν τῷ στόματί σου κύριον Ἰησοῦν

καὶ πιστεύσῃς ἐν τῇ καρδίᾳ σου ὅτι ὁ θεὸς αὐτὸν ἤγειρεν ἐκ νεκρῶν, σωθήσῃ 10 καρδίᾳ γὰρ πιστεύεται εἰς δικαιοσύνην, στόματι δὲ ὁμολογεῖται εἰς σωτηρίαν.

개역개정: ⁹네가 만일 네 입으로 예수를 주로 시인하며 또 하나님께서 그를 죽은 자 가운데서 살리신 것을 네 마음에 믿으면 구원을 받으리라 ¹⁰사람이 마음으로 믿어 의에 이르고 입으로 시인하여 구원에 이르느니라

새한글 성경: ⁹곧 그대가 입으로 주 예수님을 고백하고, 하나님이 그분을 죽은 사람들 가운데서 일으켜 살리셨다고 마음에 믿으면 구원받을 것이라는 말입니다. ¹⁰사람은 마음으로 믿어 의에 이르고, 입으로 고백하여 구원에 이르기 때문입니다.

유대인 신약성경: ⁹즉 여러분이 여러분의 입으로 예슈아께서 주님이심을 공개적으로 인정하고 하나님께서 그분을 죽은 자 가운데서 살리신 것을 마음으로 믿으면, 구원을 받는다는 말씀입니다. ¹⁰사람은 마음으로 계속 믿어 의를 향하여 계속 나아가고, 입으로는 공개적으로 계속 인정하여 구원을 향해 계속 나아갑니다.

필자 사역: ⁹당신이 당신의 입으로 예수를 주님으로 고백하고, 하나님께서 그를 죽은 자들로부터 일으키셨다는 것을 당신의 마음에 믿으면, 당신은 구원받을 것입니다. ¹⁰마음으로 그것이 계속 믿어지면 의에 이르고, 입으로 그것이 계속 고백되어지면 구원에 이르기 때문입니다.

위에서 살펴본 바와 같이 '구원은 이미 받은 것인가', 아니면 '구원은 지금도 계속해서 받고 있는 중이며, 아직 이루어 가고 있는 것인가' 하는 것은 양자택일의 문제가 아니라, 구원이라는 하나의 사실을 어느 지점(시간을 포함하는 공간)과, 어떤 관점에서 이해하는가의 문제라고 생각합니다. 이 문제 역시 우리를 구원에 이르는 지혜로 인도하는 성경의 증거들을 통해서 살펴보겠습니다.

막 4:1~20 ¹예수께서 다시 바닷가에서 가르치시니 큰 무리가 모여들거늘 예수께서 바다에 떠 있는 배에 올라 앉으시고 온 무리는 바닷가 육지에 있더라 ²이에 예수께서 여러 가지를 비유로 가르치시니 그 가르치시는 중에 그들에게 이르시되 ³들으라 씨를 뿌리는 자가 뿌리러 나가서 ⁴뿌릴새 더러는 길가에 떨어지매 새들이 와서 먹어 버렸고 ⁵더러는 흙이 얕은 돌밭에 떨어지매 흙이 깊지 아니하므로 곧 싹이 나오나 ⁶해가 돋은 후에 타서 뿌리가 없으므로 말랐고 ⁷더러는 가시떨기에 떨어지매 가시가 자라 기운을 막으므로 결실하지 못하였고 ⁸더러는 좋은 땅에 떨어지매 자라 무성하여 결실하였으니 삼십 배나 육십 배나 백 배가 되었느니라 하시고 ⁹또 이르시되 들을 귀 있는 자는 들으라 하시니라 ¹⁰예수께서 홀로 계실 때에 함께한 사람들이 열두 제자와 더불어 그 비유들에 대하여 물으니 ¹¹이르시되 하나님 나라의 비밀을 너희에게는 주었으나 외인에게는 모든 것을 비유로 하나니 ¹²이는 그들로 보기는 보아도 알지 못하며 듣기는 들어도 깨닫지 못하게 하여 돌이켜 죄 사함을 얻지 못하게 하려 함이라 하시고 ¹³또 이르시되 너희가 이 비유를 알지 못할진대 어떻게 모든 비유를 알겠느냐 ¹⁴뿌리는 자는 말씀을 뿌리는 것이라 ¹⁵말씀이 길가에 뿌려졌다는 것은 이들을 가리킴이니 곧 말씀을 들었을 때에 사탄이 즉시 와서 그들에게 뿌려진 말씀을 빼앗는 것이요 [16]또 이와 같이 돌밭에 뿌려졌다는 것은 이들을 가리킴이니 곧 말씀을 들을 때에 즉시 기쁨으로 받으나 [17]그 속에 뿌리가 없어 잠깐 견디다가 말씀으로 인하여 환난이나 박해가 일어나는 때에는 곧 넘어지는 자요 [18]또 어떤 이는 가시떨기에 뿌려진 자니 이들은 말씀을 듣기는 하되 [19]세상의 염려와 재물의 유혹과 기타 욕심이 들어와 말씀을 막아 결실하지 못하게 되는 자요 [20]좋은 땅에 뿌려졌다는 것은 곧 말씀을 듣고 받아 삼십 배나 육십 배나 백 배의 결실을 하는 자니라

예수께서 13절에 "너희가 이 비유를 알지 못할진대 어떻게 모든 비유를 알겠느냐"라고 말씀하신 대로, 이 비유의 말씀은 어쩌면 모든 비유를 열 수 있는 '마스터키'(a master key)일 수도 있겠다는 생각이 듭니다. 물론 9절에 "또 이르시되 들을 귀 있는 자는 들으라 하시니라"라는 말씀에 근거한 것입니다.

누가복음(8:8, 15)은 좋은 땅에 뿌려진 씨를 100배의 결실을 맺은 한 부류로 언급하고 있으나, 마태복음(13:8, 23)과 마가복음(4:8, 20)은 30배, 60배, 100배의 결실을 맺은 세 부류로 언급하고 있습니다. 후자의 경우를 임의로 선택해서 새한글성경의 번역을 참고해 보겠습니다.

> 막 4:8 또 다른 것들은 좋은 흙 속에 떨어졌습니다. 그것들은 싹이 나고 자라서 열매를 맺었습니다. 그래서 하나는 30배, 하나는 60배, 하나는 100배나 열매를 맺었습니다.
>
> 막 4:20 말씀이 좋은 흙 위에 떨어졌다 함은 또 다른 사람들을

두고 하는 말입니다. 이 사람들은 말씀을 듣고 받아들여서 열매를 맺습니다. 한 사람은 30배, 한 사람은 60배, 한 사람은 100배나 맺습니다.

이 비유는 네 종류의 땅에 씨가 뿌려진 여섯 가지 경우인데, 세 경우는 결실하지 못하고, 세 경우는 결실하는 결과, 즉 하나님의 말씀을 들은 여섯 부류 사람들의 사례를 통해서, 세 부류의 사람들은 구원받지 못하고, 세 부류의 사람들은 구원받는 것으로 가정해 보겠습니다.

첫째는, 길가에 뿌려진 씨, 즉 말씀을 들었을 때 사탄(막 4:15 ὁ Σατανᾶς 사탄; 마 13:19 ὁ πονηρὸς 악한 자; 눅 8:12 ὁ διάβολος 마귀)이 즉시 와서 그 말씀을 빼앗는 경우인데, 빼앗긴 한 부류의 사람들과 빼앗기지 않은 다섯 부류의 사람들이 있습니다. 그 빼앗는 이유와 목적을 눅 8:12에서는, "길가에 있다는 것은 말씀을 들은 자니 이에 마귀가 가서 그들이 믿어 구원을 얻지 못하게 하려고 말씀을 그 마음에서 빼앗는 것이요"라고 하심으로, 말씀을 들은 자들이 믿어 구원을 얻지 못하게 하기 위함임을 분명하게 밝히고 있습니다.

둘째는, 돌밭에 뿌려진 씨, 즉 말씀을 들을 때는 즉시 기쁨으로 받으나 그 속에 뿌리가 없어 잠깐 견디다가 말씀으로 인한 환난과 박해에 곧 넘어지는 경우인데, 넘어진 한 부류의 사람들과 넘어지지 않은 네 부류의 사람들이 있습니다.

셋째는, 가시떨기에 뿌려진 씨, 즉 말씀을 듣기는 하되 세상의 염려와 재물의 유혹과 기타 욕심이 들어와 말씀을 막아 결실하지 못하게 된, 한 부류의 사람들과 남은 세 부류, 이 모든 장애 요인을 극복하고 결실을 하는 사람들이 있습니다. 이것이 넷째, 다섯째, 여섯째, 좋은 땅에 뿌려진 씨, 즉 말씀을 듣고 받아 30배나 60배나 100배의 결실을 하는 부류일 것입니다.

이제 하나님의 말씀을 들었을 때, 사탄(악한 자, 마귀)에게 빼앗긴 첫째 경우를 제외하고, 말씀을 들을 때에 즉시 기쁨으로 받은 둘째 경우를 생각해 보겠습니다. 비록 뿌리가 없어서 잠깐 견디다가 넘어지긴 했지만, 넘어지기 전까지 기쁨으로 말씀을 받은 것은 부정할 수 없는 사실입니다. 그 지점(시간을 포함하는 공간)에서 기쁨의 증거 곧 하나님의 말씀을 듣고 경험할 수 있는 복음, 회개, 예수 그리스도 영접, 구원 체험 등을 고백하는 다섯 부류의 사람들을 가정해 보겠습니다. 일반적인 시각으로는 대동소이하게 공감할 수 있는 고백이라 할지라도, 뿌리가 없어서 넘어진 한 부류 사람들의 고백은 결실할 수 없는 허언이 되고 말 것입니다.

이어서 가시떨기에 떨어진 씨의 세 번째 경우를 생각해 보겠습니다. 이들은 말씀을 듣되 세상의 염려와 재물의 유혹과 기타 욕심이 들어와 말씀을 막아 결실하지 못했지만, 이들 역시 가시떨기에 막히기 전까지 자라가는 과정에서, 살아 있는 생명체의 증거가 있을 것입니다. 하나님의 말씀을 기쁨으로 받은 증거들을 포함하여, 각자의 자란 만큼의 분량대로, 다양한 종류의 은사들을 체험하고, 고백하는 네 부류의 사람들을 또 가정해 보겠습니다. 이 또한 외적인 견해로는 비슷한 내용으로 공감할 수 있지만, 가시떨기에 막힌 한 부류 사람들의 고백은 역시 결실하지 못하는 허언이 되고 말 것입니다.

이제까지의 가정에 기반해서 결론을 내려 보겠습니다. 이 여섯 부류의 사람들이 하나님의 말씀을 듣고 기쁨으로 받아 자라가는 각자의 과정에서 경험할 수 있는 새 생명, 곧 구원의 체험과 고백 그리고 증거가 모든 체험자의 입장에서는 명백한 사실에 근거했음에도 불구하고, 결국 세 부류는 결실하지 못하고, 세 부류는 결실함에 이른 것입니다. 외모를 보고 판단하는 사람의 견해로는 비슷비슷한 체험의 증거들에 대해서 오해나 착각을 하지 않고 분별하기가 쉽지 않겠지만, 하나님의 말씀을 통해 조물주의 전지적 관점을 견지한다면, 믿음의 분량대로 어느 정도 이해할 수 있으리라 생각합니다.

이와 관련된 말씀들을 마 7장과 눅 13장을 통해서 확인해 보겠습니다.

마 7:15~23 ¹⁵거짓 선지자들을 삼가라 양의 옷을 입고 너희에게 나아오나 속에는 노략질하는 이리라 ¹⁶그들의 열매로 그들을 알지니 가시나무에서 포도를, 또는 엉겅퀴에서 무화과를 따겠느냐 ¹⁷이와 같이 좋은 나무마다 아름다운 열매를 맺고 못된 나무가 나쁜 열매를 맺나니 ¹⁸좋은 나무가 나쁜 열매를 맺을 수 없고 못된 나무가 아름다운 열매를 맺을 수 없느니라 ¹⁹아름다운 열매를 맺지 아니하는 나무마다 찍혀 불에 던져지느니라 ²⁰이러므로 그들의 열매로 그들을 알리라 ²¹나더러 주여 주여 하는 자마다 다 천국에 들어갈 것이 아니요 다만 하늘에 계신 내 아버지의 뜻대로 행하는 자라야 들어가리라 ²²그날에 많은 사람이 나더러 이르되 주여 주여 우리가 주의 이름으로 선지자 노릇하며 주의 이름으로 귀신을 쫓아내며 주의 이름으로 많은 권능을 행하지 아니하였나이까 하리니 ²³그때에 내가 그들에게 밝히 말하되 내가 너희를 도무지 알지 못하니 불법을 행하는 자들아 내게서 떠나가라 하리라

눅 13:22~30 ²²예수께서 각 성 각 마을로 다니사 가르치시며 예루살렘으로 여행하시더니 ²³어떤 사람이 여짜오되 주여 구원을 받는 자가 적으니이까 그들에게 이르시되 ²⁴좁은 문으로 들어가기를 힘쓰라 내가 너희에게 이르노니 들어가기를 구하여도

못하는 자가 많으리라 ²⁵집 주인이 일어나 문을 한 번 닫은 후에 너희가 밖에 서서 문을 두드리며 주여 열어 주소서 하면 그가 대답하여 이르되 나는 너희가 어디에서 온 자인지 알지 못하노라 하리니 ²⁶그때에 너희가 말하되 우리는 주 앞에서 먹고 마셨으며 주는 또한 우리의 길거리에서 가르치셨나이다 하나 ²⁷그가 너희에게 말하여 이르되 나는 너희가 어디에서 왔는지 알지 못하노라 행악하는 모든 자들아 나를 떠나가라 하리라 ²⁸너희가 아브라함과 이삭과 야곱과 모든 선지자는 하나님 나라에 있고 오직 너희는 밖에 쫓겨난 것을 볼 때에 거기서 슬피 울며 이를 갈리라 ²⁹사람들이 동서남북으로부터 와서 하나님의 나라 잔치에 참여하리니 ³⁰보라 나중 된 자로서 먼저 될 자도 있고 먼저 된 자로서 나중 될 자도 있느니라 하시더라

23.
멸망문과 생명문

마 7:13~14 ¹³좁은 문으로 들어가라 멸망으로 인도하는 문은 크고 그 길이 넓어 그리로 들어가는 자가 많고 ¹⁴생명으로 인도하는 문은 좁고 길이 협착하여 찾는 자가 적음이라

눅 13:22~24 ²²예수께서 각 성 각 마을로 다니사 가르치시며 예루살렘으로 여행하시더니 ²³어떤 사람이 여짜오되 주여 구원을 받는 자가 적으니이까 그들에게 이르시되 ²⁴좁은 문으로 들어가기를 힘쓰라 내가 너희에게 이르노니 들어가기를 구하여도 못하는 자가 많으리라

인간의 본성에 따라 자연스럽게 깊은 생각 없이 선택을 한다면, 대부분의 사람들이 문은 크고 길이 넓은 곳을 택할 것입니다. 예수께서는 문은 좁고 길이 협착하여 찾는 이가 적은 곳으로 들어가기를 힘쓰라고 하십니다. 솔직한 마음으로, 맹종하는 자세가 아니라면 망설임과 주저함이 앞서는 것이 사실입니다. 때로는, 내가 지금 가고 있는 곳이 생명문인지 멸망문인지 분별하기 어려울 때도 있을 것입니다. 이제 예수께서 가르쳐 주신 비교적 쉬운 방법인데, 경우에 따

라 아주 쉬울 수 있는 방법을 되새겨 보겠습니다.

본문에, "멸망으로 인도하는 문은 크고 그 길이 넓어 그리로 들어가는 자가 많고 생명으로 인도하는 문은 좁고 길이 협착하여 찾는 자가 적음이라"라고 하신 대로 양자택일의 문제입니다. 그런데 고려할 대상을 생각할 때, 줄여 봐도 세 가지는 되는 것 같습니다. 첫째, 문이 큰가 좁은가, 둘째, 길이 넓은가 협착한가, 셋째, 그리로 들어가는 자가 많은가 적은가 또는 찾는 자가 적은가 많은가 하는 문제입니다. 문의 크기와 길의 너비, 사람의 많고 적음에 대한 절대적인 기준치가 없기에 섣불리 판단하기가 쉽지 않은 것이 사실입니다. 게다가 문과 길은 우리의 신앙생활과 인생살이와 관련된 비유로 생각할 때, 더욱 어렵게 느껴지는 것 또한 사실입니다. 그래서 필자는 개인적으로, 세 번째 문제인 그리로 들어가는 자와 찾는 자가 많고 적은지 우선적으로 분별하는 것을, 비교적 쉬운 방법으로 생각하게 되었습니다. 물론 생명으로 인도하는 문은 좁고 길이 협착하여 찾는 이가 적을 뿐 아니라, 들어가기를 구하여도 못하는 자가 많으리라고 하셨기 때문에 결단코 쉽다고만 장담할 수는 없겠지만, 우리의 문과 길이 되시는 예수 그리스도를 믿고, 성령의 인도함을 받는 가운데 믿음의 감각과 분별력이 병들지 않고 건강하게 살아있다면, 그리 어렵지만은 않을 것이라는 소망도 갖게 해주셨습니다.

눅 18:8 하 그러나 인자가 올 때에 세상에서 믿음을 보겠느냐 하시니라

요 10:7~9 ⁷그러므로 예수께서 다시 이르시되 내가 진실로 진실로 너희에게 말하노니 나는 양의 문이라 ⁸나보다 먼저 온 자는 다 절도요 강도니 양들이 듣지 아니하였느니라 ⁹내가 문이

니 누구든지 나로 말미암아 들어가면 구원을 받고 또는 들어가며 나오며 꼴을 얻으리라

요 14:6 예수께서 이르시되 내가 곧 길이요 진리요 생명이니 나로 말미암지 않고는 아버지께로 올 자가 없느니라

벧전 4:17~18 [17]하나님의 집에서 심판을 시작할 때가 되었나니 만일 우리에게 먼저 하면 하나님의 복음을 순종하지 아니하는 자들의 그 마지막은 어떠하며 [18]또 의인이 겨우 구원을 받으면 경건하지 아니한 자와 죄인은 어디에 서리요

24.
참된 양식과 참된 음료

요 6:27 썩을 양식을 위하여 일하지 말고 영생하도록 있는 양식을 위하여 하라 이 양식은 인자가 너희에게 주리니 인자는 아버지 하나님께서 인치신 자니라

요 6:47~59 [47]진실로 진실로 너희에게 이르노니 믿는 자는 영생을 가졌나니 [48]내가 곧 생명의 떡이니라 [49]너희 조상들은 광야에서 만나를 먹었어도 죽었거니와 [50]이는 하늘에서 내려오는 떡이니 사람으로 하여금 먹고 죽지 아니하게 하는 것이니라 [51]나는 하늘에서 내려온 살아 있는 떡이니 사람이 이 떡을 먹으면 영생하리라 내가 줄 떡은 곧 세상의 생명을 위한 내 살이니라 하시니라 [52]그러므로 유대인들이 서로 다투어 이르되 이 사람이 어찌 능히 자기 살을 우리에게 주어 먹게 하겠느냐 [53]예수께서 이르시되 내가 진실로 진실로 너희에게 이르노니 인자의 살을 먹지 아니하고 인자의 피를 마시지 아니하면 너희 속에 생명이 없느니라 [54]내 살을 먹고 내 피를 마시는 자는 영생을 가졌고 마지막 날에 내가 그를 다시 살리리니 [55]내 살은 참된 양식이요 내 피는 참된 음료로다 [56]내 살을 먹고 내 피를 마시는 자

는 내 안에 거하고 나도 그의 안에 거하나니 [57]살아 계신 아버지께서 나를 보내시매 내가 아버지로 말미암아 사는 것같이 나를 먹는 그 사람도 나로 말미암아 살리라 [58]이것은 하늘에서 내려온 떡이니 조상들이 먹고도 죽은 그것과 같지 아니하여 이 떡을 먹는 자는 영원히 살리라 [59]이 말씀은 예수께서 가버나움 회당에서 가르치실 때에 하셨느니라

예수께서는 '영생하도록 있는 양식'을 '참 떡, 생명의 떡, 하늘에서 내려온 살아 있는 떡, 산 떡'이라 하시고, 요 6:63에서는 "살리는 것은 영이니 육은 무익하니라 내가 너희에게 이른 말은 영이요 생명이라" 하시며, 신 8:3, 마 4:4에서 "사람이 떡으로만 살 것이 아니요 하나님의 입으로부터 나오는 모든 말씀으로 살 것이라" 하신 말씀들을 이루어 주셨습니다.

계속해서 이 말씀이 곧 하나님이시라는 증거와, 이 말씀이 육신이 되어 우리 가운데 거하시고, 이 말씀 앞에 만물이 벌거벗은 것같이 드러나게 하시고, 이 말씀으로 우리를 낳으시고, 거듭나게 하신 증거들을 확인해 보겠습니다.

요 1:1~3 [1]태초에 말씀이 계시니라 이 말씀이 하나님과 함께 계셨으니 이 말씀은 곧 하나님이시니라 [2]그가 태초에 하나님과 함께 계셨고 [3]만물이 그로 말미암아 지은 바 되었으니 지은 것이 하나도 그가 없이는 된 것이 없느니라

요 1:14 말씀이 육신이 되어 우리 가운데 거하시매 우리가 그의 영광을 보니 아버지의 독생자의 영광이요 은혜와 진리가 충만하더라

히 4:12~13 ¹²하나님의 말씀은 살아 있고 활력이 있어 좌우에 날선 어떤 검보다도 예리하여 혼과 영과 및 관절과 골수를 찔러 쪼개기까지 하며 또 마음의 생각과 뜻을 판단하나니 ¹³지으신 것이 하나도 그 앞에 나타나지 않음이 없고 우리의 결산을 받으실 이의 눈앞에 만물이 벌거벗은 것같이 드러나느니라

약 1:18 그가 그 피조물 중에 우리로 한 첫 열매가 되게 하시려고 자기의 뜻을 따라 진리의 말씀으로 우리를 낳으셨느니라

벧전 1:23 너희가 거듭난 것은 썩어질 씨로 된 것이 아니요 썩지 아니할 씨로 된 것이니 살아 있고 항상 있는 하나님의 말씀으로 되었느니라

25.
우리가 알지 못하는 예수님의 양식

요 4:31~34 ³¹그 사이에 제자들이 청하여 이르되 랍비여 잡수소서 ³²이르시되 내게는 너희가 알지 못하는 먹을 양식이 있느니라 ³³제자들이 서로 말하되 누가 잡수실 것을 갖다 드렸는가 하니 ³⁴예수께서 이르시되 나의 양식은 나를 보내신 이의 뜻을 행하며 그의 일을 온전히 이루는 이것이니라

요 5:30 내가 아무것도 스스로 할 수 없노라 듣는 대로 심판하노니 나는 나의 뜻대로 하려 하지 않고 나를 보내신 이의 뜻대로 하려 하므로 내 심판은 의로우니라

요 6:26~29 ²⁶예수께서 대답하여 이르시되 내가 진실로 진실로 너희에게 이르노니 너희가 나를 찾는 것은 표적을 본 까닭이 아니요 떡을 먹고 배부른 까닭이로다 ²⁷썩을 양식을 위하여 일하지 말고 영생하도록 있는 양식을 위하여 하라 이 양식은 인자가 너희에게 주리니 인자는 아버지 하나님께서 인치신 자니라 ²⁸그들이 묻되 우리가 어떻게 하여야 하나님의 일을 하오리이까 ²⁹예수께서 대답하여 이르시되 하나님께서 보내신 이를 믿는

것이 하나님의 일이니라 하시니

요 6:37~40 ³⁷아버지께서 내게 주시는 자는 다 내게로 올 것이요 내게 오는 자는 내가 결코 내쫓지 아니하리라 ³⁸내가 하늘에서 내려온 것은 내 뜻을 행하려 함이 아니요 나를 보내신 이의 뜻을 행하려 함이니라 ³⁹나를 보내신 이의 뜻은 내게 주신 자 중에 내가 하나도 잃어버리지 아니하고 마지막 날에 다시 살리는 이것이니라 ⁴⁰내 아버지의 뜻은 아들을 보고 믿는 자마다 영생을 얻는 이것이니 마지막 날에 내가 이를 다시 살리리라 하시니라

사람이 살기 위해 먹든 먹기 위해 살든, 그 먹는 양식이 삶의 동력이고 원천임에도 불구하고, 예수께서는 우리가 알지 못했던 '아버지 하나님의 뜻을 행하며 그의 일을 온전히 이루는 것'으로 양식을 삼아 힘을 얻고, 하나님 아버지의 뜻을 이루기 위한 목적 있는 삶을 사시면서, 자신도 습관을 좇아 기도하시고, 하나님의 자녀들에게도 가르쳐 주시고, 마침내 심한 통곡과 눈물로 간구와 소원을 드리심으로 하늘에 계신 아버지의 뜻을 이루신 말씀의 증거들을 살펴보겠습니다.

마 6:9~10 ⁹그러므로 너희는 이렇게 기도하라 하늘에 계신 우리 아버지여 이름이 거룩히 여김을 받으시오며 ¹⁰나라가 임하시오며 뜻이 하늘에서 이루어진 것같이 땅에서도 이루어지이다

막 14:32~42 ³²그들이 겟세마네라 하는 곳에 이르매 예수께서 제자들에게 이르시되 내가 기도할 동안에 너희는 여기 앉아 있

으라 하시고 ³³베드로와 야고보와 요한을 데리고 가실새 심히 놀라시며 슬퍼하사 ³⁴말씀하시되 내 마음이 심히 고민하여 죽게 되었으니 너희는 여기 머물러 깨어 있으라 하시고 ³⁵조금 나아가사 땅에 엎드리어 될 수 있는 대로 이때가 자기에게서 지나가기를 구하여 ³⁶이르시되 아빠 아버지여 아버지께는 모든 것이 가능하오니 이 잔을 내게서 옮기시옵소서 그러나 나의 원대로 마시옵고 아버지의 원대로 하옵소서 하시고 ³⁷돌아오사 제자들이 자는 것을 보시고 베드로에게 말씀하시되 시몬아 자느냐 네가 한 시간도 깨어 있을 수 없더냐 ³⁸시험에 들지 않게 깨어 있어 기도하라 마음에는 원이로되 육신이 약하도다 하시고 ³⁹다시 나아가 동일한 말씀으로 기도하시고 ⁴⁰다시 오사 보신즉 그들이 자니 이는 그들의 눈이 심히 피곤함이라 그들이 예수께 무엇으로 대답할 줄을 알지 못하더라 ⁴¹세 번째 오사 그들에게 이르시되 이제는 자고 쉬라 그만 되었다 때가 왔도다 보라 인자가 죄인의 손에 팔리느니라 ⁴²일어나라 함께 가자 보라 나를 파는 자가 가까이 왔느니라

빌 2:5~11 ⁵너희 안에 이 마음을 품으라 곧 그리스도 예수의 마음이니 ⁶그는 근본 하나님의 본체시나 하나님과 동등됨을 취할 것으로 여기지 아니하시고 ⁷오히려 자기를 비워 종의 형체를 가지사 사람들과 같이 되셨고 ⁸사람의 모양으로 나타나사 자기를 낮추시고 죽기까지 복종하셨으니 곧 십자가에 죽으심이라 ⁹이러므로 하나님이 그를 지극히 높여 모든 이름 위에 뛰어난 이름을 주사 ¹⁰하늘에 있는 자들과 땅에 있는 자들과 땅 아래에 있는 자들로 모든 무릎을 예수의 이름에 꿇게 하시고 ¹¹모든 입으로 예수 그리스도를 주라 시인하여 하나님 아버지께 영광을 돌리

게 하셨느니라

히 5:7~10 ⁷그는 육체에 계실 때에 자기를 죽음에서 능히 구원하실 이에게 심한 통곡과 눈물로 간구와 소원을 올렸고 그의 경건하심으로 말미암아 들으심을 얻었느니라 ⁸그가 아들이시면서도 받으신 고난으로 순종함을 배워서 ⁹온전하게 되셨은즉 자기에게 순종하는 모든 자에게 영원한 구원의 근원이 되시고 ¹⁰하나님께 멜기세덱의 반차를 따른 대제사장이라 칭하심을 받으셨느니라

26.
이 비밀이 크도다!

하나님의 비밀인 그리스도(골 2:2)와, 그리스도의 비밀인 교회(엡 3:4)를 깨닫게 해주시는 말씀들을 상고해 보겠습니다.

엡 1:20~23 [20]그의 능력이 그리스도 안에서 역사하사 죽은 자들 가운데서 다시 살리시고 하늘에서 자기의 오른편에 앉히사 [21]모든 통치와 권세와 능력과 주권과 이 세상뿐 아니라 오는 세상에 일컫는 모든 이름 위에 뛰어나게 하시고 [22]또 만물을 그의 발아래에 복종하게 하시고 그를 만물 위에 교회의 머리로 삼으셨느니라 [23]교회는 그의 몸이니 만물 안에서 만물을 충만하게 하시는 이의 충만함이니라

엡 2:11~22 [11]그러므로 생각하라 너희는 그때에 육체로는 이방인이요 손으로 육체에 행한 할례를 받은 무리라 칭하는 자들로부터 할례를 받지 않은 무리라 칭함을 받는 자들이라 [12]그때에 너희는 그리스도 밖에 있었고 이스라엘 나라 밖의 사람이라 약속의 언약들에 대하여는 외인이요 세상에서 소망이 없고 하나님도 없는 자이더니 [13]이제는 전에 멀리 있던 너희가 그리스도

예수 안에서 그리스도의 피로 가까워졌느니라 [14]그는 우리의 화평이신지라 둘로 하나를 만드사 원수 된 것 곧 중간에 막힌 담을 자기 육체로 허시고 [15]법조문으로 된 계명의 율법을 폐하셨으니 이는 이 둘로 자기 안에서 한 새 사람을 지어 화평하게 하시고 [16]또 십자가로 이 둘을 한 몸으로 하나님과 화목하게 하려 하심이라 원수 된 것을 십자가로 소멸하시고 [17]또 오셔서 먼 데 있는 너희에게 평안을 전하시고 가까운 데 있는 자들에게 평안을 전하셨으니 [18]이는 그로 말미암아 우리 둘이 한 성령 안에서 아버지께 나아감을 얻게 하려 하심이라 [19]그러므로 이제부터 너희는 외인도 아니요 나그네도 아니요 오직 성도들과 동일한 시민이요 하나님의 권속이라 [20]너희는 사도들과 선지자들의 터 위에 세우심을 입은 자라 그리스도 예수께서 친히 모퉁잇돌이 되셨느니라 [21]그의 안에서 건물마다 서로 연결하여 주 안에서 성전이 되어 가고 [22]너희도 성령 안에서 하나님이 거하실 처소가 되기 위하여 그리스도 예수 안에서 함께 지어져 가느니라

엡 3:1~11 [1]이러므로 그리스도 예수의 일로 너희 이방인을 위하여 갇힌 자 된 나 바울이 말하거니와 [2]너희를 위하여 내게 주신 하나님의 그 은혜의 경륜을 너희가 들었을 터이라 [3]곧 계시로 내게 비밀을 알게 하신 것은 내가 먼저 간단히 기록함과 같으니 [4]그것을 읽으면 내가 그리스도의 비밀을 깨달은 것을 너희가 알 수 있으리라 [5]이제 그의 거룩한 사도들과 선지자들에게 성령으로 나타내신 것같이 다른 세대에서는 사람의 아들들에게 알리지 아니하셨으니 [6]이는 이방인들이 복음으로 말미암아 그리스도 예수 안에서 함께 상속자가 되고 함께 지체가 되고 함께 약속에 참여하는 자가 됨이라 [7]이 복음을 위하여 그의 능

력이 역사하시는 대로 내게 주신 하나님의 은혜의 선물을 따라 내가 일꾼이 되었노라 [8]모든 성도 중에 지극히 작은 자보다 더 작은 나에게 이 은혜를 주신 것은 측량할 수 없는 그리스도의 풍성함을 이방인에게 전하게 하시고 [9]영원부터 만물을 창조하신 하나님 속에 감추어졌던 비밀의 경륜이 어떠한 것을 드러내게 하려 하심이라 [10]이는 이제 교회로 말미암아 하늘에 있는 통치자들과 권세들에게 하나님의 각종 지혜를 알게 하려 하심이니 [11]곧 영원부터 우리 주 그리스도 예수 안에서 예정하신 뜻대로 하신 것이라

엡 5:22~33 [22]아내들이여 자기 남편에게 복종하기를 주께 하듯 하라 [23]이는 남편이 아내의 머리 됨이 그리스도께서 교회의 머리 됨과 같음이니 그가 바로 몸의 구주시니라 [24]그러므로 교회가 그리스도에게 하듯 아내들도 범사에 자기 남편에게 복종할지니라 [25]남편들아 아내 사랑하기를 그리스도께서 교회를 사랑하시고 그 교회를 위하여 자신을 주심같이 하라 [26]이는 곧 물로 씻어 말씀으로 깨끗하게 하사 거룩하게 하시고 [27]자기 앞에 영광스러운 교회로 세우사 티나 주름 잡힌 것이나 이런 것들이 없이 거룩하고 흠이 없게 하려 하심이라 [28]이와 같이 남편들도 자기 아내 사랑하기를 자기 자신과 같이 할지니 자기 아내를 사랑하는 자는 자기를 사랑하는 것이라 [29]누구든지 언제나 자기 육체를 미워하지 않고 오직 양육하여 보호하기를 그리스도께서 교회에게 함과 같이 하나니 [30]우리는 그 몸의 지체임이라 [31]그러므로 사람이 부모를 떠나 그의 아내와 합하여 그 둘이 한 육체가 될지니 [32]이 비밀이 크도다 나는 그리스도와 교회에 대하여 말하노라 [33]그러나 너희도 각각 자기의 아내 사랑하기를 자

신같이 하고 아내도 자기 남편을 존경하라

골 1:13~23 ¹³그가 우리를 흑암의 권세에서 건져내사 그의 사랑의 아들의 나라로 옮기셨으니 ¹⁴그 아들 안에서 우리가 속량 곧 죄 사함을 얻었도다 ¹⁵그는 보이지 아니하는 하나님의 형상이시요 모든 피조물보다 먼저 나신 이시니 ¹⁶만물이 그에게서 창조되되 하늘과 땅에서 보이는 것들과 보이지 않는 것들과 혹은 왕권들이나 주권들이나 통치자들이나 권세들이나 만물이 다 그로 말미암고 그를 위하여 창조되었고 ¹⁷또한 그가 만물보다 먼저 계시고 만물이 그 안에 함께 섰느니라 ¹⁸그는 몸인 교회의 머리시라 그가 근본이시요 죽은 자들 가운데서 먼저 나신 이시니 이는 친히 만물의 으뜸이 되려 하심이요 ¹⁹아버지께서는 모든 충만으로 예수 안에 거하게 하시고 ²⁰그의 십자가의 피로 화평을 이루사 만물 곧 땅에 있는 것들이나 하늘에 있는 것들이 그로 말미암아 자기와 화목하게 되기를 기뻐하심이라 ²¹전에 악한 행실로 멀리 떠나 마음으로 원수가 되었던 너희를 ²²이제는 그의 육체의 죽음으로 말미암아 화목하게 하사 너희를 거룩하고 흠 없고 책망할 것이 없는 자로 그 앞에 세우고자 하셨으니 ²³만일 너희가 믿음에 거하고 터 위에 굳게 서서 너희 들은바 복음의 소망에서 흔들리지 아니하면 그리하리라 이 복음은 천하 만민에게 전파된 바요 나 바울은 이 복음의 일꾼이 되었노라

골 2:1~3 ¹내가 너희와 라오디게아에 있는 자들과 무릇 내 육신의 얼굴을 보지 못한 자들을 위하여 얼마나 힘쓰는지를 너희가 알기를 원하노니 ²이는 그들로 마음에 위안을 받고 사랑 안에서 연합하여 확실한 이해의 모든 풍성함과 하나님의 비밀인 그리

스도를 깨닫게 하려 함이니 ³그 안에는 지혜와 지식의 모든 보화가 감추어져 있느니라

머리 되신 그리스도의 몸이요, 하나님의 것이요, 하나님의 집인 이 교회에 대해 딤전 3:15 하반절에서는 "이 집은 살아 계신 하나님의 교회요 진리의 기둥과 터니라", 행 20:28 하반절에서는 "성령이 그들 가운데 여러분을 감독자로 삼고 하나님이 자기 피로 사신 교회를 보살피게 하셨느니라"라고 합니다. 하나님이 알게 하신 신앙 고백의 터 위에 세우신 교회에게 천국 열쇠를 주시고, 땅과 하늘에서 매고 풀 수 있는 권세를 주신 말씀들을 상고해 보겠습니다.

마 16:13~20 ¹³예수께서 빌립보 가이사랴 지방에 이르러 제자들에게 물어 이르시되 사람들이 인자를 누구라 하느냐 ¹⁴이르되 더러는 세례(침례) 요한, 더러는 엘리야, 어떤 이는 예레미야나 선지자 중의 하나라 하나이다 ¹⁵이르시되 너희는 나를 누구라 하느냐 ¹⁶시몬 베드로가 대답하여 이르되 주는 그리스도시요 살아 계신 하나님의 아들이시니이다 ¹⁷예수께서 대답하여 이르시되 바요나 시몬아 네가 복이 있도다 이를 네게 알게 한 이는 혈육이 아니요 하늘에 계신 내 아버지시니라 ¹⁸또 내가 네게 이르노니 너는 베드로라 내가 이 반석 위에 내 교회를 세우리니 음부의 권세가 이기지 못하리라 ¹⁹내가 천국 열쇠를 네게 주리니 네가 땅에서 무엇이든지 매면 하늘에서도 매일 것이요 네가 땅에서 무엇이든지 풀면 하늘에서도 풀리리라 하시고 ²⁰이에 제자들에게 경고하사 자기가 그리스도인 것을 아무에게도 이르지 말라 하시니라

마 18:15~20 ¹⁵네 형제가 죄를 범하거든 가서 너와 그 사람과만 상대하여 권고하라 만일 들으면 네가 네 형제를 얻은 것이요 ¹⁶만일 듣지 않거든 한두 사람을 데리고 가서 두세 증인의 입으로 말마다 확증하게 하라 ¹⁷만일 그들의 말도 듣지 않거든 교회에 말하고 교회의 말도 듣지 않거든 이방인과 세리와 같이 여기라 ¹⁸진실로 너희에게 이르노니 무엇이든지 너희가 땅에서 매면 하늘에서도 매일 것이요 무엇이든지 땅에서 풀면 하늘에서도 풀리리라 ¹⁹진실로 다시 너희에게 이르노니 너희 중의 두 사람이 땅에서 합심하여 무엇이든지 구하면 하늘에 계신 내 아버지께서 그들을 위하여 이루게 하시리라 ²⁰두세 사람이 내 이름으로 모인 곳에는 나도 그들 중에 있느니라

27.
그리스도인의 정체성

롬 10:9~10 ⁹네가 만일 네 입으로 예수를 주로 시인하며 또 하나님께서 그를 죽은 자 가운데서 살리신 것을 네 마음에 믿으면 구원을 받으리라 ¹⁰사람이 마음으로 믿어 의에 이르고 입으로 시인하여 구원에 이르느니라

고전 12:3 그러므로 내가 너희에게 알리노니 하나님의 영으로 말하는 자는 누구든지 예수를 저주할 자라 하지 아니하고 또 성령으로 아니하고는 누구든지 예수를 주시라 할 수 없느니라

여기까지는 믿음의 확신으로 이해할 수 있다고 생각합니다. 이제 한 걸음 더 나아가, 나는 믿음 안에 있는지 스스로를 시험하고 확증하는 일, 즉 예수 그리스도께서 내 안에 계신 것을 확인시켜 주시는 말씀을 상고해 보겠습니다.

고후 13:5 너희는 믿음 안에 있는가 너희 자신을 시험하고 너희 자신을 확증하라 예수 그리스도께서 너희 안에 계신 줄을 너희가 스스로 알지 못하느냐 그렇지 않으면 너희는 버림받은

자니라

마 7:21~23 ^{21}나더러 주여 주여 하는 자마다 다 천국에 들어갈 것이 아니요 다만 하늘에 계신 내 아버지의 뜻대로 행하는 자라야 들어가리라 ^{22}그날에 많은 사람이 나더러 이르되 주여 주여 우리가 주의 이름으로 선지자 노릇 하며 주의 이름으로 귀신을 쫓아내며 주의 이름으로 많은 권능을 행하지 아니하였나이까 하리니 ^{23}그때에 내가 그들에게 밝히 말하되 내가 너희를 도무지 알지 못하니 불법을 행하는 자들아 내게서 떠나가라 하리라

하늘에 계신 아버지의 뜻대로 행하는 자들이 천국에 들어가는 그날에, 안타깝게도 많은 사람이 주의 이름으로 선지자 노릇하며 귀신을 쫓아내며 많은 권능을 행했음에도 불구하고, 예수께서는 "내가 너희를 도무지 알지 못하니 불법을 행하는 자들아 내게서 떠나가라 하리라"라고 하셨습니다. 이러한 사역들이, '예수 그리스도께서 그들 안에 계신 확증이 아니다'라는 사실을 분명하게 가르쳐 주셨습니다. 조금 더 참고할 수 있는 내용은 〈18. '주여 주여' 하는 많은 사람들의 치명적 오해〉, 〈19. 더욱 큰 은사 곧, 제일 좋은 길〉의 의견으로 대신하겠습니다.

성경은 그리스도인의 정체성에 대해서 단호한 어조로 명명백백하게 말씀하고 있습니다.

롬 14:7~9 ^{7}우리 중에 누구든지 자기를 위하여 사는 자가 없고 자기를 위하여 죽는 자도 없도다 ^{8}우리가 살아도 주를 위하여 살고 죽어도 주를 위하여 죽나니 그러므로 사나 죽으나 우리가

주의 것이로다 ⁹이를 위하여 그리스도께서 죽었다가 다시 살아나셨으니 곧 죽은 자와 산 자의 주가 되려 하심이라

고전 15:31 형제들아 내가 그리스도 예수 우리 주 안에서 가진 바 너희에 대한 나의 자랑을 두고 단언하노니 나는 날마다 죽노라

갈 2:20 내가 그리스도와 함께 십자가에 못 박혔나니 그런즉 이제는 내가 사는 것이 아니요 오직 내 안에 그리스도께서 사시는 것이라 이제 내가 육체 가운데 사는 것은 나를 사랑하사 나를 위하여 자기 자신을 버리신 하나님의 아들을 믿는 믿음 안에서 사는 것이라

갈 5:24 그리스도 예수의 사람들은 육체와 함께 그 정욕과 탐심을 십자가에 못 박았느니라

내가 그리스도와 함께 십자가에 못 박힌 사실, 날마다 죽는다는 사실을 믿음으로, 아멘으로 화합함에도 불구하고 개인적인 믿음의 확신에 머물러 있을 때, 성경은 "내가 그리스도와 함께 십자가에 못 박혔나니 그런즉 이제는 내가 사는 것이 아니요 오직 내 안에 그리스도께서 사시는 것이라"라고 말씀합니다. 즉 그리스도와 한 몸을 이루어 '예수 그리스도는 몸인 교회의 머리요 우리는 그 몸의 지체들'이라는 사실을 통해, 내 안에 예수 그리스도께서 계신 사실, 다시 말해, 한 몸으로 살아 계신다는 사실을 확증할 수 있을 것입니다.

고전 12:12, 26~27 ¹²몸은 하나인데 많은 지체가 있고 몸의 지체

가 많으나 한 몸임과 같이 그리스도도 그러하니라… ²⁶만일 한 지체가 고통을 받으면 모든 지체가 함께 고통을 받고 한 지체가 영광을 얻으면 모든 지체가 함께 즐거워하느니라 ²⁷너희는 그리스도의 몸이요 지체의 각 부분이라

엡 1:22~23 ²²또 만물을 그의 발아래에 복종하게 하시고 그를 만물 위에 교회의 머리로 삼으셨느니라 ²³교회는 그의 몸이니 만물 안에서 만물을 충만하게 하시는 이의 충만함이니라

골 1:18 그는 몸인 교회의 머리시라 그가 근본이시요 죽은 자들 가운데서 먼저 나신 이시니 이는 친히 만물의 으뜸이 되려 하심이요

28.
잠자는 자인가, 죽은 자인가?

롬 13:11~14 ¹¹또한 너희가 이 시기를 알거니와 자다가 깰 때가 벌써 되었으니 이는 이제 우리의 구원이 처음 믿을 때보다 가까웠음이라 ¹²밤이 깊고 낮이 가까웠으니 그러므로 우리가 어둠의 일을 벗고 빛의 갑옷을 입자 ¹³낮에와 같이 단정히 행하고 방탕하거나 술 취하지 말며 음란하거나 호색하지 말며 다투거나 시기하지 말고 ¹⁴오직 주 예수 그리스도로 옷 입고 정욕을 위하여 육신의 일을 도모하지 말라

엡 5:14 그러므로 이르시기를 잠자는 자여 깨어서 죽은 자들 가운데서 일어나라 그리스도께서 너에게 비추이시리라 하셨느니라

예수께서 잠자는 자와 죽은 자들에게 하신 말씀들을 상고해 보겠습니다.

마 8:21~22 ²¹제자 중에 또 한 사람이 이르되 주여 내가 먼저 가서 내 아버지를 장사하게 허락하옵소서 ²²예수께서 이르시되

죽은 자들이 그들의 죽은 자들을 장사하게 하고 너는 나를 따르라 하시니라

마 11:2~6 ²요한이 옥에서 그리스도께서 하신 일을 듣고 제자들을 보내어 ³예수께 여짜오되 오실 그이가 당신이오니이까 우리가 다른 이를 기다리오리이까 ⁴예수께서 대답하여 이르시되 너희가 가서 듣고 보는 것을 요한에게 알리되 ⁵맹인이 보며 못 걷는 사람이 걸으며 나병환자가 깨끗함을 받으며 못 듣는 자가 들으며 죽은 자가 살아나며 가난한 자에게 복음이 전파된다 하라 ⁶누구든지 나로 말미암아 실족하지 아니하는 자는 복이 있도다 하시니라

마 11:15~17 ¹⁵귀 있는 자는 들을지어다 ¹⁶이 세대를 무엇으로 비유할까 비유하건대 아이들이 장터에 앉아 제 동무를 불러 ¹⁷이르되 우리가 너희를 향하여 피리를 불어도 너희가 춤추지 않고 우리가 슬피 울어도 너희가 가슴을 치지 아니하였다 함과 같도다

죽은 자들은 애석하게도 동무들의 부름에 어떠한 반응도 할 수 없지만, 혹시 잠든 자들은 동무들의 부름에 깨어 일어나 그들이 부는 피리에 춤을 추거나, 그들의 애곡에 가슴을 칠 수 있을 것입니다. 과연 나는 잠자는 자입니까, 죽은 자입니까?

29.
살아서 주(예수 그리스도)를 믿는 자는 영원히 죽지 아니함

요 11:11~14 ¹¹이 말씀을 하신 후에 또 이르시되 우리 친구 나사로가 잠들었도다 그러나 내가 깨우러 가노라 ¹²제자들이 이르되 주여 잠들었으면 낫겠나이다 하더라 ¹³예수는 그의 죽음을 가리켜 말씀하신 것이나 그들은 잠들어 쉬는 것을 가리켜 말씀하심인 줄 생각하는지라 ¹⁴이에 예수께서 밝히 이르시되 나사로가 죽었느니라

요 11:21~27 ²¹마르다가 예수께 여짜오되 주께서 여기 계셨더라면 내 오라버니가 죽지 아니하였겠나이다 ²²그러나 나는 이제라도 주께서 무엇이든지 하나님께 구하시는 것을 하나님이 주실 줄을 아나이다 ²³예수께서 이르시되 네 오라비가 다시 살아나리라 ²⁴마르다가 이르되 마지막 날 부활 때에는 다시 살아날 줄을 내가 아나이다 ²⁵예수께서 이르시되 나는 부활이요 생명이니 나를 믿는 자는 죽어도 살겠고 ²⁶무릇 살아서 나를 믿는 자는 영원히 죽지 아니하리니 이것을 네가 믿느냐 ²⁷이르되 주여 그러하외다 주는 그리스도시요 세상에 오시는 하나님의 아들이신 줄 내가 믿나이다

눅 8:49~56 ⁴⁹아직 말씀하실 때에 회당장의 집에서 사람이 와서 말하되 당신의 딸이 죽었나이다 선생님을 더 괴롭게 하지 마소서 하거늘 ⁵⁰예수께서 들으시고 이르시되 두려워하지 말고 믿기만 하라 그리하면 딸이 구원을 얻으리라 하시고 ⁵¹그 집에 이르러 베드로와 요한과 야고보와 아이의 부모 외에는 함께 들어가기를 허락하지 아니하시니라 ⁵²모든 사람이 아이를 위하여 울며 통곡하매 예수께서 이르시되 울지 말라 죽은 것이 아니라 잔다 하시니 ⁵³그들이 그 죽은 것을 아는 고로 비웃더라 ⁵⁴예수께서 아이의 손을 잡고 불러 이르시되 아이야 일어나라 하시니 ⁵⁵그 영이 돌아와 아이가 곧 일어나거늘 예수께서 먹을 것을 주라 명하시니 ⁵⁶그 부모가 놀라는지라 예수께서 경고하사 이 일을 아무에게도 말하지 말라 하시니라

예수께서는 나사로의 죽음과 회당장 야이로의 딸의 죽음, 곧 '사람의 죽음'이라는 하나의 사실에 대해서 '죽었다', '잔다'라는 두 가지 사실로 말씀하고 있습니다. 이것 역시, 어느 것이 '옳은가' 하는 택일의 문제가 아니라, '죽었다'는 말씀은 시간과 공간의 제약을 받으며 잠시 후에 일어날 일과 내일 일은 물론, 장래에 일어날 모든 일을 알지 못하는 사람의 눈높이에서 하시는 말씀이고, '잔다'는 말씀은 모든 것을 아시는 전지전능하신 하나님께는 모든 사람이 살아 있기 때문에 하신 말씀임을 누가복음을 통해 확인해 보겠습니다.

눅 20:27~40 ²⁷부활이 없다고 주장하는 사두개인 중 어떤 이들이 와서 ²⁸물어 이르되 선생님이여 모세가 우리에게 써 주기를 만일 어떤 사람의 형이 아내를 두고 자식이 없이 죽으면 그 동생이 그 아내를 취하여 형을 위하여 상속자를 세울지니라 하

였나이다 ²⁹그런데 칠 형제가 있었는데 맏이가 아내를 취하였다가 자식이 없이 죽고 ³⁰그 둘째와 셋째가 그를 취하고 ³¹일곱이 다 그와 같이 자식이 없이 죽고 ³²그 후에 여자도 죽었나이다 ³³일곱이 다 그를 아내로 취하였으니 부활 때에 그중에 누구의 아내가 되리이까 ³⁴예수께서 이르시되 이 세상의 자녀들은 장가도 가고 시집도 가되 ³⁵저세상과 및 죽은 자 가운데서 부활함을 얻기에 합당히 여김을 받은 자들은 장가가고 시집가는 일이 없으며 ³⁶그들은 다시 죽을 수도 없나니 이는 천사와 동등이요 부활의 자녀로서 하나님의 자녀임이라 ³⁷죽은 자가 살아난다는 것은 모세도 가시나무 떨기에 관한 글에서 주를 아브라함의 하나님이요 이삭의 하나님이요 야곱의 하나님이시라 칭하였나니 ³⁸하나님은 죽은 자의 하나님이 아니요 살아 있는 자의 하나님이시라 하나님에게는 모든 사람이 살았느니라 하시니 ³⁹서기관 중 어떤 이들이 말하되 선생님 잘 말씀하셨나이다 하니 ⁴⁰그들은 아무것도 감히 더 물을 수 없음이더라

29. 살아서 주(예수 그리스도)를 믿는 자는 영원히 죽지 아니함

30.
의인의 부활과 악인의 부활

단 12:2 땅의 티끌 가운데에서 자는 자 중에서 많은 사람이 깨어나 영생을 받는 자도 있겠고 수치를 당하여서 영원히 부끄러움을 당할 자도 있을 것이며

요 5:19~29 [19]그러므로 예수께서 그들에게 이르시되 내가 진실로 진실로 너희에게 이르노니 아들이 아버지께서 하시는 일을 보지 않고는 아무것도 스스로 할 수 없나니 아버지께서 행하시는 그것을 아들도 그와 같이 행하느니라 [20]아버지께서 아들을 사랑하사 자기가 행하시는 것을 다 아들에게 보이시고 또 그보다 더 큰 일을 보이사 너희로 놀랍게 여기게 하시리라 [21]아버지께서 죽은 자들을 일으켜 살리심같이 아들도 자기가 원하는 자들을 살리느니라 [22]아버지께서 아무도 심판하지 아니하시고 심판을 다 아들에게 맡기셨으니 [23]이는 모든 사람으로 아버지를 공경하는 것같이 아들을 공경하게 하려 하심이라 아들을 공경하지 아니하는 자는 그를 보내신 아버지도 공경하지 아니하느니라 [24]내가 진실로 진실로 너희에게 이르노니 내 말을 듣고 또 나 보내신 이를 믿는 자는 영생을 얻었고 심판에 이르지 아니하

나니 사망에서 생명으로 옮겼느니라 ²⁵진실로 진실로 너희에게 이르노니 죽은 자들이 하나님의 아들의 음성을 들을 때가 오나니 곧 이때라 듣는 자는 살아나리라 ²⁶아버지께서 자기 속에 생명이 있음같이 아들에게도 생명을 주어 그 속에 있게 하셨고 ²⁷또 인자됨으로 말미암아 심판하는 권한을 주셨느니라 ²⁸이를 놀랍게 여기지 말라 무덤 속에 있는 자가 다 그의 음성을 들을 때가 오나니 ²⁹선한 일을 행한 자는 생명의 부활로, 악한 일을 행한 자는 심판의 부활로 나오리라

행 24:14~15 ¹⁴그러나 이것을 당신께 고백하리이다 나는 그들이 이단이라 하는 도를 따라 조상의 하나님을 섬기고 율법과 선지자들의 글에 기록된 것을 다 믿으며 ¹⁵그들이 기다리는 바 하나님께 향한 소망을 나도 가졌으니 곧 의인과 악인의 부활이 있으리라 함이니이다

　성경은 "선한 일을 행한 자는 생명의 부활로, 악한 일을 행한 자는 심판의 부활로 나오리라"라고 하여, 의인과 악인 곧 모든 사람의 부활을 증거하고 있습니다. 임박한 죽음을 앞둔 사람은 물론, 모든 사람이 꼭 기억해야 할 것은 사람의 죽음은 그 죽음으로 모든 것이 끝나는 것이 아니라, 이 세상에서 전혀 경험해 보지 못한 새로운 삶의 시작에 불과할 것이라는 사실입니다. 의인의 생명의 부활도, 악인의 심판의 부활도 모두 영원할 것이며, 또한 이 썩을 것이 썩지 아니함을 입고, 이 죽을 것이 죽지 아니함을 입는 부활을 증거하는 말씀을 상고해 보겠습니다.

고전 15:50~54 ⁵⁰형제들아 내가 이것을 말하노니 혈과 육은 하

나님 나라를 이어받을 수 없고 또한 썩는 것은 썩지 아니하는 것을 유업으로 받지 못하느니라 ⁵¹보라 내가 너희에게 비밀을 말하노니 우리가 다 잠잘 것이 아니요 마지막 나팔에 순식간에 홀연히 다 변화되리니 ⁵²나팔 소리가 나매 죽은 자들이 썩지 아니할 것으로 다시 살아나고 우리도 변화되리라 ⁵³이 썩을 것이 반드시 썩지 아니할 것을 입겠고 이 죽을 것이 죽지 아니함을 입으리로다 ⁵⁴이 썩을 것이 썩지 아니함을 입고 이 죽을 것이 죽지 아니함을 입을 때에는 사망을 삼키고 이기리라고 기록된 말씀이 이루어지리라

살전 4:13~18 ¹³형제들아 자는 자들에 관하여는 너희가 알지 못함을 우리가 원하지 아니하노니 이는 소망 없는 다른 이와 같이 슬퍼하지 않게 하려 함이라 ¹⁴우리가 예수께서 죽으셨다가 다시 살아나심을 믿을진대 이와 같이 예수 안에서 자는 자들도 하나님이 그와 함께 데리고 오시리라 ¹⁵우리가 주의 말씀으로 너희에게 이것을 말하노니 주께서 강림하실 때까지 우리 살아남아 있는 자도 자는 자보다 결코 앞서지 못하리라 ¹⁶주께서 호령과 천사장의 소리와 하나님의 나팔 소리로 친히 하늘로부터 강림하시리니 그리스도 안에서 죽은 자들이 먼저 일어나고 ¹⁷그 후에 우리 살아남은 자들도 그들과 함께 구름 속으로 끌어 올려 공중에서 주를 영접하게 하시리니 그리하여 우리가 항상 주와 함께 있으리라 ¹⁸그러므로 이러한 말로 서로 위로하라

31.
부활을 믿는 자의 산 증거

고전 15:1~8 ¹형제들아 내가 너희에게 전한 복음을 너희에게 알게 하노니 이는 너희가 받은 것이요 또 그 가운데 선 것이라 ²너희가 만일 내가 전한 그 말을 굳게 지키고 헛되이 믿지 아니하였으면 그로 말미암아 구원을 받으리라 ³내가 받은 것을 먼저 너희에게 전하였노니 이는 성경대로 그리스도께서 우리 죄를 위하여 죽으시고 ⁴장사 지낸 바 되셨다가 성경대로 사흘 만에 다시 살아나사 ⁵게바에게 보이시고 후에 열두 제자에게와 ⁶그 후에 오백여 형제에게 일시에 보이셨나니 그중에 지금까지 대다수는 살아 있고 어떤 사람은 잠들었으며 ⁷그 후에 야고보에게 보이셨으며 그 후에 모든 사도에게와 ⁸맨 나중에 만삭되지 못하여 난 자 같은 내게도 보이셨느니라

고전 15:12~22 ¹²그리스도께서 죽은 자 가운데서 다시 살아나셨다 전파되었거늘 너희 중에서 어떤 사람들은 어찌하여 죽은 자 가운데서 부활이 없다 하느냐 ¹³만일 죽은 자의 부활이 없으면 그리스도도 다시 살아나지 못하셨으리라 ¹⁴그리스도께서 만일 다시 살아나지 못하셨으면 우리가 전파하는 것도 헛것이요

또 너희 믿음도 헛것이며 ¹⁵또 우리가 하나님의 거짓 증인으로 발견되리니 우리가 하나님이 그리스도를 다시 살리셨다고 증언하였음이라 만일 죽은 자가 다시 살아나는 일이 없으면 하나님이 그리스도를 다시 살리지 아니하셨으리라 ¹⁶만일 죽은 자가 다시 살아나는 일이 없으면 그리스도도 다시 살아나신 일이 없었을 터이요 ¹⁷그리스도께서 다시 살아나신 일이 없으면 너희의 믿음도 헛되고 너희가 여전히 죄 가운데 있을 것이요 ¹⁸또한 그리스도 안에서 잠자는 자도 망하였으리니 ¹⁹만일 그리스도 안에서 우리가 바라는 것이 다만 이 세상의 삶뿐이면 모든 사람 가운데 우리가 더욱 불쌍한 자이리라 ²⁰그러나 이제 그리스도께서 죽은 자 가운데서 다시 살아나사 잠자는 자들의 첫 열매가 되셨도다 ²¹사망이 한 사람으로 말미암았으니 죽은 자의 부활도 한 사람으로 말미암는도다 ²²아담 안에서 모든 사람이 죽은 것 같이 그리스도 안에서 모든 사람이 삶을 얻으리라

고전 15:35~44 ³⁵누가 묻기를 죽은 자들이 어떻게 다시 살아나며 어떠한 몸으로 오느냐 하리니 ³⁶어리석은 자여 네가 뿌리는 씨가 죽지 않으면 살아나지 못하겠고 ³⁷또 네가 뿌리는 것은 장래의 형체를 뿌리는 것이 아니요 다만 밀이나 다른 것의 알맹이뿐이로되 ³⁸하나님이 그 뜻대로 그에게 형체를 주시되 각 종자에게 그 형체를 주시느니라 ³⁹육체는 다 같은 육체가 아니니 하나는 사람의 육체요 하나는 짐승의 육체요 하나는 새의 육체요 하나는 물고기의 육체라 ⁴⁰하늘에 속한 형체도 있고 땅에 속한 형체도 있으나 하늘에 속한 것의 영광이 따로 있고 땅에 속한 것의 영광이 따로 있으니 ⁴¹해의 영광이 다르고 달의 영광이 다르며 별의 영광도 다른데 별과 별의 영광이 다르도다 ⁴²죽은

자의 부활도 그와 같으니 썩을 것으로 심고 썩지 아니할 것으로 다시 살아나며 ⁴³욕된 것으로 심고 영광스러운 것으로 다시 살아나며 약한 것으로 심고 강한 것으로 다시 살아나며 ⁴⁴육의 몸으로 심고 신령한 몸으로 다시 살아나나니 육의 몸이 있은즉 또 영의 몸도 있느니라

성경의 증거대로, 부활은 하나님의 능력과 신성이, 그가 만드신 만물에 분명히 보이게 하여 알게 해주신 사실 중의 사실입니다. 어느 누구도 부인할 수 없고, 핑계할 수 없는 이 부활의 진리를, 예수 그리스도의 증거를 통해 계속해서 확인해 보겠습니다.

요 10:17~18 ¹⁷내가 내 목숨을 버리는 것은 그것을 내가 다시 얻기 위함이니 이로 말미암아 아버지께서 나를 사랑하시느니라 ¹⁸이를 내게서 빼앗는 자가 있는 것이 아니라 내가 스스로 버리노라 나는 버릴 권세도 있고 다시 얻을 권세도 있으니 이 계명은 내 아버지에게서 받았노라 하시니라

요 11:25~26 ²⁵예수께서 이르시되 나는 부활이요 생명이니 나를 믿는 자는 죽어도 살겠고 ²⁶무릇 살아서 나를 믿는 자는 영원히 죽지 아니하리니 이것을 네가 믿느냐

요 12:24~25 ²⁴내가 진실로 진실로 너희에게 이르노니 한 알의 밀이 땅에 떨어져 죽지 아니하면 한 알 그대로 있고 죽으면 많은 열매를 맺느니라 ²⁵자기의 생명을 사랑하는 자는 잃어버릴 것이요 이 세상에서 자기의 생명을 미워하는 자는 영생하도록 보전하리라

32.
맨 나중에 멸망 받을 원수는 사망이니라

고전 15:22~28 ²²아담 안에서 모든 사람이 죽은 것같이 그리스도 안에서 모든 사람이 삶을 얻으리라 ²³그러나 각각 자기 차례대로 되리니 먼저는 첫 열매인 그리스도요 다음에는 그가 강림하실 때에 그리스도에게 속한 자요 ²⁴그 후에는 마지막이니 그가 모든 통치와 모든 권세와 능력을 멸하시고 나라를 아버지 하나님께 바칠 때라 ²⁵그가 모든 원수를 그 발아래에 둘 때까지 반드시 왕 노릇 하시리니 ²⁶맨 나중에 멸망 받을 원수는 사망이니라 ²⁷만물을 그의 발아래에 두셨다 하셨으니 만물을 아래에 둔다 말씀하실 때에 만물을 그의 아래에 두신 이가 그중에 들지 아니한 것이 분명하도다 ²⁸만물을 그에게 복종하게 하실 때에는 아들 자신도 그때에 만물을 자기에게 복종하게 하신 이에게 복종하게 되리니 이는 하나님이 만유의 주로서 만유 안에 계시려 하심이라

고전 15:55~56 ⁵⁵사망아 너의 승리가 어디 있느냐 사망아 네가 쏘는 것이 어디 있느냐 ⁵⁶사망이 쏘는 것은 죄요 죄의 권능은 율법이라

골 2:11~15 ¹¹또 그 안에서 너희가 손으로 하지 아니한 할례를 받았으니 곧 육의 몸을 벗는 것이요 그리스도의 할례니라 ¹²너희가 세례(침례)로 그리스도와 함께 장사되고 또 죽은 자들 가운데서 그를 일으키신 하나님의 역사를 믿음으로 말미암아 그 안에서 함께 일으키심을 받았느니라 ¹³또 범죄와 육체의 무할례로 죽었던 너희를 하나님이 그와 함께 살리시고 우리의 모든 죄를 사하시고 ¹⁴우리를 거스르고 불리하게 하는 법조문으로 쓴 증서를 지우시고 제하여 버리사 십자가에 못 박으시고 ¹⁵통치자들과 권세들을 무력화하여 드러내어 구경거리로 삼으시고 십자가로 그들을 이기셨느니라

딤후 1:10 이제는 우리 구주 그리스도 예수의 나타나심으로 말미암아 나타났으니 그는 사망을 폐하시고 복음으로써 생명과 썩지 아니할 것을 드러내신지라

히 2:14~16 ¹⁴자녀들은 혈과 육에 속하였으매 그도 또한 같은 모양으로 혈과 육을 함께 지니심은 죽음을 통하여 죽음(사망)의 세력을 잡은 자 곧 마귀를 멸하시며 ¹⁵또 죽기를 무서워하므로 한평생 매여 종노릇하는 모든 자들을 놓아 주려 하심이니 ¹⁶이는 확실히 천사들을 붙들어 주려 하심이 아니요 오직 아브라함의 자손을 붙들어 주려 하심이라

예수 그리스도께서는 이미 우리의 모든 죄를 사하시고, 사망을 폐하셨으며 십자가로 승리하셨지만, 사망은 맨 마지막에 멸망 받을 원수이기 때문에, 지금 우리가 만물이 아직 저에게 복종한 것을 보지 못하고 있음을 가르쳐 주시는 말씀을 확인해 보겠습니다.

사 25:6~8 ⁶만군의 여호와께서 이 산에서 만민을 위하여 기름진 것과 오래 저장하였던 포도주로 연회를 베푸시리니 곧 골수가 가득한 기름진 것과 오래 저장하였던 맑은 포도주로 하실 것이며 ⁷또 이 산에서 모든 민족의 얼굴을 가린 가리개와 열방 위에 덮인 덮개를 제하시며 ⁸사망을 영원히 멸하실 것이라 주 여호와께서 모든 얼굴에서 눈물을 씻기시며 자기 백성의 수치를 온 천하에서 제하시리라 여호와께서 이같이 말씀하셨느니라

히 2:5~9 ⁵하나님이 우리가 말하는바 장차 올 세상을 천사들에게 복종하게 하심이 아니니라 ⁶그러나 누구인가가 어디에서 증언하여 이르되 사람이 무엇이기에 주께서 그를 생각하시며 인자가 무엇이기에 주께서 그를 돌보시나이까 ⁷그를 잠시 동안 천사보다 못하게 하시며 영광과 존귀로 관을 씌우시며 ⁸만물을 그 발아래에 복종하게 하셨느니라 하였으니 만물로 그에게 복종하게 하셨은즉 복종하지 않은 것이 하나도 없어야 하겠으나 지금 우리가 만물이 아직 그에게 복종하고 있는 것을 보지 못하고 ⁹오직 우리가 천사들보다 잠시 동안 못하게 하심을 입은 자 곧 죽음의 고난 받으심으로 말미암아 영광과 존귀로 관을 쓰신 예수를 보니 이를 행하심은 하나님의 은혜로 말미암아 모든 사람을 위하여 죽음을 맛보려 하심이라

계 20:7~15 ⁷천 년이 차매 사탄이 그 옥에서 놓여 ⁸나와서 땅의 사방 백성 곧 곡과 마곡을 미혹하고 모아 싸움을 붙이리니 그 수가 바다의 모래 같으리라 ⁹그들이 지면에 널리 퍼져 성도들의 진과 사랑하시는 성을 두르매 하늘에서 불이 내려와 그들을 태워버리고 ¹⁰또 그들을 미혹하는 마귀가 불과 유황 못에 던져지니

거기는 그 짐승과 거짓 선지자도 있어 세세토록 밤낮 괴로움을 받으리라 ¹¹또 내가 크고 흰 보좌와 그 위에 앉으신 이를 보니 땅과 하늘이 그 앞에서 피하여 간데없더라 ¹²또 내가 보니 죽은 자들이 큰 자나 작은 자나 그 보좌 앞에 서 있는데 책들이 펴 있고 또 다른 책이 펴졌으니 곧 생명책이라 죽은 자들이 자기 행위를 따라 책들에 기록된 대로 심판을 받으니 ¹³바다가 그 가운데에서 죽은 자들을 내주고 또 사망과 음부도 그 가운데에서 죽은 자들을 내주매 각 사람이 자기의 행위대로 심판을 받고 ¹⁴사망과 음부도 불못에 던져지니 이것은 둘째 사망 곧 불못이라 ¹⁵누구든지 생명책에 기록되지 못한 자는 불못에 던져지더라

33.
여호와를 만날 만한 때(기회)

사 49:8 여호와께서 이같이 이르시되 은혜의 때에 내가 네게 응답하였고 구원의 날에 내가 너를 도왔도다 내가 장차 너를 보호하여 너를 백성의 언약으로 삼으며 나라를 일으켜 그들에게 그 황무하였던 땅을 기업으로 상속하게 하리라

사 55:6~7 ⁶너희는 여호와를 만날 만한 때에 찾으라 가까이 계실 때에 그를 부르라 ⁷악인은 그의 길을, 불의한 자는 그의 생각을 버리고 여호와께로 돌아오라 그리하면 그가 긍휼히 여기시리라 우리 하나님께로 돌아오라 그가 너그럽게 용서하시리라

고후 6:2 이르시되 내가 은혜 베풀 때에 너에게 듣고 구원의 날에 너를 도왔다 하셨으니 보라 지금은 은혜받을 만한 때요 보라 지금은 구원의 날이로다

하나님께서는 선지자와 종들을 통해 은혜 베풀 때와 구원의 날을 말씀하시고, 수 2:11 하반절에서 "너희의 하나님 여호와는 위로는 하늘에서도 아래로는 땅에서도 하나님이시니라"라고 하신 대로,

상천하지에 무소부재하심에도 불구하고 만날 만한 때에 찾고, 가까이 계실 때에 부르라고 말씀하고 있습니다. 그렇다면 하나님을 만날 만한 때, 곧 하나님을 만날 그 기회는 언제입니까? 성경은 그것을, 내가 나의 죄를 깨닫고, 나의 죄를 자복하며 자백할 때라고 말씀하고 있습니다.

시 32:1~7 ¹허물의 사함을 받고 자신의 죄가 가려진 자는 복이 있도다 ²마음에 간사함이 없고 여호와께 정죄를 당하지 아니하는 자는 복이 있도다 ³내가 입을 열지 아니할 때에 종일 신음하므로 내 뼈가 쇠하였도다 ⁴주의 손이 주야로 나를 누르시오니 내 진액이 빠져서 여름 가뭄에 마름같이 되었나이다 (셀라) ⁵내가 이르기를 내 허물을 여호와께 자복하리라 하고 주께 내 죄를 아뢰고 내 죄악을 숨기지 아니하였더니 곧 주께서 내 죄악을 사하셨나이다 (셀라) ⁶이로 말미암아 모든 경건한 자는 주를 만날 기회를 얻어서 주께 기도할지라 진실로 홍수가 범람할지라도 그에게 미치지 못하리이다 ⁷주는 나의 은신처이오니 환난에서 나를 보호하시고 구원의 노래로 나를 두르시리이다 (셀라)

요일 1:8~9 ⁸만일 우리가 죄가 없다고 말하면 스스로 속이고 또 진리가 우리 속에 있지 아니할 것이요 ⁹만일 우리가 우리 죄를 자백하면 그는 미쁘시고 의로우사 우리 죄를 사하시며 우리를 모든 불의에서 깨끗하게 하실 것이요

34.
하나님을 거짓말하는 자로 만드는 것 두 가지

요 16:7~11 ⁷그러나 내가 너희에게 실상을 말하노니 내가 떠나가는 것이 너희에게 유익이라 내가 떠나가지 아니하면 보혜사가 너희에게로 오시지 아니할 것이요 가면 내가 그를 너희에게로 보내리니 ⁸그가 와서 죄에 대하여, 의에 대하여, 심판에 대하여 세상을 책망하시리라 ⁹죄에 대하여라 함은 그들이 나를 믿지 아니함이요 ¹⁰의에 대하여라 함은 내가 아버지께로 가니 너희가 다시 나를 보지 못함이요 ¹¹심판에 대하여라 함은 이 세상 임금이 심판을 받았음이라

요일 1:10 만일 우리가 범죄하지 아니하였다 하면 하나님을 거짓말하는 이로 만드는 것이니 또한 그의 말씀이 우리 속에 있지 아니하니라

요일 5:9~12 ⁹만일 우리가 사람들의 증언을 받을진대 하나님의 증거는 더욱 크도다 하나님의 증거는 이것이니 그의 아들에 대하여 증언하신 것이니라 ¹⁰하나님의 아들을 믿는 자는 자기 안에 증거가 있고 하나님을 믿지 아니하는 자는 하나님을 거짓말

하는 자로 만드나니 이는 하나님께서 그 아들에 대하여 증언하신 증거를 믿지 아니하였음이라 ¹¹또 증거는 이것이니 하나님이 우리에게 영생을 주신 것과 이 생명이 그의 아들 안에 있는 그것이니라 ¹²아들이 있는 자에게는 생명이 있고 하나님의 아들이 없는 자에게는 생명이 없느니라

예수께서는 아버지께서 하시는 일을 보시고, 자신도 그와 같이 행하시며, 또한 아버지께서 가르치신 대로 본 것과 들은 것을 다 우리에게 알게 하셨습니다. 그리고 그는 항상 아버지 하나님이 기뻐하시는 일을 행하므로, 그 아들을 혼자 두지 아니하고 항상 함께하셨습니다. 또한 아버지께서는 이 아들에 대해서, 하늘을 여시고 증거하셨습니다. 이제 우리도 사람들의 증거보다 더욱 크신 하나님의 증거를 보고 들으면서, 기쁨을 이기지 못하시며 말씀하시는 아버지 하나님의 그 측량할 수 없는 마음을 호리¹⁾라도 헤아려 보겠습니다.

마 3:16~17 ¹⁶예수께서 세례(침례)를 받으시고 곧 물에서 올라오실새 하늘이 열리고 하나님의 성령이 비둘기 같이 내려 자기 위에 임하심을 보시더니 ¹⁷하늘로부터 소리가 있어 말씀하시되 이는 내 사랑하는 아들이요 내 기뻐하는 자라 하시니라

마 17:5 말할 때에 홀연히 빛난 구름이 그들을 덮으며 구름 속에서 소리가 나서 이르시되 이는 내 사랑하는 아들이요 내 기뻐하는 자니 너희는 그의 말을 들으라 하시는지라

---

1) 매우 적은 분량을 비유적으로 이르는 말

요 5:19~21 ¹⁹그러므로 예수께서 그들에게 이르시되 내가 진실로 진실로 너희에게 이르노니 아들이 아버지께서 하시는 일을 보지 않고는 아무것도 스스로 할 수 없나니 아버지께서 행하시는 그것을 아들도 그와 같이 행하느니라 ²⁰아버지께서 아들을 사랑하사 자기가 행하시는 것을 다 아들에게 보이시고 또 그보다 더 큰 일을 보이사 너희로 놀랍게 여기게 하시리라 ²¹아버지께서 죽은 자들을 일으켜 살리심같이 아들도 자기가 원하는 자들을 살리느니라

요 8:28~30, 38 ²⁸이에 예수께서 이르시되 너희가 인자를 든 후에 내가 그인 줄을 알고 또 내가 스스로 아무것도 하지 아니하고 오직 아버지께서 가르치신 대로 이런 것을 말하는 줄도 알리라 ²⁹나를 보내신 이가 나와 함께 하시도다 나는 항상 그가 기뻐하시는 일을 행하므로 나를 혼자 두지 아니하셨느니라 ³⁰이 말씀을 하시매 많은 사람이 믿더라… ³⁸나는 내 아버지에게서 본 것을 말하고 너희는 너희 아비에게서 들은 것을 행하느니라

요 15:14~15 ¹⁴너희는 내가 명하는 대로 행하면 곧 나의 친구라 ¹⁵이제부터는 너희를 종이라 하지 아니하리니 종은 주인이 하는 것을 알지 못함이라 너희를 친구라 하였노니 내가 내 아버지께 들은 것을 다 너희에게 알게 하였음이라

35.
사망에 이르는 죄와 영원한 죄

마 12:31~32 ³¹그러므로 내가 너희에게 이르노니 사람에 대한 모든 죄와 모독은 사하심을 얻되 성령을 모독하는 것은 사하심을 얻지 못하겠고 ³²또 누구든지 말로 인자를 거역하면 사하심을 얻되 누구든지 말로 성령을 거역하면 이 세상과 오는 세상에서도 사하심을 얻지 못하리라

막 3:20~30 ²⁰집에 들어가시니 무리가 다시 모이므로 식사할 겨를도 없는지라 ²¹예수의 친족들이 듣고 그를 붙들러 나오니 이는 그가 미쳤다 함일러라 ²²예루살렘에서 내려온 서기관들은 그가 바알세불이 지폈다 하며 또 귀신의 왕을 힘입어 귀신을 쫓아낸다 하니 ²³예수께서 그들을 불러다가 비유로 말씀하시되 사탄이 어찌 사탄을 쫓아낼 수 있느냐 ²⁴또 만일 나라가 스스로 분쟁하면 그 나라가 설 수 없고 ²⁵만일 집이 스스로 분쟁하면 그 집이 설 수 없고 ²⁶만일 사탄이 자기를 거슬러 일어나 분쟁하면 설 수 없고 망하느니라 ²⁷사람이 먼저 강한 자를 결박하지 않고는 그 강한 자의 집에 들어가 세간을 강탈하지 못하리니 결박한 후에야 그 집을 강탈하리라 ²⁸내가 진실로 너희에게 이르노

니 사람의 모든 죄와 모든 모독하는 일은 사하심을 얻되 ²⁹누구든지 성령을 모독하는 자는 영원히 사하심을 얻지 못하고 영원한 죄가 되느니라 하시니 ³⁰이는 그들이 말하기를 더러운 귀신이 들렸다 함이러라

요일 5:16~17 ¹⁶누구든지 형제가 사망에 이르지 아니하는 죄 범하는 것을 보거든 구하라 그리하면 사망에 이르지 아니하는 범죄자들을 위하여 그에게 생명을 주시리라 사망에 이르는 죄가 있으니 이에 관하여 나는 구하라 하지 않노라 ¹⁷모든 불의가 죄로되 사망에 이르지 아니하는 죄도 있도다

성경은 영원한 죄와 더불어, 다시 새롭게 하여 회개하게 할 수 없는 죄와 다시 속죄하는 제사가 없는 진리를 아는 지식을 받은 후에 범하는 죄, 즉 일부러 짓는 고의적인 죄에 대해서도, 오직 무서운 마음으로 심판을 기다리는 것과 대적하는 자를 태울 맹렬한 불만 있으리라는 엄중한 경고의 말씀을 하고 있습니다.

히 6:4~6 ⁴한 번 빛을 받고 하늘의 은사를 맛보고 성령에 참여한 바 되고 ⁵하나님의 선한 말씀과 내세의 능력을 맛보고도 ⁶타락한 자들은 다시 새롭게 하여 회개하게 할 수 없나니 이는 그들이 하나님의 아들을 다시 십자가에 못 박아 드러내 놓고 욕되게 함이라

히 10:26~31 ²⁶우리가 진리를 아는 지식을 받은 후 짐짓 죄를 범한즉 다시 속죄하는 제사가 없고 ²⁷오직 무서운 마음으로 심판을 기다리는 것과 대적하는 자를 태울 맹렬한 불만 있으리라

²⁸모세의 법을 폐한 자도 두세 증인으로 말미암아 불쌍히 여김을 받지 못하고 죽었거든 ²⁹하물며 하나님의 아들을 짓밟고 자기를 거룩하게 한 언약의 피를 부정한 것으로 여기고 은혜의 성령을 욕되게 하는 자가 당연히 받을 형벌은 얼마나 더 무겁겠느냐 너희는 생각하라 ³⁰원수 갚는 것이 내게 있으니 내가 갚으리라 하시고 또다시 주께서 그의 백성을 심판하리라 말씀하신 것을 우리가 아노니 ³¹살아 계신 하나님의 손에 빠져 들어가는 것이 무서울진저

36.
항상 평안하고 죽을 때에도 고통이 없는 악인의 형통함

시 73:1~12 ¹하나님이 참으로 이스라엘 중 마음이 정결한 자에게 선을 행하시나 ²나는 거의 넘어질 뻔하였고 나의 걸음이 미끄러질 뻔하였으니 ³이는 내가 악인의 형통함을 보고 오만한 자를 질투하였음이로다 ⁴그들은 죽을 때에도 고통이 없고 그 힘이 강건하며 ⁵사람들이 당하는 고난이 그들에게는 없고 사람들이 당하는 재앙도 그들에게는 없나니 ⁶그러므로 교만이 그들의 목걸이요 강포가 그들의 옷이며 ⁷살찜으로 그들의 눈이 솟아나며 그들의 소득은 마음의 소원보다 많으며 ⁸그들은 능욕하며 악하게 말하며 높은 데서 거만하게 말하며 ⁹그들의 입은 하늘에 두고 그들의 혀는 땅에 두루 다니도다 ¹⁰그러므로 그의 백성이 이리로 돌아와서 잔에 가득한 물을 다 마시며 ¹¹말하기를 하나님이 어찌 알랴 지존자에게 지식이 있으랴 하는도다 ¹²볼지어다 이들은 악인들이라도 항상 평안하고 재물은 더욱 불어나도다

성경은 이러한 사람들을 대해서 '이 세상에 살아 있는 동안 그들의 분깃을 받은 사람들'이라고 말씀하고 있습니다.

시 17:14 여호와여 이 세상에 살아 있는 동안 그들의 분깃을 받은 사람들에게서 주의 손으로 나를 구하소서 그들은 주의 재물로 배를 채우고 자녀로 만족하고 그들의 남은 산업을 그들의 어린아이들에게 물려주는 자니이다

37.
부자라 하나 벌거벗은 수치를 모르는 자들

계 3:14~19 ¹⁴라오디게아 교회의 사자에게 편지하라 아멘이시요 충성되고 참된 증인이시요 하나님의 창조의 근본이신 이가 이르시되 ¹⁵내가 네 행위를 아노니 네가 차지도 아니하고 뜨겁지도 아니하도다 네가 차든지 뜨겁든지 하기를 원하노라 ¹⁶네가 이같이 미지근하여 뜨겁지도 아니하고 차지도 아니하니 내 입에서 너를 토하여 버리리라 ¹⁷네가 말하기를 나는 부자라 부요하여 부족한 것이 없다 하나 네 곤고한 것과 가련한 것과 가난한 것과 눈먼 것과 벌거벗은 것을 알지 못하는도다 ¹⁸내가 너를 권하노니 내게서 불로 연단한 금을 사서 부요하게 하고 흰옷을 사서 입어 벌거벗은 수치를 보이지 않게 하고 안약을 사서 눈에 발라 보게 하라 ¹⁹무릇 내가 사랑하는 자를 책망하여 징계하노니 그러므로 네가 열심을 내라 회개하라

자기를 위하여 재물을 쌓아 두었으나 하나님께 대하여 부요치 못한 자와, 오늘 밤 일은 물론, 잠시 후도 알지 못하는 자들에게 하시는 예수님의 말씀도 확인해보겠습니다.

눅 12:16~21 ¹⁶또 비유로 그들에게 말하여 이르시되 한 부자가 그 밭에 소출이 풍성하매 ¹⁷심중에 생각하여 이르되 내가 곡식 쌓아 둘 곳이 없으니 어찌할까 하고 ¹⁸또 이르되 내가 이렇게 하리라 내 곳간을 헐고 더 크게 짓고 내 모든 곡식과 물건을 거기 쌓아 두리라 ¹⁹또 내가 내 영혼에게 이르되 영혼아 여러 해 쓸 물건을 많이 쌓아 두었으니 평안히 쉬고 먹고 마시고 즐거워하자 하리라 하되 ²⁰하나님은 이르시되 어리석은 자여 오늘 밤에 네 영혼을 도로 찾으리니 그러면 네 준비한 것이 누구의 것이 되겠느냐 하셨으니 ²¹자기를 위하여 재물을 쌓아 두고 하나님께 대하여 부요하지 못한 자가 이와 같으니라

38.
부(富)한 자들과 부(富)하려 하는 자들에 대한 경고

딤전 6:7~10 ⁷우리가 세상에 아무것도 가지고 온 것이 없으매 또한 아무것도 가지고 가지 못하리니 ⁸우리가 먹을 것과 입을 것이 있은즉 족한 줄로 알 것이니라 ⁹부하려 하는 자들은 시험과 올무와 여러 가지 어리석고 해로운 욕심에 떨어지나니 곧 사람으로 파멸과 멸망에 빠지게 하는 것이라 ¹⁰돈을 사랑함이 일만 악의 뿌리가 되나니 이것을 탐내는 자들은 미혹을 받아 믿음에서 떠나 많은 근심으로써 자기를 찔렀도다

히 13:5 돈을 사랑하지 말고 있는 바를 족한 줄로 알라 그가 친히 말씀하시기를 내가 결코 너희를 버리지 아니하고 너희를 떠나지 아니하리라 하셨느니라

약 5:1~5 ¹들으라 부한 자들아 너희에게 임할 고생으로 말미암아 울고 통곡하라 ²너희 재물은 썩었고 너희 옷은 좀먹었으며 ³너희 금과 은은 녹이 슬었으니 이 녹이 너희에게 증거가 되며 불같이 너희 살을 먹으리라 너희가 말세에 재물을 쌓았도다 ⁴보라 너희 밭에서 추수한 품꾼에게 주지 아니한 삯이 소리 지르며

그 추수한 자의 우는 소리가 만군의 주의 귀에 들렸느니라 ⁵너희가 땅에서 사치하고 방종하여 살육의 날에 너희 마음을 살찌게 하였도다

예수께서는 예나 지금이나 돈의 노예로 살아가는 사람들에게, 하나님과 재물을 겸하여 섬길 수 없다고 하시고, 재물이 있는 자는 하나님 나라에 들어가기가 어렵다고 말씀하고 있습니다.

눅 16:13 집 하인이 두 주인을 섬길 수 없나니 혹 이를 미워하고 저를 사랑하거나 혹 이를 중히 여기고 저를 경히 여길 것임이니라 너희는 하나님과 재물을 겸하여 섬길 수 없느니라

눅 18:24~27 ²⁴예수께서 그를 보시고 이르시되 재물이 있는 자는 하나님의 나라에 들어가기가 얼마나 어려운지 ²⁵낙타가 바늘귀로 들어가는 것이 부자가 하나님의 나라에 들어가는 것보다 쉬우니라 하시니 ²⁶듣는 자들이 이르되 그런즉 누가 구원을 얻을 수 있나이까 ²⁷이르시되 무릇 사람이 할 수 없는 것을 하나님은 하실 수 있느니라

39.
세상이 주는 것과 같지 아니한 평안

요 14:27 평안을 너희에게 끼치노니 곧 나의 평안을 너희에게 주노라 내가 너희에게 주는 것은 세상이 주는 것과 같지 아니하니라 너희는 마음에 근심하지도 말고 두려워하지도 말라

롬 5:1~4 ¹그러므로 우리가 믿음으로 의롭다 하심을 받았으니 우리 주 예수 그리스도로 말미암아 하나님과 화평을 누리자 ²또한 그로 말미암아 우리가 믿음으로 서 있는 이 은혜에 들어감을 얻었으며 하나님의 영광을 바라고 즐거워하느니라 ³다만 이뿐 아니라 우리가 환난 중에도 즐거워하나니 이는 환난은 인내를, ⁴인내는 연단을, 연단은 소망을 이루는 줄 앎이로다

위 본문 중에서 요한복음의 '평안'과 로마서의 '화평'은, 헬라어 원문성경에서는 한 단어인 'εἰρήνην'(에이레넨, 명사 εἰρήνη 에이레네의 목적격)을, 한글 성경(개역, 개역개정)에서는 비슷하다고 할 수 있는 두 단어로 번역한 것입니다. 참고로 헬라어 원문 성경에서는 εἰρήνη(에이레네)가 92회 등장하는데, 한글 성경(개역, 개역개정)에서는 문맥에 따라서 주로, '평안, 평화, 평강, 화평, 화목, 화해, 화친, 안전, 태평' 등으로

번역하고 있습니다.

하나님의 감동으로 쓰여진 원문 성경과 함께, 대부분의 번역 성경도 동일하신 하나님의 감동으로 쓰여졌다는 사실을 믿는다면, 그 성경을 읽고, 듣고, 전하고, 가르치고, 배우고, 이해하고 해석하는 것 역시 동일하신 하나님의 감동이 절대적이고 필수적으로 요구되는 것 같습니다.

본문 말씀대로, 예수께서 주시는 평안은 세상이 주는 것 같지 않으며, 하나님의 자녀들이 누리는 화평은 환난 중에도 즐거워하는 것입니다. 그러므로 세상이 주는 것과는 확실하게 구분할 수 있으리라 생각합니다.

그럼에도 불구하고 이 지점에서 간과하기 쉬운 것이 하나 있습니다. 그것은 세상이 주는 모든 것도, 하나님이 직접 주시거나 또는 하나님의 뜻(허락하심) 가운데 주어진 것임에도, 유독 세상이 주는 것과 하나님께서 주시는 것이 같지 않다는 것을 강조하신 것입니다. 세상이 주는 것들 대부분이 순간적이고, 일시적이고, 제한적이라면, 예수께서 주시는 것은 경우에 따라서 이러한 것들을 포함하는 부분도 있지만, 세상이 주는 것들과 전혀 다른 부분은 이 세상에서는 맛볼 수 없는 영원한 것이기 때문입니다. 예수께서는 그것을 영원히 목마르지 않는 생수로, 영생하도록 솟아나는 샘물로 비유해서 말씀하고 있습니다.

> 요 4:13~14 ¹³예수께서 대답하여 이르시되 이 물을 마시는 자마다 다시 목마르려니와 ¹⁴내가 주는 물을 마시는 자는 영원히 목마르지 아니하리니 내가 주는 물은 그 속에서 영생하도록 솟아나는 샘물이 되리라

40.
위의 것을 찾으라

사 55:8~9 ⁸이는 내 생각이 너희의 생각과 다르며 내 길은 너희의 길과 다름이니라 여호와의 말씀이니라 ⁹이는 하늘이 땅보다 높음같이 내 길은 너희의 길보다 높으며 내 생각은 너희의 생각보다 높음이니라

골 3:1~4 ¹그러므로 너희가 그리스도와 함께 다시 살리심을 받았으면 위의 것을 찾으라 거기는 그리스도께서 하나님 우편에 앉아 계시느니라 ²위의 것을 생각하고 땅의 것을 생각하지 말라 ³이는 너희가 죽었고 너희 생명이 그리스도와 함께 하나님 안에 감추어졌음이라 ⁴우리 생명이신 그리스도께서 나타나실 그때에 너희도 그와 함께 영광 중에 나타나리라

인간이 만물의 영장이라고 생각하는 사람들 중에, 자신이 스스로의 주인이라고 생각하여, 자기의 마음과 생각을 원하는 대로 주관하며 다스릴 수 있는 사람이 과연 있을 수 있겠습니까? 흙으로 지음 받고, 흙과 더불어 살다가 흙으로 돌아가는 사람들에게, 땅의 것을 생각하며 사는 것이 지극히 자연스럽고 당연함에도 불구하고, 성경

은 땅의 것을 생각하지 말고, 위의 것을 생각하고 위의 것을 찾으라고 말씀하고 있습니다. 그것에는 분명한 전제 조건이 제시되어 있습니다. '그리스도와 함께 다시 살리심을 받았으면' 그렇게 하라는 것입니다.

예수께서는 하나님의 일을 생각하지 아니하고 사람의 일을 생각하는 사랑하는 제자 베드로에게 사탄이라고, '너는 나를 넘어지게 하는 자'라고 몹시도 매서운 책망을 하셨습니다. 그리스도를 본받아 살던 사도 바울은 육신의 생각은 하나님과 원수가 된다고 했으며, 예수께 책망받던 베드로도 그리스도와 함께 다시 살리심을 받고 깨달음을 얻어서 "너희가 주의 인자하심을 맛보았으면 갓난아기들같이 순전하고 신령한 젖을 사모하라"라고 간곡하게 권면하고 있습니다.

> 마 16:21~23 ²¹이때로부터 예수 그리스도께서 자기가 예루살렘에 올라가 장로들과 대제사장들과 서기관들에게 많은 고난을 받고 죽임을 당하고 제삼 일에 살아나야 할 것을 제자들에게 비로소 나타내시니 ²²베드로가 예수를 붙들고 항변하여 이르되 주여 그리 마옵소서 이 일이 결코 주께 미치지 아니하리이다 ²³예수께서 돌이키시며 베드로에게 이르시되 사탄아 내 뒤로 물러가라 너는 나를 넘어지게 하는 자로다 네가 하나님의 일을 생각하지 아니하고 도리어 사람의 일을 생각하는도다 하시고

> 롬 8:5~8 ⁵육신을 따르는 자는 육신의 일을, 영을 따르는 자는 영의 일을 생각하나니 ⁶육신의 생각은 사망이요 영의 생각은 생명과 평안이니라 ⁷육신의 생각은 하나님과 원수가 되나니 이는 하나님의 법에 굴복하지 아니할 뿐 아니라 할 수도 없음이라

⁸육신에 있는 자들은 하나님을 기쁘시게 할 수 없느니라

갈 5:16~17 ¹⁶내가 이르노니 너희는 성령을 따라 행하라 그리하면 육체의 욕심을 이루지 아니하리라 ¹⁷육체의 소욕은 성령을 거스르고 성령은 육체를 거스르나니 이 둘이 서로 대적함으로 너희가 원하는 것을 하지 못하게 하려 함이니라

벧전 2:1~3 ¹그러므로 모든 악독과 모든 기만과 외식과 시기와 모든 비방하는 말을 버리고 ²갓난아기들같이 순전하고 신령한 젖을 사모하라 이는 그로 말미암아 너희로 구원에 이르도록 자라게 하려 함이라 ³너희가 주의 인자하심을 맛보았으면 그리하라

41.
아버지 하나님과 그의 아들 예수 그리스도를 사랑하지 않는 자에게 임하는 저주

시 2:11~12 ¹¹여호와를 경외함으로 섬기고 떨며 즐거워할지어다 ¹²그의 아들에게 입맞추라 그렇지 아니하면 진노하심으로 너희가 길에서 망하리니 그의 진노가 급하심이라 여호와께 피하는 모든 사람은 다 복이 있도다

렘 17:5 여호와께서 이와 같이 말씀하시니라 무릇 사람을 믿으며 육신으로 그의 힘을 삼고 마음이 여호와에게서 떠난 그 사람은 저주를 받을 것이라

고전 16:21~22 ²¹나 바울은 친필로 너희에게 문안하노니 ²²만일 누구든지 주를 사랑하지 아니하면 저주를 받을지어다 우리 주여 오시옵소서

누군가를 사랑한다는 것은 마음속에서 자연스럽게 스며 나오는 감정에서 발원하는 것이고, 입맞춤은 샘솟듯 솟아나는 그 마음을 억누를 수 없어 분출하는 사랑의 행위임에도 불구하고, 성경은 의외로 엄중하게 말씀하고 있습니다. 아마도 그것은, 죽음에 처한 사

랑하는 신부를 구하기 위해, 마지막 피 한 방울까지 아끼지 않으신 신랑 되신 예수 그리스도의 애절한 절규를 대변하는 호소인 듯싶습니다.

그러므로 이제 신부는 신랑으로부터 받은 처음 사랑을 버린 행위를 회개하고, 마음과 뜻과 힘을 다하여 그 신랑을 사랑하라는 권면의 말씀에 귀를 기울여야 할 것입니다.

신 6:4~5 ^{4}이스라엘아 들으라 우리 하나님 여호와는 오직 유일한 여호와이시니 ^{5}너는 마음을 다하고 뜻을 다하고 힘을 다하여 네 하나님 여호와를 사랑하라

엡 6:24 우리 주 예수 그리스도를 변함없이 사랑하는 모든 자에게 은혜가 있을지어다

계 2:4~5 ^{4}그러나 너를 책망할 것이 있나니 너의 처음 사랑을 버렸느니라 ^{5}그러므로 어디서 떨어졌는지를 생각하고 회개하여 처음 행위를 가지라 만일 그리하지 아니하고 회개하지 아니하면 내가 네게 가서 네 촛대를 그 자리에서 옮기리라

42.
나에게는 결코 정죄함이 없는가

롬 8:1~2 ¹그러므로 이제 그리스도 예수 안에 있는 자에게는 결코 정죄함이 없나니 ²이는 그리스도 예수 안에 있는 생명의 성령의 법이 죄와 사망의 법에서 너를 해방하였음이라

내가 그리스도 예수 안에 있는가를 확인해 볼 수 있는, 시금석이 되는 말씀인 것 같습니다. 먼저 자기 자신을 포함해서 어떤 대상을 정죄할 때에는, 육하원칙에 기반한 정확한 사실에 근거하여, 공정하고 객관적인 판단으로 비판하는 것이 일반적입니다.

그러나 예수께서는 '비판을 받지 아니하려거든 비판하지 말라'라고 하시고, 사도 바울 또한 '나도 나를 판단하지 않는다'라고 했습니다. 또 다른 성경에서는, 천사장 미가엘도 마귀와 다투어 변론할 때 감히 비방하는 판결을 내리지 못하고 주님께 꾸짖음을 의탁했으며, 또 다른 곳에서는, 원수 갚는 것까지도 하나님의 진노하심에 맡기라고 증거하고 있습니다. 그러므로 비판과 비방과 정죄를 유발하는 모든 판단은 오직 한 분이신 입법자와 재판장 하나님께 맡기라는 말씀들을 상고해 보겠습니다.

마 7:1~5 ¹비판을 받지 아니하려거든 비판하지 말라 ²너희가 비판하는 그 비판으로 너희가 비판을 받을 것이요 너희가 헤아리는 그 헤아림으로 너희가 헤아림을 받을 것이니라 ³어찌하여 형제의 눈 속에 있는 티는 보고 네 눈 속에 있는 들보는 깨닫지 못하느냐 ⁴보라 네 눈 속에 들보가 있는데 어찌하여 형제에게 말하기를 나로 네 눈 속에 있는 티를 빼게 하라 하겠느냐 ⁵외식하는 자여 먼저 네 눈 속에서 들보를 빼어라 그 후에야 밝히 보고 형제의 눈 속에서 티를 빼리라

눅 6:37 비판하지 말라 그리하면 너희가 비판을 받지 않을 것이요 정죄하지 말라 그리하면 너희가 정죄를 받지 않을 것이요 용서하라 그리하면 너희가 용서를 받을 것이요

롬 2:1~2 ¹그러므로 남을 판단하는 사람아, 누구를 막론하고 네가 핑계하지 못할 것은 남을 판단하는 것으로 네가 너를 정죄함이니 판단하는 네가 같은 일을 행함이니라 ²이런 일을 행하는 자에게 하나님의 심판이 진리대로 되는 줄 우리가 아노라

롬 12:19 내 사랑하는 자들아 너희가 친히 원수를 갚지 말고 하나님의 진노하심에 맡기라 기록되었으되 원수 갚는 것이 내게 있으니 내가 갚으리라고 주께서 말씀하시니라

롬 14:10~13 ¹⁰네가 어찌하여 네 형제를 비판하느냐 어찌하여 네 형제를 업신여기느냐 우리가 다 하나님의 심판대 앞에 서리라 ¹¹기록되었으되 주께서 이르시되 내가 살았노니 모든 무릎이 내게 꿇을 것이요 모든 혀가 하나님께 자백하리라 하였느니라

¹²이러므로 우리 각 사람이 자기 일을 하나님께 직고하리라 ¹³그런즉 우리가 다시는 서로 비판하지 말고 도리어 부딪칠 것이나 거칠 것을 형제 앞에 두지 아니하도록 주의하라

고전 4:3~5 ³너희에게나 다른 사람에게나 판단 받는 것이 내게는 매우 작은 일이라 나도 나를 판단하지 아니하노니 ⁴내가 자책할 아무것도 깨닫지 못하나 이로 말미암아 의롭다 함을 얻지 못하노라 다만 나를 심판하실 이는 주시니라 ⁵그러므로 때가 이르기 전 곧 주께서 오시기까지 아무것도 판단하지 말라 그가 어둠에 감추인 것들을 드러내고 마음의 뜻을 나타내시리니 그 때에 각 사람에게 하나님으로부터 칭찬이 있으리라

약 4:11~12 ¹¹형제들아 서로 비방하지 말라 형제를 비방하는 자나 형제를 판단하는 자는 곧 율법을 비방하고 율법을 판단하는 것이라 네가 만일 율법을 판단하면 율법의 준행자가 아니요 재판관이로다 ¹²입법자와 재판관은 오직 한 분이시니 능히 구원하기도 하시며 멸하기도 하시느니라 너는 누구이기에 이웃을 판단하느냐

유 1:9~10 ⁹천사장 미가엘이 모세의 시체에 관하여 마귀와 다투어 변론할 때에 감히 비방하는 판결을 내리지 못하고 다만 말하되 주께서 너를 꾸짖으시기를 원하노라 하였거늘 ¹⁰이 사람들은 무엇이든지 그 알지 못하는 것을 비방하는도다 또 그들은 이성 없는 짐승같이 본능으로 아는 그것으로 멸망하느니라

43.
하나님의 자녀로서 용서받을 자격이 있는가

마 6:9~15 ⁹그러므로 너희는 이렇게 기도하라 하늘에 계신 우리 아버지여 이름이 거룩히 여김을 받으시오며 ¹⁰나라가 임하시오며 뜻이 하늘에서 이루어진 것같이 땅에서도 이루어지이다 ¹¹오늘 우리에게 일용할 양식을 주시옵고 ¹²우리가 우리에게 죄 지은 자를 사하여 준 것같이 우리 죄를 사하여 주시옵고 ¹³우리를 시험에 들게 하지 마시옵고 다만 악에서 구하시옵소서 (나라와 권세와 영광이 아버지께 영원히 있사옵나이다 아멘) ¹⁴너희가 사람의 잘못을 용서하면 너희 하늘 아버지께서도 너희 잘못을 용서하시려니와 ¹⁵너희가 사람의 잘못을 용서하지 아니하면 너희 아버지께서도 너희 잘못을 용서하지 아니하시리라

마 18:21~22 ²¹그때에 베드로가 나아와 이르되 주여 형제가 내게 죄를 범하면 몇 번이나 용서하여 주리이까 일곱 번까지 하오리이까 ²²예수께서 이르시되 네게 이르노니 일곱 번뿐 아니라 일곱 번을 일흔 번까지라도 할지니라

막 11:25 서서 기도할 때에 아무에게나 혐의가 있거든 용서하

라 그리하여야 하늘에 계신 너희 아버지께서도 너희 허물을 사하여 주시리라 하시니라

눅 11:1~4 ¹예수께서 한 곳에서 기도하시고 마치시매 제자 중 하나가 여짜오되 주여 요한이 자기 제자들에게 기도를 가르친 것과 같이 우리에게도 가르쳐 주옵소서 ²예수께서 이르시되 너희는 기도할 때에 이렇게 하라 아버지여 이름이 거룩히 여김을 받으시오며 나라가 임하시오며 ³우리에게 날마다 일용할 양식을 주시옵고 ⁴우리가 우리에게 죄지은 모든 사람을 용서하오니 우리 죄도 사하여 주시옵고 우리를 시험에 들게 하지 마시옵소서 하라

요 1:29 이튿날 요한이 예수께서 자기에게 나아오심을 보고 이르되 보라 세상 죄를 지고 가는 하나님의 어린양이로다

엡 4:31~32 ³¹너희는 모든 악독과 노함과 분냄과 떠드는 것과 비방하는 것을 모든 악의와 함께 버리고 ³²서로 친절하게 하며 불쌍히 여기며 서로 용서하기를 하나님이 그리스도 안에서 너희를 용서하심과 같이 하라

요일 2:1~2 ¹나의 자녀들아 내가 이것을 너희에게 씀은 너희로 죄를 범하지 않게 하려 함이라 만일 누가 죄를 범하여도 아버지 앞에서 우리에게 대언자가 있으니 곧 의로우신 예수 그리스도시라 ²그는 우리 죄를 위한 화목제물이니 우리만 위할 뿐 아니요 온 세상의 죄를 위하심이라

성경의 증거대로, 예수께서는 세상 죄를 지고 가신 하나님의 어린 양으로 화목제물이 되어 온 세상의 죄를 담당하셨습니다. 그리고 이러한 은혜에 의하여 믿음으로 말미암아 구원을 받은 하나님의 자녀들에게 이렇게 기도하라고 가르쳐 주셨습니다. 많은 사람들이 외우면서 드리는 이 기도는, 모든 죄를 용서받은 하나님의 자녀들이 하늘에 계신 아버지께 기도함에도 불구하고, 이제는 하나님의 자녀로서 용서받을 자격이 있는가에 대하여 말씀하고 있는 것입니다. 그 은혜로 구원받은 하나님의 자녀들은, 믿음의 법으로 사는 것이 당연하고 자연스럽기 때문에 믿음을 따라 하지 않는 것은 모두 죄라고 증거하고 있습니다.

'주기도문'으로 불리는 이 기도는 '우리가 우리에게 죄지은 자를 사하여 준 것같이 우리 죄를 사하여 주시옵고' 또한 '우리가 우리에게 죄지은 모든 사람을 용서하오니 우리 죄도 사하여 주시옵고'라는 내용처럼, 용서하는 사람에게 용서받을 자격이 주어지며, 그 결과 용서하는 사람이 용서받게 된다는 것을 말씀하고 있는 것입니다.

물론 이것은, 이미 모든 죄를 용서받은 하나님의 자녀들에게 가르쳐 주신 기도입니다. 또한 성경은 한 걸음 더 나아가 '주께서 너희를 용서하신 것같이 너희도 그리하고 이 모든 것 위에 사랑을 더하라'라고 권면하고 있습니다.

롬 3:19~31 [19]우리가 알거니와 무릇 율법이 말하는 바는 율법 아래에 있는 자들에게 말하는 것이니 이는 모든 입을 막고 온 세상으로 하나님의 심판 아래에 있게 하려 함이라 [20]그러므로 율법의 행위로 그의 앞에 의롭다 하심을 얻을 육체가 없나니 율법으로는 죄를 깨달음이니라 [21]이제는 율법 외에 하나님의 한 의가 나타났으니 율법과 선지자들에게 증거를 받은 것이라

²²곧 예수 그리스도를 믿음으로 말미암아 모든 믿는 자에게 미치는 하나님의 의니 차별이 없느니라 ²³모든 사람이 죄를 범하였으매 하나님의 영광에 이르지 못하더니 ²⁴그리스도 예수 안에 있는 속량으로 말미암아 하나님의 은혜로 값 없이 의롭다 하심을 얻은 자 되었느니라 ²⁵이 예수를 하나님이 그의 피로써 믿음으로 말미암는 화목제물로 세우셨으니 이는 하나님께서 길이 참으시는 중에 전에 지은 죄를 간과하심으로 자기의 의로우심을 나타내려 하심이니 ²⁶곧 이때에 자기의 의로우심을 나타내사 자기도 의로우시며 또한 예수 믿는 자를 의롭다 하려 하심이라 ²⁷그런즉 자랑할 데가 어디냐 있을 수가 없느니라 무슨 법으로냐 행위로냐 아니라 오직 믿음의 법으로니라 ²⁸그러므로 사람이 의롭다 하심을 얻는 것은 율법의 행위에 있지 않고 믿음으로 되는 줄 우리가 인정하노라 ²⁹하나님은 다만 유대인의 하나님이시냐 또한 이방인의 하나님은 아니시냐 진실로 이방인의 하나님도 되시느니라 ³⁰할례자도 믿음으로 말미암아 또한 무할례자도 믿음으로 말미암아 의롭다 하실 하나님은 한 분이시니라 ³¹그런즉 우리가 믿음으로 말미암아 율법을 파기하느냐 그럴 수 없느니라 도리어 율법을 굳게 세우느니라

롬 14:13~23 ¹³그런즉 우리가 다시는 서로 비판하지 말고 도리어 부딪칠 것이나 거칠 것을 형제 앞에 두지 아니하도록 주의하라 ¹⁴내가 주 예수 안에서 알고 확신하노니 무엇이든지 스스로 속된 것이 없으되 다만 속되게 여기는 그 사람에게는 속되니라 ¹⁵만일 음식으로 말미암아 네 형제가 근심하게 되면 이는 네가 사랑으로 행하지 아니함이라 그리스도께서 대신하여 죽으신 형제를 네 음식으로 망하게 하지 말라 ¹⁶그러므로 너희의 선한

것이 비방을 받지 않게 하라 [17]하나님의 나라는 먹는 것과 마시는 것이 아니요 오직 성령 안에 있는 의와 평강과 희락이라 [18]이로써 그리스도를 섬기는 자는 하나님을 기쁘시게 하며 사람에게도 칭찬을 받느니라 [19]그러므로 우리가 화평의 일과 서로 덕을 세우는 일을 힘쓰나니 [20]음식으로 말미암아 하나님의 사업을 무너지게 하지 말라 만물이 다 깨끗하되 거리낌으로 먹는 사람에게는 악한 것이라 [21]고기도 먹지 아니하고 포도주도 마시지 아니하고 무엇이든지 네 형제로 거리끼게 하는 일을 아니함이 아름다우니라 [22]네게 있는 믿음을 하나님 앞에서 스스로 가지고 있으라 자기가 옳다 하는 바로 자기를 정죄하지 아니하는 자는 복이 있도다 [23]의심하고 먹는 자는 정죄되었나니 이는 믿음을 따라 하지 아니하였기 때문이라 믿음을 따라 하지 아니하는 것은 다 죄니라

엡 2:8 너희는 그 은혜에 의하여 믿음으로 말미암아 구원을 받았으니 이것은 너희에게서 난 것이 아니요 하나님의 선물이라

골 3:13~14 [13]누가 누구에게 불만이 있거든 서로 용납하여 피차 용서하되 주께서 너희를 용서하신 것같이 너희도 그리하고 [14]이 모든 것 위에 사랑을 더하라 이는 온전하게 매는 띠니라

44.
용서(사랑, 탕감)받고
용서(사랑, 탕감)하지 않은 자의 최후

마 18:21~35 ²¹그때에 베드로가 나아와 이르되 주여 형제가 내게 죄를 범하면 몇 번이나 용서하여 주리이까 일곱 번까지 하오리이까 ²²예수께서 이르시되 네게 이르노니 일곱 번뿐 아니라 일곱 번을 일흔 번까지라도 할지니라 ²³그러므로 천국은 그 종들과 결산하려 하던 어떤 임금과 같으니 ²⁴결산할 때에 만 달란트 빚진 자 하나를 데려오매 ²⁵갚을 것이 없는지라 주인이 명하여 그 몸과 아내와 자식들과 모든 소유를 다 팔아 갚게 하라 하니 ²⁶그 종이 엎드려 절하며 이르되 내게 참으소서 다 갚으리이다 하거늘 ²⁷그 종의 주인이 불쌍히 여겨 놓아 보내며 그 빚을 탕감하여 주었더니 ²⁸그 종이 나가서 자기에게 백 데나리온 빚진 동료 한 사람을 만나 붙들어 목을 잡고 이르되 빚을 갚으라 하매 ²⁹그 동료가 엎드려 간구하여 이르되 나에게 참아 주소서 갚으리이다 하되 ³⁰허락하지 아니하고 이에 가서 그가 빚을 갚도록 옥에 가두거늘 ³¹그 동료들이 그것을 보고 몹시 딱하게 여겨 주인에게 가서 그 일을 다 알리니 ³²이에 주인이 그를 불러다가 말하되 악한 종아 네가 빌기에 내가 네 빚을 전부 탕감하여 주었거늘 ³³내가 너를 불쌍히 여김과 같이 너도 네 동료를 불쌍

히 여김이 마땅하지 아니하냐 하고 ³⁴주인이 노하여 그 빚을 다 갚도록 그를 옥졸들에게 넘기니라 ³⁵너희가 각각 마음으로부터 형제를 용서하지 아니하면 나의 하늘 아버지께서도 너희에게 이와 같이 하시리라

마음으로 생각하는 모든 계획이 항상 악하고, 육체의 욕심을 따라 지내며 육체와 마음의 원하는 것을 하여, 본질상 진노의 자녀이던 우리가, 우리에게 죄지은 자를 용서할 수 있는 것은 하나님이 먼저 우리를 용서해 주셨기 때문일 것입니다.

하나님께서 우리를 불쌍히 여겨 스스로의 힘으로 갚을 수 없는 빚을 탕감해 주시는 사랑을 베푸시는 이유는, 당연히 우리도 동료와 이웃을 불쌍히 여겨 스스로의 힘으로 갚을 수 없는 빚을 탕감해 주는 사랑을 베풀라는 것입니다. 만일 우리가 하나님께 사랑과 용서를 받고도 이웃과 동료에게 사랑과 용서를 베풀지 않는다면, 스스로의 힘으로 갚을 수 없었던 그 빚을 다 갚도록 옥졸들에게 넘겨지는 최후를 맞을 것임을 기억해야 할 것입니다.

창 6:5~7 ⁵여호와께서 사람의 죄악이 세상에 가득함과 그의 마음으로 생각하는 모든 계획이 항상 악할 뿐임을 보시고 ⁶땅 위에 사람 지으셨음을 한탄하사 마음에 근심하시고 ⁷이르시되 내가 창조한 사람을 내가 지면에서 쓸어버리되 사람으로부터 가축과 기는 것과 공중의 새까지 그리하리니 이는 내가 그것들을 지었음을 한탄함이니라 하시니라

엡 2:1~5 ¹그는 허물과 죄로 죽었던 너희를 살리셨도다 ²그때에 너희는 그 가운데서 행하여 이 세상 풍조를 따르고 공중의 권세

잡은 자를 따랐으니 곧 지금 불순종의 아들들 가운데서 역사하는 영이라 ³전에는 우리도 다 그 가운데서 우리 육체의 욕심을 따라 지내며 육체와 마음의 원하는 것을 하여 다른 이들과 같이 본질상 진노의 자녀이었더니 ⁴긍휼이 풍성하신 하나님이 우리를 사랑하신 그 큰 사랑을 인하여 ⁵허물로 죽은 우리를 그리스도와 함께 살리셨고 (너희는 은혜로 구원을 받은 것이라)

고전 16:21~22 ²¹나 바울은 친필로 너희에게 문안하노니 ²²만일 누구든지 주를 사랑하지 아니하면 저주를 받을지어다 우리 주여 오시옵소서

요일 4:19~21 ¹⁹우리가 사랑함은 그가 먼저 우리를 사랑하셨음이라 ²⁰누구든지 하나님을 사랑하노라 하고 그 형제를 미워하면 이는 거짓말하는 자니 보는바 그 형제를 사랑하지 아니하는 자는 보지 못하는바 하나님을 사랑할 수 없느니라 ²¹우리가 이 계명을 주께 받았나니 하나님을 사랑하는 자는 또한 그 형제를 사랑할지니라

45.
이것이 없이는 아무도 주를 보지 못하리라

롬 12:17~18 ¹⁷아무에게도 악을 악으로 갚지 말고 모든 사람 앞에서 선한 일을 도모하라 ¹⁸할 수 있거든 너희로서는 모든 사람과 더불어 화목하라

히 12:14 모든 사람과 더불어 화평함과 거룩함을 따르라 이것이 없이는 아무도 주를 보지 못하리라

자기 자신을 위해 살아가는 사람들에게, 이웃과 원수됨에서 나아가 '모든 사람과 화목하는 것을 할 수 있거든'을 이루고 더 나아가 '모든 사람과 더불어 화평함과 거룩함을 따르라'라고 말씀하고 있습니다. 항상 아버지의 기뻐하시는 일을 행하셨던 예수께서는 아버지 하나님의 행하시는 것을 보고 본받으셨으며, 예수님의 제자들도 예수님을 본받았습니다. 또한 하나님의 자녀로서 말씀대로 순종하며 살기를 원하는 우리들에게도 역시, 특히 이방인의 사도로서 복음을 전해준 사도 바울은 '내게 배우고 받고 듣고 본 바를 행하라'라고 간곡하게 권면하고 있습니다.

'이것이 없이는 아무도 주를 보지 못하리라'라는 말씀은 '이것만

이 주를 보는 길'이라는 역설이 아니겠습니까?

마 5:43~48 ⁴³또 네 이웃을 사랑하고 네 원수를 미워하라 하였다는 것을 너희가 들었으나 ⁴⁴나는 너희에게 이르노니 너희 원수를 사랑하며 너희를 박해하는 자를 위하여 기도하라 ⁴⁵이같이 한즉 하늘에 계신 너희 아버지의 아들이 되리니 이는 하나님이 그 해를 악인과 선인에게 비추시며 비를 의로운 자와 불의한 자에게 내려주심이라 ⁴⁶너희가 너희를 사랑하는 자를 사랑하면 무슨 상이 있으리요 세리도 이같이 아니하느냐 ⁴⁷또 너희가 너희 형제에게만 문안하면 남보다 더하는 것이 무엇이냐 이방인들도 이같이 아니하느냐 ⁴⁸그러므로 하늘에 계신 너희 아버지의 온전하심과 같이 너희도 온전하라

요 5:19~21 ¹⁹그러므로 예수께서 그들에게 이르시되 내가 진실로 진실로 너희에게 이르노니 아들이 아버지께서 하시는 일을 보지 않고는 아무것도 스스로 할 수 없나니 아버지께서 행하시는 그것을 아들도 그와 같이 행하느니라 ²⁰아버지께서 아들을 사랑하사 자기가 행하시는 것을 다 아들에게 보이시고 또 그보다 더 큰 일을 보이사 너희로 놀랍게 여기게 하시리라 ²¹아버지께서 죽은 자들을 일으켜 살리심같이 아들도 자기가 원하는 자들을 살리느니라

요 13:12~15 ¹²그들의 발을 씻으신 후에 옷을 입으시고 다시 앉아 그들에게 이르시되 내가 너희에게 행한 것을 너희가 아느냐 ¹³너희가 나를 선생이라 또는 주라 하니 너희 말이 옳도다 내가 그러하다 ¹⁴내가 주와 또는 선생이 되어 너희 발을 씻었으니 너

희도 서로 발을 씻어 주는 것이 옳으니라 ¹⁵내가 너희에게 행한 것같이 너희도 행하게 하려 하여 본을 보였노라

고전 11:1   내가 그리스도를 본받는 자가 된 것같이 너희는 나를 본받는 자가 되라

빌 3:17   형제들아 너희는 함께 나를 본받으라 그리고 너희가 우리를 본받은 것처럼 그와 같이 행하는 자들을 눈여겨 보라

빌 4:9   너희는 내게 배우고 받고 듣고 본 바를 행하라 그리하면 평강의 하나님이 너희와 함께 계시리라

46.
신성한 성품에 참여하는 자가 되게 하심

벧후 1:3~11 ³그의 신기한 능력으로 생명과 경건에 속한 모든 것을 우리에게 주셨으니 이는 자기의 영광과 덕으로써 우리를 부르신 이를 앎으로 말미암음이라 ⁴이로써 그 보배롭고 지극히 큰 약속을 우리에게 주사 이 약속으로 말미암아 너희가 정욕 때문에 세상에서 썩어질 것을 피하여 신성한 성품에 참여하는 자가 되게 하려 하셨느니라 ⁵그러므로 너희가 더욱 힘써 너희 믿음에 덕을, 덕에 지식을, ⁶지식에 절제를, 절제에 인내를, 인내에 경건을, ⁷경건에 형제 우애를, 형제 우애에 사랑을 더하라 ⁸이런 것이 너희에게 있어 흡족한즉 너희로 우리 주 예수 그리스도를 알기에 게으르지 않고 열매 없는 자가 되지 않게 하려니와 ⁹이런 것이 없는 자는 맹인이라 멀리 보지 못하고 그의 옛 죄가 깨끗하게 된 것을 잊었느니라 ¹⁰그러므로 형제들아 더욱 힘써 너희 부르심과 택하심을 굳게 하라 너희가 이것을 행한즉 언제든지 실족하지 아니하리라 ¹¹이같이 하면 우리 주 곧 구주 예수 그리스도의 영원한 나라에 들어감을 넉넉히 너희에게 주시리라

예수께서는 구약성경을 인용하시며 '하나님의 말씀을 받은 사람

들을 신이라' 하시고, 하나님이 보내신 인자(人子)인 자신이 '하나님의 아들이라' 증거하심으로 신성모독이라는 오해를 받았습니다. 그러나 성경은, 복음을 듣고 예수 그리스도를 영접한 사람들, 즉 인자(人子)인 우리에게도 하나님의 자녀가 되는 권세를 주시고, 성령이 친히 우리가 하나님의 자녀인 것을 증언하시며, 또한 신의 성품에 참여하는 자가 되게 하려 하심을 증거하고 있습니다.

성경은 또한, 신성한 성품에 참여하는 자가 되게 하신 이들의 믿음, 덕, 지식, 절제, 인내, 경건, 형제 우애, 사랑의 흡족한 열매들을 통해 우리 구주 예수 그리스도의 영원한 나라에 들어가는 '넉넉한 구원(?)'에 대한 소망을 약속하고 있습니다.

이와 함께 신성한 성품에 참여하는 자가 되게 하신 인자(人子)들에 대하여, 사도 바울은 로마서에서 '하나님이 미리 아신 자들을 또한 그 아들의 형상을 본받게 하기 위하여 미리 정하셨으니'라고 증거하고 있습니다.

> 시 82:6~7 ⁶내가 말하기를 너희는 신들이며 다 지존자의 아들들이라 하였으나 ⁷그러나 너희는 사람처럼 죽으며 고관의 하나 같이 넘어지리로다

> 요 1:9~13 ⁹참 빛 곧 세상에 와서 각 사람에게 비추는 빛이 있었나니 ¹⁰그가 세상에 계셨으며 세상은 그로 말미암아 지은 바 되었으되 세상이 그를 알지 못하였고 ¹¹자기 땅에 오매 자기 백성이 영접하지 아니하였으나 ¹²영접하는 자 곧 그 이름을 믿는 자들에게는 하나님의 자녀가 되는 권세를 주셨으니 ¹³이는 혈통으로나 육정으로나 사람의 뜻으로 나지 아니하고 오직 하나님께로부터 난 자들이니라

요 10:34~36 ³⁴예수께서 이르시되 너희 율법에 기록된바 내가 너희를 신이라 하였노라 하지 아니하였느냐 ³⁵성경은 폐하지 못하나니 하나님의 말씀을 받은 사람들을 신이라 하셨거든 ³⁶하물며 아버지께서 거룩하게 하사 세상에 보내신 자가 나는 하나님의 아들이라 하는 것으로 너희가 어찌 신성모독이라 하느냐

롬 8:14~17 ¹⁴무릇 하나님의 영으로 인도함을 받는 사람은 곧 하나님의 아들이라 ¹⁵너희는 다시 무서워하는 종의 영을 받지 아니하고 양자의 영을 받았으므로 우리가 아빠 아버지라고 부르짖느니라 ¹⁶성령이 친히 우리의 영과 더불어 우리가 하나님의 자녀인 것을 증언하시나니 ¹⁷자녀이면 또한 상속자 곧 하나님의 상속자요 그리스도와 함께한 상속자니 우리가 그와 함께 영광을 받기 위하여 고난도 함께 받아야 할 것이니라

롬 8:29~30 ²⁹하나님이 미리 아신 자들을 또한 그 아들의 형상을 본받게 하기 위하여 미리 정하셨으니 이는 그로 많은 형제 중에서 맏아들이 되게 하려 하심이니라 ³⁰또 미리 정하신 그들을 또한 부르시고 부르신 그들을 또한 의롭다 하시고 의롭다 하신 그들을 또한 영화롭게 하셨느니라

46. 신성한 성품에 참여하는 자가 되게 하심

47.
복 중의 복은 하늘에 속한 신령한 복

창 1:20~31 ²⁰하나님이 이르시되 물들은 생물을 번성하게 하라 땅 위 하늘의 궁창에는 새가 날으라 하시고 ²¹하나님이 큰 바다 짐승들과 물에서 번성하여 움직이는 모든 생물을 그 종류대로, 날개 있는 모든 새를 그 종류대로 창조하시니 하나님이 보시기에 좋았더라 ²²하나님이 그들에게 복을 주시며 이르시되 생육하고 번성하여 여러 바닷물에 충만하라 새들도 땅에 번성하라 하시니라 ²³저녁이 되고 아침이 되니 이는 다섯째 날이니라 ²⁴하나님이 이르시되 땅은 생물을 그 종류대로 내되 가축과 기는 것과 땅의 짐승을 종류대로 내라 하시니 그대로 되니라 ²⁵하나님이 땅의 짐승을 그 종류대로, 가축을 그 종류대로, 땅에 기는 모든 것을 그 종류대로 만드시니 하나님이 보시기에 좋았더라 ²⁶하나님이 이르시되 우리의 형상을 따라 우리의 모양대로 우리가 사람을 만들고 그들로 바다의 물고기와 하늘의 새와 가축과 온 땅과 땅에 기는 모든 것을 다스리게 하자 하시고 ²⁷하나님이 자기 형상 곧 하나님의 형상대로 사람을 창조하시되 남자와 여자를 창조하시고 ²⁸하나님이 그들에게 복을 주시며 하나님이 그들에게 이르시되 생육하고 번성하여 땅에 충만하라,

땅을 정복하라, 바다의 물고기와 하늘의 새와 땅에 움직이는 모든 생물을 다스리라 하시니라 ²⁹하나님이 이르시되 내가 온 지면의 씨 맺는 모든 채소와 씨 가진 열매 맺는 모든 나무를 너희에게 주노니 너희의 먹을거리가 되리라 ³⁰또 땅의 모든 짐승과 하늘의 모든 새와 생명이 있어 땅에 기는 모든 것에게는 내가 모든 푸른 풀을 먹을거리로 주노라 하시니 그대로 되니라 ³¹하나님이 지으신 그 모든 것을 보시니 보시기에 심히 좋았더라 저녁이 되고 아침이 되니 이는 여섯째 날이니라

엡 1:3~6 ³찬송하리로다 하나님 곧 우리 주 예수 그리스도의 아버지께서 그리스도 안에서 하늘에 속한 모든 신령한 복을 우리에게 주시되 ⁴곧 창세 전에 그리스도 안에서 우리를 택하사 우리로 사랑 안에서 그 앞에 거룩하고 흠이 없게 하시려고 ⁵그 기쁘신 뜻대로 우리를 예정하사 예수 그리스도로 말미암아 자기의 아들들이 되게 하셨으니 ⁶이는 그가 사랑하시는 자 안에서 우리에게 거저 주시는바 그의 은혜의 영광을 찬송하게 하려는 것이라

하나님께서는 그가 지으신 모든 생물들에게 많은 복을 주시고, 하나님의 형상과 모양대로 지으신 사람에게는 많은 복과 함께, 특히 하나님의 아들들이 되게 하신 이들에게는 하늘에 속한 모든 신령한 복을 주셨습니다. 죄 사함과 모든 허물과 잘못에 대한 용서 그리고 구원과 영생을 주신 복, 하나님의 백성으로 선택해 주시고 하나님을 믿고 경외하는 믿음과 지혜와 명철을 주신 복 등 이루 다 헤아릴 수 없는 많은 복 중에, 또한 하늘에 속한 모든 신령한 복 중에 제일은 하나님의 자녀가 되게 하신 복임을 부인할 수 없을 것입니다.

만왕의 왕이시며 만주의 주이신 하나님께서 살아 있고 항상 있는 말씀, 세세토록 변함이 없는 진리의 말씀으로 우리를 낳아서, 하나님의 자녀가 되게 하셨기 때문입니다. 성령의 감동을 받은 사도 바울은, 하나님의 자녀가 되는 복을 받은 자들에게 하늘에 속한 모든 신령한 복을 받은 것임을 깨닫게 하였습니다.

이제 하나님의 기쁘신 뜻대로 예정하사, 예수 그리스도로 말미암아 하나님의 자녀가 된 모든 사람들이, 우리에게 거저 주시는 바 하나님의 은혜의 영광을 찬송하는 일에 매진할 수 있기를 예수님의 이름으로 간절히 기도드립니다. 아멘.

시 32:1~2 ¹허물의 사함을 받고 자신의 죄가 가려진 자는 복이 있도다 ²마음에 간사함이 없고 여호와께 정죄를 당하지 아니하는 자는 복이 있도다

시 33:12 여호와를 자기 하나님으로 삼은 나라 곧 하나님의 기업으로 선택된 백성은 복이 있도다

시 133:1~3 ¹보라 형제가 연합하여 동거함이 어찌 그리 선하고 아름다운고 ²머리에 있는 보배로운 기름이 수염 곧 아론의 수염에 흘러서 그의 옷깃까지 내림 같고 ³헐몬의 이슬이 시온의 산들에 내림 같도다 거기서 여호와께서 복을 명령하셨나니 곧 영생이로다

잠 3:13~14 ¹³지혜를 얻은 자와 명철을 얻은 자는 복이 있나니 ¹⁴이는 지혜를 얻는 것이 은을 얻는 것보다 낫고 그 이익이 정금보다 나음이니라

딤전 6:15~16 ¹⁵기약이 이르면 하나님이 그의 나타나심을 보이시리니 하나님은 복되시고 유일하신 주권자이시며 만왕의 왕이시며 만주의 주시요 ¹⁶오직 그에게만 죽지 아니함이 있고 가까이 가지 못할 빛에 거하시고 어떤 사람도 보지 못하였고 또 볼 수 없는 이시니 그에게 존귀와 영원한 권능을 돌릴지어다 아멘

약 1:18 그가 그 피조물 중에 우리로 한 첫 열매가 되게 하시려고 자기의 뜻을 따라 진리의 말씀으로 우리를 낳으셨느니라

벧전 1:23~25 ²³너희가 거듭난 것은 썩어질 씨로 된 것이 아니요 썩지 아니할 씨로 된 것이니 살아 있고 항상 있는 하나님의 말씀으로 되었느니라 ²⁴그러므로 모든 육체는 풀과 같고 그 모든 영광은 풀의 꽃과 같으니 풀은 마르고 꽃은 떨어지되 ²⁵오직 주의 말씀은 세세토록 있도다 하였으니 너희에게 전한 복음이 곧 이 말씀이니라

48.
찬송을 받기 원하시는 아버지 하나님

엡 1:3~14 ³찬송하리로다 하나님 곧 우리 주 예수 그리스도의 아버지께서 그리스도 안에서 하늘에 속한 모든 신령한 복을 우리에게 주시되 ⁴곧 창세 전에 그리스도 안에서 우리를 택하사 우리로 사랑 안에서 그 앞에 거룩하고 흠이 없게 하시려고 ⁵그 기쁘신 뜻대로 우리를 예정하사 예수 그리스도로 말미암아 자기의 아들들이 되게 하셨으니 ⁶이는 그가 사랑하시는 자 안에서 우리에게 거저 주시는바 그의 은혜의 영광을 찬송하게 하려는 것이라 ⁷우리는 그리스도 안에서 그의 은혜의 풍성함을 따라 그의 피로 말미암아 속량 곧 죄 사함을 받았느니라 ⁸이는 그가 모든 지혜와 총명을 우리에게 넘치게 하사 ⁹그 뜻의 비밀을 우리에게 알리신 것이요 그의 기뻐하심을 따라 그리스도 안에서 때가 찬 경륜을 위하여 예정하신 것이니 ¹⁰하늘에 있는 것이나 땅에 있는 것이 다 그리스도 안에서 통일되게 하려 하심이라 ¹¹모든 일을 그의 뜻의 결정대로 일하시는 이의 계획을 따라 우리가 예정을 입어 그 안에서 기업이 되었으니 ¹²이는 우리가 그리스도 안에서 전부터 바라던 그의 영광의 찬송이 되게 하려 하심이라 ¹³그 안에서 너희도 진리의 말씀 곧 너희의 구원의 복음

을 듣고 그 안에서 또한 믿어 약속의 성령으로 인치심을 받았으니 ¹⁴이는 우리 기업의 보증이 되사 그 얻으신 것을 속량하시고 그의 영광을 찬송하게 하려 하심이라

하나님께서는 자기 형상과 모양대로 사람을 만드시고, 하늘에 속한 모든 신령한 복을 주시며, 예수 그리스도로 말미암아 자녀가 되게 하셨습니다. 하나님의 은혜를 알고, 하나님의 영광을 찬송하게 하심을 우리의 심중에 깊이 새겨야 할 것입니다. 또한 예수 그리스도의 피로 죄 사함을 받게 하시고, 그 뜻의 비밀을 알려 주셨습니다. 이것은 하늘과 땅에 있는 모든 것이 그리스도 안에서 통일되게 하심과, 우리가 그리스도 안에서 그의 영광의 찬송이 되게 하려 하심입니다.

우리가 구원의 복음을 듣고 믿어 약속의 성령으로 인치심을 받은 것, 이 모든 것이 하나님의 영광을 찬송하게 하심으로, 사랑하는 자녀들에게 찬송을 받기 원하시는 아버지 하나님의 뜻을 분명하게 드러내어 가르쳐 주셨습니다.

히 13:14~15 ¹⁴우리가 여기에는 영구한 도성이 없으므로 장차 올 것을 찾나니 ¹⁵그러므로 우리는 예수로 말미암아 항상 찬송의 제사를 하나님께 드리자 이는 그 이름을 증언하는 입술의 열매니라

계 19:4~5 ⁴또 이십사 장로와 네 생물이 엎드려 보좌에 앉으신 하나님께 경배하여 이르되 아멘 할렐루야 하니 ⁵보좌에서 음성이 나서 이르시되 하나님의 종들 곧 그를 경외하는 너희들아 작은 자나 큰 자나 다 우리 하나님께 찬송하라 하더라

49.
셈의 하나님 여호와를 찬송하라

창 9:18~27 [18]방주에서 나온 노아의 아들들은 셈과 함과 야벳이며 함은 가나안의 아버지라 [19]노아의 이 세 아들로부터 사람들이 온 땅에 퍼지니라 [20]노아가 농사를 시작하여 포도나무를 심었더니 [21]포도주를 마시고 취하여 그 장막 안에서 벌거벗은지라 [22]가나안의 아버지 함이 그의 아버지의 하체를 보고 밖으로 나가서 그의 두 형제에게 알리매 [23]셈과 야벳이 옷을 가져다가 자기들의 어깨에 메고 뒷걸음쳐 들어가서 그들의 아버지의 하체를 덮었으며 그들이 얼굴을 돌이키고 그들의 아버지의 하체를 보지 아니하였더라 [24]노아가 술이 깨어 그의 작은아들이 자기에게 행한 일을 알고 [25]이에 이르되 가나안은 저주를 받아 그의 형제의 종들의 종이 되기를 원하노라 하고 [26]또 이르되 셈의 하나님 여호와를 찬송하리로다 가나안은 셈의 종이 되고 [27]하나님이 야벳을 창대하게 하사 셈의 장막에 거하게 하시고 가나안은 그의 종이 되게 하시기를 원하노라 하였더라

창 11:10, 26~12:3 [10]셈의 족보는 이러하니라 셈은 백 세 곧 홍수 후 이 년에 아르박삿을 낳았고… [26]데라는 칠십 세에 아

브람과 나홀과 하란을 낳았더라 ²⁷데라의 족보는 이러하니라 데라는 아브람과 나홀과 하란을 낳고 하란은 롯을 낳았으며 ²⁸하란은 그 아비 데라보다 먼저 고향 갈대아인의 우르에서 죽었더라 ²⁹아브람과 나홀이 장가들었으니 아브람의 아내의 이름은 사래며 나홀의 아내의 이름은 밀가니 하란의 딸이요 하란은 밀가의 아버지이며 또 이스가의 아버지더라 ³⁰사래는 임신하지 못하므로 자식이 없었더라 ³¹데라가 그 아들 아브람과 하란의 아들인 그의 손자 롯과 그의 며느리 아브람의 아내 사래를 데리고 갈대아인의 우르를 떠나 가나안 땅으로 가고자 하더니 하란에 이르러 거기 거류하였으며 ³²데라는 나이가 이백오 세가 되어 하란에서 죽었더라 ¹여호와께서 아브람에게 이르시되 너는 너의 고향과 친척과 아버지의 집을 떠나 내가 네게 보여 줄 땅으로 가라 ²내가 너로 큰 민족을 이루고 네게 복을 주어 네 이름을 창대하게 하리니 너는 복이 될지라 ³너를 축복하는 자에게는 내가 복을 내리고 너를 저주하는 자에게는 내가 저주하리니 땅의 모든 족속이 너로 말미암아 복을 얻을 것이라 하신지라

창 22:15~18 ¹⁵여호와의 사자가 하늘에서부터 두 번째 아브라함을 불러 ¹⁶이르시되 여호와께서 이르시기를 내가 나를 가리켜 맹세하노니 네가 이같이 행하여 네 아들 네 독자도 아끼지 아니하였은즉 ¹⁷내가 네게 큰 복을 주고 네 씨가 크게 번성하여 하늘의 별과 같고 바닷가의 모래와 같게 하리니 네 씨가 그 대적의 성문을 차지하리라 ¹⁸또 네 씨로 말미암아 천하 만민이 복을 받으리니 이는 네가 나의 말을 준행하였음이니라 하셨다 하니라

노아가 셈의 하나님 여호와를 찬송한 것에 대해 상고해 보겠습니다. 은혜 베풀 자에게 은혜를 베풀고 긍휼히 여길 자에게 긍휼을 베푸시는 하나님께서, 은혜와 긍휼을 노아의 아들 셈에게 베푸시고, 셈의 후손인 아브람에게는 복(개역 성경, 복의 근원)이 되는 은혜와 아브라함의 씨로 말미암아 천하 만민이 복을 받는 은혜를 주셨습니다.
　이 은혜를 통해, 이삭과 야곱(이스라엘) 그리고 다윗의 자손으로 임마누엘 곧 예수 그리스도를 보내 주셨습니다. 그래서 예수께서도 이스라엘 집의 잃어버린 양에게 보내심 받음을 말씀하시고, 또한 열두 제자들을 이스라엘 집의 잃어버린 양에게 보내시어 천국이 가까이 왔음을 전파하게 하셨습니다.

> 창 32:24~30　²⁴야곱은 홀로 남았더니 어떤 사람이 날이 새도록 야곱과 씨름하다가 ²⁵자기가 야곱을 이기지 못함을 보고 그가 야곱의 허벅지 관절을 치매 야곱의 허벅지 관절이 그 사람과 씨름할 때에 어긋났더라 ²⁶그가 이르되 날이 새려 하니 나로 가게 하라 야곱이 이르되 당신이 내게 축복하지 아니하면 가게 하지 아니하겠나이다 ²⁷그 사람이 그에게 이르되 네 이름이 무엇이냐 그가 이르되 야곱이니이다 ²⁸그가 이르되 네 이름을 다시는 야곱이라 부를 것이 아니요 이스라엘이라 부를 것이니 이는 네가 하나님과 및 사람들과 겨루어 이겼음이니라 ²⁹야곱이 청하여 이르되 당신의 이름을 알려주소서 그 사람이 이르되 어찌하여 내 이름을 묻느냐 하고 거기서 야곱에게 축복한지라 ³⁰그러므로 야곱이 그곳 이름을 브니엘이라 하였으니 그가 이르기를 내가 하나님과 대면하여 보았으나 내 생명이 보전되었다 함이더라

사 43:14~21 ¹⁴너희의 구속자요 이스라엘의 거룩한 이 여호와가 말하노라 너희를 위하여 내가 바벨론에 사람을 보내어 모든 갈대아 사람에게 자기들이 연락하던 배를 타고 도망하여 내려가게 하리라 ¹⁵나는 여호와 너희의 거룩한 이요 이스라엘의 창조자요 너희의 왕이니라 ¹⁶나 여호와가 이같이 말하노라 바다 가운데에 길을, 큰 물 가운데에 지름길을 내고 ¹⁷병거와 말과 군대의 용사를 이끌어 내어 그들이 일시에 엎드러져 일어나지 못하고 소멸하기를 꺼져가는 등불 같게 하였느니라 ¹⁸너희는 이전 일을 기억하지 말며 옛날 일을 생각하지 말라 ¹⁹보라 내가 새 일을 행하리니 이제 나타낼 것이라 너희가 그것을 알지 못하겠느냐 반드시 내가 광야에 길을 사막에 강을 내리니 ²⁰장차 들짐승 곧 승냥이와 타조도 나를 존경할 것은 내가 광야에 물을, 사막에 강들을 내어 내 백성, 내가 택한 자에게 마시게 할 것임이라 ²¹이 백성은 내가 나를 위하여 지었나니 나를 찬송하게 하려 함이니라

마 1:1, 18~25 ¹아브라함과 다윗의 자손 예수 그리스도의 계보라… ¹⁸예수 그리스도의 나심은 이러하니라 그의 어머니 마리아가 요셉과 약혼하고 동거하기 전에 성령으로 잉태된 것이 나타났더니 ¹⁹그의 남편 요셉은 의로운 사람이라 그를 드러내지 아니하고 가만히 끊고자 하여 ²⁰이 일을 생각할 때에 주의 사자가 현몽하여 이르되 다윗의 자손 요셉아 네 아내 마리아 데려오기를 무서워하지 말라 그에게 잉태된 자는 성령으로 된 것이라 ²¹아들을 낳으리니 이름을 예수라 하라 이는 그가 자기 백성을 그들의 죄에서 구원할 자이심이라 하니라 ²²이 모든 일이 된 것은 주께서 선지자로 하신 말씀을 이루려 하심이니 이르시되

²³보라 처녀가 잉태하여 아들을 낳을 것이요 그의 이름은 임마누엘이라 하리라 하셨으니 이를 번역한즉 하나님이 우리와 함께 계시다 함이라 ²⁴요셉이 잠에서 깨어 일어나 주의 사자의 분부대로 행하여 그의 아내를 데려왔으나 ²⁵아들을 낳기까지 동침하지 아니하더니 낳으매 이름을 예수라 하니라

마 10:5~6 ⁵예수께서 이 열둘을 내보내시며 명하여 이르시되 이방인의 길로도 가지 말고 사마리아인의 고을에도 들어가지 말고 ⁶오히려 이스라엘 집의 잃어버린 양에게로 가라

마 15:24 예수께서 대답하여 이르시되 나는 이스라엘 집의 잃어버린 양 외에는 다른 데로 보내심을 받지 아니하였노라 하시니

요 4:22 너희는 알지 못하는 것을 예배하고 우리는 아는 것을 예배하노니 이는 구원이 유대인에게서 남이라

롬 3:1~2 ¹그런즉 유대인의 나음이 무엇이며 할례의 유익이 무엇이냐 ²범사에 많으니 우선은 그들이 하나님의 말씀을 맡았음이니라

롬 9:1~8 ¹⁻²내가 그리스도 안에서 참말을 하고 거짓말을 아니하노라 나에게 큰 근심이 있는 것과 마음에 그치지 않는 고통이 있는 것을 내 양심이 성령 안에서 나와 더불어 증언하노니 ³나의 형제 곧 골육의 친척을 위하여 내 자신이 저주를 받아 그리스도에게서 끊어질지라도 원하는 바로라 ⁴그들은 이스라엘 사

람이라 그들에게는 양자 됨과 영광과 언약들과 율법을 세우신 것과 예배와 약속들이 있고 ⁵조상들도 그들의 것이요 육신으로 하면 그리스도가 그들에게서 나셨으니 그는 만물 위에 계셔서 세세에 찬양을 받으실 하나님이시니라 아멘 ⁶그러나 하나님의 말씀이 폐하여진 것 같지 않도다 이스라엘에게서 난 그들이 다 이스라엘이 아니요 ⁷또한 아브라함의 씨가 다 그의 자녀가 아니라 오직 이삭으로부터 난 자라야 네 씨라 불리리라 하셨으니 ⁸곧 육신의 자녀가 하나님의 자녀가 아니요 오직 약속의 자녀가 씨로 여기심을 받느니라

롬 11:1~5 ¹그러므로 내가 말하노니 하나님이 자기 백성을 버리셨느냐 그럴 수 없느니라 나도 이스라엘인이요 아브라함의 씨에서 난 자요 베냐민 지파라 ²하나님이 그 미리 아신 자기 백성을 버리지 아니하셨나니 너희가 성경이 엘리야를 가리켜 말한 것을 알지 못하느냐 그가 이스라엘을 하나님께 고발하되 ³주여 그들이 주의 선지자들을 죽였으며 주의 제단들을 헐어 버렸고 나만 남았는데 내 목숨도 찾나이다 하니 ⁴그에게 하신 대답이 무엇이냐 내가 나를 위하여 바알에게 무릎을 꿇지 아니한 사람 칠천 명을 남겨 두었다 하셨으니 ⁵그런즉 이와 같이 지금도 은혜로 택하심을 따라 남은 자가 있느니라

50.
모든 사람을 불순종에 가두어 두신 이유

롬 11:25~33 ²⁵형제들아 너희가 스스로 지혜 있다 하면서 이 신비를 너희가 모르기를 내가 원하지 아니하노니 이 신비는 이방인의 충만한 수가 들어오기까지 이스라엘의 더러는 우둔하게 된 것이라 ²⁶그리하여 온 이스라엘이 구원을 받으리라 기록된바 구원자가 시온에서 오사 야곱에게서 경건하지 않은 것을 돌이키시겠고 ²⁷내가 그들의 죄를 없이 할 때에 그들에게 이루어질 내 언약이 이것이라 함과 같으니라 ²⁸복음으로 하면 그들이 너희로 말미암아 원수 된 자요 택하심으로 하면 조상들로 말미암아 사랑을 입은 자라 ²⁹하나님의 은사와 부르심에는 후회하심이 없느니라 ³⁰너희가 전에는 하나님께 순종하지 아니하더니 이스라엘이 순종하지 아니함으로 이제 긍휼을 입었는지라 ³¹이와 같이 이 사람들이 순종하지 아니하니 이는 너희에게 베푸시는 긍휼로 이제 그들도 긍휼을 얻게 하려 하심이라 ³²하나님이 모든 사람을 순종하지 아니하는 가운데 가두어 두심은 모든 사람에게 긍휼을 베풀려 하심이로다 ³³깊도다 하나님의 지혜와 지식의 풍성함이여, 그의 판단은 헤아리지 못할 것이며 그의 길은 찾지 못할 것이로다

하나님께서는 모든 사람에게 긍휼을 베풀기 위해서 그들을 불순종 가운데 가두어 두셨습니다. 이러한 하나님의 지혜와 판단은 가히 사람이 헤아리지 못할 것입니다.

모세는 마음에 할례를 행하고 다시는 목을 곧게 하지 말라고 했고, 이사야 선지자는 죄를 회개한 사람들에게 구속자가 임하리라고 증거했으며, 예레미야 선지자는 마음 가죽을 베고 여호와께 속하라고 외쳤습니다. 예수께서는 빌라도가 어떤 갈릴리 사람들의 피를 제물에 섞은 일과 실로암에서 망대가 무너져 열여덟 사람이 죽은 일처럼, 너희도 만일 회개하지 아니하면 다 이와 같이 망하리라고 말씀하시면서, 이스라엘을 열매를 맺지 못하고 있는 포도원에 심은 무화과나무에 비유하셨습니다.

지금도 땅을 파고 거름을 주며 애타게 열매를 기다리고 있는 포도원지기와 주인이신 아버지 하나님의 마음을 헤아려 보면서, 모든 사람에게 속해 있고, 온 이스라엘에게 속하기를 고대하는 일원으로서 스스로의 삶을 돌아보게 됩니다. 하나님이 보시기에 회개에 합당한 열매를 맺는 삶을 통해, 유대인이나 이방인이나 예수 그리스도 안에서 한 몸을 이루어 함께 지어져 감으로, 온 이스라엘이 구원받으리라는 말씀이 이루어지기를 소망하며 간구합니다.

> 신 10:16 그러므로 너희는 마음에 할례를 행하고 다시는 목을 곧게 하지 말라

> 사 1:27~28 ²⁷시온은 정의로 구속함을 받고 그 돌아온 자들(새번역, 회개한 백성)은 공의로 구속함을 받으리라 ²⁸그러나 패역한 자와 죄인은 함께 패망하고 여호와를 버린 자도 멸망할 것이라

사 59:20 여호와의 말씀이니라 구속자가 시온에 임하며 야곱의 자손 가운데에서 죄과를 떠나는 자(새번역, 죄를 회개한 사람들)에게 임하리라

렘 4:4 유다인과 예루살렘 주민들아 너희는 스스로 할례를 행하여 너희 마음 가죽을 베고 나 여호와께 속하라 그리하지 아니하면 너희 악행으로 말미암아 나의 분노가 불같이 일어나 사르리니 그것을 끌 자가 없으리라

눅 13:1~9 ¹그때 마침 두어 사람이 와서 빌라도가 어떤 갈릴리 사람들의 피를 그들의 제물에 섞은 일로 예수께 아뢰니 ²대답하여 이르시되 너희는 이 갈릴리 사람들이 이같이 해 받으므로 다른 모든 갈릴리 사람보다 죄가 더 있는 줄 아느냐 ³너희에게 이르노니 아니라 너희도 만일 회개하지 아니하면 다 이와 같이 망하리라 ⁴또 실로암에서 망대가 무너져 치어 죽은 열여덟 사람이 예루살렘에 거한 다른 모든 사람보다 죄가 더 있는 줄 아느냐 ⁵너희에게 이르노니 아니라 너희도 만일 회개하지 아니하면 다 이와 같이 망하리라 ⁶이에 비유로 말씀하시되 한 사람이 포도원에 무화과나무를 심은 것이 있더니 와서 그 열매를 구하였으나 얻지 못한지라 ⁷포도원지기에게 이르되 내가 삼 년을 와서 이 무화과나무에서 열매를 구하되 얻지 못하니 찍어버리라 어찌 땅만 버리게 하겠느냐 ⁸대답하여 이르되 주인이여 금년에도 그대로 두소서 내가 두루 파고 거름을 주리니 ⁹이 후에 만일 열매가 열면 좋거니와 그렇지 않으면 찍어버리소서 하였다 하시니라

갈 3:26~29 ²⁶너희가 다 믿음으로 말미암아 그리스도 예수 안에서 하나님의 아들이 되었으니 ²⁷누구든지 그리스도와 합하기 위하여 세례(침례)를 받은 자는 그리스도로 옷 입었느니라 ²⁸너희는 유대인이나 헬라인이나 종이나 자유인이나 남자나 여자나 다 그리스도 예수 안에서 하나이니라 ²⁹너희가 그리스도의 것이면 곧 아브라함의 자손이요 약속대로 유업을 이을 자니라

딤전 4:9~10 ⁹미쁘다 이 말이여 모든 사람들이 받을 만하도다 ¹⁰이를 위하여 우리가 수고하고 힘쓰는 것은 우리 소망을 살아 계신 하나님께 둠이니 곧 모든 사람 특히 믿는 자들의 구주시라

51.
하늘에서 의인 아흔아홉보다 더 기뻐하는 것 한 가지

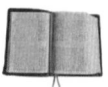

눅 15:1~10 ¹모든 세리와 죄인들이 말씀을 들으러 가까이 나아오니 ²바리새인과 서기관들이 수군거려 이르되 이 사람이 죄인을 영접하고 음식을 같이 먹는다 하더라 ³예수께서 그들에게 이 비유로 이르시되 ⁴너희 중에 어떤 사람이 양 백 마리가 있는데 그중의 하나를 잃으면 아흔아홉 마리를 들에 두고 그 잃은 것을 찾아내기까지 찾아다니지 아니하겠느냐 ⁵또 찾아낸즉 즐거워 어깨에 메고 ⁶집에 와서 그 벗과 이웃을 불러 모으고 말하되 나와 함께 즐기자 나의 잃은 양을 찾아내었노라 하리라 ⁷내가 너희에게 이르노니 이와 같이 죄인 한 사람이 회개하면 하늘에서는 회개할 것 없는 의인 아흔아홉으로 말미암아 기뻐하는 것보다 더하리라 ⁸어떤 여자가 열 드라크마가 있는데 하나를 잃으면 등불을 켜고 집을 쓸며 찾아내기까지 부지런히 찾지 아니하겠느냐 ⁹또 찾아낸즉 벗과 이웃을 불러 모으고 말하되 나와 함께 즐기자 잃은 드라크마를 찾아내었노라 하리라 ¹⁰내가 너희에게 이르노니 이와 같이 죄인 한 사람이 회개하면 하나님의 사자들 앞에 기쁨이 되느니라

죄인 한 사람이 회개하는 것이 하늘에서 얼마나 큰 기쁨이 되는 가를 단적으로 보여줍니다. 하나님께서는 예레미야 선지자에게 예루살렘 거리에서 정의를 행하며 진리를 구하는 한 사람을 찾으면, 이 성읍을 용서하겠다고 하실 정도로, 의인 한 사람을 귀히 여기십니다. 그렇기에 하늘에서는 회개할 것 없는 의인 아흔아홉으로 말미암아 기뻐하는 것보다, 죄인 한 사람이 회개하는 것을 더 기뻐하신다는 의미를 깊이 새겨 보아야 하겠습니다.

하나님께서는 죽을 자가 죽는 것을 기뻐하지 아니하시며, 악인이 그의 길에서 돌이켜 사는 것을 기뻐하시는 분이십니다. 베드로는 예수 그리스도를 만나 많은 은혜를 받고, 예수께서 인정해 주시는 신앙 고백도 하고, 예수님의 사역에 동참했습니다. 그럼에도 불구하고 베드로는 '너는 돌이킨 후에 네 형제를 굳게 하라'는 말씀을 받았으며, 세 번이나 예수 그리스도를 모른다고 부인했습니다. 예수께서는 십자가 고난을 받아 죽으시고, 삼 일 만에 부활하신 후, 디베랴 바다에서 제자들에게 세 번째 나타나셔서 '내 양을 치고 먹이라'는 새로운 소명과 사명을 주신 후에도, 동료 제자의 앞날을 궁금해하는 베드로에게 '그를 상관하지 말고 너는 나를 따르라'고 하셨습니다. '오직 너 한 사람', 즉 '오직 나 한 사람'의 진정한 뉘우침과 돌이킴에 이어서, 회개에 합당한 열매를 맺는 삶이 하늘과 하나님의 사자들 앞에 기쁨이 되는 것임을 가르쳐 주셨습니다. 또한 사도 바울은 디모데에게 다른 사람의 죄에 간섭하지 말 것을 권면하고, 베드로도 예수님의 가르치심에서 교훈을 얻었는지, 남의 일을 간섭하는 자로 고난 받지 말 것을 권면하고 있습니다.

렘 5:1 너희는 예루살렘 거리로 빨리 다니며 그 넓은 거리에서 찾아보고 알라 너희가 만일 정의를 행하며 진리를 구하는 자를

한 사람이라도 찾으면 내가 이 성읍을 용서하리라

겔 18:30~32 ³⁰주 여호와의 말씀이니라 이스라엘 족속아 내가 너희 각 사람이 행한 대로 심판할지라 너희는 돌이켜 회개하고 모든 죄에서 떠날지어다 그리한즉 그것이 너희에게 죄악의 걸림돌이 되지 아니하리라 ³¹너희는 너희가 범한 모든 죄악을 버리고 마음과 영을 새롭게 할지어다 이스라엘 족속아 너희가 어찌하여 죽고자 하느냐 ³²주 여호와의 말씀이니라 죽을 자가 죽는 것도 내가 기뻐하지 아니하노니 너희는 스스로 돌이키고 살지니라

겔 33:10~11 ¹⁰그런즉 인자야 너는 이스라엘 족속에게 이르기를 너희가 말하여 이르되 우리의 허물과 죄가 이미 우리에게 있어 우리로 그 가운데에서 쇠퇴하게 하니 어찌 능히 살리요 하거니와 ¹¹너는 그들에게 말하라 주 여호와의 말씀이니라 나의 삶을 두고 맹세하노니 나는 악인이 죽는 것을 기뻐하지 아니하고 악인이 그의 길에서 돌이켜 떠나 사는 것을 기뻐하노라 이스라엘 족속아 돌이키고 돌이키라 너희 악한 길에서 떠나라 어찌 죽고자 하느냐 하셨다 하라

눅 22:31~34 ³¹시몬아, 시몬아, 보라 사탄이 너희를 밀 까부르듯 하려고 요구하였으나 ³²그러나 내가 너를 위하여 네 믿음이 떨어지지 않기를 기도하였노니 너는 돌이킨 후에 네 형제를 굳게 하라 ³³그가 말하되 주여 내가 주와 함께 옥에도, 죽는 데에도 가기를 각오하였나이다 ³⁴이르시되 베드로야 내가 네게 말하노니 오늘 닭 울기 전에 네가 세 번 나를 모른다고 부인하리라

하시니라

요 21:19~22 ¹⁹이 말씀을 하심은 베드로가 어떠한 죽음으로 하나님께 영광을 돌릴 것을 가리키심이러라 이 말씀을 하시고 베드로에게 이르시되 나를 따르라 하시니 ²⁰베드로가 돌이켜 예수께서 사랑하시는 그 제자가 따르는 것을 보니 그는 만찬석에서 예수의 품에 의지하여 주님 주님을 파는 자가 누구오니이까 묻던 자더라 ²¹이에 베드로가 그를 보고 예수께 여짜오되 주님 이 사람은 어떻게 되겠사옵나이까 ²²예수께서 이르시되 내가 올 때까지 그를 머물게 하고자 할지라도 네게 무슨 상관이냐 너는 나를 따르라 하시더라

딤전 5:22 아무에게나 경솔히 안수하지 말고 다른 사람의 죄에 간섭하지 말며 네 자신을 지켜 정결하게 하라

벧전 4:15~16 ¹⁵너희 중에 누구든지 살인이나 도둑질이나 악행이나 남의 일을 간섭하는 자로 고난을 받지 말려니와 ¹⁶만일 그리스도인으로 고난을 받으면 부끄러워하지 말고 도리어 그 이름으로 하나님께 영광을 돌리라

52.
하나님 앞에서 핑계하지 못함

롬 1:18~2:8 [18]하나님의 진노가 불의로 진리를 막는 사람들의 모든 경건하지 않음과 불의에 대하여 하늘로부터 나타나나니 [19]이는 하나님을 알 만한 것이 그들 속에 보임이라 하나님께서 이를 그들에게 보이셨느니라 [20]창세로부터 그의 보이지 아니하는 것들 곧 그의 영원하신 능력과 신성이 그가 만드신 만물에 분명히 보여 알려졌나니 그러므로 그들이 핑계하지 못할지니라 [21]하나님을 알되 하나님을 영화롭게도 아니하며 감사하지도 아니하고 오히려 그 생각이 허망하여지며 미련한 마음이 어두워졌나니 [22]스스로 지혜 있다 하나 어리석게 되어 [23]썩어지지 아니하는 하나님의 영광을 썩어질 사람과 새와 짐승과 기어다니는 동물 모양의 우상으로 바꾸었느니라 [24]그러므로 하나님께서 그들을 마음의 정욕대로 더러움에 내버려 두사 그들의 몸을 서로 욕되게 하게 하셨으니 [25]이는 그들이 하나님의 진리를 거짓 것으로 바꾸어 피조물을 조물주보다 더 경배하고 섬김이라 주는 곧 영원히 찬송할 이시로다 아멘 [26]이때문에 하나님께서 그들을 부끄러운 욕심에 내버려 두셨으니 곧 그들의 여자들도 순리대로 쓸 것을 바꾸어 역리로 쓰며 [27]그와 같이 남자들도

순리대로 여자 쓰기를 버리고 서로 향하여 음욕이 불 일 듯하매 남자가 남자와 더불어 부끄러운 일을 행하여 그들의 그릇됨에 상당한 보응을 그들 자신이 받았느니라 [28]또한 그들이 마음에 하나님 두기를 싫어하매 하나님께서 그들을 그 상실한 마음대로 내버려 두사 합당하지 못한 일을 하게 하셨으니 [29]곧 모든 불의, 추악, 탐욕, 악의가 가득한 자요 시기, 살인, 분쟁, 사기, 악독이 가득한 자요 수군수군하는 자요 [30]비방하는 자요 하나님께서 미워하시는 자요 능욕하는 자요 교만한 자요 자랑하는 자요 악을 도모하는 자요 부모를 거역하는 자요 [31]우매한 자요 배약하는 자요 무정한 자요 무자비한 자라 [32]그들이 이같은 일을 행하는 자는 사형에 해당한다고 하나님께서 정하심을 알고도 자기들만 행할 뿐 아니라 또한 그런 일을 행하는 자들을 옳다 하느니라 [1]그러므로 남을 판단하는 사람아, 누구를 막론하고 네가 핑계하지 못할 것은 남을 판단하는 것으로 네가 너를 정죄함이니 판단하는 네가 같은 일을 행함이니라 [2]이런 일을 행하는 자에게 하나님의 심판이 진리대로 되는 줄 우리가 아노라 [3]이런 일을 행하는 자를 판단하고도 같은 일을 행하는 사람아, 네가 하나님의 심판을 피할 줄로 생각하느냐 [4]혹 네가 하나님의 인자하심이 너를 인도하여 회개하게 하심을 알지 못하여 그의 인자하심과 용납하심과 길이 참으심이 풍성함을 멸시하느냐 [5]다만 네 고집과 회개하지 아니한 마음을 따라 진노의 날 곧 하나님의 의로우신 심판이 나타나는 그날에 임할 진노를 네게 쌓는도다 [6]하나님께서 각 사람에게 그 행한 대로 보응하시되 [7]참고 선을 행하여 영광과 존귀와 썩지 아니함을 구하는 자에게는 영생으로 하시고 [8]오직 당을 지어 진리를 따르지 아니하고 불의를 따르는 자에게는 진노와 분노로 하시리라.

하나님께서는 창세로부터 사람의 제한된 시력, 즉 아주 큰 것도 볼 수 없고 아주 작은 것도 볼 수 없는 시력으로 모든 것을 다 볼 수는 없지만, 하나님의 영원하신 능력과 신성을 그가 만드신 만물을 통해 분명히 보여 알게 해주셨습니다. 또한 각 사람에게 양심을 통해서 사물의 가치를 분별하고, 자기 행위에 대하여 옳고 그름을 판단할 수 있도록 해주셨습니다.

그럼에도 불구하고 우리는 하나님을 영화롭게 하지도 않고, 감사하지도 않고 악한 일을 행할 뿐 아니라, 같은 악한 일을 행하는 자들을 옳다 하는 세상을 보고, 듣고, 경험하며 살고 있습니다.

영생은 유일하신 참 하나님과 그가 보내신 예수 그리스도를 아는 것인데, 세상은 오히려 이 진리를 증거하신 예수 그리스도와 아버지 하나님 그리고 그의 말씀을 받은 자들을 미워했습니다.

하나님께서는 이러한 사실들을 알지 못하던 시대에는 허물치 아니하셨지만, 이제는 어디든지 모든 사람에게 명하사 회개하라고 하셨습니다. 왜냐하면 세상으로부터 미움을 받아 죽은 예수 그리스도를 다시 살리신 것으로, 모든 사람에게 믿을 만한 증거를 주셨기 때문입니다. 하나님께서 세상을 공의로 심판하실 그날, 이 진리의 증거를 믿지 않는 모든 사람들은 그 누구도 하나님 앞에서 핑계하지 못할 것입니다.

요 15:22~27 [22]내가 와서 그들에게 말하지 아니하였더라면 죄가 없었으려니와 지금은 그 죄를 핑계할 수 없느니라 [23]나를 미워하는 자는 또 내 아버지를 미워하느니라 [24]내가 아무도 못한 일을 그들 중에서 하지 아니하였더라면 그들에게 죄가 없었으려니와 지금은 그들이 나와 내 아버지를 보았고 또 미워하였도다 [25]그러나 이는 그들의 율법에 기록된바 그들이 이유 없이 나를 미워하였다 한 말을 응하게 하려 함이라 ²⁶내가 아버지께로부터 너희에게 보낼 보혜사 곧 아버지께로부터 나오시는 진리의 성령이 오실 때에 그가 나를 증언하실 것이요 ²⁷너희도 처음부터 나와 함께 있었으므로 증언하느니라

요 17:3, 14 ³영생은 곧 유일하신 참 하나님과 그가 보내신 자 예수 그리스도를 아는 것이니이다… ¹⁴내가 아버지의 말씀을 그들에게 주었사오매 세상이 그들을 미워하였사오니 이는 내가 세상에 속하지 아니함같이 그들도 세상에 속하지 아니함으로 인함이니이다

행 17:22~31 ²²바울이 아레오바고 가운데 서서 말하되 아덴 사람들아 너희를 보니 범사에 종교심이 많도다 ²³내가 두루 다니며 너희가 위하는 것들을 보다가 알지 못하는 신에게라고 새긴 단도 보았으니 그런즉 너희가 알지 못하고 위하는 그것을 내가 너희에게 알게 하리라 ²⁴우주와 그 가운데 있는 만물을 지으신 하나님께서는 천지의 주재시니 손으로 지은 전에 계시지 아니하시고 ²⁵또 무엇이 부족한 것처럼 사람의 손으로 섬김을 받으시는 것이 아니니 이는 만민에게 생명과 호흡과 만물을 친히 주시는 이심이라 ²⁶인류의 모든 족속을 한 혈통으로 만드사 온 땅에 살게 하시고 그들의 연대를 정하시며 거주의 경계를 한정하셨으니 ²⁷이는 사람으로 혹 하나님을 더듬어 찾아 발견하게 하려 하심이로되 그는 우리 각 사람에게서 멀리 계시지 아니하도다 ²⁸우리가 그를 힘입어 살며 기동하며 존재하느니라 너희 시인 중 어떤 사람들의 말과 같이 우리가 그의 소생이라 하니 ²⁹이와 같이 하나님의 소생이 되었은즉 하나님을 금이나 은이나 돌

에다 사람의 기술과 고안으로 새긴 것들과 같이 여길 것이 아니니라 ³⁰알지 못하던 시대에는 하나님이 간과하셨거니와 이제는 어디든지 사람에게 다 명하사 회개하라 하셨으니 ³¹이는 정하신 사람으로 하여금 천하를 공의로 심판할 날을 작정하시고 이에 그를 죽은 자 가운데서 다시 살리신 것으로 모든 사람에게 믿을 만한 증거를 주셨음이니라 하니라

롬 2:12~16 ¹²무릇 율법 없이 범죄한 자는 또한 율법 없이 망하고 무릇 율법이 있고 범죄한 자는 율법으로 말미암아 심판을 받으리라 ¹³하나님 앞에서는 율법을 듣는 자가 의인이 아니요 오직 율법을 행하는 자라야 의롭다 하심을 얻으리니 ¹⁴(율법 없는 이방인이 본성으로 율법의 일을 행할 때에는 이 사람은 율법이 없어도 자기가 자기에게 율법이 되나니 ¹⁵이런 이들은 그 양심이 증거가 되어 그 생각들이 서로 혹은 고발하며 혹은 변명하여 그 마음에 새긴 율법의 행위를 나타내느니라) ¹⁶곧 나의 복음에 이른 바와 같이 하나님이 예수 그리스도로 말미암아 사람들의 은밀한 것을 심판하시는 그날이라

53.
탐심은 우상 숭배, 탐하는 자는 곧 우상 숭배자

엡 5:3~7 ³음행과 온갖 더러운 것과 탐욕은 너희 중에서 그 이름조차도 부르지 말라 이는 성도에게 마땅한 바니라 ⁴누추함과 어리석은 말이나 희롱의 말이 마땅치 아니하니 오히려 감사하는 말을 하라 ⁵너희도 정녕 이것을 알거니와 음행하는 자나 더러운 자나 탐하는 자 곧 우상 숭배자는 다 그리스도와 하나님의 나라에서 기업을 얻지 못하리니 ⁶누구든지 헛된 말로 너희를 속이지 못하게 하라 이로 말미암아 하나님의 진노가 불순종의 아들들에게 임하나니 ⁷그러므로 그들과 함께하는 자가 되지 말라

골 3:5~6 ⁵그러므로 땅에 있는 지체를 죽이라 곧 음란과 부정과 사욕과 악한 정욕과 탐심이니 탐심은 우상 숭배니라 ⁶이것들로 말미암아 하나님의 진노가 임하느니라

성경은, 탐심은 우상 숭배이고 탐하는 자, 곧 우상 숭배자는 다 그리스도와 하나님의 나라에서 기업을 얻지 못하리라고 증거하고 있습니다. 인류의 첫 사람 아담과 하와의 후손인 우리 모두가 정도

의 차이는 있겠지만, 탐심이 전혀 없다고 부인하기는 어려울 것입니다. 그렇다면 아담의 후손인 모든 사람들은 다 우상 숭배자라는 말인가요? 이 말씀의 의미를 올바로 알기 위해서는 보다 더 깊은 상고가 필요한 것 같습니다.

  모세를 통해 주신 십계명에서 첫째는 '너는 나 외에는 다른 신들을 네게 두지 말라'라고 하시고, 열째는 '네 이웃의 집을 탐내지 말라'라고 하였습니다. 예수께서는 '네 마음과 목숨, 뜻을 다하여 주 너희 하나님을 사랑하고, 네 이웃을 네 자신같이 사랑하라는 이 두 계명이 온 율법과 선지자의 강령이라'라고 하셨습니다. 이어서 예수께서는 '아버지나 어머니, 아들이나 딸을 나보다 더 사랑하는 자는 내게 합당치 않다'고 하시고, 부활하신 후 세 번째 제자들에게 나타나셔서 베드로에게 세 번이나 거듭 '요한의 아들 시몬아, 네가 이 사람들(이것들)보다 나를 더 사랑하느냐, 네가 나를 사랑하느냐, 네가 나를 사랑하느냐'라고 질문하셨습니다.(《11. 자기 부인과 자기의 것 부인》 참조)

  또한 탐심에 대해 생각해 보면, 빼놓을 수 없는 것이 일만 악의 뿌리로 일컬어지는 돈, 바로 재물 문제일 것입니다. 재물은 하나님과도 어깨를 나란히 겨룰 수 있는 것이기 때문에, 예수께서도 두 주인으로 비유하시며 하나님과 재물을 겸하여 섬기지 못한다고 하셨습니다.

  이제 '너는 다른 신에게 절하지 말라 여호와는 질투라 이름하는 질투의 하나님이라'라는 말씀의 의미를 새겨봐야 할 것 같습니다. 아마도 하나님께서는, 하나님 한 분 이외의 어느 누구도, 그 어떤 것도 하나님보다 더 사랑하는 것을 용납하지 않으십니다. 뿐만 아니라, 두 주인을 겸하여 섬기는 것도 결코 인정할 수 없다는 의도를 확실하게 드러내어 가르쳐 주셨습니다. 그래서 예수께서는 '모든 탐심을 물리치라 사람의 생명이 그 소유의 넉넉한 데 있지 않다'라고 하시고, 그의 제자 베드로는 '전에 이스라엘 백성 가운데 거짓 선지자들이 있었던 것같이, 너희 중에도 거짓 선생들이 있으리라'라고 경고하고, '그들은 탐욕에 연단된 마음을 가진 자들이고, 탐욕으로 굳세지 못한 영혼들을 유혹하는 저주의 자식이라'라고 경계하고 있습니다.

출 20:3   너는 나 외에는 다른 신들을 네게 두지 말라

출 20:17   네 이웃의 집을 탐내지 말라 네 이웃의 아내나 그의 남종이나 그의 여종이나 그의 소나 그의 나귀나 무릇 네 이웃의 소유를 탐내지 말라

출 34:14   너는 다른 신에게 절하지 말라 여호와는 질투라 이름하는 질투의 하나님임이니라

마 6:24   한 사람이 두 주인을 섬기지 못할 것이니 혹 이를 미워하고 저를 사랑하거나 혹 이를 중히 여기고 저를 경히 여김이라 너희가 하나님과 재물을 겸하여 섬기지 못하느니라

마 10:37   아버지나 어머니를 나보다 더 사랑하는 자는 내게 합당하지 아니하고 아들이나 딸을 나보다 더 사랑하는 자도 내게 합당하지 아니하며

마 22:35~40   ³⁵그 중의 한 율법사가 예수를 시험하여 묻되 ³⁶선생님 율법 중에서 어느 계명이 크니이까 ³⁷예수께서 이르시되 네 마음을 다하고 목숨을 다하고 뜻을 다하여 주 너의 하

나님을 사랑하라 하셨으니 ³⁸이것이 크고 첫째 되는 계명이요 ³⁹둘째도 그와 같으니 네 이웃을 네 자신같이 사랑하라 하셨으니 ⁴⁰이 두 계명이 온 율법과 선지자의 강령이니라

눅 12:13~15 ¹³무리 중에 한 사람이 이르되 선생님 내 형을 명하여 유산을 나와 나누게 하소서 하니 ¹⁴이르시되 이 사람아 누가 나를 너희의 재판장이나 물건 나누는 자로 세웠느냐 하시고 ¹⁵그들에게 이르시되 삼가 모든 탐심을 물리치라 사람의 생명이 그 소유의 넉넉한 데 있지 아니하니라 하시고

요 21:15~17 ¹⁵그들이 조반 먹은 후에 예수께서 시몬 베드로에게 이르시되 요한의 아들 시몬아 네가 이 사람들보다 나를 더 사랑하느냐 하시니 이르되 주님 그러하나이다 내가 주님을 사랑하는 줄 주님께서 아시나이다 이르시되 내 어린 양을 먹이라 하시고 ¹⁶또 두 번째 이르시되 요한의 아들 시몬아 네가 나를 사랑하느냐 하시니 이르되 주님 그러하나이다 내가 주님을 사랑하는 줄 주님께서 아시나이다 이르시되 내 양을 치라 하시고 ¹⁷세 번째 이르시되 요한의 아들 시몬아 네가 나를 사랑하느냐 하시니 주께서 세 번째 네가 나를 사랑하느냐 하시므로 베드로가 근심하여 이르되 주님 모든 것을 아시오매 내가 주님을 사랑하는 줄을 주님께서 아시나이다 예수께서 이르시되 내 양을 먹이라

벧후 2:1~3, 12~14 ¹그러나 백성 가운데 또한 거짓 선지자들이 일어났었나니 이와 같이 너희 중에도 거짓 선생들이 있으리라 그들은 멸망하게 할 이단을 가만히 끌어들여 자기들을 사신 주

를 부인하고 임박한 멸망을 스스로 취하는 자들이라 ²여럿이 그들의 호색하는 것을 따르리니 이로 말미암아 진리의 도가 비방을 받을 것이요 ³그들이 탐심으로써 지어낸 말을 가지고 너희로 이득을 삼으니 그들의 심판은 옛적부터 지체하지 아니하며 그들의 멸망은 잠들지 아니하느니라… ¹²그러나 이 사람들은 본래 잡혀 죽기 위하여 난 이성 없는 짐승 같아서 그 알지 못하는 것을 비방하고 그들의 멸망 가운데서 멸망을 당하며 ¹³불의의 값으로 불의를 당하며 낮에 즐기고 노는 것을 기쁘게 여기는 자들이니 점과 흠이라 너희와 함께 연회할 때에 그들의 속임수로 즐기고 놀며 ¹⁴음심이 가득한 눈을 가지고 범죄하기를 그치지 아니하고 굳세지 못한 영혼들을 유혹하며 탐욕에 연단된 마음을 가진 자들이니 저주의 자식이라

54.
누구나 자기의 죄악으로 죽음

신 24:16 아버지는 그 자식들로 말미암아 죽임을 당하지 않을 것이요 자식들은 그 아버지로 말미암아 죽임을 당하지 않을 것이니 각 사람은 자기 죄로 말미암아 죽임을 당할 것이니라

대하 25:1~4 ¹아마샤가 왕위에 오를 때에 나이가 이십오 세라 예루살렘에서 이십구 년 동안 다스리니라 그의 어머니의 이름은 여호앗단이요 예루살렘 사람이더라 ²아마샤가 여호와께서 보시기에 정직하게 행하기는 하였으나 온전한 마음으로 행하지 아니하였더라 ³그의 나라가 굳게 서매 그의 부왕을 죽인 신하들을 죽였으나 ⁴그들의 자녀들은 죽이지 아니하였으니 이는 모세의 율법책에 기록된 대로 함이라 곧 여호와께서 명령하여 이르시기를 자녀로 말미암아 아버지를 죽이지 말 것이요 아버지로 말미암아 자녀를 죽이지 말 것이라 오직 각 사람은 자기의 죄로 말미암아 죽을 것이니라 하셨더라

렘 31:29~30 ²⁹그때에 그들이 말하기를 다시는 아버지가 신 포도를 먹었으므로 아들들의 이가 시다 하지 아니하겠고 ³⁰신 포

도를 먹는 자마다 그의 이가 신 것같이 누구나 자기의 죄악으로 말미암아 죽으리라

겔 18:1~4 ¹또 여호와의 말씀이 내게 임하여 이르시되 ²너희가 이스라엘 땅에 관한 속담에 이르기를 아버지가 신 포도를 먹었으므로 그의 아들의 이가 시다고 함은 어찌 됨이냐 ³주 여호와의 말씀이니라 내가 나의 삶을 두고 맹세하노니 너희가 이스라엘 가운데에서 다시는 이 속담을 쓰지 못하게 되리라 ⁴모든 영혼이 다 내게 속한지라 아버지의 영혼이 내게 속함같이 그의 아들의 영혼도 내게 속하였나니 범죄하는 그 영혼은 죽으리라

겔 18:19~20 ¹⁹그런데 너희는 이르기를 아들이 어찌 아버지의 죄를 담당하지 아니하겠느냐 하는도다 아들이 정의와 공의를 행하며 내 모든 율례를 지켜 행하였으면 그는 반드시 살려니와 ²⁰범죄하는 그 영혼은 죽을지라 아들은 아버지의 죄악을 담당하지 아니할 것이요 아버지는 아들의 죄악을 담당하지 아니하리니 의인의 공의도 자기에게로 돌아가고 악인의 악도 자기에게로 돌아가리라

모세의 율법책에 기록된 대로 '오직 각 사람은 자기의 죄로 말미암아 죽을 것이니라'라고 말씀하셨음에도 불구하고, 성경은 범죄자와 일정한 친족 관계가 있으므로 죽임을 당하거나, 왕이 범한 죄에 백성들이 죽임을 당하는 등 여러 사례들을 기록하고 있습니다.

그중 대표적으로 세 가지 예를 들어보면, 고라와 그에게 동조하는 사람들이 당을 지어 모세를 반역했을 때, 고라에게 속한 자와 다단과 아비람은 그들의 처자와 유아들과 함께 산 채로 스올(음부)에 빠

져 사라졌습니다(민 16:1~35).

다윗 시대에는 삼 년 동안 기근이 계속되었는데, 하나님께서는 이 것이 사울과 그의 집이 기브온 사람들을 죽였기 때문이라고 하셨습니다. 그 당시를 기준으로 약 사오백 년 전, 여호수아와 이스라엘 백성이 기브온 거민들에게 속아 하나님께 묻지 않고 화친하여 언약하고 맹세했던 것을 어겼기 때문에, 기브온 자손의 요구대로 사울의 자손 일곱을 내주어 목매달아 죽게 했던 것입니다(삼하 21:1~9; 수 9:3~17).

세 번째는, 다윗이 인구를 조사한 후에 여호와께 '내가 이 일을 행함으로 큰 죄를 범하였나이다 여호와여 이제 간구하옵나니 종의 죄를 사하여 주옵소서 내가 심히 미련하게 행하였나이다' 하며 회개했지만, 여호와께서는 그 아침부터 정하신 때까지 전염병(온역)을 이스라엘에 내리시어 단에서부터 브엘세바까지 칠만 명의 백성을 죽게 하신 사실입니다. 이에 다윗은 '백성을 치는 천사를 보고 곧 여호와께 아뢰어 이르되 나는 범죄하였고 악을 행하였거니와 이 양 무리는 무엇을 행하였나이까 청하건대 주의 손으로 나와 내 아버지의 집을 치소서' 하며 거듭 자책했습니다(삼하 24:1~17; 대상 21:1~17).

이어서 범주를 조금 넓혀서, 인류의 시조인 아담과 약 육천 년 정도의 후대 자손들인 우리와 관련된 문제에 대해서 상고해 보겠습니다. 사도 바울은 이것을 로마서에서 두 가지 관점으로 설명하고 있습니다.

첫째는 롬 5:12~21의 말씀대로, 한 사람으로 말미암아 죄가 세상에 들어오고 죄로 말미암아 사망이 들어왔다는 것입니다. 죄는 율법이 있기 전에도 세상에 있었으나 율법이 없었을 때는 죄를 죄로 여기지 않았습니다. 그러나 아담으로부터 모세까지 아담의 범죄와 같은 죄를 짓지 아니한 자들까지도 사망이 왕 노릇 했습니다. 곧 한 사람의 범죄로 인하여 많은 사람이 죽었다는 말입니다. 그런즉 한 범죄로 많은 사람이 정죄에 이르고, 한 사람의 불순종으로 많은 사람이 죄인이 되고, 죄가 사망 안에서 왕 노릇 한 것입니다.

그래서 하나님께서는 이 문제를 해결하기 위하여, 한 사람 예수 그리스도의 은혜로 말미암은 선물이 많은 사람에게 넘치게 하신 것입니다. 한 사람의 의(義)의 한 행동으로 많은 사람이 의롭다 하심을 받아 생명에 이르고, 한 사람의 순종하심으로 많은 사람이 의인이 되고, 은혜도 또한 의(義)로 말미암아 왕 노릇 하여 우리 주 예수 그리스도로 말미암아 영생에 이르게 하신 것입니다.

만일 여기서 설명이 그친다면 모세와 예레미야, 에스겔의 증거대로 '각 사람은 자기 죄로 말미암아 죽임을 당할 것이니라'라는 말씀을 포함한 내용들을 온전히 이해하기는 쉽지 않을 것입니다. 그러므로 이제 두 번째 관점으로, 롬 3:23에서 "모든 사람이 죄를 범하였으매 하나님의 영광에 이르지 못하더니"라는 말씀을 상고해 보아야 합니다. 나 자신을 포함한 우리 모든 사람이 죄를 범한 사실, 곧 모든 사람이 죄를 범한 죄인임을 증거하고 있는 것입니다. 이 사실에 대한 히브리서의 증거를 비유로 참고해 보겠습니다.

아브라함이 주변 왕들과의 전쟁에서 이기고 돌아올 때, 지극히 높으신 하나님의 제사장, 살렘 왕 멜기세덱을 만나 축복을 받고 노략물 중 좋은 것으로 십분의 일을 준 적 있는데, 이것을 "십분의 일을 받는 레위도 아브라함으로 말미암아 십분의 일을 바쳤다고 할 수 있나니, 이는 멜기세덱이 아브라함을 만날 때에 레위는 이미 자기 조상의 허리에 있었음이라"라고 증거하고 있습니다(히 7:1~10; 창 14:17~20).

이제 두 가지 관점을 요약하고 비교해서 결론에 접근해 보겠습니다. 첫 번째 관점은 '한 사람의 범죄를 인하여 많은 사람이 죽었다'

는 것이고, 두 번째 관점은 '모든 사람이 죄를 범해 모든 사람이 죽었다'는 것입니다. 다시 말해 '누구나 자기의 죄악으로 죽는다'는 것입니다. 이 지점에서 우리가 주목해야 할 것은, 이 두 관점이 드러난 표현과 의미로 봐서는 두 가지 사실에 대한 것 같은데, 실상은 한 가지 사실에 대한 두 가지 관점이라는 것입니다. 사도 바울은 이 두 가지 관점이 하나의 사실인 것을 고전 15:21~22에서, "[21]사망이 한 사람으로 말미암았으니 죽은 자의 부활도 한 사람으로 말미암는도다 [22]아담 안에서 모든 사람이 죽은 것같이 그리스도 안에서 모든 사람이 삶을 얻으리라"라고 증거하고 있습니다.

결론적으로, 이 두 관점을 비유적으로 말하자면, 전자는 종합적이고 포괄적인 것을 나타내는 표면적인 이해의 관점입니다. 이것은 모든 인류가 연대 책임을 져야 하는 운명 공동체로서 환경, 재앙, 지진을 비롯한 각종 자연재해, 전쟁 등이 이에 해당합니다. 후자는 부분적이고 세부적인 것을 나타내는 이면적인 이해의 관점입니다. 이것은 각자 개인의 행위에 스스로 책임을 져야 하는 것으로, 자살을 비롯한 각종 자범죄 등이 해당됩니다.

> 롬 5:12~21 [12]그러므로 한 사람으로 말미암아 죄가 세상에 들어오고 죄로 말미암아 사망이 들어왔나니 이와 같이 모든 사람이 죄를 지었으므로 사망이 모든 사람에게 이르렀느니라 [13]죄가 율법 있기 전에도 세상에 있었으나 율법이 없었을 때에는 죄를 죄로 여기지 아니하였느니라 [14]그러나 아담으로부터 모세까지 아담의 범죄와 같은 죄를 짓지 아니한 자들까지도 사망이 왕 노릇 하였나니 아담은 오실 자의 모형이라 [15]그러나 이 은사는 그 범죄와 같지 아니하니 곧 한 사람의 범죄를 인하여 많은 사람이 죽었은즉 더욱 하나님의 은혜와 또한 한 사람 예수 그리스도

의 은혜로 말미암은 선물은 많은 사람에게 넘쳤느니라 [16]또 이 선물은 범죄한 한 사람으로 말미암은 것과 같지 아니하니 심판은 한 사람으로 말미암아 정죄에 이르렀으나 은사는 많은 범죄로 말미암아 의롭다 하심에 이름이니라 [17]한 사람의 범죄로 말미암아 사망이 그 한 사람을 통하여 왕 노릇 하였은즉 더욱 은혜와 의의 선물을 넘치게 받는 자들은 한 분 예수 그리스도를 통하여 생명 안에서 왕 노릇 하리로다 [18]그런즉 한 범죄로 많은 사람이 정죄에 이른 것같이 한 의로운 행위로 말미암아 많은 사람이 의롭다 하심을 받아 생명에 이르렀느니라 [19]한 사람이 순종하지 아니함으로 많은 사람이 죄인 된 것같이 한 사람이 순종하심으로 많은 사람이 의인이 되리라 [20]율법이 들어온 것은 범죄를 더하게 하려 함이라 그러나 죄가 더한 곳에 은혜가 더욱 넘쳤나니 [21]이는 죄가 사망 안에서 왕 노릇 한 것같이 은혜도 또한 의로 말미암아 왕 노릇 하여 우리 주 예수 그리스도로 말미암아 영생에 이르게 하려 함이라

히 7:1~10 [1]이 멜기세덱은 살렘 왕이요 지극히 높으신 하나님의 제사장이라 여러 왕을 쳐서 죽이고 돌아오는 아브라함을 만나 복을 빈 자라 [2]아브라함이 모든 것의 십분의 일을 그에게 나누어 주니라 그 이름을 해석하면 먼저는 의의 왕이요 그 다음은 살렘 왕이니 곧 평강의 왕이요 [3]아버지도 없고 어머니도 없고 족보도 없고 시작한 날도 없고 생명의 끝도 없어 하나님의 아들과 닮아서 항상 제사장으로 있느니라 [4]이 사람이 얼마나 높은가를 생각해 보라 조상 아브라함도 노략물 중 십분의 일을 그에게 주었느니라 [5]레위의 아들들 가운데 제사장의 직분을 받은 자들은 율법을 따라 아브라함의 허리에서 난 자라도 자기 형제인 백

성에게서 십분의 일을 취하라는 명령을 받았으나 [6]레위 족보에 들지 아니한 멜기세덱은 아브라함에게서 십분의 일을 취하고 약속을 받은 그를 위하여 복을 빌었나니 [7]논란의 여지 없이 낮은 자가 높은 자에게서 축복을 받느니라 [8]또 여기는 죽을 자들이 십분의 일을 받으나 저기는 산다고 증거를 얻은 자가 받았느니라 [9]또한 십분의 일을 받는 레위도 아브라함으로 말미암아 십분의 일을 바쳤다고 할 수 있나니 [10]이는 멜기세덱이 아브라함을 만날 때에 레위는 이미 자기 조상의 허리에 있었음이라

창 14:17~20 [17]아브람이 그돌라오멜과 그와 함께한 왕들을 쳐부수고 돌아올 때에 소돔 왕이 사웨 골짜기 곧 왕의 골짜기로 나와 그를 영접하였고 [18]살렘 왕 멜기세덱이 떡과 포도주를 가지고 나왔으니 그는 지극히 높으신 하나님의 제사장이었더라 [19]그가 아브람에게 축복하여 이르되 천지의 주재이시오 지극히 높으신 하나님이여 아브람에게 복을 주옵소서 [20]너희 대적을 네 손에 붙이신 지극히 높으신 하나님을 찬송할지로다 하매 아브람이 그 얻은 것에서 십분의 일을 멜기세덱에게 주었더라

55.
애굽 땅과 북방 땅에서 인도해 내신 하나님의 두 맹세의 차이

렘 16:14~15 ¹⁴여호와의 말씀이니라 그러나 보라 날이 이르리니 다시는 이스라엘 자손을 애굽 땅에서 인도하여 내신 여호와께서 살아 계심을 두고 맹세하지 아니하고 ¹⁵이스라엘 자손을 북방 땅과 그 쫓겨났던 모든 나라에서 인도하여 내신 여호와께서 살아 계심을 두고 맹세하리라 내가 그들을 그들의 조상들에게 준 그들의 땅으로 인도하여 들이리라

렘 23:5~8 ⁵여호와의 말씀이니라 보라 때가 이르리니 내가 다윗에게 한 의로운 가지를 일으킬 것이라 그가 왕이 되어 지혜롭게 다스리며 세상에서 정의와 공의를 행할 것이며 ⁶그의 날에 유다는 구원을 받겠고 이스라엘은 평안히 살 것이며 그의 이름은 여호와 우리의 공의라 일컬음을 받으리라 ⁷그러므로 여호와의 말씀이니라 보라 날이 이르리니 그들이 다시는 이스라엘 자손을 애굽 땅에서 인도하여 내신 여호와의 사심으로 맹세하지 아니하고 ⁸이스라엘 집 자손을 북쪽 땅, 그 모든 쫓겨났던 나라에서 인도하여 내신 여호와의 사심으로 맹세할 것이며 그들이 자기 땅에 살리라 하시니라

렘 24:4~7 ⁴여호와의 말씀이 또 내게 임하니라 이르시되 ⁵이스라엘의 하나님 여호와께서 이와 같이 말씀하시니라 내가 이곳에서 옮겨 갈대아인의 땅에 이르게 한 유다 포로를 이 좋은 무화과같이 잘 돌볼 것이라 ⁶내가 그들을 돌아보아 좋게 하여 다시 이 땅으로 인도하여 세우고 헐지 아니하며 심고 뽑지 아니하겠고 ⁷내가 여호와인 줄 아는 마음을 그들에게 주어서 그들이 전심으로 내게 돌아오게 하리니 그들은 내 백성이 되겠고 나는 그들의 하나님이 되리라

렘 32:36~42 ³⁶그러나 이스라엘의 하나님 여호와께서 너희가 말하는바 칼과 기근과 전염병으로 말미암아 바벨론 왕의 손에 넘긴 바 되었다 하는 이 성에 대하여 이와 같이 말씀하시니라 ³⁷보라 내가 노여움과 분함과 큰 분노로 그들을 쫓아 보내었던 모든 지방에서 그들을 모아들여 이곳으로 돌아오게 하여 안전히 살게 할 것이라 ³⁸그들은 내 백성이 되겠고 나는 그들의 하나님이 될 것이며 ³⁹내가 그들에게 한마음과 한 길을 주어 자기들과 자기 후손의 복을 위하여 항상 나를 경외하게 하고 ⁴⁰내가 그들에게 복을 주기 위하여 그들을 떠나지 아니하리라 하는 영원한 언약을 그들에게 세우고 나를 경외함을 그들의 마음에 두어 나를 떠나지 않게 하고 ⁴¹내가 기쁨으로 그들에게 복을 주되 분명히 나의 마음과 정성을 다하여 그들을 이 땅에 심으리라 ⁴²여호와께서 이와 같이 말씀하시니라 내가 이 백성에게 이 큰 재앙을 내린 것 같이 허락한 모든 복을 그들에게 내리리라

하나님께서는 애굽 사람이 종으로 삼은 이스라엘 백성의 신음 소리를 들으시고, 아브라함과 이삭과 야곱과 그 자손에게 가나안 땅을

기업으로 주기로 언약한 것을 기억하셨습니다. 그리고 '너희를 내 백성으로 삼고 나는 너희의 하나님이 되리라'라고 하셨습니다. 모세가 이스라엘 자손에게 전했지만, 그들은 마음이 상하고 노역이 가혹해 모세의 말을 듣지 않았습니다. 그러나 하나님께서는 그들을 애굽 땅에서 인도하여 내시고 기회가 있을 때마다 '나는 너희의 하나님이 되려고 너희를 애굽 땅에서 인도해 낸 여호와니라'라고 거듭 말씀하시며 기억하게 하셨습니다. 그럼에도 불구하고, 그들은 광야 생활 40년 동안 하나님을 격노하시게 했습니다. 결국 모세를 따라 출애굽한 사람 중에, 여호수아와 갈렙을 제외한 모든 사람이 광야에서 죽었음을 성경은 증거하고 있습니다. 하나님의 안식에 들어오지 못한 자들은 하나님의 말씀을 듣고도, 믿음을 결부(개역, 화합)시켜 순종하지 아니하던 자들이라고 말씀하고 있습니다.

　이어서 예레미야 선지자는 '하나님께서 다윗에게 의로운 가지(메시아)를 일으켜 그가 왕이 되어 지혜롭게 다스리며 세상에서 정의와 공의를 행할 것이며, 그의 날에 유다는 구원을 받겠고 이스라엘은 평안히 살 것이며 그의 이름은 여호와 우리의 공의라 일컬음을 받으리라'라고 증거했습니다. 그러므로 이스라엘 자손을 북방 땅과 그 쫓겨났던 모든 나라에서 인도하여 내신 여호와의 사심을 두고 하는 맹세는 '옛 언약'이 아니고 '새 언약'입니다. 그렇기 때문에 '그들이 다시는 이스라엘 자손을 애굽 땅에서 인도하여 내신 여호와의 사심으로 맹세하지 아니하리라'고 하신 것입니다. 또한 '내가 그들에게 복을 주기 위하여 그들을 떠나지 아니하리라 하는 영원한 언약을 그들에게 세우고 나를 경외함을 그들의 마음에 두어 나를 떠나지 않게 하고 내가 기쁨으로 그들에게 복을 주되 분명히 나의 마음과 정성을 다하여 그들을 이 땅에 심으리라'라고 하셨습니다.

　사도 바울은 하나님께서 새 언약을 이루시는 모든 일은, 다윗의 의로운 가지 곧 다윗의 혈통으로 나신 예수 그리스도의 복음을 통하여 이루실 것임을 롬 1:2~4에서 "²이 복음은 하나님이 선지자들을 통하여 그의 아들에 관하여 성경에 미리 약속하신 것이라 ³그의 아들에 관하여 말하면 육신으로는 다윗의 혈통에서 나셨고 ⁴성결의 영으로는 죽은 자들 가운데서 부활하사 능력으로 하나님의 아들로 선포되셨으니 곧 우리 주 예수 그리스도시니라"라고 증거하고 있습니다. 이어서 하박국 선지서를 인용하여 2:4에서, "보라 그의 마음은 교만하며 그 속에서 정직하지 못하나 의인은 그의 믿음으로 말미암아 살리라"라고 증거하고, 롬 10:4, 10에서, "⁴그리스도는 모든 믿는 자에게 의를 이루기 위하여 율법의 마침이 되시니라…¹⁰사람이 마음으로 믿어 의에 이르고 입으로 시인하여 구원에 이르느니라", 그리고 고전 1:30~31에서는, "³⁰너희는 하나님으로부터 나서 그리스도 예수 안에 있고 예수는 하나님으로부터 나와서 우리에게 지혜와 의로움과 거룩함과 구원함이 되셨으니 ³¹기록된 바 자랑하는 자는 주 안에서 자랑하라 함과 같게 하려 함이라"라고 증거하고 있습니다.

출 6:1~9 ¹여호와께서 모세에게 이르시되 이제 내가 바로에게 하는 일을 네가 보리라 강한 손으로 말미암아 바로가 그들을 보내리라 강한 손으로 말미암아 바로가 그들을 그의 땅에서 쫓아내리라 ²하나님이 모세에게 말씀하여 이르시되 나는 여호와이니라 ³내가 아브라함과 이삭과 야곱에게 전능의 하나님으로 나타났으나 나의 이름을 여호와로는 그들에게 알리지 아니하였고 ⁴가나안 땅 곧 그들이 거류하는 땅을 그들에게 주기로 그들과 언약하였더니 ⁵이제 애굽 사람이 종으로 삼은 이스라엘 자손의 신음 소리를 내가 듣고 나의 언약을 기억하노라 ⁶그러므로 이스라엘 자손에게 말하기를 나는 여호와라 내가 애굽 사람의 무거운 짐 밑에서 너희를 빼내며 그들의 노역에서 너희를 건지며 편 팔과 여러 큰 심판들로써 너희를 속량하여 ⁷너희를 내 백성으로 삼고 나는 너희의 하나님이 되리니 나는 애굽 사람의 무거운 짐 밑에서 너희를 빼낸 너희의 하나님 여호와인 줄 너희가 알지라 ⁸내가 아브라함과 이삭과 야곱에게 주기로 맹세한 땅으로 너희를 인도하고 그 땅을 너희에게 주어 기업을 삼게 하리라 나는 여호와라 하셨다 하라 ⁹모세가 이와 같이 이스라엘 자손에게 전하나 그들이 마음의 상함과 가혹한 노역으로 말미암아 모세의 말을 듣지 아니하였더라

레 22:31~33 ³¹너희는 내 계명을 지키며 행하라 나는 여호와이니라 ³²너희는 내 성호를 속되게 하지 말라 나는 이스라엘 자손 중에서 거룩하게 함을 받을 것이니라 나는 너희를 거룩하게 하는 여호와요 ³³너희의 하나님이 되려고 너희를 애굽 땅에서 인도하여 낸 자니 나는 여호와이니라

롬 10:1~13 ¹형제들아 내 마음에 원하는 바와 하나님께 구하는 바는 이스라엘을 위함이니 곧 그들로 구원을 받게 함이라 ²내가 증언하노니 그들이 하나님께 열심이 있으나 올바른 지식을 따른 것이 아니니라 ³하나님의 의를 모르고 자기 의를 세우려고 힘써 하나님의 의에 복종하지 아니하였느니라 ⁴그리스도는 모든 믿는 자에게 의를 이루기 위하여 율법의 마침이 되시니라 ⁵모세가 기록하되 율법으로 말미암는 의를 행하는 사람은 그 의로 살리라 하였거니와 ⁶믿음으로 말미암는 의는 이같이 말하되 네 마음에 누가 하늘에 올라가겠느냐 하지 말라 하니 올라가겠느냐 함은 그리스도를 모셔 내리려는 것이요 ⁷혹은 누가 무저갱에 내

려가겠느냐 하지 말라 하니 내려가겠느냐 함은 그리스도를 죽은 자 가운데서 모셔 올리려는 것이라 ^{8}그러면 무엇을 말하느냐 말씀이 네게 가까워 네 입에 있으며 네 마음에 있다 하였으니 곧 우리가 전파하는 믿음의 말씀이라 ^{9}네가 만일 네 입으로 예수를 주로 시인하며 또 하나님께서 그를 죽은 자 가운데서 살리신 것을 네 마음에 믿으면 구원을 받으리라 ^{10}사람이 마음으로 믿어 의에 이르고 입으로 시인하여 구원에 이르느니라 ^{11}성경에 이르되 누구든지 그를 믿는 자는 부끄러움을 당하지 아니하리라 하니 ^{12}유대인이나 헬라인이나 차별이 없음이라 한 분이신 주께서 모든 사람의 주가 되사 그를 부르는 모든 사람에게 부요하시도다 ^{13}누구든지 주의 이름을 부르는 자는 구원을 받으리라

히 3:15~4:2 ^{15}성경에 일렀으되 오늘 너희가 그의 음성을 듣거든 격노하시게 하던 것같이 너희 마음을 완고하게 하지 말라 하였으니 ^{16}듣고 격노하시게 하던 자가 누구냐 모세를 따라 애굽에서 나온 모든 사람이 아니냐 ^{17}또 하나님이 사십 년 동안 누구에게 노하셨느냐 그들의 시체가 광야에 엎드러진 범죄한 자들에게가 아니냐 ^{18}또 하나님이 누구에게 맹세하사 그의 안식에 들어오지 못하리라 하셨느냐 곧 순종하지 아니하던 자들에게가 아니냐 ^{19}이로 보건대 그들이 믿지 아니하므로 능히 들어가지 못한 것이라 ^{1}그러므로 우리는 두려워할지니 그의 안식에 들어갈 약속이 남아 있을지라도 너희 중에는 혹 이르지 못할 자가 있을까 함이라 ^{2}그들과 같이 우리도 복음 전함을 받은 자이나 들은바 그 말씀이 그들에게 유익하지 못한 것은 듣는 자가 믿음과 결부시키지 아니함이라

56.
오직 영혼을 구원함에 이르는 믿음을 가진 자

히 10:38~39 ³⁸나의 의인은 믿음으로 말미암아 살리라 또한 뒤로 물러가면 내 마음이 그를 기뻐하지 아니하리라 하셨느니라 ³⁹우리는 뒤로 물러가 멸망할 자가 아니요 오직 영혼을 구원함에 이르는 믿음을 가진 자니라

벧전 1:8~9 ⁸예수를 너희가 보지 못하였으나 사랑하는도다 이제도 보지 못하나 믿고 말할 수 없는 영광스러운 즐거움으로 기뻐하니 ⁹믿음의 결국 곧 영혼의 구원을 받음이라

예수께서 갈릴리에서 천국 복음을 전파하시며 백성 중에 있는 모든 병과 약한 것을 고치시니, 그 소문이 온 사방에 퍼져 수많은 무리가 예수를 따랐습니다. 요한이 감옥에서 듣고 제자들을 보내어, 예수께 '오실 그이가 당신이십니까' 질문했을 때, 예수께서 대답하시기를 '맹인이 보며 못 걷는 사람이 걸으며 나병환자가 깨끗함을 받으며 못 듣는 자가 들으며 죽은 자가 살아나며 가난한 자에게 복음이 전파된다 하라 누구든지 나로 말미암아 실족하지 아니하는 자는 복이 있다'라고 하셨습니다.

예수님을 따르던 많은 사람들은, 예수께서 자신의 필요와 욕구를 채워주실 때는 믿고 칭송하며 따랐습니다. 그러나 버릴 권세와 취할 권세가 있으신 선한 목자 예수께서는, 양들을 위하여 목숨을 버리기로 결심하시고 실행하실 그때 모든 사람들이 실족하여 자기를 버릴 것을 짐작하셨고, 함께 동고동락(同苦同樂)하며 사랑하시던 제자들마저도 다 자기를 버릴 것을 미리 아셨습니다. 그렇기 때문에 '오늘 밤에 너희가 다 나를 버리리라'라고 예언하셨습니다.

말세지말(末世之末)의 시대를 살고 있는 우리 가운데서도, 자기가 구하고 찾고 두드리는 것들을 얻기 위해서 예수님을 믿고 찬송하며 따르는 사람들에게, 동일한 상황이 발생한다고 해도 전혀 실족하지 않는 천국 시민권을 소유한 하나님의 자녀들이 얼마나 있을지 질문해 보면서, 그리 유쾌하지 않은 예측이 앞서는 것을 숨길 수가 없습니다. 이제 자기 소원을 이루기 위해 예수님을 믿고 따르는 삶에서 벗어나, 오직 영혼을 구원함에 이르는 믿음을 가진 자로서, 영혼 구원을 받은 사람들의 믿고 말할 수 없는 영광스러운 즐거움으로 기뻐함이, 변함 없이 영원하도록 예수님의 이름으로 기도합니다. 아멘.

마 4:23~25 ²³예수께서 온 갈릴리에 두루 다니사 그들의 회당에서 가르치시며 천국 복음을 전파하시며 백성 중의 모든 병과 모든 약한 것을 고치시니 ²⁴그의 소문이 온 수리아에 퍼진지라 사람들이 모든 앓는 자 곧 각종 병에 걸려서 고통당하는 자, 귀신 들린 자, 간질하는 자, 중풍병자들을 데려오니 그들을 고치시더라 ²⁵갈릴리와 데가볼리와 예루살렘과 유대와 요단강 건너편에서 수많은 무리가 따르니라

마 11:2~6 ²요한이 옥에서 그리스도께서 하신 일을 듣고 제자

들을 보내어 ³예수께 여짜오되 오실 그이가 당신이오니이까 우리가 다른 이를 기다리오리이까 ⁴예수께서 대답하여 이르시되 너희가 가서 듣고 보는 것을 요한에게 알리되 ⁵맹인이 보며 못 걷는 사람이 걸으며 나병환자가 깨끗함을 받으며 못 듣는 자가 들으며 죽은 자가 살아나며 가난한 자에게 복음이 전파된다 하라 ⁶누구든지 나로 말미암아 실족하지 아니하는 자는 복이 있도다 하시니라

마 26:31 그때에 예수께서 제자들에게 이르시되 오늘 밤에 너희가 다 나를 버리리라 기록된바 내가 목자를 치리니 양의 떼가 흩어지리라 하였느니라

요 10:14~18 ¹⁴나는 선한 목자라 나는 내 양을 알고 양도 나를 아는 것이 ¹⁵아버지께서 나를 아시고 내가 아버지를 아는 것 같으니 나는 양을 위하여 목숨을 버리노라 ¹⁶또 이 우리에 들지 아니한 다른 양들이 내게 있어 내가 인도하여야 할 터이니 그들도 내 음성을 듣고 한 무리가 되어 한 목자에게 있으리라 ¹⁷내가 내 목숨을 버리는 것은 그것을 내가 다시 얻기 위함이니 이로 말미암아 아버지께서 나를 사랑하시느니라 ¹⁸이를 내게서 빼앗는 자가 있는 것이 아니라 내가 스스로 버리노라 나는 버릴 권세도 있고 다시 얻을 권세도 있으니 이 계명은 내 아버지에게서 받았노라 하시니라

57.
하나님께 받은 약속과 받지 못한 약속

히 11:8~16 ⁸믿음으로 아브라함은 부르심을 받았을 때에 순종하여 장래의 유업으로 받을 땅에 나아갈새 갈 바를 알지 못하고 나아갔으며 ⁹믿음으로 그가 이방의 땅에 있는 것같이 약속의 땅에 거류하여 동일한 약속을 유업으로 함께 받은 이삭 및 야곱과 더불어 장막에 거하였으니 ¹⁰이는 그가 하나님이 계획하시고 지으실 터가 있는 성을 바랐음이라 ¹¹믿음으로 사라 자신도 나이가 많아 단산하였으나 잉태할 수 있는 힘을 얻었으니 이는 약속하신 이를 미쁘신 줄 알았음이라 ¹²이러므로 죽은 자와 같은 한 사람으로 말미암아 하늘의 허다한 별과 또 해변의 무수한 모래와 같이 많은 후손이 생육하였느니라 ¹³이 사람들은 다 믿음을 따라 죽었으며 약속을 받지 못하였으되 그것들을 멀리서 보고 환영하며 또 땅에서는 외국인과 나그네임을 증언하였으니 ¹⁴그들이 이같이 말하는 것은 자기들이 본향 찾는 자임을 나타냄이라 ¹⁵그들이 나온바 본향을 생각하였더라면 돌아갈 기회가 있었으려니와 ¹⁶그들이 이제는 더 나은 본향을 사모하니 곧 하늘에 있는 것이라 이러므로 하나님이 그들의 하나님이라 일컬음 받으심을 부끄러워하지 아니하시고 그들을 위하여 한 성

을 예비하셨느니라

히 11:32~40 ³²내가 무슨 말을 더 하리요 기드온, 바락, 삼손, 입다, 다윗 및 사무엘과 선지자들의 일을 말하려면 내게 시간이 부족하리로다 ³³그들은 믿음으로 나라들을 이기기도 하며 의를 행하기도 하며 약속을 받기도 하며 사자들의 입을 막기도 하며 ³⁴불의 세력을 멸하기도 하며 칼날을 피하기도 하며 연약한 가운데서 강하게 되기도 하며 전쟁에 용감하게 되어 이방 사람들의 진을 물리치기도 하며 ³⁵여자들은 자기의 죽은 자들을 부활로 받아들이기도 하며 또 어떤 이들은 더 좋은 부활을 얻고자 하여 심한 고문을 받되 구차히 풀려나기를 원하지 아니하였으며 ³⁶또 어떤 이들은 조롱과 채찍질뿐 아니라 결박과 옥에 갇히는 시련도 받았으며 ³⁷돌로 치는 것과 톱으로 켜는 것과 시험과 칼로 죽임을 당하고 양과 염소의 가죽을 입고 유리하여 궁핍과 환난과 학대를 받았으니 ³⁸(이런 사람은 세상이 감당하지 못하느니라) 그들이 광야와 산과 동굴과 토굴에 유리하였느니라 ³⁹이 사람들은 다 믿음으로 말미암아 증거를 받았으나 약속된 것을 받지 못하였으니 ⁴⁰이는 하나님이 우리를 위하여 더 좋은 것을 예비하셨은즉 우리가 아니면 그들로 온전함을 이루지 못하게 하려 하심이라

믿음의 선조들의 삶을 기록하면서 히 11:13은 '이 사람들은 다 믿음을 따라 죽었으며 약속을 받지 못하였으되'라고 하고, 33절에서는 '약속을 받기도 하며'라고 하였습니다. 이미 받은 약속에 대해서는 39절에서 '이 사람들은 다 믿음으로 말미암아 증거를 받았으나'라고 설명해 주고 있습니다. 이제부터는 아직 받지 못한 약속에 대

해서 상고해 보겠습니다. '받지 못한 약속'에 대해서는 하나님의 약속이 아직 이루어지지 않은 많은 것들과 관련해서 생각해 볼 수 있습니다. 그러나 히 11:16은 "그들이 이제는 더 나은 본향을 사모하니 곧 하늘에 있는 것이라 이러므로 하나님이 그들의 하나님이라 일컬음 받으심을 부끄러워하지 아니하시고 그들을 위하여 한 성을 예비하셨느니라"라고 증거하고, 히 12:22~24은 "²²그러나 너희가 이른 곳은 시온산과 살아 계신 하나님의 도성인 하늘의 예루살렘과 천만 천사와 ²³하늘에 기록된 장자들의 모임과 교회와 만민의 심판자이신 하나님과 및 온전하게 된 의인의 영들과 ²⁴새 언약의 중보자이신 예수와 및 아벨의 피보다 더 나은 것을 말하는 뿌린 피니라"라고 증거하며, 히 13:14은, "우리가 여기에는 영구한 도성이 없으므로 장차 올 것을 찾나니"라고 증거하고 있습니다.

이러한 증거의 말씀을 통해서, 믿음을 따라 살고 믿음을 따라 죽었던 믿음의 선조들이, 약속을 받지 못하고, 그것들을 멀리서 보고 환영하며 또 땅에서는 외국인과 나그네임을 증언한 믿음의 배경을 조금씩 짐작할 수 있을 것 같습니다. 그래서 하나님께서 그들을 위하여 하늘에 예비하신 성을 계 21:1~2에서는 "¹또 내가 새 하늘과 새 땅을 보니 처음 하늘과 처음 땅이 없어졌고 바다도 다시 있지 않더라 ²또 내가 보매 거룩한 성 새 예루살렘이 하나님께로부터 하늘에서 내려오니 그 준비한 것이 신부가 남편을 위하여 단장한 것 같더라"라고 증거하고 있습니다.

새 예루살렘이 하나님께서 그의 자녀들을 위하여 예비하신 영구한 도성임을 확인(계 21:1~4)하고, 나아가 '우리가 아니면 그들로 온전함을 이루지 못하게 하려 하심이라'는 말씀에 대해서도 상고해 보겠습니다. 하나님께서 우리가 그들로 온전함을 이루는 것에 필수적이고 절대적인 의미를 부여하신 것은, 아마도 그들의 온전함을 우리가 함께 이루어 가야 하는 과제이기 때문이 아닌지 생각할 수 있습니다.

성경은 '새 예루살렘'을 '그 준비한 것이 신부가 남편을 위하여 단장한 것 같더라'라고 비유하고 있습니다. 이로 보건대, 하나님 아버지께서 사랑하는 아들을 위해 혼인 잔치를 계획하시고, 신부를 예비하시고, 만물을 그 아들의 발아래에 복종하게 하며, 그를 만물 위에 교회의 머리로 삼으시고, 교회는 그의 몸으로 세우셨습니다. 그리고 하나님의 백성으로, 하나님의 자녀로 택하신 유대인과 이방인으로, 서로 원수 되었던 사람들을 예수 그리스도 안에서 그의 피로 한 몸을 이루게 하셨습니다.

그러므로 사도들과 선지자들의 터 위에 세우심을 입어, 친히 모퉁잇돌이 되신 그리스도 예수 안에서 건물마다 서로 연결하여 주 안에서 성전이 되어가고, 성령 안에서 하나님이 거하실 처소가 되기 위하여 그리스도 예수 안에서 함께 지어져 가게 하셨습니다. 이 모든 것이 그리스도와 교회에 대한 비밀과 비유의 말씀인 것을 심중에 새기면서, 에베소서의 말씀을 중심으로 살펴보겠습니다.

엡 1:17~23 [17]우리 주 예수 그리스도의 하나님, 영광의 아버지께서 지혜와 계시의 영을 너희에게 주사 하나님을 알게 하시고 [18]너희 마음의 눈을 밝히사 그의 부르심의 소망이 무엇이며 성도 안에서 그 기업의 영광의 풍성함이 무엇이며 [19]그의 힘의 위력으로 역사하심을 따라 믿는 우리에게 베푸신 능력의 지극히 크심이 어떠한 것을 너희로 알게 하시기를 구하노라 [20]그의 능력이 그리스도 안에서 역사하사 죽은 자들 가운데서 다시 살리시고 하늘에서 자기의 오른편에 앉히사 [21]모든 통치와 권세와 능력과 주권과 이 세상뿐 아니라 오는 세상에 일컫는 모든 이름 위에 뛰어나게 하시고 [22]또 만물을 그의 발아래에 복종하게

57. 하나님께 받은 약속과 받지 못한 약속

하시고 그를 만물 위에 교회의 머리로 삼으셨느니라 ²³교회는 그의 몸이니 만물 안에서 만물을 충만하게 하시는 이의 충만함이니라

엡 2:11~22 ¹¹그러므로 생각하라 너희는 그때에 육체로는 이방인이요 손으로 육체에 행한 할례를 받은 무리라 칭하는 자들로부터 할례를 받지 않은 무리라 칭함을 받는 자들이라 ¹²그때에 너희는 그리스도 밖에 있었고 이스라엘 나라 밖의 사람이라 약속의 언약들에 대하여는 외인이요 세상에서 소망이 없고 하나님도 없는 자이더니 ¹³이제는 전에 멀리 있던 너희가 그리스도 예수 안에서 그리스도의 피로 가까워졌느니라 ¹⁴그는 우리의 화평이신지라 둘로 하나를 만드사 원수 된 것 곧 중간에 막힌 담을 자기 육체로 허시고 ¹⁵법조문으로 된 계명의 율법을 폐하셨으니 이는 이 둘로 자기 안에서 한 새 사람을 지어 화평하게 하시고 ¹⁶또 십자가로 이 둘을 한 몸으로 하나님과 화목하게 하려 하심이라 원수 된 것을 십자가로 소멸하시고 ¹⁷또 오셔서 먼 데 있는 너희에게 평안을 전하시고 가까운 데 있는 자들에게 평안을 전하셨으니 ¹⁸이는 그로 말미암아 우리 둘이 한 성령 안에서 아버지께 나아감을 얻게 하려 하심이라 ¹⁹그러므로 이제부터 너희는 외인도 아니요 나그네도 아니요 오직 성도들과 동일한 시민이요 하나님의 권속이라 ²⁰너희는 사도들과 선지자들의 터 위에 세우심을 입은 자라 그리스도 예수께서 친히 모퉁잇돌이 되셨느니라 ²¹그의 안에서 건물마다 서로 연결하여 주 안에서 성전이 되어 가고 ²²너희도 성령 안에서 하나님이 거하실 처소가 되기 위하여 그리스도 예수 안에서 함께 지어져 가느니라

엡 4:1~16 ¹그러므로 주 안에서 갇힌 내가 너희를 권하노니 너희가 부르심을 받은 일에 합당하게 행하여 ²모든 겸손과 온유로 하고 오래 참음으로 사랑 가운데서 서로 용납하고 ³평안의 매는 줄로 성령이 하나 되게 하신 것을 힘써 지키라 ⁴몸이 하나요 성령도 한 분이시니 이와 같이 너희가 부르심의 한 소망 안에서 부르심을 받았느니라 ⁵주도 한 분이시요 믿음도 하나요 세례(침례)도 하나요 ⁶하나님도 한 분이시니 곧 만유의 아버지시라 만유 위에 계시고 만유를 통일하시고 만유 가운데 계시도다 ⁷우리 각 사람에게 그리스도의 선물의 분량대로 은혜를 주셨나니 ⁸그러므로 이르기를 그가 위로 올라가실 때에 사로잡혔던 자들을 사로잡으시고 사람들에게 선물을 주셨다 하였도다 ⁹올라가셨다 하였은즉 땅 아래 낮은 곳으로 내리셨던 것이 아니면 무엇이냐 ¹⁰내리셨던 그가 곧 모든 하늘 위에 오르신 자니 이는 만물을 충만하게 하려 하심이라 ¹¹그가 어떤 사람은 사도로, 어떤 사람은 선지자로, 어떤 사람은 복음 전하는 자로, 어떤 사람은 목사와 교사로 삼으셨으니 ¹²이는 성도를 온전하게 하여 봉사의 일을 하게 하며 그리스도의 몸을 세우려 하심이라 ¹³우리가 다 하나님의 아들을 믿는 것과 아는 일에 하나가 되어 온전한 사람을 이루어 그리스도의 장성한 분량이 충만한 데까지 이르리니 ¹⁴이는 우리가 이제부터 어린아이가 되지 아니하여 사람의 속임수와 간사한 유혹에 빠져 온갖 교훈의 풍조에 밀려 요동하지 않게 하려 함이라 ¹⁵오직 사랑 안에서 참된 것을 하여 범사에 그에게까지 자랄지라 그는 머리니 곧 그리스도라 ¹⁶그에게서 온몸이 각 마디를 통하여 도움을 받음으로 연결되고 결합되어 각 지체의 분량대로 역사하여 그 몸을 자라게 하며 사랑 안에서 스스로 세우느니라 엡 5:22~33 ²²아내들이여 자기 남편에게 복종하기를 주께 하듯 하라 ²³이는 남편이 아내의 머리 됨이 그리스도께서 교회의 머리 됨과 같음이니 그가 바로 몸의 구주시니라 ²⁴그러므로 교회가 그리스도에게 하듯 아내들도 범사에 자기 남편에게 복종할지니라 ²⁵남편들아 아내 사랑하기를 그리스도께서 교회를 사랑하시고 그 교회를 위하여 자신을 주심같이 하라 ²⁶이는 곧 물로 씻어 말씀으로 깨끗하게 하사 거룩하게 하시고 ²⁷자기 앞에 영광스러운 교회로 세우사 티나 주름 잡힌 것이나 이런 것들이 없이 거룩하고 흠이 없게 하려 하심이라 ²⁸이와 같이 남편들도 자기 아내 사랑하기를 자기 자신과 같이 할지니 자기 아내를 사랑하는 자는 자기를 사랑하는 것이라 ²⁹누구든지 언제나 자기 육체를 미워하지 않고 오직 양육하여 보호하기를 그리스도께서 교회에게 함과 같이 하나니 ³⁰우리는 그 몸의 지체임이라 ³¹그러므로 사람이 부모를 떠나 그의 아내와 합하여 그 둘이 한 육체가 될지니 ³²이 비밀이 크도다 나는 그리스도와 교회에 대하여 말하노라

계 21:1~4 ¹또 내가 새 하늘과 새 땅을 보니 처음 하늘과 처음 땅이 없어졌고 바다도 다시 있지 않더라 ²또 내가 보매 거룩한 성 새 예루살렘이 하나님께로부터 하늘에서 내려오니 그 준비한 것이 신부가 남편을 위하여 단장한 것 같더라 ³내가 들으니 보좌에서 큰 음성이 나서 이르되 보라 하나님의 장막이 사람들과 함께 있으매 하나님이 그들과 함께 계시리니 그들은 하나님의 백성이 되고 하나님은 친히 그들과 함께 계셔서 ⁴모든 눈물을 그 눈에서 닦아 주시니 다시는 사망이 없고 애통하는 것이나 곡하는 것이나 아픈 것이 다시 있지 아니하리니 처음 것들이 다 지나갔음이러라

58.
율법을 폐하지 않고 완전하게 하려 함과 율법을 폐하시고 율법은 아무것도 온전하게 하지 못함의 의미

마 5:17~20 [17]내가 율법이나 선지자를 폐하러 온 줄로 생각하지 말라 폐하러 온 것이 아니요 완전하게 하려 함이라 [18]진실로 너희에게 이르노니 천지가 없어지기 전에는 율법의 일점 일획도 결코 없어지지 아니하고 다 이루리라 [19]그러므로 누구든지 이 계명 중의 지극히 작은 것 하나라도 버리고 또 그같이 사람을 가르치는 자는 천국에서 지극히 작다 일컬음을 받을 것이요 누구든지 이를 행하며 가르치는 자는 천국에서 크다 일컬음을 받으리라 [20]내가 너희에게 이르노니 너희 의가 서기관과 바리새인보다 더 낫지 못하면 결코 천국에 들어가지 못하리라

롬 3:28~31 [28]그러므로 사람이 의롭다 하심을 얻는 것은 율법의 행위에 있지 않고 믿음으로 되는 줄 우리가 인정하노라 [29]하나님은 다만 유대인의 하나님이시냐 또한 이방인의 하나님은 아니시냐 진실로 이방인의 하나님도 되시느니라 [30]할례자도 믿음으로 말미암아 또한 무할례자도 믿음으로 말미암아 의롭다 하실 하나님은 한 분이시니라 [31]그런즉 우리가 믿음으로 말미암아 율법을 파기하느냐 그럴 수 없느니라 도리어 율법을 굳게

세우느니라

엡 2:14~18 ¹⁴그는 우리의 화평이신지라 둘로 하나를 만드사 원수 된 것 곧 중간에 막힌 담을 자기 육체로 허시고 ¹⁵법조문으로 된 계명의 율법을 폐하셨으니 이는 이 둘로 자기 안에서 한 새 사람을 지어 화평하게 하시고 ¹⁶또 십자가로 이 둘을 한 몸으로 하나님과 화목하게 하려 하심이라 원수 된 것을 십자가로 소멸하시고 ¹⁷또 오셔서 먼 데 있는 너희에게 평안을 전하시고 가까운 데 있는 자들에게 평안을 전하셨으니 ¹⁸이는 그로 말미암아 우리 둘이 한 성령 안에서 아버지께 나아감을 얻게 하려 하심이라

히 7:16~19 ¹⁶그는 육신에 속한 한 계명의 법을 따르지 아니하고 오직 불멸의 생명의 능력을 따라 되었으니 ¹⁷증언하기를 네가 영원히 멜기세덱의 반차를 따르는 제사장이라 하였도다 ¹⁸전에 있던 계명은 연약하고 무익하므로 폐하고 ¹⁹(율법은 아무 것도 온전하게 못할지라) 이에 더 좋은 소망이 생기니 이것으로 우리가 하나님께 가까이 가느니라

첫째로, 율법을 폐하지 않고 완전하게 하려 함의 의미에 대해 생각해 보겠습니다. 요 3:17은 "하나님이 그 아들을 세상에 보내신 것은 세상을 심판하려 하심이 아니요 그로 말미암아 세상이 구원을 받게 하려 하심이라"라고 말씀하고 있습니다. 그런데 모든 사람이 죄를 범하므로 사망이 이르렀기 때문에 오직 죄가 죄로 드러나게 하기 위하여, 거룩하고 선한 율법과 계명으로 죄를 심히 죄 되게 하셨습니다. 율법의 행위로는 하나님 앞에 의롭다 하심을 얻을 육체가

없기에 율법 외에 하나님의 한 의가 나타났습니다. 이것은 곧 예수 그리스도를 믿음으로 말미암아 모든 믿는 자에게 미치는 하나님의 의입니다.

하나님께서는 예수 그리스도를 그의 피로써 믿음으로 말미암는 화목제물로 세우시고, 우리가 전에 지은 죄를 기억하지 않으심으로, 하나님 자신의 의로움을 나타내사 예수 믿는 자를 의롭다고 하려 하셨습니다. 그렇기에 우리는 롬 3:31의 "우리가 믿음으로 말미암아 율법을 파기하느냐 그럴 수 없느니라 도리어 율법을 굳게 세우느니라"라는 말씀에 아멘으로 화답할 수 있을 것입니다.

계속해서 율법을 완전하게 하신 증거들을 살펴보겠습니다. 요 15:12~14은 "12내 계명은 곧 내가 너희를 사랑한 것같이 너희도 서로 사랑하라 하는 이것이니라 13사람이 친구를 위하여 자기 목숨을 버리면 이보다 더 큰 사랑이 없나니 14너희는 내가 명하는 대로 행하면 곧 나의 친구라"라고 증거합니다. 예수께서는 먼저 이 말씀을 실천하시기 위해 십자가에서 죽으심으로 하나님의 사랑을 확증하시고 율법을 완성하셨습니다. 사도 바울은 이 사실을 롬 5:8에서 "우리가 아직 죄인 되었을 때에 그리스도께서 우리를 위하여 죽으심으로 하나님께서 우리에 대한 자기의 사랑을 확증하셨느니라", 롬 13:8~10에서는 "8피차 사랑의 빚 외에는 아무에게든지 아무 빚도 지지 말라 남을 사랑하는 자는 율법을 다 이루었느니라 9간음하지 말라, 살인하지 말라, 도둑질하지 말라, 탐내지 말라 한 것과 그 외에 다른 계명이 있을지라도 네 이웃을 네 자신과 같이 사랑하라 하신 그 말씀 가운데 다 들었느니라 10사랑은 이웃에게 악을 행하지 아니하나니 그러므로 사랑은 율법의 완성이니라"라고 증거하고 있습니다.

이어서 둘째로 '율법을 폐하시고 율법은 아무것도 온전하게 하지 못함'의 의미에 대해 상고해 보겠습니다. 딤전 1:9~11은, "⁹알 것은 이것이니 율법은 옳은 사람을 위하여 세운 것이 아니요 오직 불법한 자와 복종하지 아니하는 자와 경건하지 아니한 자와 죄인과 거룩하지 아니한 자와 망령된 자와 아버지를 죽이는 자와 어머니를 죽이는 자와 살인하는 자며 ¹⁰음행하는 자와 남색하는 자와 인신매매를 하는 자와 거짓말하는 자와 거짓 맹세하는 자와 기타 바른 교훈을 거스르는 자를 위함이니 ¹¹이 교훈은 내게 맡기신 바 복되신 하나님의 영광의 복음을 따름이니라"라고 말씀하고 있습니다. 한마디로 이 율법은 죄인들을 위해 주신 것입니다. 율법으로 죄를 깨닫게 하고, 죄가 죄로 드러나게 하며, 죄로 심히 죄 되게 하여 사망에 이르게 되었음을 알게 해주는 것입니다. 이렇게 사망 가운데 있는 사람들을 살리는 데는, 전에 있던 계명은 연약하고 무익하므로 폐하고 또한 율법은 아무것도 온전하게 하지 못하기 때문에, 오직 예수 그리스도의 피로써 하나님의 의를 나타내시고 그를 믿는 자들을 의롭다고 하려 하신 것입니다.

롬 3:19~28 ¹⁹우리가 알거니와 무릇 율법이 말하는 바는 율법 아래에 있는 자들에게 말하는 것이니 이는 모든 입을 막고 온 세상으로 하나님의 심판 아래에 있게 하려 함이라 ²⁰그러므로 율법의 행위로 그의 앞에 의롭다 하심을 얻을 육체가 없나니 율법으로는 죄를 깨달음이니라 ²¹이제는 율법 외에 하나님의 한 의가 나타났으니 율법과 선지자들에게 증거를 받은 것이라 ²²곧 예수 그리스도를 믿음으로 말미암아 모든 믿는 자에게 미치는 하나님의 의니 차별이 없느니라 ²³모든 사람이 죄를 범하였으매 하나님의 영광에 이르지 못하더니 ²⁴그리스도 예수 안에 있는 속량으로 말미암아 하나님의 은혜로 값없이 의롭다 하심을 얻은 자 되었느니라 ²⁵이 예수를 하나님이 그의 피로써 믿음으로 말미암는 화목제물로 세우셨으니 이는 하나님께서 길이 참으시는 중에 전에 지은 죄를 간과하심으로 자기의 의로우심을 나타내려 하심이니 ²⁶곧 이때에 자기의 의로우심을 나타내사 자기도 의로우시며 또한 예수 믿는 자를 의롭다 하려 하심이라 ²⁷그런즉 자랑할 데가 어디냐 있을 수가 없느니라 무슨 법으로냐 행위로냐 아니라 오직 믿음의 법으로니라 ²⁸그러므로 사람이 의롭다 하심을 얻는 것은 율법의 행위에 있지 않고 믿음으로 되는 줄 우리가 인정하노라

롬 7:4~13 ⁴그러므로 내 형제들아 너희도 그리스도의 몸으로 말미암아 율법에 대하여 죽임을 당하였으니 이는 다른 이 곧 죽은 자 가운데서 살아나신 이에게 가서 우리가 하나님을 위하여 열매를 맺게 하려 함이라 ⁵우리가 육신에 있을 때에는 율법으로 말미암는 죄의 정욕이 우리 지체 중에 역사하여 우리로 사망을 위하여 열매를 맺게 하였더니 ⁶이제는 우리가 얽매였던 것에 대하여 죽었으므로 율법에서 벗어났으니 이러므로 우리가 영의 새로운 것으로 섬길 것이요 율법 조문의 묵은 것으로 아니할지니라 ⁷그런즉 우리가 무슨 말을 하리요 율법이 죄냐 그럴 수 없느니라 율법으로 말미암지 않고는 내가 죄를 알지 못하였으니 곧 율법이 탐내지 말라 하지 아니하였더라면 내가 탐심을 알지 못하였으리라 ⁸그러나 죄가 기회를 타서 계명으로 말미암아 내 속에서 온갖 탐심을 이루었나니 이는 율법이 없으면 죄가 죽은 것임이라 ⁹전에 율법을 깨닫지 못했을 때에는 내가 살았더니 계명이 이르매 죄는 살아나고 나는 죽었도다 ¹⁰생명에 이르게 할 그 계명이 내게 대하여 도리어 사망에 이르게 하는 것

이 되었도다 ¹¹죄가 기회를 타서 계명으로 말미암아 나를 속이고 그것으로 나를 죽였는지라 ¹²이로 보건대 율법은 거룩하고 계명도 거룩하고 의로우며 선하도다 ¹³그런즉 선한 것이 내게 사망이 되었느냐 그럴 수 없느니라 오직 죄가 죄로 드러나기 위하여 선한 그것으로 말미암아 나를 죽게 만들었으니 이는 계명으로 말미암아 죄로 심히 죄 되게 하려 함이라

59.
말꼬리를 잡으신 하나님

민 14:1~10 ¹온 회중이 소리를 높여 부르짖으며 백성이 밤새도록 통곡하였더라 ²이스라엘 자손이 다 모세와 아론을 원망하며 온 회중이 그들에게 이르되 우리가 애굽 땅에서 죽었거나 이 광야에서 죽었으면 좋았을 것을 ³어찌하여 여호와가 우리를 그 땅으로 인도하여 칼에 쓰러지게 하려 하는가 우리 처자가 사로잡히리니 애굽으로 돌아가는 것이 낫지 아니하랴 ⁴이에 서로 말하되 우리가 한 지휘관을 세우고 애굽으로 돌아가자 하매 ⁵모세와 아론이 이스라엘 자손의 온 회중 앞에서 엎드린지라 ⁶그 땅을 정탐한 자 중 눈의 아들 여호수아와 여분네의 아들 갈렙이 자기들의 옷을 찢고 ⁷이스라엘 자손의 온 회중에게 말하여 이르되 우리가 두루 다니며 정탐한 땅은 심히 아름다운 땅이라 ⁸여호와께서 우리를 기뻐하시면 우리를 그 땅으로 인도하여 들이시고 그 땅을 우리에게 주시리라 이는 과연 젖과 꿀이 흐르는 땅이니라 ⁹다만 여호와를 거역하지는 말라 또 그 땅 백성을 두려워하지 말라 그들은 우리의 먹이라 그들의 보호자는 그들에게서 떠났고 여호와는 우리와 함께하시느니라 그들을 두려워하지 말라 하나 ¹⁰온 회중이 그들을 돌로 치려 하는데 그때

에 여호와의 영광이 회막에서 이스라엘 모든 자손에게 나타나시니라

민 14:26~38 [26]여호와께서 모세와 아론에게 말씀하여 이르시되 [27]나를 원망하는 이 악한 회중에게 내가 어느 때까지 참으랴 이스라엘 자손이 나를 향하여 원망하는바 그 원망하는 말을 내가 들었노라 [28]그들에게 이르기를 여호와의 말씀에 내 삶을 두고 맹세하노라 너희 말이 내 귀에 들린 대로 내가 너희에게 행하리니 [29]너희 시체가 이 광야에 엎드러질 것이라 너희 중에서 이십 세 이상으로서 계수된 자 곧 나를 원망한 자 전부가 [30]여분네의 아들 갈렙과 눈의 아들 여호수아 외에는 내가 맹세하여 너희에게 살게 하리라 한 땅에 결단코 들어가지 못하리라 [31]너희가 사로잡히겠다고 말하던 너희의 유아들은 내가 인도하여 들이리니 그들은 너희가 싫어하던 땅을 보려니와 [32]너희의 시체는 이 광야에 엎드러질 것이요 [33]너희의 자녀들은 너희 반역한 죄를 지고 너희의 시체가 광야에서 소멸되기까지 사십 년을 광야에서 방황하는 자가 되리라 [34]너희는 그 땅을 정탐한 날 수인 사십 일의 하루를 일 년으로 쳐서 그 사십 년간 너희의 죄악을 담당할지니 너희는 그제서야 내가 싫어하면 어떻게 되는지를 알리라 하셨다 하라 [35]나 여호와가 말하였거니와 모여 나를 거역하는 이 악한 온 회중에게 내가 반드시 이같이 행하리니 그들이 이 광야에서 소멸되어 거기서 죽으리라 [36]모세의 보냄을 받고 땅을 정탐하고 돌아와서 그 땅을 악평하여 온 회중이 모세를 원망하게 한 사람 [37]곧 그 땅에 대하여 악평한 자들은 여호와 앞에서 재앙으로 죽었고 [38]그 땅을 정탐하러 갔던 사람들 중에서 오직 눈의 아들 여호수아와 여분네의 아들 갈렙은 생존하니라

이스라엘 각 지파에서 선발된 족장들은 40일간 하나님께서 약속하신 가나안 땅을 정탐한 후, 돌아와서 여호수아와 갈렙을 제외하고 모두 악평하여 보고했습니다. 이에 낙담한 온 회중은 모세와 아론에게 원망하여 '우리가 애굽 땅에서 죽었거나 이 광야에서 죽었으면 좋았을 것'이라고 했습니다. 이 말을 들으신 하나님께서는 '너희 말이 내 귀에 들린 대로 내가 너희에게 행하리니 너희 시체가 이 광야에 엎드러질 것이라'고 그들의 말꼬리를 잡으셨습니다.

이어서 민 12:3에서 "이 사람 모세는 온유함이 지면의 모든 사람보다 더하더라"는 증거를 받은 하나님의 종, 모세의 결정적인 말실수에 대해서도 살펴보겠습니다. 이스라엘 백성이 홍해를 건너 출애굽한 후 신 광야에서 마실 물이 없어서 모세와 다투어 하나님을 시험한 일이 르비딤(출 17장)과 가데스(민 20장)에서 각각 한 번씩 있었는데, 관련된 말씀을 먼저 상고해 보겠습니다.

출 17:1~7 ¹이스라엘 자손의 온 회중이 여호와의 명령대로 신 광야에서 떠나 그 노정대로 행하여 르비딤에 장막을 쳤으나 백성이 마실 물이 없는지라 ²백성이 모세와 다투어 이르되 우리에게 물을 주어 마시게 하라 모세가 그들에게 이르되 너희가 어찌하여 나와 다투느냐 너희가 어찌하여 여호와를 시험하느냐 ³거기서 백성이 목이 말라 물을 찾으매 그들이 모세에게 대하여 원망하여 이르되 당신이 어찌하여 우리를 애굽에서 인도해 내어서 우리와 우리 자녀와 우리 가축이 목말라 죽게 하느냐 ⁴모세가 여호와께 부르짖어 이르되 내가 이 백성에게 어떻게 하리이까 그들이 조금 있으면 내게 돌을 던지겠나이다 ⁵여호와께서 모세에게 이르시되 백성 앞을 지나서 이스라엘 장로들을 데리고 나일 강을 치던 네 지팡이를 손에 잡고 가라 ⁶내가 호렙산에 있는 그 반석 위 거기서 네 앞에 서리니 너는 그 반석을 치라 그것에서 물이 나오리니 백성이 마시리라 모세가 이스라엘 장로들의 목전에서 그대로 행하니라 ⁷그가 그곳 이름을 맛사 또는 므리바라 불렀으니 이는 이스라엘 자손이 다투었음이요 또는 그들이 여호와를 시험하여 이르기를 여호와께서 우리 중에 계신가, 안 계신가 하였음이더라

민 20:1~13 ¹첫째 달에 이스라엘 자손 곧 온 회중이 신 광야에 이르러 백성이 가데스에 머물더니 미리암이 거기서 죽으매 거기에 장사되니라 ²회중이 물이 없으므로 모세와 아론에게로 모여드니라 ³백성이 모세와 다투어 말하여 이르되 우리 형제들이 여호와 앞에서 죽을 때에 우리도 죽었더라면 좋을 뻔하였도다 ⁴너희가 어찌하여 여호와의 회중을 이 광야로 인도하여 우리와 우리 짐승이 다 여기서 죽게 하느냐 ⁵너희가 어찌하여 우리를 애굽에서 나오게 하여 이 나쁜 곳으로 인도하였느냐 이 곳에는 파종할 곳이 없고 무화과도 없고 포도도 없고 석류도 없고 마실 물도 없도다 ⁶모세와 아론이 회중 앞을 떠나 회막 문에 이르러 엎드리매 여호와의 영광이 그들에게 나타나며 ⁷여호와께서 모세에게 말씀하여 이르시되 ⁸지팡이를 가지고 네 형 아론과 함께 회중을 모으고 그들의 목전에서 너희는 반석에게 명령하여 물을 내라 하라 네가 그 반석이 물을 내게 하여 회중과 그들의 짐승에게 마시게 할지니라 ⁹모세가 그 명령대로 여호와 앞에서 지팡이를 잡으니라 ¹⁰모세와 아론이 회중을 그 반석 앞에 모으고 모세가 그들에게 이르되 반역한 너희여 들으라 우리가 너희를 위하여 이 반석에서 물을 내랴 하고 ¹¹모세가 그의 손을 들어 그의 지팡이로 반석을 두 번 치니 물이 많이 솟아나오므로 회중과

그들의 짐승이 마시니라 ¹²여호와께서 모세와 아론에게 이르시되 너희가 나를 믿지 아니하고 이스라엘 자손의 목전에서 내 거룩함을 나타내지 아니한 고로 너희는 이 회중을 내가 그들에게 준 땅으로 인도하여 들이지 못하리라 하시니라 ¹³이스라엘 자손이 여호와와 다투었으므로 이를 므리바 물이라 하니라 여호와께서 그들 중에서 그 거룩함을 나타내셨더라

우선, 르비딤과 가데스 두 경우를 간단히 비교해 보겠습니다. 르비딤 호렙산에서는 '너는 그 반석을 치라 그것에서 물이 나오리니 백성이 마시리라'라는 하나님의 말씀을 모세가 그대로 실행했습니다. 그런데 가데스에서는 전혀 예상하지 못한 일이 벌어졌습니다. 하나님의 말씀은 '너희는 반석에게 명령하여 물을 내라 하라'는 것인데, 모세는 그들에게 이르기를 '반역한 너희여 들으라 우리가 너희를 위하여 이 반석에서 물을 내랴' 하고, 그의 지팡으로 반석을 두 번 치니 물이 많이 솟아 나오므로 회중과 그들의 짐승이 마셨습니다. 이 부분을 묵상하면서 하기 쉬운 생각으로, 모세가 화가 너무 많이 나서 하나님의 말씀을 잊고 지팡이로 반석을 두 번이나 친 것이 너무 지나쳤구나 하는 정도로 추측해볼 수 있겠습니다. 그러나 하나님의 책망과 그 결과는 실로 충격 그 자체였습니다. 하나님께서는 모세와 아론에게 '너희가 나를 믿지 아니하고 이스라엘 자손의 목전에서 내 거룩함을 나타내지 아니한 고로 너희는 이 회중을 내가 그들에게 준 땅으로 인도하여 들이지 못하리라'라고 청천벽력과 같은 말씀을 하셨습니다.

하나님께서는 이 일의 결과에 대해 '사람이 자기의 친구와 이야기함같이 여호와께서는 모세와 대면하여 말씀하시며'(출 33:11 상)라는 말씀처럼 그에 대한 애석함 때문인지 아니면 '우리의 교훈을 위함'(롬

15:4)인지 그 이후에도 두 번씩이나 모세의 죽음을 언급하며 '하나님의 명을 거역함'(민 27:12~14)과, '하나님께 범죄하여 하나님의 거룩함을 나타내지 아니함'(신 32:48~52)을 지적하셨습니다. 지금까지 살펴본 모세의 결정적인 실수에 대해 시편 기자는 '모세가 그의 입술로 망령되이 말하였음'(시 106:32~33)이라고 기록함으로 '말실수'를 경계하고 있습니다.

민 27:12~14 ¹²여호와께서 모세에게 이르시되 너는 이 아바림산에 올라가서 내가 이스라엘 자손에게 준 땅을 바라보라 ¹³본 후에는 네 형 아론이 돌아간 것같이 너도 조상에게로 돌아가리니 ¹⁴이는 신 광야에서 회중이 분쟁할 때에 너희가 내 명령을 거역하고 그 물 가에서 내 거룩함을 그들의 목전에 나타내지 아니하였음이니라 이 물은 신 광야 가데스의 므리바 물이니라

신 32:48~52 ⁴⁸바로 그날에 여호와께서 모세에게 말씀하여 이르시되 ⁴⁹너는 여리고 맞은편 모압 땅에 있는 아바림산에 올라가 느보산에 이르러 내가 이스라엘 자손에게 기업으로 주는 가나안 땅을 바라보라 ⁵⁰네 형 아론이 호르산에서 죽어 그의 조상에게로 돌아간 것같이 너도 올라가는 이 산에서 죽어 네 조상에게로 돌아가리니 ⁵¹이는 너희가 신 광야 가데스의 므리바 물 가에서 이스라엘 자손 중 내게 범죄하여 내 거룩함을 이스라엘 자손 중에서 나타내지 아니한 까닭이라 ⁵²네가 비록 내가 이스라엘 자손에게 주는 땅을 맞은편에서 바라보기는 하려니와 그리로 들어가지는 못하리라 하시니라

시 106:32~33 ³²그들이 또 므리바 물에서 여호와를 노하시게

하였으므로 그들 때문에 재난이 모세에게 이르렀나니 ³³이는
그들이 그의 뜻을 거역함으로 말미암아 모세가 그의 입술로 망
령되이 말하였음이로다

이제 신약으로 와서 예수님과 제자들의 '말'에 대한 견해도 살펴
보겠습니다. 예수께서는 살인과 간음을 마음속 분노와 음욕과 동
일하게 보신 것처럼, 선한 말과 악한 말도 마음에 있는 것을 입으로
내뱉는 것으로써 본질적인 문제를 말씀하셨습니다. 그래서 외식하
는 자들에게도 잔과 대접의 겉보다 '먼저 안을 깨끗이 하라 그리하
면 겉도 깨끗하리라'라고 말씀하셨습니다. 결단코 '안의 마음'과 '겉
의 말'을 가볍게 여길 수 없는 이유는, 마 12:36~37에서 "내가 너희에
게 이르노니 사람이 무슨 무익한 말을 하든지 심판 날에 이에 대하
여 심문을 받으리니 네 말로 의롭다 함을 받고 네 말로 정죄함을 받
으리라"라고 경고하시고 있기 때문입니다.

마 5:21~22 ²¹옛사람에게 말한바 살인하지 말라 누구든지 살인
하면 심판을 받게 되리라 하였다는 것을 너희가 들었으나 ²²나
는 너희에게 이르노니 형제에게 노하는 자마다 심판을 받게 되
고 형제를 대하여 라가라 하는 자는 공회에 잡혀가게 되고 미련
한 놈이라 하는 자는 지옥 불에 들어가게 되리라

마 5:27~28 ²⁷또 간음하지 말라 하였다는 것을 너희가 들었으
나 ²⁸나는 너희에게 이르노니 음욕을 품고 여자를 보는 자마다
마음에 이미 간음하였느니라

마 12:34~35 ³⁴독사의 자식들아 너희는 악하니 어떻게 선한

말을 할 수 있느냐 이는 마음에 가득한 것을 입으로 말함이라 [35]선한 사람은 그 쌓은 선에서 선한 것을 내고 악한 사람은 그 쌓은 악에서 악한 것을 내느니라

마 23:25~28 [25]화 있을진저 외식하는 서기관들과 바리새인들이여 잔과 대접의 겉은 깨끗이 하되 그 안에는 탐욕과 방탕으로 가득하게 하는도다 [26]눈 먼 바리새인이여 너는 먼저 안을 깨끗이 하라 그리하면 겉도 깨끗하리라 [27]화 있을진저 외식하는 서기관들과 바리새인들이여 회칠한 무덤 같으니 겉으로는 아름답게 보이나 그 안에는 죽은 사람의 뼈와 모든 더러운 것이 가득하도다 [28]이와 같이 너희도 겉으로는 사람에게 옳게 보이되 안으로는 외식과 불법이 가득하도다

엡 4:29 무릇 더러운 말은 너희 입 밖에도 내지 말고 오직 덕을 세우는 데 소용되는 대로 선한 말을 하여 듣는 자들에게 은혜를 끼치게 하라

약 1:19 내 사랑하는 형제들아 너희가 알지니 사람마다 듣기는 속히 하고 말하기는 더디 하며 성내기도 더디 하라

약 2:12 너희는 자유의 율법대로 심판받을 자처럼 말도 하고 행하기도 하라

약 3:1~12 [1]내 형제들아 너희는 선생된 우리가 더 큰 심판을 받을 줄 알고 선생이 많이 되지 말라 [2]우리가 다 실수가 많으니 만일 말에 실수가 없는 자라면 곧 온전한 사람이라 능히 온 몸도

굴레 씌우리라 ³우리가 말들의 입에 재갈 물리는 것은 우리에게 순종하게 하려고 그 온몸을 제어하는 것이라 ⁴또 배를 보라 그렇게 크고 광풍에 밀려가는 것들을 지극히 작은 키로써 사공의 뜻대로 운행하나니 ⁵이와 같이 혀도 작은 지체로되 큰 것을 자랑하도다 보라 얼마나 작은 불이 얼마나 많은 나무를 태우는가 ⁶혀는 곧 불이요 불의의 세계라 혀는 우리 지체 중에서 온몸을 더럽히고 삶의 수레바퀴를 불사르나니 그 사르는 것이 지옥 불에서 나느니라 ⁷여러 종류의 짐승과 새와 벌레와 바다의 생물은 다 사람이 길들일 수 있고 길들여 왔거니와 ⁸혀는 능히 길들일 사람이 없나니 쉬지 아니하는 악이요 죽이는 독이 가득한 것이라 ⁹이것으로 우리가 주 아버지를 찬송하고 또 이것으로 하나님의 형상대로 지음을 받은 사람을 저주하나니 ¹⁰한 입에서 찬송과 저주가 나오는도다 내 형제들아 이것이 마땅하지 아니하니라 ¹¹샘이 한 구멍으로 어찌 단 물과 쓴 물을 내겠느냐 ¹²내 형제들아 어찌 무화과나무가 감람 열매를, 포도나무가 무화과를 맺겠느냐 이와 같이 짠 물이 단 물을 내지 못하느니라

벧전 4:11 만일 누가 말하려면 하나님의 말씀을 하는 것 같이 하고 누가 봉사하려면 하나님이 공급하시는 힘으로 하는 것 같이 하라 이는 범사에 예수 그리스도로 말미암아 하나님이 영광을 받으시게 하려 함이니 그에게 영광과 권능이 세세에 무궁하도록 있느니라 아멘

60.
행한 대로 갚으시는 하나님

겔 7:1~9 ¹또 여호와의 말씀이 내게 임하여 이르시되 ²너 인자야 주 여호와께서 이스라엘 땅에 관하여 이같이 말씀하셨느니라 끝났도다 이 땅 사방의 일이 끝났도다 ³이제는 네게 끝이 이르렀나니 내가 내 진노를 네게 나타내어 네 행위를 심판하고 네 모든 가증한 일을 보응하리라 ⁴내가 너를 불쌍히 여기지 아니하며 긍휼히 여기지도 아니하고 네 행위대로 너를 벌하여 네 가증한 일이 너희 중에 나타나게 하리니 내가 여호와인 줄을 너희가 알리라 ⁵주 여호와께서 이같이 이르시되 재앙이로다, 비상한 재앙이로다 볼지어다 그것이 왔도다 ⁶끝이 왔도다, 끝이 왔도다 끝이 너에게 왔도다 볼지어다 그것이 왔도다 ⁷이 땅 주민아 정한 재앙이 네게 임하도다 때가 이르렀고 날이 가까웠으니 요란한 날이요 산에서 즐거이 부르는 날이 아니로다 ⁸이제 내가 속히 분을 네게 쏟고 내 진노를 네게 이루어서 네 행위대로 너를 심판하여 네 모든 가증한 일을 네게 보응하되 ⁹내가 너를 불쌍히 여기지 아니하며 긍휼히 여기지도 아니하고 네 행위대로 너를 벌하여 너의 가증한 일이 너희 중에 나타나게 하리니 나 여호와가 때리는 이임을 네가 알리라

겔 11:17~21 ¹⁷너는 또 말하기를 주 여호와의 말씀에 내가 너희를 만민 가운데에서 모으며 너희를 흩은 여러 나라 가운데에서 모아 내고 이스라엘 땅을 너희에게 주리라 하셨다 하라 ¹⁸그들이 그리로 가서 그 가운데의 모든 미운 물건과 모든 가증한 것을 제거하여 버릴지라 ¹⁹내가 그들에게 한마음을 주고 그 속에 새 영을 주며 그 몸에서 돌 같은 마음을 제거하고 살처럼 부드러운 마음을 주어 ²⁰내 율례를 따르며 내 규례를 지켜 행하게 하리니 그들은 내 백성이 되고 나는 그들의 하나님이 되리라 ²¹그러나 미운 것과 가증한 것을 마음으로 따르는 자는 내가 그 행위대로 그 머리에 갚으리라 나 주 여호와의 말이니라

겔 16:43 네가 어렸을 때를 기억하지 아니하고 이 모든 일로 나를 분노하게 하였은즉 내가 네 행위대로 네 머리에 보응하리니 네가 이 음란과 네 모든 가증한 일을 다시는 행하지 아니하리라 주 여호와의 말씀이니라

에스겔 선지자는 하나님의 말씀을 대언하면서, 여러 번을 반복해서 '네 행위대로 벌하여 보응하겠다'고 하였습니다. 그 결과, 이스라엘은 멸망하고 이방인의 포로가 되어 열방으로 흩어졌습니다. 그러나 겔 11:17~20의 말씀대로, 하나님께서는 이스라엘의 모든 것을 회복시켜 주시겠다는 약속을 하셨습니다. 회복을 약속하고 은혜와 긍휼을 베푸시면서도 21절에서는 "그러나 미운 것과 가증한 것을 마음으로 따르는 자는 내가 그 행위대로 그 머리에 갚으리라 나 주 여호와의 말이니라"라고 언급하시며 '행위대로 갚으시는 하나님의 뜻'을 거듭해서 분명하게 알려 주셨습니다. 이어서 신약에서도 '각 사람의 행한 대로 갚으시는 하나님'의 말씀에 대해서 상고해 보겠습니다.

마 16:27 인자가 아버지의 영광으로 그 천사들과 함께 오리니 그때에 각 사람이 행한 대로 갚으리라

요 5:28~29 ^{28}이를 놀랍게 여기지 말라 무덤 속에 있는 자가 다 그의 음성을 들을 때가 오나니 ^{29}선한 일을 행한 자는 생명의 부활로, 악한 일을 행한 자는 심판의 부활로 나오리라

롬 2:6~8 ^{6}하나님께서 각 사람에게 그 행한 대로 보응하시되 ^{7}참고 선을 행하여 영광과 존귀와 썩지 아니함을 구하는 자에게는 영생으로 하시고 ^{8}오직 당을 지어 진리를 따르지 아니하고 불의를 따르는 자에게는 진노와 분노로 하시리라

계 22:10~12 ^{10}또 내게 말하되 이 두루마리의 예언의 말씀을 인봉하지 말라 때가 가까우니라 ^{11}불의를 행하는 자는 그대로 불의를 행하고 더러운 자는 그대로 더럽고 의로운 자는 그대로 의를 행하고 거룩한 자는 그대로 거룩하게 하라 ^{12}보라 내가 속히 오리니 내가 줄 상이 내게 있어 각 사람에게 그가 행한 대로 갚아 주리라

61.
이 세상에서 이미 받은 상(賞)

마 6:1~4 ¹사람에게 보이려고 그들 앞에서 너희 의를 행하지 않도록 주의하라 그리하지 아니하면 하늘에 계신 너희 아버지께 상을 받지 못하느니라 ²그러므로 구제할 때에 외식하는 자가 사람에게서 영광을 받으려고 회당과 거리에서 하는 것같이 너희 앞에 나팔을 불지 말라 진실로 너희에게 이르노니 그들은 자기 상을 이미 받았느니라 ³너는 구제할 때에 오른손이 하는 것을 왼손이 모르게 하여 ⁴네 구제함을 은밀하게 하라 은밀한 중에 보시는 너의 아버지께서 갚으시리라

일반적으로 평범한 사람들이 선행이나 구제, 봉사 등 착한 행동을 할 때 일부러 의도하지 않아도 자연스럽게 알려지거나, 드러나는 일은 쉽게 접할 수 있는 소식일 것입니다. 물론 상당 경우 처음부터 공개적으로 선행을 하는 일도 다반사입니다. 숨기든 드러내든, 어둠과 죄와 사망의 소식들이 팽배한 세상에서 착함과 의로움과 진실함의 모든 소식들은 극한 가뭄에 내리는 단비와 같고, 캄캄한 어두움을 밝히는 한 줄기의 빛과 같은 것으로, 모두가 본받고 칭송하며 박수로 격려해야 할 것입니다.

문제는 사람에게 보이려고, 또는 사람에게 영광을 받으려고 선행을 하는 사람들은, 그것이 꼭 필요한 것일지라도, 이 세상에서 이미 자기 상을 받았다는 것입니다. 예수께서는 '너는 구제할 때에 오른손이 하는 것을 왼손이 모르게 하여 네 구제함을 은밀하게 하라'고 하십니다. 신체에 장애가 있는 경우에 해당하는 말씀이 아니라면, 마 25:31~46의 비유가 이 말씀의 실천에 적용할 수 있는 가르침이라고 생각합니다.

> 마 25:31~46 [31]인자가 자기 영광으로 모든 천사와 함께 올 때에 자기 영광의 보좌에 앉으리니 [32]모든 민족을 그 앞에 모으고 각각 구분하기를 목자가 양과 염소를 구분하는 것같이 하여 [33]양은 그 오른편에 염소는 왼편에 두리라 [34]그때에 임금이 그 오른편에 있는 자들에게 이르시되 내 아버지께 복 받을 자들이여 나아와 창세로부터 너희를 위하여 예비된 나라를 상속받으라 [35]내가 주릴 때에 너희가 먹을 것을 주었고 목마를 때에 마시게 하였고 나그네 되었을 때에 영접하였고 [36]헐벗었을 때에 옷을 입혔고 병들었을 때에 돌보았고 옥에 갇혔을 때에 와서 보았느니라 [37]이에 의인들이 대답하여 이르되 주여 우리가 어느 때에 주께서 주리신 것을 보고 음식을 대접하였으며 목마르신 것을 보고 마시게 하였나이까 [38]어느 때에 나그네 되신 것을 보고 영접하였으며 헐벗으신 것을 보고 옷 입혔나이까 [39]어느 때에 병드신 것이나 옥에 갇히신 것을 보고 가서 뵈었나이까 하리니 [40]임금이 대답하여 이르시되 내가 진실로 너희에게 이르노니 너희가 여기 내 형제 중에 지극히 작은 자 하나에게 한 것이 곧 내게 한 것이니라 하시고 [41]또 왼편에 있는 자들에게 이르시되 저주를 받은 자들아 나를 떠나 마귀와 그 사자들을 위하여 예비

된 영원한 불에 들어가라 ⁴²내가 주릴 때에 너희가 먹을 것을 주지 아니하였고 목마를 때에 마시게 하지 아니하였고 ⁴³나그네 되었을 때에 영접하지 아니하였고 헐벗었을 때에 옷 입히지 아니하였고 병들었을 때와 옥에 갇혔을 때에 돌보지 아니하였느니라 하시니 ⁴⁴그들도 대답하여 이르되 주여 우리가 어느 때에 주께서 주리신 것이나 목마르신 것이나 나그네 되신 것이나 헐벗으신 것이나 병드신 것이나 옥에 갇히신 것을 보고 공양하지 아니하더이까 ⁴⁵이에 임금이 대답하여 이르시되 내가 진실로 너희에게 이르노니 이 지극히 작은 자 하나에게 하지 아니한 것이 곧 내게 하지 아니한 것이니라 하시리니 ⁴⁶그들은 영벌에, 의인들은 영생에 들어가리라 하시니라

사도 바울은, 자기의 상은 복음을 전할 때 값없이 전하고, 그로 인한 권리를 쓰지 않는 것이라고 고백합니다. 그러므로 복음을 전할 때 값을 받고, 그로 인한 권리를 사용하는 것은 자기의 상을 이미 받은 것이라고 할 수 있을 것입니다. 바울은 또한 그가 '모든 사도보다 더 많이 수고하였으나 이는 내가 한 것이 아니요 오직 나와 함께 하신 하나님의 은혜라'라고 증거하고 있습니다.

고전 9:16~18 ¹⁶내가 복음을 전할지라도 자랑할 것이 없음은 내가 부득불 할 일임이라 만일 복음을 전하지 아니하면 내게 화가 있을 것이로다 ¹⁷내가 내 자의로 이것을 행하면 상을 얻으려니와 내가 자의로 아니한다 할지라도 나는 사명을 받았노라 ¹⁸그런즉 내 상이 무엇이냐 내가 복음을 전할 때에 값없이 전하고 복음으로 말미암아 내게 있는 권리를 다 쓰지 아니하는 이것이로다

고전 15:9~10 ⁹나는 사도 중에 가장 작은 자라 나는 하나님의 교회를 박해하였으므로 사도라 칭함 받기를 감당하지 못할 자니라 ¹⁰그러나 내가 나 된 것은 하나님의 은혜로 된 것이니 내게 주신 그의 은혜가 헛되지 아니하여 내가 모든 사도보다 더 많이 수고하였으나 내가 한 것이 아니요 오직 나와 함께하신 하나님의 은혜로라

이어서 이 세상의 나라, 지국(地國)이 아닌 하늘나라, 곧 하나님의 왕국인 천국(天國)에서 하나님께서 주시는 상에 대한 말씀을 상고해 보겠습니다.

마 5:11~12 ¹¹나로 말미암아 너희를 욕하고 박해하고 거짓으로 너희를 거슬러 모든 악한 말을 할 때에는 너희에게 복이 있나니 ¹²기뻐하고 즐거워하라 하늘에서 너희의 상이 큼이라 너희 전에 있던 선지자들도 이같이 박해하였느니라

마 10:40~42 ⁴⁰너희를 영접하는 자는 나를 영접하는 것이요 나를 영접하는 자는 나를 보내신 이를 영접하는 것이니라 ⁴¹선지자의 이름으로 선지자를 영접하는 자는 선지자의 상을 받을 것이요 의인의 이름으로 의인을 영접하는 자는 의인의 상을 받을 것이요 ⁴²또 누구든지 제자의 이름으로 이 작은 자 중 하나에게 냉수 한 그릇이라도 주는 자는 내가 진실로 너희에게 이르노니 그 사람이 결단코 상을 잃지 아니하리라 하시니라

눅 6:34~35 ³⁴너희가 받기를 바라고 사람들에게 꾸어 주면 칭찬받을 것이 무엇이냐 죄인들도 그만큼 받고자 하여 죄인에게

꾸어 주느니라 ³⁵오직 너희는 원수를 사랑하고 선대하며 아무것도 바라지 말고 꾸어 주라 그리하면 너희 상이 클 것이요 또 지극히 높으신 이의 아들이 되리니 그는 은혜를 모르는 자와 악한 자에게도 인자하시니라

히 10:32~36 ³²전날에 너희가 빛을 받은 후에 고난의 큰 싸움을 견디어 낸 것을 생각하라 ³³혹은 비방과 환난으로써 사람에게 구경거리가 되고 혹은 이런 형편에 있는 자들과 사귀는 자가 되었으니 ³⁴너희가 갇힌 자를 동정하고 너희 소유를 빼앗기는 것도 기쁘게 당한 것은 더 낫고 영구한 소유가 있는 줄 앎이라 ³⁵그러므로 너희 담대함을 버리지 말라 이것이 큰 상을 얻게 하느니라 ³⁶너희에게 인내가 필요함은 너희가 하나님의 뜻을 행한 후에 약속하신 것을 받기 위함이라

히 11:6, 24~26 ⁶믿음이 없이는 하나님을 기쁘시게 하지 못하나니 하나님께 나아가는 자는 반드시 그가 계신 것과 또한 그가 자기를 찾는 자들에게 상 주시는 이심을 믿어야 할지니라… ²⁴믿음으로 모세는 장성하여 바로의 공주의 아들이라 칭함 받기를 거절하고 ²⁵도리어 하나님의 백성과 함께 고난받기를 잠시 죄악의 낙을 누리는 것보다 더 좋아하고 ²⁶그리스도를 위하여 받는 수모를 애굽의 모든 보화보다 더 큰 재물로 여겼으니 이는 상 주심을 바라봄이라

계 22:12 보라 내가 속히 오리니 내가 줄 상이 내게 있어 각 사람에게 그가 행한 대로 갚아 주리라

62.
하나님을 시인하나 행위로는 부인하는 가증한 자

눅 6:46~49 ⁴⁶너희는 나를 불러 주여 주여 하면서도 어찌하여 내가 말하는 것을 행하지 아니하느냐 ⁴⁷내게 나아와 내 말을 듣고 행하는 자마다 누구와 같은 것을 너희에게 보이리라 ⁴⁸집을 짓되 깊이 파고 주추를 반석 위에 놓은 사람과 같으니 큰 물이 나서 탁류가 그 집에 부딪치되 잘 지었기 때문에 능히 요동하지 못하게 하였거니와 ⁴⁹듣고 행하지 아니하는 자는 주추 없이 흙 위에 집 지은 사람과 같으니 탁류가 부딪치매 집이 곧 무너져 파괴됨이 심하니라 하시니라

딛 1:16 그들이 하나님을 시인하나 행위로는 부인하니 가증한 자요 복종하지 아니하는 자요 모든 선한 일을 버리는 자니라

예수께서는 자신을 주인으로 믿고 따르면서도, 그 말씀대로 행하지 않는 사람을 '집을 짓되 반석 위에 주추를 놓지 않고, 흙 위에 주추를 놓은 사람'으로 비유했습니다. 우리의 일상적인 생활에 적용해 볼 때 무릇 섬뜩함을 느끼지 않을 수 없습니다. 그 이유는 이 시대의 지구촌 사람들이 살고 있는 모든 곳과 우리의 주변에서 일어

나는 수많은 인재와 자연재해 속에서 붕괴하는 건축물을 어렵지 않게 볼 수 있기 때문입니다. 물론 각 사고와 사건들은 저마다 사정과 상황이 다를 수 있겠지만, 우리가 주목해야 하는 것은 예수 그리스도를 구세주로 믿고 따르면서도 그의 말씀대로 행하지 않는 사람을 '부실한 건축자와 건축물'로 지적해서 비유하고 있다는 것입니다.

성경은 이러한 사람들을 하나님을 시인하나 행위로는 부인하는 가증한 자, 입은 하늘에 두고 혀는 땅에 두루 다니는 자, 입으로는 사랑을 나타내도 마음으로는 이익을 따르는 자, 경건의 모양은 있으나 경건의 능력은 부인하는 자로 경계하면서 말씀을 듣기만 하고 행하지 않는 자신을 속이는 자가 되지 말고, 말씀을 듣고 실천하는 자가 됨으로 복을 받기를 권면하고 있습니다.

시 73:9 그들의 입은 하늘에 두고 그들의 혀는 땅에 두루 다니도다

겔 33:30~31 ³⁰인자야 네 민족이 담 곁에서와 집 문에서 너에 대하여 말하며 각각 그 형제와 더불어 말하여 이르기를 자, 가서 여호와께로부터 무슨 말씀이 나오는가 들어 보자 하고 ³¹백성이 모이는 것같이 네게 나아오며 내 백성처럼 네 앞에 앉아서 네 말을 들으나 그대로 행하지 아니하니 이는 그 입으로는 사랑을 나타내어도 마음으로는 이익을 따름이라

딤후 3:5 경건의 모양은 있으나 경건의 능력은 부인하니 이같은 자들에게서 네가 돌아서라

약 1:22~25 ²²너희는 말씀을 행하는 자가 되고 듣기만 하여 자

신을 속이는 자가 되지 말라 ²³누구든지 말씀을 듣고 행하지 아니하면 그는 거울로 자기의 생긴 얼굴을 보는 사람과 같아서 ²⁴제 자신을 보고 가서 그 모습이 어떠했는지를 곧 잊어버리거니와 ²⁵자유롭게 하는 온전한 율법을 들여다보고 있는 자는 듣고 잊어버리는 자가 아니요 실천하는 자니 이 사람은 그 행하는 일에 복을 받으리라

63.
순종의 아들과 불순종의 아들

마 21:28~32 ²⁸그러나 너희 생각에는 어떠하냐 어떤 사람에게 두 아들이 있는데 맏아들에게 가서 이르되 얘 오늘 포도원에 가서 일하라 하니 ²⁹대답하여 이르되 아버지 가겠나이다 하더니 가지 아니하고 ³⁰둘째 아들에게 가서 또 그와 같이 말하니 대답하여 이르되 싫소이다 하였다가 그 후에 뉘우치고 갔으니 ³¹그 둘 중의 누가 아버지의 뜻대로 하였느냐 이르되 둘째 아들이니이다 예수께서 그들에게 이르시되 내가 진실로 너희에게 이르노니 세리들과 창녀들이 너희보다 먼저 하나님의 나라에 들어가리라 ³²요한이 의의 도로 너희에게 왔거늘 너희는 그를 믿지 아니하였으되 세리와 창녀는 믿었으며 너희는 이것을 보고도 끝내 뉘우쳐 믿지 아니하였도다

엡 2:1~7 ¹그는 허물과 죄로 죽었던 너희를 살리셨도다 ²그때에 너희는 그 가운데서 행하여 이 세상 풍조를 따르고 공중의 권세 잡은 자를 따랐으니 곧 지금 불순종의 아들들 가운데서 역사하는 영이라 ³전에는 우리도 다 그 가운데서 우리 육체의 욕심을 따라 지내며 육체와 마음의 원하는 것을 하여 다른 이들과 같

이 본질상 진노의 자녀이었더니 ⁴긍휼이 풍성하신 하나님이 우리를 사랑하신 그 큰 사랑을 인하여 ⁵허물로 죽은 우리를 그리스도와 함께 살리셨고 (너희는 은혜로 구원을 받은 것이라) ⁶또 함께 일으키사 그리스도 예수 안에서 함께 하늘에 앉히시니 ⁷이는 그리스도 예수 안에서 우리에게 자비하심으로써 그 은혜의 지극히 풍성함을 오는 여러 세대에 나타내려 하심이라

예수께서는 포도원에 가서 일하라는 말씀을 통해 나중에 뉘우치고 아버지의 뜻대로 행한 순종의 아들과 이것을 보고도 뉘우치지 아니한 불순종의 아들의 예를 비유로 가르쳐 주셨습니다. 에베소서에는 불순종의 아들들에 대해 조금 더 구체적으로 '이 세상 풍조를 따르고 공중의 권세 잡은 자를 따르며, 육체의 욕심을 따라 지내며, 육체와 마음의 원하는 것을 하는 본질상 진노의 자녀'라고 증거하고 있습니다.

아버지의 뜻과 내 뜻이 다를 때, 그것이 조금의 차이가 아니라, 아버지의 뜻에 순종하기 위해서 내 생각, 내 자존심, 내 소유는 물론, 나의 모든 자아를 부인하고 내 목숨까지 버려야 한다면, 그 결정은 결코 쉽고 간단할 수 없을 것입니다. 그렇기에 예수께서도 이러한 절체절명의 결단을 앞두고 겟세마네 동산에서 깊은 고민 속에 슬퍼하며 기도하셨습니다. 예수께서는 제자들에게 마음이 매우 고민하여 죽게 되었음을 토로하시고, 아버지께 홀로 나아가 땀이 땅에 떨어지는 핏방울같이 되도록 세 번이나 같은 말씀으로 간절하게 기도하셨습니다. 그 기도의 결론은 '나의 원대로 마시옵고 아버지의 원대로 하옵소서'였습니다.

우리가 믿는 아버지 하나님은 전지전능한 분이시며, 죽은 자를 살리시며, 없는 것을 있는 것으로 부르시는 분이십니다. 우리에게 유

일하신 참 하나님을 가르쳐 주신 예수께서는 스스로 목숨을 버리는 결단을 하시면서 '나는 버릴 권세도 있고 다시 얻을 권세도 있으니 이 계명은 내 아버지에게서 받았노라'고 하셨습니다. 그럼에도 불구하고 성경은 히 5:7~10에서 "[7]그는 육체에 계실 때에 자기를 죽음에서 능히 구원하실 이에게 심한 통곡과 눈물로 간구와 소원을 올렸고 그의 경건하심으로 말미암아 들으심을 얻었느니라 [8]그가 아들이시면서도 받으신 고난으로 순종함을 배워서 [9]온전하게 되셨은즉 자기에게 순종하는 모든 자에게 영원한 구원의 근원이 되시고 [10]하나님께 멜기세덱의 반차를 따른 대제사장이라 칭하심을 받으셨느니라"라고 증거하고 있습니다.

마 26:36~46 [36]이에 예수께서 제자들과 함께 겟세마네라 하는 곳에 이르러 제자들에게 이르시되 내가 저기 가서 기도할 동안에 너희는 여기 앉아 있으라 하시고 [37]베드로와 세베대의 두 아들을 데리고 가실새 고민하고 슬퍼하사 [38]이에 말씀하시되 내 마음이 매우 고민하여 죽게 되었으니 너희는 여기 머물러 나와 함께 깨어 있으라 하시고 [39]조금 나아가사 얼굴을 땅에 대시고 엎드려 기도하여 이르시되 내 아버지여 만일 할 만하시거든 이 잔을 내게서 지나가게 하옵소서 그러나 나의 원대로 마시옵고 아버지의 원대로 하옵소서 하시고 [40]제자들에게 오사 그 자는 것을 보시고 베드로에게 말씀하시되 너희가 나와 함께 한 시간도 이렇게 깨어 있을 수 없더냐 [41]시험에 들지 않게 깨어 기도하라 마음에는 원이로되 육신이 약하도다 하시고 [42]다시 두 번째 나아가 기도하여 이르시되 내 아버지여 만일 내가 마시지 않고는 이 잔이 내게서 지나갈 수 없거든 아버지의 원대로 되기를 원하나이다 하시고 [43]다시 오사 보신즉 그들이 자니 이는 그들의 눈이 피곤함일러라 ⁴⁴또 그들을 두시고 나아가 세 번째 같은 말씀으로 기도하신 후 ⁴⁵이에 제자들에게 오사 이르시되 이제는 자고 쉬라 보라 때가 가까이 왔으니 인자가 죄인의 손에 팔리느니라 ⁴⁶일어나라 함께 가자 보라 나를 파는 자가 가까이 왔느니라

눅 22:44 예수께서 힘쓰고 애써 더욱 간절히 기도하시니 땀이 땅에 떨어지는 핏방울같이 되더라

요 10:17~18 ¹⁷내가 내 목숨을 버리는 것은 그것을 내가 다시 얻기 위함이니 이로 말미암아 아버지께서 나를 사랑하시느니라 ¹⁸이를 내게서 빼앗는 자가 있는 것이 아니라 내가 스스로 버리노라 나는 버릴 권세도 있고 다시 얻을 권세도 있으니 이 계명은 내 아버지에게서 받았노라 하시니라

롬 4:17 기록된 바 내가 너를 많은 민족의 조상으로 세웠다 하심과 같으니 그가 믿은 바 하나님은 죽은 자를 살리시며 없는 것을 있는 것으로 부르시는 이시니라

64.
사망에서 옮겨 생명으로 들어간 줄 앎

요 5:24 내가 진실로 진실로 너희에게 이르노니 내 말을 듣고 또 나 보내신 이를 믿는 자는 영생을 얻었고 심판에 이르지 아니하나니 사망에서 생명으로 옮겼느니라

요일 3:13~16 13형제들아 세상이 너희를 미워하여도 이상히 여기지 말라 14우리는 형제를 사랑함으로 사망에서 옮겨 생명으로 들어간 줄을 알거니와 사랑하지 아니하는 자는 사망에 머물러 있느니라 15그 형제를 미워하는 자마다 살인하는 자니 살인하는 자마다 영생이 그 속에 거하지 아니하는 것을 너희가 아는 바라 16그가 우리를 위하여 목숨을 버리셨으니 우리가 이로써 사랑을 알고 우리도 형제들을 위하여 목숨을 버리는 것이 마땅하니라

예수님의 품에 의지하여 사랑을 받던 제자 요한은, 우리가 사망에서 옮겨 생명으로 들어간 줄 아는 이유에 대해 '내 말을 듣고 또 나 보내신 이를 믿는 것'과 '형제를 사랑함'이라고 증거하고 있습니다. 물론 이것은 말과 혀로만 하는 것이 아닌 행함과 진실함으로 하

는 것임을 말씀하고 있습니다. 예수님으로부터 '내가 너희를 사랑한 것같이 너희도 서로 사랑하라'라는 말씀을 듣고 그분의 삶과 죽음을 직접 보고, 듣고, 주목하고 손으로 만졌던 요한은, 자신과 같이 생생한 체험을 할 수 없는 우리에게 '그가 우리를 위하여 목숨을 버리셨으니 우리가 이로써 사랑을 알고 우리도 형제들을 위하여 목숨을 버리는 것이 마땅하니라'라고 말씀하고 있습니다. 이것이 바로 예수님의 새 계명을 실천하는 삶이요, 동시에 우리가 사망에서 옮겨 생명으로 들어간 줄을 아는 확증임을 천명하고 있습니다. 하나님으로부터 '내가 이새의 아들 다윗을 만나니 내 마음에 맞는 사람이라 내 뜻을 다 이루리라'(행 13:22 하)라는 증거를 받은 다윗도 성전에 올라가는 노래에서 형제가 연합하여 동거하는 아름다운 삶이 여호와께서 복을 명하신 영생이라고 찬양하고 있습니다.

시 133:1~3 다윗의 시 곧 성전에 올라가는 노래 ¹보라 형제가 연합하여 동거함이 어찌 그리 선하고 아름다운고 ²머리에 있는 보배로운 기름이 수염 곧 아론의 수염에 흘러서 그의 옷깃까지 내림 같고 ³헐몬의 이슬이 시온의 산들에 내림 같도다 거기서 여호와께서 복을 명령하셨나니 곧 영생이로다

요 13:34~35 ³⁴새 계명을 너희에게 주노니 서로 사랑하라 내가 너희를 사랑한 것같이 너희도 서로 사랑하라 ³⁵너희가 서로 사랑하면 이로써 모든 사람이 너희가 내 제자인 줄 알리라

요 15:12~14 ¹²내 계명은 곧 내가 너희를 사랑한 것같이 너희도 서로 사랑하라 하는 이것이니라 ¹³사람이 친구를 위하여 자기 목숨을 버리면 이보다 더 큰 사랑이 없나니 ¹⁴너희는 내가 명하

는 대로 행하면 곧 나의 친구라

요일 1:1~4 ¹태초부터 있는 생명의 말씀에 관하여는 우리가 들은 바요 눈으로 본 바요 자세히 보고 우리의 손으로 만진 바라 ²이 생명이 나타내신 바 된지라 이 영원한 생명을 우리가 보았고 증언하여 너희에게 전하노니 이는 아버지와 함께 계시다가 우리에게 나타내신 바 된 이시니라 ³우리가 보고 들은 바를 너희에게도 전함은 너희로 우리와 사귐이 있게 하려 함이니 우리의 사귐은 아버지와 그의 아들 예수 그리스도와 더불어 누림이라 ⁴우리가 이것을 씀은 우리의 기쁨이 충만하게 하려 함이라

요일 3:17~20 ¹⁷누가 이 세상의 재물을 가지고 형제의 궁핍함을 보고도 도와 줄 마음을 닫으면 하나님의 사랑이 어찌 그 속에 거하겠느냐 ¹⁸자녀들아 우리가 말과 혀로만 사랑하지 말고 행함과 진실함으로 하자 ¹⁹이로써 우리가 진리에 속한 줄을 알고 또 우리 마음을 주 앞에서 굳세게 하리니 ²⁰이는 우리 마음이 혹 우리를 책망할 일이 있어도 하나님은 우리 마음보다 크시고 모든 것을 아시기 때문이라

65.
나중 된 자로서 먼저 된 자의 신앙 고백

눅 13:22~30 ²²예수께서 각 성 각 마을로 다니사 가르치시며 예루살렘으로 여행하시더니 ²³어떤 사람이 여짜오되 주여 구원을 받는 자가 적으니이까 그들에게 이르시되 ²⁴좁은 문으로 들어가기를 힘쓰라 내가 너희에게 이르노니 들어가기를 구하여도 못하는 자가 많으리라 ²⁵집 주인이 일어나 문을 한 번 닫은 후에 너희가 밖에 서서 문을 두드리며 주여 열어 주소서 하면 그가 대답하여 이르되 나는 너희가 어디에서 온 자인지 알지 못하노라 하리니 ²⁶그때에 너희가 말하되 우리는 주 앞에서 먹고 마셨으며 주는 또한 우리의 길거리에서 가르치셨나이다 하나 ²⁷그가 너희에게 말하여 이르되 나는 너희가 어디에서 왔는지 알지 못하노라 행악하는 모든 자들아 나를 떠나가라 하리라 ²⁸너희가 아브라함과 이삭과 야곱과 모든 선지자는 하나님 나라에 있고 오직 너희는 밖에 쫓겨난 것을 볼 때에 거기서 슬피 울며 이를 갈리라 ²⁹사람들이 동서남북으로부터 와서 하나님의 나라 잔치에 참여하리니 ³⁰보라 나중 된 자로서 먼저 될 자도 있고 먼저 된 자로서 나중 될 자도 있느니라 하시더라

눅 23:39~43 ³⁹달린 행악자 중 하나는 비방하여 이르되 네가 그리스도가 아니냐 너와 우리를 구원하라 하되 ⁴⁰하나는 그 사람을 꾸짖어 이르되 네가 동일한 정죄를 받고서도 하나님을 두려워하지 아니하느냐 ⁴¹우리는 우리가 행한 일에 상당한 보응을 받는 것이니 이에 당연하거니와 이 사람이 행한 것은 옳지 않은 것이 없느니라 하고 ⁴²이르되 예수여 당신의 나라에 임하실 때에 나를 기억하소서 하니 ⁴³예수께서 이르시되 내가 진실로 네게 이르노니 오늘 네가 나와 함께 낙원에 있으리라 하시니라

예수 그리스도와 함께 낙원에 있을 것을 약속받은 행악자(강도, 사형수)에 대해 혹자는 부끄럽게 구원받은 사람의 대명사로 생각할 수도 있겠습니다. 그러나 예수님의 말씀에 근거하여 그 행악자의 신앙고백을 상고해 보면, 나중 된 자로서 먼저 된 자의 표본이며 선두 주자일 수도 있으리라 생각합니다.

예수께서는 바리새인과 세리의 기도를 비유로 말씀하시면서 '세리는 멀리 서서 감히 눈을 들어 하늘을 쳐다보지도 못하고 다만 가슴을 치며 이르되 하나님이여 불쌍히 여기소서 나는 죄인이로소이다 하였느니라'라고 하셨습니다. 예수님으로부터 의롭다 하심을 받은 사람은 자기를 의롭다고 믿고 다른 사람을 멸시하는 바리새인이 아니고, '하나님이여 불쌍히 여기소서 나는 죄인이로소이다'라고 고백하는 세리였습니다. 이 행악자가 바로 이 예시에 해당하는 사람인 것을 성경 말씀을 근거로 해서 상고해 보겠습니다.

(1) 하나는 그 사람을 꾸짖어 이르되 - 그리스도를 비방하는 다른 행악자를 꾸짖음으로 옳고 그름에 대해 분별력 있는 행동을 함
(2) 네가 동일한 정죄를 받고서도 하나님을 두려워하지 아니하느

냐 - 십자가형의 사형 판결과 집행을 통해 하나님을 두려워함

 (3) 우리는 우리가 행한 일에 상당한 보응을 받는 것이니 이에 당연하거니와 - 사형 집행을 당해 고통 속에 죽어가면서도 이를 당연하게 받아들임으로, 십자가형에 합당한 죄인임을 시인하고 자백함

 (4) 이 사람이 행한 것은 옳지 않은 것이 없느니라 - 예수 그리스도의 행한 것이 모두 옳다고 증거함

 (5) 예수여 당신의 나라에 임하실 때에 - 예수께서 하나님의 나라를 위해 재림하실 것을 믿음

 (6) 나를 기억하소서 - 자신이 어떠한 죄인인 것을 알기 때문에, 자신의 모든 것(생사화복, 구원, 영생 등)을 오직 하나님의 긍휼하심과 불쌍히 여기심에 의탁함

 이와 같은 신앙 고백을 하는 죄인에게, 예수께서는 '내가 진실로 네게 이르노니 오늘 네가 나와 함께 낙원에 있으리라'라고 화답하셨습니다. 예수께서는 조금 전까지 거의 모든 제자들이 자기를 버리고 도망갔던 사실에 반해, 지금 바로 자기 옆에서 '자기를 부인하고 자기 십자가를 지고 예수님을 따르며 죽어가고 있는 이 행악자'를 보시며, 아마도 꽤 믿을 만한 제자로 측은히 여기시며 내심으로 반기셨으리라 짐작해 봅니다. 죄가 더한 곳에 더욱 넘치는 은혜를 주신 하나님께 감사의 찬송을 올려드립니다.

 눅 9:23 또 무리에게 이르시되 아무든지 나를 따라오려거든 자기를 부인하고 날마다 제 십자가를 지고 나를 따를 것이니라

 눅 18:9~14 ⁹또 자기를 의롭다고 믿고 다른 사람을 멸시하는 자들에게 이 비유로 말씀하시되 ¹⁰두 사람이 기도하러 성전에 올라가니 하나는 바리새인이요 하나는 세리라 ¹¹바리새인은 서서

따로 기도하여 이르되 하나님이여 나는 다른 사람들 곧 토색, 불의, 간음을 하는 자들과 같지 아니하고 이 세리와도 같지 아니함을 감사하나이다 [12]나는 이레에 두 번씩 금식하고 또 소득의 십일조를 드리나이다 하고 [13]세리는 멀리 서서 감히 눈을 들어 하늘을 쳐다보지도 못하고 다만 가슴을 치며 이르되 하나님이여 불쌍히 여기소서 나는 죄인이로소이다 하였느니라 [14]내가 너희에게 이르노니 이에 저 바리새인이 아니고 이 사람이 의롭다 하심을 받고 그의 집으로 내려갔느니라 무릇 자기를 높이는 자는 낮아지고 자기를 낮추는 자는 높아지리라 하시니라

롬 5:20~21 [20]율법이 들어온 것은 범죄를 더하게 하려 함이라 그러나 죄가 더한 곳에 은혜가 더욱 넘쳤나니 [21]이는 죄가 사망 안에서 왕 노릇 한 것같이 은혜도 또한 의로 말미암아 왕 노릇 하여 우리 주 예수 그리스도로 말미암아 영생에 이르게 하려 함이라

롬 9:15~16 [15]모세에게 이르시되 내가 긍휼히 여길 자를 긍휼히 여기고 불쌍히 여길 자를 불쌍히 여기리라 하셨으니 [16]그런즉 원하는 자로 말미암음도 아니요 달음박질하는 자로 말미암음도 아니요 오직 긍휼히 여기시는 하나님으로 말미암음이니라

66.
예수께서 모든 사람을 대신해 죽으신 이유

고후 5:14~15 ¹⁴그리스도의 사랑이 우리를 강권하시는도다 우리가 생각하건대 한 사람이 모든 사람을 대신하여 죽었은즉 모든 사람이 죽은 것이라 ¹⁵그가 모든 사람을 대신하여 죽으심은 살아 있는 자들로 하여금 다시는 그들 자신을 위하여 살지 않고 오직 그들을 대신하여 죽었다가 다시 살아나신 이를 위하여 살게 하려 함이라

딛 3:3~7 ³우리도 전에는 어리석은 자요 순종하지 아니한 자요 속은 자요 여러 가지 정욕과 향락에 종노릇 한 자요 악독과 투기를 일삼은 자요 가증스러운 자요 피차 미워한 자였으나 ⁴우리 구주 하나님의 자비와 사람 사랑하심이 나타날 때에 ⁵우리를 구원하시되 우리가 행한 바 의로운 행위로 말미암지 아니하고 오직 그의 긍휼하심을 따라 중생의 씻음과 성령의 새롭게 하심으로 하셨나니 ⁶우리 구주 예수 그리스도로 말미암아 우리에게 그 성령을 풍성히 부어 주사 ⁷우리로 그의 은혜를 힘입어 의롭다 하심을 얻어 영생의 소망을 따라 상속자가 되게 하려 하심이라

그리스도 예수께서 모든 사람을 대신해 죽으신 이유에 대해서 성경은 너무나 분명하고 단호하게 '살아 있는 자들로 하여금 다시는 그들 자신을 위하여 살지 않고 오직 그들을 대신하여 죽었다가 다시 살아나신 이를 위하여 살게 하려 함이라'라고 말씀하고 있습니다. 단 한 번뿐인 일생, 단 하나뿐인 인생의 목적과 방향을 한마디로 제시해 주고 있습니다.

그토록 간절하게 소망하는 구원도, 우리의 의로운 행위로 말미암지 않고 오직 그의 긍휼하심을 따라 베풀어 주신 것임을 믿는 그리스도인들은 '우리 중에 누구든지 자기를 위하여 사는 자가 없고 자기를 위하여 죽는 자도 없도다 우리가 살아도 주를 위하여 살고 죽어도 주를 위하여 죽나니 그러므로 사나 죽으나 우리가 주의 것이로다'라고 고백합니다. 고전 10:31은 "그런즉 너희가 먹든지 마시든지 무엇을 하든지 다 하나님의 영광을 위하여 하라"라고 권면하고 있습니다.

> 롬 14:7~9 ⁷우리 중에 누구든지 자기를 위하여 사는 자가 없고 자기를 위하여 죽는 자도 없도다 ⁸우리가 살아도 주를 위하여 살고 죽어도 주를 위하여 죽나니 그러므로 사나 죽으나 우리가 주의 것이로다 ⁹이를 위하여 그리스도께서 죽었다가 다시 살아나셨으니 곧 죽은 자와 산 자의 주가 되려 하심이라

67.
구원하시는 하나님, 심판하시는 하나님

마 1:21 아들을 낳으리니 이름을 예수라 하라 이는 그가 자기 백성을 그들의 죄에서 구원할 자이심이라 하니라

요 3:17~18 ¹⁷하나님이 그 아들을 세상에 보내신 것은 세상을 심판하려 하심이 아니요 그로 말미암아 세상이 구원을 받게 하려 하심이라 ¹⁸그를 믿는 자는 심판을 받지 아니하는 것이요 믿지 아니하는 자는 하나님의 독생자의 이름을 믿지 아니하므로 벌써 심판을 받은 것이니라

요 9:39~41 ³⁹예수께서 이르시되 내가 심판하러 이 세상에 왔으니 보지 못하는 자들은 보게 하고 보는 자들은 맹인이 되게 하려 함이라 하시니 ⁴⁰바리새인 중에 예수와 함께 있던 자들이 이 말씀을 듣고 이르되 우리도 맹인인가 ⁴¹예수께서 이르시되 너희가 맹인이 되었더라면 죄가 없으려니와 본다고 하니 너희 죄가 그대로 있느니라

요 12:47~48 ⁴⁷사람이 내 말을 듣고 지키지 아니할지라도 내가

그를 심판하지 아니하노라 내가 온 것은 세상을 심판하려 함이 아니요 세상을 구원하려 함이로라 [48]나를 저버리고 내 말을 받지 아니하는 자를 심판할 이가 있으니 곧 내가 한 그 말이 마지막 날에 그를 심판하리라

예수께서는 이미 태중에서 천사로부터 '자기 백성을 그들의 죄에서 구원할 자이심이라'는 증거를 받았습니다. 그렇기 때문에 여리고에서 세리장 삭개오를 만났을 때, 직접 '인자가 온 것은 잃어버린 자를 찾아 구원하려 함이니라' 하고 말씀하셨습니다. 그럼에도 요 3장, 9장, 12장의 관련 구절에서는 중복되는 말씀과 함께 서로 상반되는 말씀도 하였습니다. 그 의미에 대해서 상고해 보겠습니다.

먼저 요 3장에서 '하나님이 그 아들을 세상에 보내신 것은 세상을 심판하려 하심이 아니요 그로 말미암아 세상이 구원을 받게 하려 하심이라'라는 언급은 원칙의 선언과 같은 의미라고 생각합니다. 또한 '하나님의 독생자의 이름을 믿지 않는 자는 벌써 심판을 받은 것이라'라는 말씀도 같은 의미로 주목해야 할 것입니다.

그런데 요 9장에서는 '내가 심판하러 이 세상에 왔으니 보지 못하는 자들은 보게 하고 보는 자들은 맹인이 되게 하려 함이라'라고 하셨습니다. '보지 못하는 자들은 보게 하고'의 의미를, 자신이 죄인임을 자백하고 예수 그리스도를 구세주로 믿는 자는 영생으로 구원해 주시는 것으로 이해하고 '보는 자들은 맹인이 되게 하려 함'의 의미를 자신이 죄인임을 자백하지 않고 예수 그리스도를 구세주로 믿지 않는 자들은 영벌로 심판하시는 것으로 이해한다면, '내가 심판하러 이 세상에 왔으니'라는 말씀은 구원과 심판을 함축하고 있다고 생각합니다. 또한 요 3장의 말씀과도 일맥상통하는 부분이 있는 것 같습니다.

헬라어 원문 성경(Nestle-Aland 28판)의 요한복음의 관련 성경 구절

에서 '심판하다'의 동사 원형은 κρίνω(크리노), 심판의 명사는 κρίμα (크리마), κρίσις(크리시스)를 사용하고, '구원하다'의 동사 원형은 σῴζω (소조)를 사용하고 있습니다. 또한 70인 역에서도 같은 단어들을 사용하는데, 특히 κρίνω(크리노), κρίμα(크리마), κρίσις(크리시스)의 출발어라고 할 수 있는 히브리어의 원문 성경(BHS)은 주로 'שפט'(샤파트)와 משפט(미슈파트)를 사용하고 있습니다.

1. 어근 שפט. 이 어근은 '다스리다'와 '판단하다'의 이중적인 의미를 지닌다. 판단한다고 할 때, 관심사는 어떤 결정을 내린다는 것이 아니고 관계를 회복한다는 것이다(창 16:5). 이사야 2:4에서는 이러한 의미가 강조되고 있다(그러나 cf. 삼상 24:13). 다스리는 일과 심판하는 일은 분리되지 않는다(삼상 8:20; 삼하 15:4). 어느 것이 우위에 선다고도 말하기 어렵다(cf. 출 2:14). 판결은 왕의 직무의 일부분이다. מ(멤)이 붙어서 만들어진 이 명사는 심판의 결과뿐만 아니라 심판의 과정도 의미한다. 이 단어는 법률적인 용어, 규범, 고소 같은 뉘앙스를 갖고 있지만 아주 독특한 변천을 겪어서 신의 은총과 구원의 뜻을 나타낸다.

2. משפט를 주시고 지키시는 하나님. 생략

3. 관계로서의 משפט. 생략

4. משפט의 윤리적이고 종교적인 의미. 생략

5. משפט의 의미 변천. משפט가 이렇게 해서 은혜와 자비를 의미하게 될 수도 있다는 것은 이사야 30:18 이하에서 분명하게 나타난다. 여기서 이 단어는 고통받는 남은 자들에 대한 구원을 뜻한다. 이것은 궁핍한 자들과 억압받는 자들을 위한 심판이라는 오늘날의 의미와 관련되어 있다. 그러나 이것은 심판의 행동이 아니라 사랑의 행위다. 만일 משפט가 자긍하는 자들에

대한 멸망을 뜻한다면, 그것은 연약한 자들에 대한 도움을 의미하는 것이다. 출애굽한 이스라엘은 연약하다. 그러므로 그들은 약자를 보호하는 מִשְׁפָּט를 주장할 수도 있다(신 32:4). 그러나 이러한 주장을 접하게 될 때 정의는 물론 자비의 행위라는 것을 깨닫게 된다(신 10:18). 이러한 사실은 מִשְׁפָּט의 법적인 의미를 바꾸었다. 왜냐하면 용서는 징벌과 긴장 관계에 있는 것이며, 이스라엘이 하나님의 율례를 준행하지 못하였을지라도 그 백성에게 공의를 보이셨기 때문이다. 하나님의 주권은 순수하게 법적인 범위 설정을 거부하신다. 욥기에서 보여지는 것처럼 하나님의 정의는 인간의 이해를 뛰어넘는다. 아무도 하나님께 정의의 도를 가르칠 수는 없다(사 40:14). 그러나 이것은 단순히 전능의 문제만은 아니고 은총의 계약에 대한 하나님의 신실성 문제다. 이것이 그분의 מִשְׁפָּט이다(신 32:4; 시 105:5ff., 111편). 선택된 백성이 그들의 죄로 인하여 심판받는다. 이러한 이유로 מִשְׁפָּט가 그들에게서 멀다(사 59:9ff.). 의로운 개인들이 있다고 해서 이것을 변경하지 못한다. 유일한 희망은 죄를 멸하고 계약을 새롭게 세우시는 하나님의 מִשְׁפָּט뿐이다(cf. 렘 30-31장; 호 2:20ff.; 사 28:17). 메시아는 공의와 정의로 그 나라를 세우실 것이다(사 9:6ff.). 백성들은 하나님의 영을 받으면 그분의 율례를 지킬 것이다(겔 36:27). 사악한 자들에 대한 심판은 이처럼 구원하시는 מִשְׁפָּט의 반대 측면이지만(사 1:27~28), 구원의 유일한 근거는 용서하시는 은총이기 때문에 구원은 원인에 의한 결과로 말미암지 않는다. 그러나 מִשְׁפָּט가 구원과 동시에 심판을 의미한다는 사실의 관점에서 보면 긴장이 남아 있다.[1]

---

1) G. 킷텔 외 다수, 〈신약성서 신학사전〉, 번역위원회역, 요단출판사, 1993, 533~535.

위와 같은 킷텔 사전의 서술은 참고할 만한 내용으로 여겨집니다.

이제 마지막으로 요 12장에서는 '내가 온 것은 세상을 심판하려 함이 아니요 세상을 구원하려 함이로라'는 원칙을 다시 한번 천명하시고 '나를 저버리고 내 말을 받지 아니하는 자를 심판할 이가 있으니 곧 내가 한 그 말이 마지막 날에 그를 심판하리라'라고 언급하셨습니다. 이 말씀은 히 4:12~13에서 "하나님의 말씀은 살아 있고 활력이 있어 좌우에 날선 어떤 검보다도 예리하여 혼과 영과 및 관절과 골수를 찔러 쪼개기까지 하며 또 마음의 생각과 뜻을 판단하나니 지으신 것이 하나도 그 앞에 나타나지 않음이 없고 우리의 결산을 받으실 이의 눈앞에 만물이 벌거벗은 것 같이 드러나느니라"라는 의미로 분명하게 가르쳐 주셨습니다.

또한 하나님은 빛이시고, 어두움이 조금도 없으시며, 빛들의 아버지로서 회전하는 그림자도 없으시지만, 하나님은 암흑과 흑암 가운데 계신다고 성경 여러 곳에서 증거하고 있습니다(출 20:21; 신 5:22; 삼하 22:10~13; 시 18:9~11, 97:2, 139:11~12; 약 1:17; 요일 1:5 등). 이로 보건대 구원과 심판은 빛과 어두움, 천국과 지옥, 복과 저주 등과 같이 인간의 언어적인 면에서도 마치 동전의 양면처럼 상대적이고 서로 의존적이며, 보완적인 관계의 부분이 있다고 이해할 수 있을 것입니다.

출 20:21 백성은 멀리 서 있고 모세는 하나님이 계신 흑암으로 가까이 가니라

신 5:22 여호와께서 이 모든 말씀을 산 위 불 가운데, 구름 가운데, 흑암 가운데에서 큰 음성으로 너희 총회에 이르신 후에 더 말씀하지 아니하시고 그것을 두 돌판에 써서 내게 주셨느니라

삼하 22:10~13 ¹⁰그가 또 하늘을 드리우고 강림하시니 그의 발 아래는 어두캄캄하였도다 ¹¹그룹을 타고 날으심이여 바람 날개 위에 나타나셨도다 ¹²그가 흑암 곧 모인 물과 공중의 빽빽한 구름으로 둘린 장막을 삼으심이여 ¹³그 앞에 있는 광채로 말미암아 숯불이 피었도다

시 18:9~11 ⁹그가 또 하늘을 드리우시고 강림하시니 그의 발아래는 어두캄캄하도다 ¹⁰그룹을 타고 다니심이여 바람 날개를 타고 높이 솟아오르셨도다 ¹¹그가 흑암을 그의 숨는 곳으로 삼으사 장막 같이 자기를 두르게 하심이여 곧 물의 흑암과 공중의 빽빽한 구름으로 그리하시도다

시 97:2 구름과 흑암이 그를 둘렀고 의와 공평이 그의 보좌의 기초로다

시 139:11~12 ¹¹내가 혹시 말하기를 흑암이 반드시 나를 덮고 나를 두른 빛은 밤이 되리라 할지라도 ¹²주에게서는 흑암이 숨기지 못하며 밤이 낮과 같이 비추이나니 주에게는 흑암과 빛이 같음이니이다

약 1:17 온갖 좋은 은사와 온전한 선물이 다 위로부터 빛들의 아버지께로부터 내려오나니 그는 변함도 없으시고 회전하는 그림자도 없으시니라

요일 1:5 우리가 그에게서 듣고 너희에게 전하는 소식은 이것이니 곧 하나님은 빛이시라 그에게는 어둠이 조금도 없으시다는

것이니라

눅 2:34~35 ³⁴시므온이 그들에게 축복하고 그의 어머니 마리아에게 말하여 이르되 보라 이는 이스라엘 중 많은 사람을 패하거나 흥하게 하며 비방을 받는 표적이 되기 위하여 세움을 받았고 ³⁵또 칼이 네 마음을 찌르듯 하리니 이는 여러 사람의 마음의 생각을 드러내려 함이니라 하더라

눅 19:9~10 ⁹예수께서 이르시되 오늘 구원이 이 집에 이르렀으니 이 사람도 아브라함의 자손임이로다 ¹⁰인자가 온 것은 잃어버린 자를 찾아 구원하려 함이니라

요 5:21~30 ²¹아버지께서 죽은 자들을 일으켜 살리심 같이 아들도 자기가 원하는 자들을 살리느니라 ²²아버지께서 아무도 심판하지 아니하시고 심판을 다 아들에게 맡기셨으니 ²³이는 모든 사람으로 아버지를 공경하는 것같이 아들을 공경하게 하려 하심이라 아들을 공경하지 아니하는 자는 그를 보내신 아버지도 공경하지 아니하느니라 ²⁴내가 진실로 진실로 너희에게 이르노니 내 말을 듣고 또 나 보내신 이를 믿는 자는 영생을 얻었고 심판에 이르지 아니하나니 사망에서 생명으로 옮겼느니라 ²⁵진실로 진실로 너희에게 이르노니 죽은 자들이 하나님의 아들의 음성을 들을 때가 오나니 곧 이때라 듣는 자는 살아나리라 ²⁶아버지께서 자기 속에 생명이 있음같이 아들에게도 생명을 주어 그 속에 있게 하셨고 ²⁷또 인자됨으로 말미암아 심판하는 권한을 주셨느니라 ²⁸이를 놀랍게 여기지 말라 무덤 속에 있는 자가 다 그의 음성을 들을 때가 오나니 ²⁹선한 일을 행한 자는 생명의

부활로, 악한 일을 행한 자는 심판의 부활로 나오리라 ³⁰내가 아무것도 스스로 할 수 없노라 듣는 대로 심판하노니 나는 나의 뜻대로 하려 하지 않고 나를 보내신 이의 뜻대로 하려 하므로 내 심판은 의로우니라

고후 5:9~10 ⁹그런즉 우리는 몸으로 있든지 떠나든지 주를 기쁘시게 하는 자가 되기를 힘쓰노라 ¹⁰이는 우리가 다 반드시 그리스도의 심판대 앞에 나타나게 되어 각각 선악간에 그 몸으로 행한 것을 따라 받으려 함이라

딤전 2:4 하나님은 모든 사람이 구원을 받으며 진리를 아는 데에 이르기를 원하시느니라

히 9:27~28 ²⁷한 번 죽는 것은 사람에게 정해진 것이요 그 후에는 심판이 있으리니 ²⁸이와 같이 그리스도도 많은 사람의 죄를 담당하시려고 단번에 드리신 바 되셨고 구원에 이르게 하기 위하여 죄와 상관 없이 자기를 바라는 자들에게 두 번째 나타나시리라

약 4:12 입법자와 재판관은 오직 한 분이시니 능히 구원하기도 하시며 멸하기도 하시느니라 너는 누구이기에 이웃을 판단하느냐

계 20:11~15 ¹¹또 내가 크고 흰 보좌와 그 위에 앉으신 이를 보니 땅과 하늘이 그 앞에서 피하여 간데없더라 ¹²또 내가 보니 죽은 자들이 큰 자나 작은 자나 그 보좌 앞에 서 있는데 책들이

펴 있고 또 다른 책이 펴졌으니 곧 생명책이라 죽은 자들이 자기 행위를 따라 책들에 기록된 대로 심판을 받으니 [13]바다가 그 가운데에서 죽은 자들을 내주고 또 사망과 음부도 그 가운데에서 죽은 자들을 내주매 각 사람이 자기의 행위대로 심판을 받고 [14]사망과 음부도 불못에 던져지니 이것은 둘째 사망 곧 불못이라 [15]누구든지 생명책에 기록되지 못한 자는 불못에 던져지더라

68.
말씀하신 대로 이루시는 유일하신 분

창 1:1~8 ¹태초에 하나님이 천지를 창조하시니라 ²땅이 혼돈하고 공허하며 흑암이 깊음 위에 있고 하나님의 영은 수면 위에 운행하시니라 ³하나님이 이르시되 빛이 있으라 하시니 빛이 있었고 ⁴빛이 하나님이 보시기에 좋았더라 하나님이 빛과 어둠을 나누사 ⁵하나님이 빛을 낮이라 부르시고 어둠을 밤이라 부르시니라 저녁이 되고 아침이 되니 이는 첫째 날이니라 ⁶하나님이 이르시되 물 가운데에 궁창이 있어 물과 물로 나뉘라 하시고 ⁷하나님이 궁창을 만드사 궁창 아래의 물과 궁창 위의 물로 나뉘게 하시니 그대로 되니라 ⁸하나님이 궁창을 하늘이라 부르시니라 저녁이 되고 아침이 되니 이는 둘째 날이니라

수 21:43~45 ⁴³여호와께서 이스라엘의 조상들에게 맹세하사 주리라 하신 온 땅을 이와 같이 이스라엘에게 다 주셨으므로 그들이 그것을 차지하여 거기에 거주하였으니 ⁴⁴여호와께서 그들의 주위에 안식을 주셨으되 그 조상들에게 맹세하신 대로 하셨으므로 그들의 모든 원수들 중에 그들과 맞선 자가 하나도 없었으니 이는 여호와께서 그들의 모든 원수들을 그들의 손에 넘겨

주셨음이니라 ⁴⁵여호와께서 이스라엘 족속에게 말씀하신 선한 말씀이 하나도 남음이 없이 다 응하였더라

왕상 8:56 여호와를 찬송할지로다 그가 말씀하신 대로 그의 백성 이스라엘에게 태평을 주셨으니 그 종 모세를 통하여 무릇 말씀하신 그 모든 좋은 약속이 하나도 이루어지지 아니함이 없도다

시 33:6~9 ⁶여호와의 말씀으로 하늘이 지음이 되었으며 그 만상을 그의 입 기운으로 이루었도다 ⁷그가 바닷물을 모아 무더기같이 쌓으시며 깊은 물을 곳간에 두시도다 ⁸온 땅은 여호와를 두려워하며 세상의 모든 거민들은 그를 경외할지어다 ⁹그가 말씀하시매 이루어졌으며 명령하시매 견고히 섰도다

말씀하신 대로 이루시는 유일하신 참 하나님을 찬송합니다. 하나님께서는 선지자들과 종들을 통하여 주신 말씀들을 이루시고, 앞으로도 말씀하신 대로 이루실 것을 거듭 약속해 주셨습니다. 예수께서도 '천지는 없어질지언정 내 말은 없어지지 아니하리라'라고 말씀하시고, 그 말이 마지막 날에 심판하실 것까지 가르쳐 주셨습니다.

사 55:10~11 ¹⁰이는 비와 눈이 하늘로부터 내려서 그리로 되돌아가지 아니하고 땅을 적셔서 소출이 나게 하며 싹이 나게 하여 파종하는 자에게는 종자를 주며 먹는 자에게는 양식을 줌과 같이 ¹¹내 입에서 나가는 말도 이와 같이 헛되이 내게로 되돌아오지 아니하고 나의 기뻐하는 뜻을 이루며 내가 보낸 일에 형통함

이니라

겔 12:21~28 [21]여호와의 말씀이 또 내게 임하여 이르시되 [22]인자야 이스라엘 땅에서 이르기를 날이 더디고 모든 묵시가 사라지리라 하는 너희의 이 속담이 어찌 됨이냐 [23]그러므로 너는 그들에게 이르기를 주 여호와께서 이같이 말씀하시기를 내가 이 속담을 그치게 하리니 사람이 다시는 이스라엘 가운데에서 이 속담을 사용하지 못하리라 하셨다 하고 또 그들에게 이르기를 날과 모든 묵시의 응함이 가까우니 [24]이스라엘 족속 중에 허탄한 묵시나 아첨하는 복술이 다시 있지 못하리라 하라 [25]나는 여호와라 내가 말하리니 내가 하는 말이 다시는 더디지 아니하고 응하리라 반역하는 족속이여 내가 너희 생전에 말하고 이루리라 나 주 여호와의 말이니라 하셨다 하라 [26]여호와의 말씀이 또 내게 임하여 이르시되 [27]인자야 이스라엘 족속의 말이 그가 보는 묵시는 여러 날 후의 일이라 그가 멀리 있는 때에 대하여 예언하였다 하느니라 [28]그러므로 너는 그들에게 이르기를 주 여호와의 말씀에 나의 말이 하나도 다시 더디지 아니할지니 내가 한 말이 이루어지리라 나 주 여호와의 말이니라 하셨다 하라

겔 17:24 들의 모든 나무가 나 여호와는 높은 나무를 낮추고 낮은 나무를 높이며 푸른 나무를 말리고 마른나무를 무성하게 하는 줄 알리라 나 여호와는 말하고 이루느니라 하라

겔 22:14 내가 네게 보응하는 날에 네 마음이 견디겠느냐 네 손이 힘이 있겠느냐 나 여호와가 말하였으니 내가 이루리라

겔 36:33~36 ³³주 여호와께서 이같이 말씀하셨느니라 내가 너희를 모든 죄악에서 정결하게 하는 날에 성읍들에 사람이 거주하게 하며 황폐한 것이 건축되게 할 것인즉 ³⁴전에는 지나가는 자의 눈에 황폐하게 보이던 그 황폐한 땅이 장차 경작이 될지라 ³⁵사람이 이르기를 이 땅이 황폐하더니 이제는 에덴 동산 같이 되었고 황량하고 적막하고 무너진 성읍들에 성벽과 주민이 있다 하리니 ³⁶너희 사방에 남은 이방 사람이 나 여호와가 무너진 곳을 건축하며 황폐한 자리에 심은 줄을 알리라 나 여호와가 말하였으니 이루리라

마 24:32~35 ³²무화과나무의 비유를 배우라 그 가지가 연하여지고 잎사귀를 내면 여름이 가까운 줄을 아나니 ³³이와 같이 너희도 이 모든 일을 보거든 인자가 가까이 곧 문 앞에 이른 줄 알라 ³⁴내가 진실로 너희에게 말하노니 이 세대가 지나가기 전에 이 일이 다 일어나리라 ³⁵천지는 없어질지언정 내 말은 없어지지 아니하리라

요 12:48 나를 저버리고 내 말을 받지 아니하는 자를 심판할 이가 있으니 곧 내가 한 그 말이 마지막 날에 그를 심판하리라

히 11:3 믿음으로 모든 세계가 하나님의 말씀으로 지어진 줄을 우리가 아나니 보이는 것은 나타난 것으로 말미암아 된 것이 아니니라

벧전 1:23~25 ²³너희가 거듭난 것은 썩어질 씨로 된 것이 아니요 썩지 아니할 씨로 된 것이니 살아 있고 항상 있는 하나님의

말씀으로 되었느니라 ²⁴그러므로 모든 육체는 풀과 같고 그 모든 영광은 풀의 꽃과 같으니 풀은 마르고 꽃은 떨어지되 ²⁵오직 주의 말씀은 세세토록 있도다 하였으니 너희에게 전한 복음이 곧 이 말씀이니라

69.
없는 자가 어떻게 있는 줄 아는가

눅 8:16~18 ¹⁶누구든지 등불을 켜서 그릇으로 덮거나 평상 아래에 두지 아니하고 등경 위에 두나니 이는 들어가는 자들로 그 빛을 보게 하려 함이라 ¹⁷숨은 것이 장차 드러나지 아니할 것이 없고 감추인 것이 장차 알려지고 나타나지 않을 것이 없느니라 ¹⁸그러므로 너희가 어떻게 들을까 스스로 삼가라 누구든지 있는 자는 받겠고 없는 자는 그 있는 줄로 아는 것까지도 빼앗기리라 하시니라

하나님께서 보시기에 없는 자임에도 불구하고 그가 있는 줄로 아는 것은 나름대로의 이유가 있을 것입니다. 성경이 증거하는 많은 사례 가운데 세 가지의 예를 살펴보겠습니다.

(1) 첫 번째 사례

마 7:21~23 ²¹나더러 주여 주여 하는 자마다 다 천국에 들어갈 것이 아니요 다만 하늘에 계신 내 아버지의 뜻대로 행하는 자라야 들어가리라 ²²그날에 많은 사람이 나더러 이르되 주여 주여 우리가 주의 이름으로 선지자 노릇 하며 주의 이름으로 귀신을 쫓아내며 주의 이름으로 많은 권능을 행하지 아니하였나이까 하리니 ²³그때에 내가 그들에게 밝히 말하되 내가 너희를 도무지 알지 못하니 불법을 행하는 자들아 내게서 떠나가라 하리라

예수께서는 요 6:40에서 "내 아버지의 뜻은 아들을 보고 믿는 자마다 영생을 얻는 이것이니 마지막 날에 내가 이를 다시 살리리라"라고 말씀하셨습니다. 그러므로 '우리가 주의 이름으로 선지자 노릇 하며 주의 이름으로 귀신을 쫓아내며 주의 이름으로 많은 권능을 행하는 것'이 하나님의 일을 수행하는 과정에서 일어나는 중요한 사역임은 분명하지만, 이러한 사역들이 하늘에 계신 아버지의 뜻을 이루는 궁극적인 열매는 아니라고 말씀하시는 것 같습니다. 그래서 마 21:43은 "그러므로 내가 너희에게 이르노니 하나님의 나라를 너희는 빼앗기고 그 나라의 열매 맺는 백성이 받으리라"라고 증거하고 있습니다.(《18. '주여, 주여' 하는 많은 사람들의 치명적 오해》 참조)

(2) 두 번째 사례

마 13:1~23의 네 종류의 땅에 뿌려진 여섯 가지 씨에 대한 비유에서, 12절은 "무릇 있는 자는 받아 넉넉하게 되되 없는 자는 그 있는 것도 빼앗기리라"라고 말씀하고 있습니다. 여기에서 '있는 자'는 좋은 땅에 씨가 떨어져 100배, 60배, 30배를 결실한 세 부류의 사람들이고, '없는 자'는 길가와 돌밭과 가시떨기에 씨가 떨어져 결국에는 결실하지 못한 세 부류의 사람들입니다. 베뢰아 사람들처럼 간절한 마음으로 말씀을 받고, 이것이 그러한가 하여 날마다 성경을 상고하지

않는다면, '없는 자'임에도 있는 줄로 아는 오해나 착각 속에 있을 여지가 많이 있는 것 같습니다. 예수께서 자신의 삶과 죽음을 통해 많은 결실을 얻어 '있는 자'의 본보기가 되심을 확인해 보겠습니다.

> 요 12:24~26 [24]내가 진실로 진실로 너희에게 이르노니 한 알의 밀이 땅에 떨어져 죽지 아니하면 한 알 그대로 있고 죽으면 많은 열매를 맺느니라 [25]자기의 생명을 사랑하는 자는 잃어버릴 것이요 이 세상에서 자기의 생명을 미워하는 자는 영생하도록 보전하리라 [26]사람이 나를 섬기려면 나를 따르라 나 있는 곳에 나를 섬기는 자도 거기 있으리니 사람이 나를 섬기면 내 아버지께서 그를 귀히 여기시리라

(〈22. 이미 이룬 구원과 지금 이루어 가는 중이며 아직 이루어 가야 할 구원〉에서 막 4:1~20의 관련 내용 참조)

(3) 세 번째 사례

마 25:14~30의 달란트 비유에서 29~30절은 "무릇 있는 자는 받아 풍족하게 되고 없는 자는 그 있는 것까지 빼앗기리라 이 무익한 종을 바깥 어두운 데로 내쫓으라 거기서 슬피 울며 이를 갈리라"라고 말합니다. 이 비유에서 '있는 자'는 주인이 맡긴 달란트로 장사하여 두 달란트와 다섯 달란트를 남긴 착하고 충성된 종들이며, '없는 자'는 주인이 맡긴 한 달란트를 땅에 감추어 두었던 악하고 게으른 종일 것입니다. 그러므로 여기에서 '있는 것'과 '없는 것'의 기준은 주인이 맡긴 원금(본전)과 장사하여 남긴 것(플러스 알파) 또는 이자(변리)에 있음을 알 수 있습니다. 이제 우리가 적용해야 할 과제를 정리해 보

면, 주인이 맡긴 것으로 장사하여 이익을 남기는 일과 함께 먼저 주인의 것을 맡겨 주신 그 주인의 뜻(이유와 목적)을 잘 이해하고, 그 주인의 뜻에 순종하여 적은 일에도 충성하는 착하고 충성된 종의 삶일 것입니다. 마지막으로 그 주인의 뜻과 관련된 실천 과제의 말씀들을 상고해 보겠습니다.

마 28:18~20 ¹⁸예수께서 나아와 말씀하여 이르시되 하늘과 땅의 모든 권세를 내게 주셨으니 ¹⁹그러므로 너희는 가서 모든 민족을 제자로 삼아 아버지와 아들과 성령의 이름으로 세례(침례)를 베풀고 ²⁰내가 너희에게 분부한 모든 것을 가르쳐 지키게 하라 볼지어다 내가 세상 끝날까지 너희와 항상 함께 있으리라 하시니라

요 13:14~15 ¹⁴내가 주와 또는 선생이 되어 너희 발을 씻었으니 너희도 서로 발을 씻어 주는 것이 옳으니라 ¹⁵내가 너희에게 행한 것같이 너희도 행하게 하려 하여 본을 보였노라

요 13:34~35 ³⁴새 계명을 너희에게 주노니 서로 사랑하라 내가 너희를 사랑한 것같이 너희도 서로 사랑하라 ³⁵너희가 서로 사랑하면 이로써 모든 사람이 너희가 내 제자인 줄 알리라

요일 3:16 그가 우리를 위하여 목숨을 버리셨으니 우리가 이로써 사랑을 알고 우리도 형제들을 위하여 목숨을 버리는 것이 마땅하니라

70.
예수의 제자가 되는 지름길(?)

눅 14:25~35 ²⁵수많은 무리가 함께 갈새 예수께서 돌이키사 이르시되 ²⁶무릇 내게 오는 자가 자기 부모와 처자와 형제와 자매와 더욱이 자기 목숨까지 미워하지 아니하면 능히 내 제자가 되지 못하고 ²⁷누구든지 자기 십자가를 지고 나를 따르지 않는 자도 능히 내 제자가 되지 못하리라 ²⁸너희 중의 누가 망대를 세우고자 할진대 자기의 가진 것이 준공하기까지에 족할는지 먼저 앉아 그 비용을 계산하지 아니하겠느냐 ²⁹그렇게 아니하여 그 기초만 쌓고 능히 이루지 못하면 보는 자가 다 비웃어 ³⁰이르되 이 사람이 공사를 시작하고 능히 이루지 못하였다 하리라 ³¹또 어떤 임금이 다른 임금과 싸우러 갈 때에 먼저 앉아 일만 명으로써 저 이만 명을 거느리고 오는 자를 대적할 수 있을까 헤아리지 아니하겠느냐 ³²만일 못할 터이면 그가 아직 멀리 있을 때에 사신을 보내어 화친을 청할지니라 ³³이와 같이 너희 중의 누구든지 자기의 모든 소유를 버리지 아니하면 능히 내 제자가 되지 못하리라 ³⁴소금이 좋은 것이나 소금도 만일 그 맛을 잃으면 무엇으로 짜게 하리요 ³⁵땅에도, 거름에도 쓸데없어 내버리느니라 들을 귀가 있는 자는 들을지어다 하시니라

예수께서는 자기의 제자가 되는 지름길(?)을 말씀하시면서, 독특하게도 세 번씩이나 부정부사[1]를 겹으로 반복 사용해서 그 의미를 강조하셨습니다. 그러므로 이번에는 이것을 긍정 어구로 바꾸어서 그 의미를 되새겨 보겠습니다.

(1) 26절: 무릇 내게 오는 자가 자기 부모와 처자와 형제와 자매와 더욱이 자기 목숨까지 미워하면 능히 내 제자가 되고

(2) 27절: 누구든지 자기 십자가를 지고 나를 따르는 자도 능히 내 제자가 되리라

(3) 33절: 이와 같이 너희 중의 누구든지 자기의 모든 소유를 버리면 능히 내 제자가 되리라

부정 어구들을 사용한 본문에서는 예수의 제자가 되는 것이 매우 어렵기 때문인가 하는, 조금은 막연한 생각이 들었는데, 긍정 어구들을 사용해 보니 예수의 제자가 되는 것은, 오직 하나님의 은혜가 아니면 나의 의지와 노력만으로는 불가능하다는 것을 깨달을 수 있습니다.

33절 말씀을 잘 이해하기 위해서는 먼저 '이와 같이'라는 부사와 관련된 어구와 문장들과 함께 문맥을 살펴보아야 합니다. 28~32절에는 망대 준공 예산 비유와 일만 명과 이만 명의 군사를 거느리고 싸우러 가는 두 임금의 비유가 있습니다. 물론 이 비유들은 각각 독립된 것으로 볼 수도 있겠지만, 문맥상 연관 있는 것으로 보아야 할 것입니다. 먼저 28~30절을 따로 떼어 놓고 보면, 망대 준공 예산을 비유로 해서 하나님의 일(사업)을 할 때, 차질 없이 잘 끝마칠 수 있

---

[1] 부정부사 : 용언의 의미를 부정하여 한정하는 부사. '안', '못' 따위. 민중서림 편집국, 〈민중엣센스 국어사전〉, 민중서림, 1989, 1001.

도록 준비나 계획을 철저히 세울 것을 교훈하시는 것으로 생각할 수 있습니다. 그러나 전후 문맥상, 이 비유는 '예수의 제자가 되는 일(길)'에 대한 비유라고 생각합니다. 왜냐하면, 누군가 망대를 세우고자 할 때, 자신이 가진 것이 준공하기까지 충분할지 먼저 앉아 계산하라는 것은, 그렇게 하지 않아 기초만 쌓고 완공하지 못해 보고 있는 모든 사람들에게 '이 사람이 공사를 시작하고 능히 이루지 못했다'라고 비웃음 당할 것을 경계하고 있기 때문입니다.

이어서 31~32절의 두 임금의 비유도 위와 같은 맥락으로 이해해야 33절의 '이와 같이' 이하 문맥과 자연스럽게 일치할 수 있을 것입니다. 본문에 등장하는 일만 명의 군사를 거느린 어떤 임금에게 이만 명의 군사를 거느리고 오는 저 임금을 대적할 수 있을까 먼저 앉아 헤아려 보라는 것은, 일만 명으로 이만 명을 대적하는 것은 승산이 없기에, 그가 아직 멀리 있을 때 사신을 보내어 화친을 청해 살길을 찾으라는 것입니다.

그러므로 이 두 비유의 결론은 두말할 필요 없이 33절의 '이와 같이 너희 중의 누구든지 자기의 모든 소유를 버리지 아니하면 능히 내 제자가 되지 못하리라'는 말씀이 '이와 같이 너희 중의 누구든지 자기의 모든 소유를 버리면 능히 내 제자가 되리라'는 말씀의 역설일 수 있는 것입니다.

그런데 현실적인 문제는, 예수의 제자가 되기를 원하는 사람들은 셀 수 없이 많은 데 반해 자기 모든 소유를 버리는 진짜 제자는 찾아보기가 쉽지 않다는 것입니다. 아마도 이러한 현상은 하나님의 나라를 이 세상에 속한 것 또는 이 세상의 관념으로 오해하기 때문이 아닌지 짐작해 볼 수 있을 것입니다. 예수께서 왕의 보좌에 앉으시면, 그의 제자로서 상당한 지위나 그에 따른 많은 유익을 얻고 싶은 것이겠지요. 그래서 예수께서는 오병이어의 표적 이후, 자신을 억지로 잡아 임금 삼으려는 사람들을 피하기도 하시고, 빌라도에게 심문을 받으시면서 '내 나라는 이 세상에 속한 것이 아니라'라고 분명히 밝히기도 하셨습니다.

요 6:14~15 ¹⁴그 사람들이 예수께서 행하신 이 표적을 보고 말하되 이는 참으로 세상에 오실 그 선지자라 하더라 ¹⁵그러므로 예수께서 그들이 와서 자기를 억지로 붙들어 임금으로 삼으려는 줄 아시고 다시 혼자 산으로 떠나가시니라

요 18:36~38 ³⁶예수께서 대답하시되 내 나라는 이 세상에 속한 것이 아니니라 만일 내 나라가 이 세상에 속한 것이었더라면 내 종들이 싸워 나로 유대인들에게 넘겨지지 않게 하였으리라 이제 내 나라는 여기에 속한 것이 아니니라 ³⁷빌라도가 이르되 그러면 네가 왕이 아니냐 예수께서 대답하시되 네 말과 같이 내가 왕이니라 내가 이를 위하여 태어났으며 이를 위하여 세상에 왔나니 곧 진리에 대하여 증언하려 함이로라 무릇 진리에 속한 자는 내 음성을 듣느니라 하신대 ³⁸빌라도가 이르되 진리가 무엇이냐 하더라

이번에는 눅 14:34~35의 "소금이 좋은 것이나 소금도 만일 그 맛을 잃으면 무엇으로 짜게 하리요 땅에도, 거름에도 쓸데없어 내버리느니라 들을 귀가 있는 자는 들을지어다" 하신, 맛을 잃은 소금 비유에 대해 생각해 보겠습니다. 이 비유 역시, 28~32절과 같이 독립된 것으로 이해할 수도 있고, 앞 내용과 관련된 것으로 볼 수도 있을 것입니다. 임의로 후자를 택해서 생각해 본다면, 예수의 제자가 되는 일은 좋은 것이나, 제자가 스승의 말씀을 따르지 않는다면, 무

슨 방법으로 제자가 될 수 있겠느냐고 반문하시는 것입니다.

계속해서 예수의 제자가 되는 지름길에 대해서, 여러 부분과 여러 모양으로 가르쳐 주신 말씀들을 확인해 보겠습니다.

요 8:31~32 ³¹그러므로 예수께서 자기를 믿은 유대인들에게 이르시되 너희가 내 말에 거하면 참으로 내 제자가 되고 ³²진리를 알지니 진리가 너희를 자유롭게 하리라

요 13:34~35 ³⁴새 계명을 너희에게 주노니 서로 사랑하라 내가 너희를 사랑한 것같이 너희도 서로 사랑하라 ³⁵너희가 서로 사랑하면 이로써 모든 사람이 너희가 내 제자인 줄 알리라

요 15:8 너희가 열매를 많이 맺으면 내 아버지께서 영광을 받으실 것이요 너희는 내 제자가 되리라

예수의 제자가 되기 위해서는 열매를 많이 맺어야 하는데, 요 15:5은 "나는 포도나무요 너희는 가지라 그가 내 안에, 내가 그 안에 거하면 사람이 열매를 많이 맺나니 나를 떠나서는 너희가 아무 것도 할 수 없음이라"라고 말씀하셨습니다. 결국 '그가 내 안에 내가 그 안에 거하는 것'을 요 15:9~10에서는 "아버지께서 나를 사랑하신 것같이 나도 너희를 사랑하였으니 나의 사랑 안에 거하라 내가 아버지의 계명을 지켜 그의 사랑 안에 거하는 것같이 너희도 내 계명을 지키면 내 사랑 안에 거하리라"라고 하셨습니다. 그리고 요 8:31의 "너희가 내 말에 거하면"의 의미는 요 8:29에서 "나를 보내신 이가 나와 함께 하시도다 나는 항상 그가 기뻐하시는 일을 행하므로 나를 혼자 두지 아니하셨느니라"라고 말씀하십니다.

결론적으로 예수의 제자가 되는 지름길(?)에 대해 표면적으로는 여러 가지 말씀을 하셨으나, 이면적으로는 오직 한 길, 즉 '항상 아버지 하나님께서 기뻐하시는 일을 행하는 것'이라고 믿습니다.

71.
해방과 자유

눅 4:16~21 [16]예수께서 그 자라나신 곳 나사렛에 이르사 안식일에 늘 하시던 대로 회당에 들어가사 성경을 읽으려고 서시매 [17]선지자 이사야의 글을 드리거늘 책을 펴서 이렇게 기록된 데를 찾으시니 곧 [18]주의 성령이 내게 임하셨으니 이는 가난한 자에게 복음을 전하게 하시려고 내게 기름을 부으시고 나를 보내사 포로 된 자에게 자유를, 눈 먼 자에게 다시 보게 함을 전파하며 눌린 자를 자유롭게 하고 [19]주의 은혜의 해를 전파하게 하려 하심이라 하였더라 [20]책을 덮어 그 맡은 자에게 주시고 앉으시니 회당에 있는 자들이 다 주목하여 보더라 [21]이에 예수께서 그들에게 말씀하시되 이 글이 오늘 너희 귀에 응하였느니라 하시니

요 8:31~36 [31]그러므로 예수께서 자기를 믿은 유대인들에게 이르시되 너희가 내 말에 거하면 참으로 내 제자가 되고 [32]진리를 알지니 진리가 너희를 자유롭게 하리라 [33]그들이 대답하되 우리가 아브라함의 자손이라 남의 종이 된 적이 없거늘 어찌하여 우리가 자유롭게 되리라 하느냐 [34]예수께서 대답하시되 진

실로 진실로 너희에게 이르노니 죄를 범하는 자마다 죄의 종이라 ³⁵종은 영원히 집에 거하지 못하되 아들은 영원히 거하나니 ³⁶그러므로 아들이 너희를 자유롭게 하면 너희가 참으로 자유로우리라

아버지 하나님께서는 사랑하는 아들 예수 그리스도를 통해서 한평생 죽음에 매여 종노릇 하는 모든 자들을 죄와 사망 가운데서 해방시켜 주시고, 우리에게 진리를 알게 해주셨으며, 그 진리로 우리를 자유하게 해주셨습니다. 사도 바울은 이 사실을 롬 8:1~2에서 "그러므로 이제 그리스도 예수 안에 있는 자에게는 결코 정죄함이 없나니 이는 그리스도 예수 안에 있는 생명의 성령의 법이 죄와 사망의 법에서 너를 해방하였음이라"라고 증거하고, 한 걸음 더 나아가 죄로부터 해방되어 의의 종 된 것과 피조물이 하나님의 아들들이 나타나기를 고대하는 것, 그리고 우리와 함께 탄식하며 고통을 겪는 피조물도 썩어짐의 종노릇 한 데서 해방되어 하나님의 자녀가 되는 영광의 자유에 이르는 것을 간구하며 증거하고 있습니다.

롬 6:17~18 ¹⁷하나님께 감사하리로다 너희가 본래 죄의 종이더니 너희에게 전하여 준 바 교훈의 본을 마음으로 순종하여 ¹⁸죄로부터 해방되어 의에게 종이 되었느니라

롬 8:18~22 ¹⁸생각하건대 현재의 고난은 장차 우리에게 나타날 영광과 비교할 수 없도다 ¹⁹피조물이 고대하는 바는 하나님의 아들들이 나타나는 것이니 ²⁰피조물이 허무한 데 굴복하는 것은 자기 뜻이 아니요 오직 굴복하게 하시는 이로 말미암음이라 ²¹그 바라는 것은 피조물도 썩어짐의 종노릇 한 데서 해방되어

하나님의 자녀들의 영광의 자유에 이르는 것이니라 ²²피조물이 다 이제까지 함께 탄식하며 함께 고통을 겪고 있는 것을 우리가 아느니라

히 2:14~18 ¹⁴자녀들은 혈과 육에 속하였으매 그도 또한 같은 모양으로 혈과 육을 함께 지니심은 죽음을 통하여 죽음의 세력을 잡은 자 곧 마귀를 멸하시며 ¹⁵또 죽기를 무서워하므로 한평생 매여 종노릇 하는 모든 자들을 놓아주려 하심이니 ¹⁶이는 확실히 천사들을 붙들어 주려 하심이 아니요 오직 아브라함의 자손을 붙들어 주려 하심이라 ¹⁷그러므로 그가 범사에 형제들과 같이 되심이 마땅하도다 이는 하나님의 일에 자비하고 신실한 대제사장이 되어 백성의 죄를 속량하려 하심이라 ¹⁸그가 시험을 받아 고난을 당하셨은즉 시험받는 자들을 능히 도우실 수 있느니라

72.
자기의 거룩한 이름을 아끼시는 하나님

출 3:13~15 ¹³모세가 하나님께 아뢰되 내가 이스라엘 자손에게 가서 이르기를 너희의 조상의 하나님이 나를 너희에게 보내셨다 하면 그들이 내게 묻기를 그의 이름이 무엇이냐 하리니 내가 무엇이라고 그들에게 말하리이까 ¹⁴하나님이 모세에게 이르시되 나는 스스로 있는 자이니라 또 이르시되 너는 이스라엘 자손에게 이같이 이르기를 스스로 있는 자가 나를 너희에게 보내셨다 하라 ¹⁵하나님이 또 모세에게 이르시되 너는 이스라엘 자손에게 이같이 이르기를 너희 조상의 하나님 여호와 곧 아브라함의 하나님, 이삭의 하나님, 야곱의 하나님께서 나를 너희에게 보내셨다 하라 이는 나의 영원한 이름이요 대대로 기억할 나의 칭호니라

출 20:7 너는 네 하나님 여호와의 이름을 망령되게 부르지 말라 여호와는 그의 이름을 망령되게 부르는 자를 죄 없다 하지 아니하리라

겔 20:9, 14, 22, 39, 44 ⁹그러나 내가 그들이 거주하는 이방인의

눈앞에서 그들에게 나타나 그들을 애굽 땅에서 인도하여 내었 나니 이는 내 이름을 위함이라 내 이름을 그 이방인의 눈앞에서 더럽히지 아니하려고 행하였음이라… [14]내가 내 이름을 위하여 달리 행하였었나니 내가 그들을 인도하여 내는 것을 본 나라들 앞에서 내 이름을 더럽히지 아니하려 하였음이로라… [22]내가 내 이름을 위하여 내 손을 막아 달리 행하였나니 내가 그들을 인도 하여 내는 것을 본 여러 나라 앞에서 내 이름을 더럽히지 아니 하려 하였음이로라… [39]주 여호와께서 이같이 말씀하셨느니라 이스라엘 족속아 너희가 내 말을 듣지 아니하려거든 가서 각각 그 우상을 섬기라 그렇게 하려거든 이후에 다시는 너희 예물과 너희 우상들로 내 거룩한 이름을 더럽히지 말지니라… [44]이스라 엘 족속아 내가 너희의 악한 길과 더러운 행위대로 하지 아니하 고 내 이름을 위하여 행한 후에야 내가 여호와인 줄 너희가 알 리라 주 여호와의 말씀이니라

겔 36:20~32 [20]그들이 이른바 그 여러 나라에서 내 거룩한 이 름이 그들로 말미암아 더러워졌나니 곧 사람들이 그들을 가리 켜 이르기를 이들은 여호와의 백성이라도 여호와의 땅에서 떠 난 자라 하였음이라 [21]그러나 이스라엘 족속이 들어간 그 여러 나라에서 더럽힌 내 거룩한 이름을 내가 아꼈노라 [22]그러므로 너는 이스라엘 족속에게 이르기를 주 여호와께서 이같이 말씀 하시기를 이스라엘 족속아 내가 이렇게 행함은 너희를 위함이 아니요 너희가 들어간 그 여러 나라에서 더럽힌 나의 거룩한 이 름을 위함이라 [23]여러 나라 가운데에서 더럽혀진 이름 곧 너희 가 그들 가운데에서 더럽힌 나의 큰 이름을 내가 거룩하게 할지 라 내가 그들의 눈앞에서 너희로 말미암아 나의 거룩함을 나타

내리니 내가 여호와인 줄을 여러 나라 사람이 알리라 주 여호와의 말씀이니라 ²⁴내가 너희를 여러 나라 가운데에서 인도하여 내고 여러 민족 가운데에서 모아 데리고 고국 땅에 들어가서 ²⁵맑은 물을 너희에게 뿌려서 너희로 정결하게 하되 곧 너희 모든 더러운 것에서와 모든 우상 숭배에서 너희를 정결하게 할 것이며 ²⁶또 새 영을 너희 속에 두고 새 마음을 너희에게 주되 너희 육신에서 굳은 마음을 제거하고 부드러운 마음을 줄 것이며 ²⁷또 내 영을 너희 속에 두어 너희로 내 율례를 행하게 하리니 너희가 내 규례를 지켜 행할지라 ²⁸내가 너희 조상들에게 준 땅에서 너희가 거주하면서 내 백성이 되고 나는 너희 하나님이 되리라 ²⁹내가 너희를 모든 더러운 데에서 구원하고 곡식이 풍성하게 하여 기근이 너희에게 닥치지 아니하게 할 것이며 ³⁰또 나무의 열매와 밭의 소산을 풍성하게 하여 너희가 다시는 기근의 욕을 여러 나라에게 당하지 아니하게 하리니 ³¹그때에 너희가 너희 악한 길과 너희 좋지 못한 행위를 기억하고 너희 모든 죄악과 가증한 일로 말미암아 스스로 밉게 보리라 ³²주 여호와의 말씀이니라 내가 이렇게 행함은 너희를 위함이 아닌 줄을 너희가 알리라 이스라엘 족속아 너희 행위로 말미암아 부끄러워하고 한탄할지어다

하나님께서 자기의 거룩한 이름을 얼마나 아끼시는지 이 말씀을 듣고 보는 모든 사람의 마음에, 든든한 나무 기둥에 잘 박힌 못처럼 깊이 새겨질 수 있으면 좋겠습니다. 그래서 하나님께서는 말라기 선지자를 통해서 '여호와를 경외하는 자와 그 이름을 존중히 여기는 자를 위하여 여호와 앞에 있는 기념책에 기록하셨느니라'라고 증거하고 있습니다. 이러한 아버지 하나님의 마음을 잘 아시는 예수께서

도, 이 세상 가운데서 부르심을 받은 하나님의 자녀들에게, 하늘에 계신 우리 아버지의 이름을 거룩하게 하시기를(아버지의 이름이 거룩히 여김을 받으시기를) 기도하라고 가르쳐주시고, 또한 아버지의 이름을 나타내고, 알게 하고, 또 알게 하실 것을 증거하셨습니다.

사 42:8 나는 여호와이니 이는 내 이름이라 나는 내 영광을 다른 자에게, 내 찬송을 우상에게 주지 아니하리라

사 43:25 나 곧 나는 나를 위하여 네 허물을 도말하는 자니 네 죄를 기억하지 아니하리라

사 48:1, 9~11 ¹야곱의 집이여 이를 들을지어다 너희는 이스라엘의 이름으로 일컬음을 받으며 유다의 허리에서 나왔으며 여호와의 이름으로 맹세하며 이스라엘의 하나님을 기념하면서도 진실이 없고 공의가 없도다… ⁹내 이름을 위하여 내가 노하기를 더디 할 것이며 내 영광을 위하여 내가 참고 너를 멸절하지 아니하리라 ¹⁰보라 내가 너를 연단하였으나 은처럼 하지 아니하고 너를 고난의 풀무 불에서 택하였노라 ¹¹나는 나를 위하며 나를 위하여 이를 이룰 것이라 어찌 내 이름을 욕되게 하리요 내 영광을 다른 자에게 주지 아니하리라

말 1:6 내 이름을 멸시하는 제사장들아 나 만군의 여호와가 너희에게 이르기를 아들은 그 아버지를, 종은 그 주인을 공경하나니 내가 아버지일진대 나를 공경함이 어디 있느냐 내가 주인일진대 나를 두려워함이 어디 있느냐 하나 너희는 이르기를 우리가 어떻게 주의 이름을 멸시하였나이까 하는도다

말 3:16~18 ¹⁶그때에 여호와를 경외하는 자들이 피차에 말하매 여호와께서 그것을 분명히 들으시고 여호와를 경외하는 자와 그 이름을 존중히 여기는 자를 위하여 여호와 앞에 있는 기념책에 기록하셨느니라 ¹⁷만군의 여호와가 이르노라 나는 내가 정한 날에 그들을 나의 특별한 소유로 삼을 것이요 또 사람이 자기를 섬기는 아들을 아낌같이 내가 그들을 아끼리니 ¹⁸그때에 너희가 돌아와서 의인과 악인을 분별하고 하나님을 섬기는 자와 섬기지 아니하는 자를 분별하리라

마 6:9~10 ⁹그러므로 너희는 이렇게 기도하라 하늘에 계신 우리 아버지여 이름이 거룩히 여김을 받으시오며 ¹⁰나라가 임하시오며 뜻이 하늘에서 이루어진 것같이 땅에서도 이루어지이다

요 17:6, 26 ⁶세상 중에서 내게 주신 사람들에게 내가 아버지의 이름을 나타내었나이다 그들은 아버지의 것이었는데 내게 주셨으며 그들은 아버지의 말씀을 지키었나이다… ²⁶내가 아버지의 이름을 그들에게 알게 하였고 또 알게 하리니 이는 나를 사랑하신 사랑이 그들 안에 있고 나도 그들 안에 있게 하려 함이니이다

73.
하나님이 없다 하는 어리석은 자

창 1:26~28 ²⁶하나님이 이르시되 우리의 형상을 따라 우리의 모양대로 우리가 사람을 만들고 그들로 바다의 물고기와 하늘의 새와 가축과 온 땅과 땅에 기는 모든 것을 다스리게 하자 하시고 ²⁷하나님이 자기 형상 곧 하나님의 형상대로 사람을 창조하시되 남자와 여자를 창조하시고 ²⁸하나님이 그들에게 복을 주시며 하나님이 그들에게 이르시되 생육하고 번성하여 땅에 충만하라, 땅을 정복하라, 바다의 물고기와 하늘의 새와 땅에 움직이는 모든 생물을 다스리라 하시니라

창 2:7 여호와 하나님이 땅의 흙으로 사람을 지으시고 생기를 그 코에 불어넣으시니 사람이 생령이 되니라

시 14:1~3 ¹어리석은 자는 그의 마음에 이르기를 하나님이 없다 하는도다 그들은 부패하고 그 행실이 가증하니 선을 행하는 자가 없도다 ²여호와께서 하늘에서 인생을 굽어살피사 지각이 있어 하나님을 찾는 자가 있는가 보려 하신즉 ³다 치우쳐 함께 더러운 자가 되고 선을 행하는 자가 없으니 하나도 없도다

사 2:22 너희는 인생을 의지하지 말라 그의 호흡은 코에 있나니 셈할 가치가 어디 있느냐

약 4:13~17 ¹³들으라 너희 중에 말하기를 오늘이나 내일이나 우리가 어떤 도시에 가서 거기서 일 년을 머물며 장사하여 이익을 보리라 하는 자들아 ¹⁴내일 일을 너희가 알지 못하는도다 너희 생명이 무엇이냐 너희는 잠깐 보이다가 없어지는 안개니라 ¹⁵너희가 도리어 말하기를 주의 뜻이면 우리가 살기도 하고 이것이나 저것을 하리라 할 것이거늘 ¹⁶이제도 너희가 허탄한 자랑을 하니 그러한 자랑은 다 악한 것이라 ¹⁷그러므로 사람이 선을 행할 줄 알고도 행하지 아니하면 죄니라

내일 일은 물론이고 잠시 후 일어날 일도 알지 못하는 사람들, 호흡을 잠시 멈추면 흙으로 돌아갈 수밖에 없는 사람들, 그럼에도 불구하고 자신을 믿고, 자신을 의지하며 그의 마음에 이르기를 '하나님이 없다' 하는 어리석은 사람들에게, 성경은 '너희는 인생을 의지하지 말라 그의 호흡은 코에 있나니 셈할 가치가 어디 있느냐'라고 하며 하나님은 토기장이요, 우리는 그의 손에 있는 진흙으로 비유하셨습니다.

예수께서는 우리가 머리 한 터럭도 희고 검게 할 수 없고, 누가 염려함으로 그 키를 한 자라도 더 할 수 있겠느냐고 물으셨습니다. 하나님의 보이지 않는 것들 곧 그의 영원하신 능력과 신성이 그가 만드신 만물에 분명히 보여 알 수 있음에도, 하나님을 영화롭게 하지도 않고 감사하지도 않으면, 하나님께서는 그들을 마음의 정욕대로 더러움에 내버려 두신다고 하셨습니다.

말세를 살아가는 우리는, 조롱하는 자들이 '주께서 강림하신다

는 약속이 어디 있느냐 조상들이 잔 후로부터 만물이 처음 창조될 때와 같이 그냥 있다'라고 말하는 시대에 살고 있습니다. 그러나 하나님의 약속은 어떤 이들이 더디다고 생각하는 것같이 더딘 것이 아니라, 오직 주께서는 우리를 대하여 아무도 멸망하지 아니하고 다 회개하기에 이르기를 원하셔서, 오래 참고 계심을 잊지 말아야 할 것입니다.

사 45:9~12 9질그릇 조각 중 한 조각 같은 자가 자기를 지으신 이와 더불어 다툴진대 화 있을진저 진흙이 토기장이에게 너는 무엇을 만드느냐 또는 네가 만든 것이 그는 손이 없다 말할 수 있겠느냐 10아버지에게는 무엇을 낳았소 하고 묻고 어머니에게는 무엇을 낳으려고 해산의 수고를 하였소 하고 묻는 자는 화 있을진저 11이스라엘의 거룩하신 이, 곧 이스라엘을 지으신 여호와께서 이같이 이르시되 너희가 장래 일을 내게 물으며 또 내 아들들과 내 손으로 한 일에 관하여 내게 명령하려느냐 12내가 땅을 만들고 그 위에 사람을 창조하였으며 내가 내 손으로 하늘을 펴고 하늘의 모든 군대에게 명령하였노라

사 64:8 그러나 여호와여, 이제 주는 우리 아버지시니이다 우리는 진흙이요 주는 토기장이시니 우리는 다 주의 손으로 지으신 것이니이다

렘 18:1~6 1여호와께로부터 예레미야에게 임한 말씀에 이르시되 2너는 일어나 토기장이의 집으로 내려가라 내가 거기에서 내 말을 네게 들려주리라 하시기로 3내가 토기장이의 집으로 내려가서 본즉 그가 녹로로 일을 하는데 4진흙으로 만든 그릇이 토

기장이의 손에서 터지매 그가 그것으로 자기 의견에 좋은 대로 다른 그릇을 만들더라 ⁵그때에 여호와의 말씀이 내게 임하니라 이르시되 ⁶여호와의 말씀이니라 이스라엘 족속아 이 토기장이가 하는 것같이 내가 능히 너희에게 행하지 못하겠느냐 이스라엘 족속아 진흙이 토기장이의 손에 있음 같이 너희가 내 손에 있느니라

마 5:33~37 ³³또 옛사람에게 말한바 헛 맹세를 하지 말고 네 맹세한 것을 주께 지키라 하였다는 것을 너희가 들었으나 ³⁴나는 너희에게 이르노니 도무지 맹세하지 말지니 하늘로도 하지 말라 이는 하나님의 보좌임이요 ³⁵땅으로도 하지 말라 이는 하나님의 발등상임이요 예루살렘으로도 하지 말라 이는 큰 임금의 성임이요 ³⁶네 머리로도 하지 말라 이는 네가 한 터럭도 희고 검게 할 수 없음이라 ³⁷오직 너희 말은 옳다 옳다, 아니라 아니라 하라 이에서 지나는 것은 악으로부터 나느니라

마 6:27 너희 중에 누가 염려함으로 그 키를 한 자라도 더할 수 있겠느냐

롬 1:18~25 ¹⁸하나님의 진노가 불의로 진리를 막는 사람들의 모든 경건하지 않음과 불의에 대하여 하늘로부터 나타나나니 ¹⁹이는 하나님을 알 만한 것이 그들 속에 보임이라 하나님께서 이를 그들에게 보이셨느니라 ²⁰창세로부터 그의 보이지 아니하는 것들 곧 그의 영원하신 능력과 신성이 그가 만드신 만물에 분명히 보여 알려졌나니 그러므로 그들이 핑계하지 못할지니라 ²¹하나님을 알되 하나님을 영화롭게도 아니하며 감사하지

도 아니하고 오히려 그 생각이 허망하여지며 미련한 마음이 어두워졌나니 [22]스스로 지혜 있다 하나 어리석게 되어 [23]썩어지지 아니하는 하나님의 영광을 썩어질 사람과 새와 짐승과 기어다니는 동물 모양의 우상으로 바꾸었느니라 [24]그러므로 하나님께서 그들을 마음의 정욕대로 더러움에 내버려 두사 그들의 몸을 서로 욕되게 하게 하셨으니 [25]이는 그들이 하나님의 진리를 거짓 것으로 바꾸어 피조물을 조물주보다 더 경배하고 섬김이라 주는 곧 영원히 찬송할 이시로다 아멘

벧후 3:3~13 [3]먼저 이것을 알지니 말세에 조롱하는 자들이 와서 자기의 정욕을 따라 행하며 조롱하여 [4]이르되 주께서 강림하신다는 약속이 어디 있느냐 조상들이 잔 후로부터 만물이 처음 창조될 때와 같이 그냥 있다 하니 [5]이는 하늘이 옛적부터 있는 것과 땅이 물에서 나와 물로 성립된 것도 하나님의 말씀으로 된 것을 그들이 일부러 잊으려 함이로다 [6]이로 말미암아 그때에 세상은 물이 넘침으로 멸망하였으되 [7]이제 하늘과 땅은 그 동일한 말씀으로 불사르기 위하여 보호하신 바 되어 경건하지 아니한 사람들의 심판과 멸망의 날까지 보존하여 두신 것이니라 [8]사랑하는 자들아 주께는 하루가 천 년 같고 천 년이 하루 같다는 이 한 가지를 잊지 말라 [9]주의 약속은 어떤 이들이 더디다고 생각하는 것같이 더딘 것이 아니라 오직 주께서는 너희를 대하여 오래 참으사 아무도 멸망하지 아니하고 다 회개하기에 이르기를 원하시느니라 [10]그러나 주의 날이 도둑같이 오리니 그날에는 하늘이 큰 소리로 떠나가고 물질이 뜨거운 불에 풀어지고 땅과 그중에 있는 모든 일이 드러나리로다 [11]이 모든 것이 이렇게 풀어지리니 너희가 어떠한 사람이 되어야 마땅하냐 거룩한 행

실과 경건함으로 ¹²하나님의 날이 임하기를 바라보고 간절히 사모하라 그날에 하늘이 불에 타서 풀어지고 물질이 뜨거운 불에 녹아지려니와 ¹³우리는 그의 약속대로 의가 있는 곳인 새 하늘과 새 땅을 바라보도다

74.
죄로 인한 고난과 하나님의 뜻대로 받는 고난

요 9:1~3 ¹예수께서 길을 가실 때에 날 때부터 맹인 된 사람을 보신지라 ²제자들이 물어 이르되 랍비여 이 사람이 맹인으로 난 것이 누구의 죄로 인함이니이까 자기니이까 그의 부모니이까 ³예수께서 대답하시되 이 사람이나 그 부모의 죄로 인한 것이 아니라 그에게서 하나님이 하시는 일을 나타내고자 하심이라

벧전 2:18~25 ¹⁸사환들아 범사에 두려워함으로 주인들에게 순종하되 선하고 관용하는 자들에게만 아니라 또한 까다로운 자들에게도 그리하라 ¹⁹부당하게 고난을 받아도 하나님을 생각함으로 슬픔을 참으면 이는 아름다우나 ²⁰죄가 있어 매를 맞고 참으면 무슨 칭찬이 있으리요 그러나 선을 행함으로 고난을 받고 참으면 이는 하나님 앞에 아름다우니라 ²¹이를 위하여 너희가 부르심을 받았으니 그리스도도 너희를 위하여 고난을 받으사 너희에게 본을 끼쳐 그 자취를 따라오게 하려 하셨느니라 ²²그는 죄를 범하지 아니하시고 그 입에 거짓도 없으시며 ²³욕을 당하시되 맞대어 욕하지 아니하시고 고난을 당하시되 위협하지

아니하시고 오직 공의로 심판하시는 이에게 부탁하시며 ^{24}친히 나무에 달려 그 몸으로 우리 죄를 담당하셨으니 이는 우리로 죄에 대하여 죽고 의에 대하여 살게 하려 하심이라 그가 채찍에 맞음으로 너희는 나음을 얻었나니 ^{25}너희가 전에는 양과 같이 길을 잃었더니 이제는 너희 영혼의 목자와 감독 되신 이에게 돌아왔느니라

벧전 3:14~17 ^{14}그러나 의를 위하여 고난을 받으면 복 있는 자니 그들이 두려워하는 것을 두려워하지 말며 근심하지 말고 ^{15}너희 마음에 그리스도를 주로 삼아 거룩하게 하고 너희 속에 있는 소망에 관한 이유를 묻는 자에게는 대답할 것을 항상 준비하되 온유와 두려움으로 하고 ^{16}선한 양심을 가지라 이는 그리스도 안에 있는 너희의 선행을 욕하는 자들로 그 비방하는 일에 부끄러움을 당하게 하려 함이라 ^{17}선을 행함으로 고난받는 것이 하나님의 뜻일진대 악을 행함으로 고난받는 것보다 나으니라

벧전 4:12~19 ^{12}사랑하는 자들아 너희를 연단하려고 오는 불 시험을 이상한 일 당하는 것같이 이상히 여기지 말고 ^{13}오히려 너희가 그리스도의 고난에 참여하는 것으로 즐거워하라 이는 그의 영광을 나타내실 때에 너희로 즐거워하고 기뻐하게 하려 함이라 ^{14}너희가 그리스도의 이름으로 치욕을 당하면 복 있는 자로다 영광의 영 곧 하나님의 영이 너희 위에 계심이라 ^{15}너희 중에 누구든지 살인이나 도둑질이나 악행이나 남의 일을 간섭하는 자로 고난을 받지 말려니와 ^{16}만일 그리스도인으로 고난을 받으면 부끄러워하지 말고 도리어 그 이름으로 하나님께 영광

을 돌리라 ¹⁷하나님의 집에서 심판을 시작할 때가 되었나니 만일 우리에게 먼저 하면 하나님의 복음을 순종하지 아니하는 자들의 그 마지막은 어떠하며 ¹⁸또 의인이 겨우 구원을 받으면 경건하지 아니한 자와 죄인은 어디에 서리요 ¹⁹그러므로 하나님의 뜻대로 고난을 받는 자들은 또한 선을 행하는 가운데에 그 영혼을 미쁘신 창조주께 의탁할지어다

벧전 5:8~11 ⁸근신하라 깨어라 너희 대적 마귀가 우는 사자같이 두루 다니며 삼킬 자를 찾나니 ⁹너희는 믿음을 굳건하게 하여 그를 대적하라 이는 세상에 있는 너희 형제들도 동일한 고난을 당하는 줄을 앎이라 ¹⁰모든 은혜의 하나님 곧 그리스도 안에서 너희를 부르사 자기의 영원한 영광에 들어가게 하신 이가 잠깐 고난을 당한 너희를 친히 온전하게 하시며 굳건하게 하시며 강하게 하시며 터를 견고하게 하시리라 ¹¹권능이 세세무궁하도록 그에게 있을지어다 아멘

시편 90편 저자인 모세는 10절에서 "우리의 연수가 칠십이요 강건하면 팔십이라도 그 연수의 자랑은 수고와 슬픔뿐이요 신속히 가니 우리가 날아가나이다"라고 고백했습니다. 일생의 자랑을 수고와 슬픔뿐이라고 고백함으로써, 모든 사람이 하나님께 범죄한 결과를 인식시켜 주는 듯합니다.

그러나 예수께서는 날 때부터 시각장애인(맹인)이 된 사람의 경우를 들어, 사람이 지은 죄로 인한 고난이 아니라 그에게서 하나님이 하시는 일을 나타내고자 하시는 고난, 즉 하나님의 뜻대로 받는 고난이 있음도 가르쳐 주셨습니다. 예수 그리스도의 삶과 죽음을 통해 하나님의 아들이시면서도 받으신 고난으로 순종함을 배워 온전

하게 되심과, 하나님께서 상 주심을 바라보고 그 고난을 감당한 믿음의 선조들, 또한 '주의 이름으로 말한 선지자들을 고난과 오래 참음의 본으로 삼으라'는 증거의 말씀들을 상고해 보겠습니다.

시 34:19 의인은 고난이 많으나 여호와께서 그의 모든 고난에서 건지시는도다

고후 1:5~6 ⁵그리스도의 고난이 우리에게 넘친 것같이 우리가 받는 위로도 그리스도로 말미암아 넘치는도다 ⁶우리가 환난 당하는 것도 너희가 위로와 구원을 받게 하려는 것이요 우리가 위로를 받는 것도 너희가 위로를 받게 하려는 것이니 이 위로가 너희 속에 역사하여 우리가 받는 것 같은 고난을 너희도 견디게 하느니라

살후 1:3~5 ³형제들아 우리가 너희를 위하여 항상 하나님께 감사할지니 이것이 당연함은 너희의 믿음이 더욱 자라고 너희가 다 각기 서로 사랑함이 풍성함이니 ⁴그러므로 너희가 견디고 있는 모든 박해와 환난 중에서 너희 인내와 믿음으로 말미암아 하나님의 여러 교회에서 우리가 친히 자랑하노라 ⁵이는 하나님의 공의로운 심판의 표요 너희로 하여금 하나님의 나라에 합당한 자로 여김을 받게 하려 함이니 그 나라를 위하여 너희가 또한 고난을 받느니라

딤후 1:8 그러므로 너는 내가 우리 주를 증언함과 또는 주를 위하여 갇힌 자 된 나를 부끄러워하지 말고 오직 하나님의 능력을 따라 복음과 함께 고난을 받으라

딤후 2:3~4 ³너는 그리스도 예수의 좋은 병사로 나와 함께 고난을 받으라 ⁴병사로 복무하는 자는 자기 생활에 얽매이는 자가 하나도 없나니 이는 병사로 모집한 자를 기쁘게 하려 함이라

히 2:9~10 ⁹오직 우리가 천사들보다 잠시 동안 못하게 하심을 입은 자 곧 죽음의 고난 받으심으로 말미암아 영광과 존귀로 관을 쓰신 예수를 보니 이를 행하심은 하나님의 은혜로 말미암아 모든 사람을 위하여 죽음을 맛보려 하심이라 ¹⁰그러므로 만물이 그를 위하고 또한 그로 말미암은 이가 많은 아들들을 이끌어 영광에 들어가게 하시는 일에 그들의 구원의 창시자를 고난을 통하여 온전하게 하심이 합당하도다

히 5:8~10 ⁸그가 아들이시면서도 받으신 고난으로 순종함을 배워서 ⁹온전하게 되셨은즉 자기에게 순종하는 모든 자에게 영원한 구원의 근원이 되시고 ¹⁰하나님께 멜기세덱의 반차를 따른 대제사장이라 칭하심을 받으셨느니라

히 11:24~26 ²⁴믿음으로 모세는 장성하여 바로의 공주의 아들이라 칭함 받기를 거절하고 ²⁵도리어 하나님의 백성과 함께 고난받기를 잠시 죄악의 낙을 누리는 것보다 더 좋아하고 ²⁶그리스도를 위하여 받는 수모를 애굽의 모든 보화보다 더 큰 재물로 여겼으니 이는 상 주심을 바라봄이라

약 5:10~11 ¹⁰형제들아 주의 이름으로 말한 선지자들을 고난과 오래 참음의 본으로 삼으라 ¹¹보라 인내하는 자를 우리가 복되다 하나니 너희가 욥의 인내를 들었고 주께서 주신 결말을 보았

거니와 주는 가장 자비하시고 긍휼히 여기시는 이시니라

계 2:8~11 ⁸서머나 교회의 사자에게 편지하라 처음이며 마지막이요 죽었다가 살아나신 이가 이르시되 ⁹내가 네 환난과 궁핍을 알거니와 실상은 네가 부요한 자니라 자칭 유대인이라 하는 자들의 비방도 알거니와 실상은 유대인이 아니요 사탄의 회당이라 ¹⁰너는 장차 받을 고난을 두려워하지 말라 볼지어다 마귀가 장차 너희 가운데에서 몇 사람을 옥에 던져 시험을 받게 하리니 너희가 십 일 동안 환난을 받으리라 네가 죽도록 충성하라 그리하면 내가 생명의 관을 네게 주리라 ¹¹귀 있는 자는 성령이 교회들에게 하시는 말씀을 들을지어다 이기는 자는 둘째 사망의 해를 받지 아니하리라

75.
믿음, 소망, 사랑으로 얻는 구원

롬 8:23~25 ²³그뿐 아니라 또한 우리 곧 성령의 처음 익은 열매를 받은 우리까지도 속으로 탄식하여 양자 될 것 곧 우리 몸의 속량을 기다리느니라 ²⁴우리가 소망으로 구원을 얻었으매 보이는 소망이 소망이 아니니 보는 것을 누가 바라리요 ²⁵만일 우리가 보지 못하는 것을 바라면 참음으로 기다릴지니라

고전 13:13 그런즉 믿음, 소망, 사랑, 이 세 가지는 항상 있을 것인데 그 중의 제일은 사랑이라

갈 5:5~6 ⁵우리가 성령으로 믿음을 따라 의의 소망을 기다리노니 ⁶그리스도 예수 안에서는 할례나 무할례나 효력이 없으되 사랑으로써 역사하는 믿음뿐이니라

엡 2:8~9 ⁸너희는 그 은혜에 의하여 믿음으로 말미암아 구원을 받았으니 이것은 너희에게서 난 것이 아니요 하나님의 선물이라 ⁹행위에서 난 것이 아니니 이는 누구든지 자랑하지 못하게 함이라

요일 3:14 우리는 형제를 사랑함으로 사망에서 옮겨 생명으로 들어간 줄을 알거니와 사랑하지 아니하는 자는 사망에 머물러 있느니라

영적인 암흑시대로 불리는 중세에는 종교는 물론이고, 종교와 결탁한 국가 지도자들의 부패와 타락으로 온갖 미신과 우상 숭배와 관련된 사회악이 만연했습니다. 하나님께 죄를 지어도 죗값을 면제해 준다는 '면죄부'를 돈으로 살 수 있던 시대였습니다. 이후 '오직 의인은 믿음으로 말미암아 살리라'(합 2:4하; 롬 1:17하; 히 10:38상) 하신 말씀에 근거하여 '오직 믿음'(Sola Fide)이라는 말이, 시대정신의 구호요, 종교 개혁의 원동력이 되었지만, 이제 만물의 마지막이 더 가까이 다가온 이 시대를 살고 있는 우리는, 한 걸음 더 나아가야 할 것입니다. 살아 있고 활력(운동력) 있는 말씀에 근거하여, '믿음, 소망, 사랑으로 얻는 구원', 즉 '믿음, 소망, 사랑, 이 세 가지는 항상 있을 것인데 그중의 제일은 사랑이라'라는 말씀과, '사랑으로써 역사하는 믿음뿐이니라'라는 말씀이, 하나님의 모든 백성과 예수 그리스도의 좋은 군사로 부르심을 받은 모든 사람에게 하나의 시대정신이요, 믿음의 삶의 원동력이요, 꼭, 반드시 이루어 내야만 하는 실천 덕목이 되기를 두 손 모아 예수님의 이름으로 간절히 기도드립니다. 아멘.

엡 6:23 아버지 하나님과 주 예수 그리스도께로부터 평안과 믿음을 겸한 사랑이 형제들에게 있을지어다

살전 1:2~4 [2]우리가 너희 모두로 말미암아 항상 하나님께 감사하며 기도할 때에 너희를 기억함은 [3]너희의 믿음의 역사와 사랑의 수고와 우리 주 예수 그리스도에 대한 소망의 인내를 우리

하나님 아버지 앞에서 끊임없이 기억함이니 [4]하나님의 사랑하심을 받은 형제들아 너희를 택하심을 아노라

76.
사랑함이 많아서 사(赦)함을 받은 많은 죄

눅 7:36~50 ³⁶한 바리새인이 예수께 자기와 함께 잡수시기를 청하니 이에 바리새인의 집에 들어가 앉으셨을 때에 ³⁷그 동네에 죄를 지은 한 여자가 있어 예수께서 바리새인의 집에 앉아 계심을 알고 향유 담은 옥합을 가지고 와서 ³⁸예수의 뒤로 그 발 곁에 서서 울며 눈물로 그 발을 적시고 자기 머리털로 닦고 그 발에 입 맞추고 향유를 부으니 ³⁹예수를 청한 바리새인이 그것을 보고 마음에 이르되 이 사람이 만일 선지자라면 자기를 만지는 이 여자가 누구며 어떠한 자 곧 죄인인 줄을 알았으리라 하거늘 ⁴⁰예수께서 대답하여 이르시되 시몬아 내가 네게 이를 말이 있다 하시니 그가 이르되 선생님 말씀하소서 ⁴¹이르시되 빚 주는 사람에게 빚진 자가 둘이 있어 하나는 오백 데나리온을 졌고 하나는 오십 데나리온을 졌는데 ⁴²갚을 것이 없으므로 둘 다 탕감하여 주었으니 둘 중에 누가 그를 더 사랑하겠느냐 ⁴³시몬이 대답하여 이르되 내 생각에는 많이 탕감함을 받은 자니이다 이르시되 네 판단이 옳다 하시고 ⁴⁴그 여자를 돌아보시며 시몬에게 이르시되 이 여자를 보느냐 내가 네 집에 들어올 때 너는 내게 발 씻을 물도 주지 아니하였으되 이 여자는 눈물로 내

발을 적시고 그 머리털로 닦았으며 ⁴⁵너는 내게 입 맞추지 아니하였으되 그는 내가 들어올 때로부터 내 발에 입 맞추기를 그치지 아니하였으며 ⁴⁶너는 내 머리에 감람유도 붓지 아니하였으되 그는 향유를 내 발에 부었느니라 ⁴⁷이러므로 내가 네게 말하노니 그의 많은 죄가 사하여졌도다 이는 그의 사랑함이 많음이라 사함을 받은 일이 적은 자는 적게 사랑하느니라 ⁴⁸이에 여자에게 이르시되 네 죄 사함을 받았느니라 하시니 ⁴⁹함께 앉아 있는 자들이 속으로 말하되 이가 누구이기에 죄도 사하는가 하더라 ⁵⁰예수께서 여자에게 이르시되 네 믿음이 너를 구원하였으니 평안히 가라 하시니라

예수께서는 많은 죄를 지은 사람들에게 귀가 번쩍 뜨이고, 정신이 번쩍 드는 희소식을 들려주셨습니다. 동네에서 죄인으로 알려진 여자에게 '네 죄 사함을 받았느니라' 하시며, 복음 중의 복음을 들려주신 것입니다. 또한 그녀뿐 아니라 많은 죄를 지은 모든 사람들에게도, 그들의 죄를 용서 받을 수 있는 비장의 노하우(knowhow)를 만천하에 공개하셨습니다. 그녀의 많은 죄가 사함을 받은 것은 '그녀의 사랑함이 많음이라' 하시고, 이어서 '네 믿음이 너를 구원하였으니 평안히 가라'라고 하셨습니다. 아마도 이것은 갈라디아서(5:6하)의 말씀대로 그녀의 '사랑으로 역사하는 믿음'을 인정해 주신 것으로 생각합니다.

하나님께서는 행 17:25에서 "또 무엇이 부족한 것처럼 사람의 손으로 섬김을 받으시는 것이 아니니 이는 만민에게 생명과 호흡과 만물을 친히 주시는 이심이라" 하시고, 요일 4:8, 16에서는 "하나님은 사랑이시라"고 증거하고 있습니다. 하나님은 부족한 것이 없으시고, 사람의 손으로 섬김을 받지 않으시며, '사랑'이시라는 것을 진리의

말씀인 성경이 증거하고 있습니다. 그럼에도 불구하고 하나님께서 그 사랑에 얼마나 목말라하시고, 그가 사랑하는 사람들로부터 얼마나 그 사랑을 받고 싶어 하시는지를 상상해 보는 것은 그리 어려운 일이 아니라고 생각합니다. 아마도 그것은 '하나님이 세상을 이처럼 사랑하사 독생자를 주신 만큼'(요 3:16 참조) 그리고 '우리가 아직 죄인 되었을 때에 그리스도께서 우리를 위하여 죽으심으로 하나님께서 우리에 대한 자기의 사랑을 확증하신 만큼'(롬 5:8 참조)일 것이라고 어렵지 않게 짐작해 볼 수 있습니다. 왜냐하면, 하나님께서는 그만큼 먼저 우리를 사랑하셨기 때문입니다. 이제, 이와 관련된 살아 있는 하나님의 말씀들을 상고해 보겠습니다.

출 20:6; 신 5:10 나를 사랑하고 내 계명을 지키는 자에게는 천 대까지 은혜를 베푸느니라

마 22:34~40 ^{34}예수께서 사두개인들로 대답할 수 없게 하셨다 함을 바리새인들이 듣고 모였는데 ^{35}그중의 한 율법사가 예수를 시험하여 묻되 ^{36}선생님 율법 중에서 어느 계명이 크니이까 ^{37}예수께서 이르시되 네 마음을 다하고 목숨을 다하고 뜻을 다하여 주 너의 하나님을 사랑하라 하셨으니 ^{38}이것이 크고 첫째 되는 계명이요 ^{39}둘째도 그와 같으니 네 이웃을 네 자신같이 사랑하라 하셨으니 ^{40}이 두 계명이 온 율법과 선지자의 강령이니라

요 14:15, 21~24 ^{15}너희가 나를 사랑하면 나의 계명을 지키리라… ^{21}나의 계명을 지키는 자라야 나를 사랑하는 자니 나를 사랑하는 자는 내 아버지께 사랑을 받을 것이요 나도 그를 사랑하여

그에게 나를 나타내리라 ²²가룟인 아닌 유다가 이르되 주여 어찌하여 자기를 우리에게는 나타내시고 세상에는 아니하려 하시나이까 ²³예수께서 대답하여 이르시되 사람이 나를 사랑하면 내 말을 지키리니 내 아버지께서 그를 사랑하실 것이요 우리가 그에게 가서 거처를 그와 함께하리라 ²⁴나를 사랑하지 아니하는 자는 내 말을 지키지 아니하나니 너희가 듣는 말은 내 말이 아니요 나를 보내신 아버지의 말씀이니라

롬 13:8~10 ⁸피차 사랑의 빚 외에는 아무에게든지 아무 빚도 지지 말라 남을 사랑하는 자는 율법을 다 이루었느니라 ⁹간음하지 말라, 살인하지 말라, 도둑질하지 말라, 탐내지 말라 한 것과 그 외에 다른 계명이 있을지라도 네 이웃을 네 자신과 같이 사랑하라 하신 그 말씀 가운데 다 들었느니라 ¹⁰사랑은 이웃에게 악을 행하지 아니하나니 그러므로 사랑은 율법의 완성이니라

벧전 4:7~8 ⁷만물의 마지막이 가까이 왔으니 그러므로 너희는 정신을 차리고 근신하여 기도하라 ⁸무엇보다도 뜨겁게 서로 사랑할지니 사랑은 허다한 죄를 덮느니라

요일 4:7~21 ⁷사랑하는 자들아 우리가 서로 사랑하자 사랑은 하나님께 속한 것이니 사랑하는 자마다 하나님으로부터 나서 하나님을 알고 ⁸사랑하지 아니하는 자는 하나님을 알지 못하나니 이는 하나님은 사랑이심이라 ⁹하나님의 사랑이 우리에게 이렇게 나타난 바 되었으니 하나님이 자기의 독생자를 세상에 보내심은 그로 말미암아 우리를 살리려 하심이라 ¹⁰사랑은 여기 있으니 우리가 하나님을 사랑한 것이 아니요 하나님이 우리를

사랑하사 우리 죄를 속하기 위하여 화목제물로 그 아들을 보내셨음이라 ¹¹사랑하는 자들아 하나님이 이같이 우리를 사랑하셨은즉 우리도 서로 사랑하는 것이 마땅하도다 ¹²어느 때나 하나님을 본 사람이 없으되 만일 우리가 서로 사랑하면 하나님이 우리 안에 거하시고 그의 사랑이 우리 안에 온전히 이루어지느니라 ¹³그의 성령을 우리에게 주시므로 우리가 그 안에 거하고 그가 우리 안에 거하시는 줄을 아느니라 ¹⁴아버지가 아들을 세상의 구주로 보내신 것을 우리가 보았고 또 증언하노니 ¹⁵누구든지 예수를 하나님의 아들이라 시인하면 하나님이 그의 안에 거하시고 그도 하나님 안에 거하느니라 ¹⁶하나님이 우리를 사랑하시는 사랑을 우리가 알고 믿었노니 하나님은 사랑이시라 사랑 안에 거하는 자는 하나님 안에 거하고 하나님도 그의 안에 거하시느니라 ¹⁷이로써 사랑이 우리에게 온전히 이루어진 것은 우리로 심판 날에 담대함을 가지게 하려 함이니 주께서 그러하심과 같이 우리도 이 세상에서 그러하니라 ¹⁸사랑 안에 두려움이 없고 온전한 사랑이 두려움을 내쫓나니 두려움에는 형벌이 있음이라 두려워하는 자는 사랑 안에서 온전히 이루지 못하였느니라 ¹⁹우리가 사랑함은 그가 먼저 우리를 사랑하셨음이라 ²⁰누구든지 하나님을 사랑하노라 하고 그 형제를 미워하면 이는 거짓말하는 자니 보는 바 그 형제를 사랑하지 아니하는 자는 보지 못하는 바 하나님을 사랑할 수 없느니라 ²¹우리가 이 계명을 주께 받았나니 하나님을 사랑하는 자는 또한 그 형제를 사랑할지니라

77.
첫 번째는 죄인을 위해
두 번째는 죄와 상관없이 오심

마 9:9~13 ⁹예수께서 그곳을 떠나 지나가시다가 마태라 하는 사람이 세관에 앉아 있는 것을 보시고 이르시되 나를 따르라 하시니 일어나 따르니라 ¹⁰예수께서 마태의 집에서 앉아 음식을 잡수실 때에 많은 세리와 죄인들이 와서 예수와 그의 제자들과 함께 앉았더니 ¹¹바리새인들이 보고 그의 제자들에게 이르되 어찌하여 너희 선생은 세리와 죄인들과 함께 잡수시느냐 ¹²예수께서 들으시고 이르시되 건강한 자에게는 의사가 쓸데없고 병든 자에게라야 쓸 데 있느니라 ¹³너희는 가서 내가 긍휼을 원하고 제사를 원하지 아니하노라 하신 뜻이 무엇인지 배우라 나는 의인을 부르러 온 것이 아니요 죄인을 부르러 왔노라 하시니라

히 9:27~28 ²⁷한 번 죽는 것은 사람에게 정해진 것이요 그 후에는 심판이 있으리니 ²⁸이와 같이 그리스도도 많은 사람의 죄를 담당하시려고 단번에 드리신 바 되셨고 구원에 이르게 하기 위하여 죄와 상관없이 자기를 바라는 자들에게 두 번째 나타나시리라

예수께서 이 땅에 초림하셨을 때는, 세상 죄를 지고 가는 하나님의 어린양으로 오셨습니다. 화목제물로, 우리뿐만 아니라 온 세상 죄를 위해서 오셨기 때문에, 사도 바울은 딤전 1:15에서 "미쁘다 모든 사람이 받을 만한 이 말이여 그리스도 예수께서 죄인을 구원하시려고 세상에 임하셨다 하였도다 죄인 중에 내가 괴수니라"라고 증거했습니다.

그러나 앞으로 예수께서 재림하실 때는, 주님과 함께 거할 하나님의 자녀들을 위한 처소를 예비하시고, 그들을 영접하시겠다고 말씀하셨습니다. 그들은 물론, 롬 1:17에서 "복음에는 하나님의 의가 나타나서 믿음으로 믿음에 이르게 하나니 기록된바 오직 의인은 믿음으로 말미암아 살리라 함과 같으니라"라고 말씀하신 대로, 복음을 믿고 거듭나 의인 된 하나님의 자녀들일 것입니다. 그러므로 요일 3:9은 "하나님께로부터 난 자마다 죄를 짓지 아니하나니 이는 하나님의 씨가 그의 속에 거함이요 그도 범죄하지 못하는 것은 하나님께로부터 났음이라"라고 확실하게 증거하고 있습니다.

요 1:29 이튿날 요한이 예수께서 자기에게 나아오심을 보고 이르되 보라 세상 죄를 지고 가는 하나님의 어린양이로다

요 14:1~3 ¹너희는 마음에 근심하지 말라 하나님을 믿으니 또 나를 믿으라 ²내 아버지 집에 거할 곳이 많도다 그렇지 않으면 너희에게 일렀으리라 내가 너희를 위하여 거처를 예비하러 가노니 ³가서 너희를 위하여 거처를 예비하면 내가 다시 와서 너희를 내게로 영접하여 나 있는 곳에 너희도 있게 하리라

요일 2:1~6 ¹나의 자녀들아 내가 이것을 너희에게 씀은 너희로

죄를 범하지 않게 하려 함이라 만일 누가 죄를 범하여도 아버지 앞에서 우리에게 대언자가 있으니 곧 의로우신 예수 그리스도시라 ²그는 우리 죄를 위한 화목제물이니 우리만 위할 뿐 아니요 온 세상의 죄를 위하심이라 ³우리가 그의 계명을 지키면 이로써 우리가 그를 아는 줄로 알 것이요 ⁴그를 아노라 하고 그의 계명을 지키지 아니하는 자는 거짓말하는 자요 진리가 그 속에 있지 아니하되 ⁵누구든지 그의 말씀을 지키는 자는 하나님의 사랑이 참으로 그 속에서 온전하게 되었나니 이로써 우리가 그의 안에 있는 줄을 아노라 ⁶그의 안에 산다고 하는 자는 그가 행하시는 대로 자기도 행할지니라

요일 3:4~11 ⁴죄를 짓는 자마다 불법을 행하나니 죄는 불법이라 ⁵그가 우리 죄를 없애려고 나타나신 것을 너희가 아나니 그에게는 죄가 없느니라 ⁶그 안에 거하는 자마다 범죄하지 아니하나니 범죄하는 자마다 그를 보지도 못하였고 그를 알지도 못하였느니라 ⁷자녀들아 아무도 너희를 미혹하지 못하게 하라 의를 행하는 자는 그의 의로우심과 같이 의롭고 ⁸죄를 짓는 자는 마귀에게 속하나니 마귀는 처음부터 범죄함이라 하나님의 아들이 나타나신 것은 마귀의 일을 멸하려 하심이라 ⁹하나님께로부터 난 자마다 죄를 짓지 아니하나니 이는 하나님의 씨가 그의 속에 거함이요 그도 범죄하지 못하는 것은 하나님께로부터 났음이라 ¹⁰이러므로 하나님의 자녀들과 마귀의 자녀들이 드러나나니 무릇 의를 행하지 아니하는 자나 또는 그 형제를 사랑하지 아니하는 자는 하나님께 속하지 아니하니라 ¹¹우리는 서로 사랑할지니 이는 너희가 처음부터 들은 소식이라

78.
여호와의 말씀을 듣지 못한 기갈

신 8:3 너를 낮추시며 너를 주리게 하시며 또 너도 알지 못하며 네 조상들도 알지 못하던 만나를 네게 먹이신 것은 사람이 떡으로만 사는 것이 아니요 여호와의 입에서 나오는 모든 말씀으로 사는 줄을 네가 알게 하려 하심이니라

암 8:11~13 ¹¹주 여호와의 말씀이니라 보라 날이 이를지라 내가 기근을 땅에 보내리니 양식이 없어 주림이 아니며 물이 없어 갈함이 아니요 여호와의 말씀을 듣지 못한 기갈이라 ¹²사람이 이 바다에서 저 바다까지, 북쪽에서 동쪽까지 비틀거리며 여호와의 말씀을 구하려고 돌아다녀도 얻지 못하리니 ¹³그날에 아름다운 처녀와 젊은 남자가 다 갈하여 쓰러지리라

마 4:1~4 ¹그때에 예수께서 성령에게 이끌리어 마귀에게 시험을 받으러 광야로 가사 ²사십 일을 밤낮으로 금식하신 후에 주리신지라 ³시험하는 자가 예수께 나아와서 이르되 네가 만일 하나님의 아들이어든 명하여 이 돌들로 떡덩이가 되게 하라 ⁴예수께서 대답하여 이르시되 기록되었으되 사람이 떡으로만 살 것

이 아니요 하나님의 입으로부터 나오는 모든 말씀으로 살 것이
라 하였느니라 하시니

하나님께서는 아모스 선지자를 통해, 주전 약 8세기경 이스라엘과 주변 열국의 죄악에 벌을 내리셔서 보응하시고, 특히 이스라엘에게는 기근을 보내 여호와의 말씀을 듣지 못한 기갈을 주실 것을 예언하셨습니다. 모세를 통해서도 말씀하셨고, 예수께서도 '사람이 떡으로만 살 것이 아니요 하나님의 입으로부터 나오는 모든 말씀으로 살 것이라'는 구약을 인용해 말씀하셨습니다. 21세기를 살고 있는 우리는 이 말씀을 어떻게 받아들여야 하겠습니까?

물론 비민주적인 사회나 자발적 의사에 반해서, 하나님의 말씀인 성경을 보고 들을 수 없는 불가피한 환경에 처해 있는 사람들도 많이 있을 것입니다. 그러한 경우는 일단 논외로 하겠습니다. 그러나 민주화된 사회에서 살아가는 대부분의 사람은, 개인의 의사에 따라 자유롭게 하나님의 말씀인 성경을 보고(읽고), 듣고, 공부하고, 전할 수 있습니다. 상대적으로 기독교 문화가 널리 알려진 사회에서는 '하나님의 말씀을 듣지 못한 기갈'이라는 말씀이, 의아하고 무색하게 느껴지기도 합니다. 다양한 매체의 발달로, 얼마든지 개인의 취향에 적합한 방식으로, 원하는 내용의 하나님의 말씀을 선택해서 들을 수 있기 때문입니다.

이 지점에서 우리 모두가 꼭 주의해야 할 것은, 내가 지금 듣고 있는 하나님의 말씀이, 성경에서 가감되거나 왜곡 또는 변질되지 않았는지 또 전도의 목적이나, 듣는 사람들의 이해를 돕기 위한 목적 등으로 말과 지혜의 아름다운 것이 얼마나 더해졌는지를 분별하는 것입니다. 이것을 위해서는 베뢰아 사람들처럼 '간절한 마음으로 말씀을 받고 이것이 그러한가 하여 날마다 성경을 상고하는 삶의 태도'

가 절실히 요구됩니다. 그렇게 해야만, 하나님의 말씀을 전하거나 가르치는 사람들도, 사도 바울이 그의 말과 전도함이 설득력 있는 지혜의 말이 아닌, 다만 성령의 나타나심과 하나님의 능력을 의지했던 것과 같은 믿음의 본을 따를 수 있으리라 생각합니다. 이러한 기초가 튼튼해야 견고한 터 위에서, 하나님의 말씀(성경)에 가감되거나 왜곡되고 변질된 모든 이론들과, 하나님을 대적하여 높아진 것을 다 무너뜨리고, 모든 생각을 사로잡아 그리스도에게 복종하게 할 수 있을 것입니다.

만일 누구든지 혹시 '하나님의 말씀을 듣지 못한 기갈'을 느낀다면, 모든 성경은 하나님의 감동으로 되었다는 사실을 믿고, 성경을 통해 구원에 이르는 지혜를 얻어, 살아 있고 활력(운동력)이 있는 하나님의 말씀을 경험하고, 사마리아 수가의 많은 사람들처럼 되었으면 좋겠습니다. 우물가에서 메시아, 곧 그리스도 예수를 만났던 사마리아 여인의 인도함을 따라서, 세상의 구주이신 예수님을 만난 동네 사람들의 신앙 고백과 함께 관련된 말씀들을 살펴보겠습니다.

요 4:39~42 ³⁹여자의 말이 내가 행한 모든 것을 그가 내게 말하였다 증언하므로 그 동네 중에 많은 사마리아인이 예수를 믿는지라 ⁴⁰사마리아인들이 예수께 와서 자기들과 함께 유하시기를 청하니 거기서 이틀을 유하시매 ⁴¹예수의 말씀으로 말미암아 믿는 자가 더욱 많아 ⁴²그 여자에게 말하되 이제 우리가 믿는 것은 네 말로 인함이 아니니 이는 우리가 친히 듣고 그가 참으로 세상의 구주신 줄 앎이라 하였더라

요 5:39 너희가 성경에서 영생을 얻는 줄 생각하고 성경을 연구하거니와 이 성경이 곧 내게 대하여 증언하는 것이니라

행 17:11   베뢰아에 있는 사람들은 데살로니가에 있는 사람들보다 더 너그러워서 간절한 마음으로 말씀을 받고 이것이 그러한가 하여 날마다 성경을 상고하므로

고전 2:1~5   ¹형제들아 내가 너희에게 나아가 하나님의 증거를 전할 때에 말과 지혜의 아름다운 것으로 아니하였나니 ²내가 너희 중에서 예수 그리스도와 그가 십자가에 못 박히신 것 외에는 아무것도 알지 아니하기로 작정하였음이라 ³내가 너희 가운데 거할 때에 약하고 두려워하고 심히 떨었노라 ⁴내 말과 내 전도함이 설득력 있는 지혜의 말로 하지 아니하고 다만 성령의 나타나심과 능력으로 하여 ⁵너희 믿음이 사람의 지혜에 있지 아니하고 다만 하나님의 능력에 있게 하려 하였노라

고후 10:3~6   ³우리가 육신으로 행하나 육신에 따라 싸우지 아니하노니 ⁴우리의 싸우는 무기는 육신에 속한 것이 아니요 오직 어떤 견고한 진도 무너뜨리는 하나님의 능력이라 모든 이론을 무너뜨리며 ⁵하나님 아는 것을 대적하여 높아진 것을 다 무너뜨리고 모든 생각을 사로잡아 그리스도에게 복종하게 하니 ⁶너희의 복종이 온전하게 될 때에 모든 복종하지 않는 것을 벌하려고 준비하는 중에 있노라

딤후 3:15~17   ¹⁵또 어려서부터 성경을 알았나니 성경은 능히 너로 하여금 그리스도 예수 안에 있는 믿음으로 말미암아 구원에 이르는 지혜가 있게 하느니라 ¹⁶모든 성경은 하나님의 감동으로 된 것으로 교훈과 책망과 바르게 함과 의로 교육하기에 유익하니 ¹⁷이는 하나님의 사람으로 온전하게 하며 모든 선한 일을 행

할 능력을 갖추게 하려 함이라

히 4:12~13 ¹²하나님의 말씀은 살아 있고 활력이 있어 좌우에 날선 어떤 검보다도 예리하여 혼과 영과 및 관절과 골수를 찔러 쪼개기까지 하며 또 마음의 생각과 뜻을 판단하나니 ¹³지으신 것이 하나도 그 앞에 나타나지 않음이 없고 우리의 결산을 받으실 이의 눈 에 만물이 벌거벗은 것같이 드러나느니라

79.
보지 못하고 믿는 자들은 복되도다

요 20:24~29 ²⁴열두 제자 중의 하나로서 디두모라 불리는 도마는 예수께서 오셨을 때에 함께 있지 아니한지라 ²⁵다른 제자들이 그에게 이르되 우리가 주를 보았노라 하니 도마가 이르되 내가 그의 손의 못 자국을 보며 내 손가락을 그 못 자국에 넣으며 내 손을 그 옆구리에 넣어 보지 않고는 믿지 아니하겠노라 하니라 ²⁶여드레를 지나서 제자들이 다시 집 안에 있을 때에 도마도 함께 있고 문들이 닫혔는데 예수께서 오사 가운데 서서 이르시되 너희에게 평강이 있을지어다 하시고 ²⁷도마에게 이르시되 네 손가락을 이리 내밀어 내 손을 보고 네 손을 내밀어 내 옆구리에 넣어 보라 그리하여 믿음 없는 자가 되지 말고 믿는 자가 되라 ²⁸도마가 대답하여 이르되 나의 주님이시요 나의 하나님이시니이다 ²⁹예수께서 이르시되 너는 나를 본 고로 믿느냐 보지 못하고 믿는 자들은 복되도다 하시니라

히 11:1~3, 6, 24~27 ¹믿음은 바라는 것들의 실상이요 보이지 않는 것들의 증거니 ²선진들이 이로써 증거를 얻었느니라 ³믿음으로 모든 세계가 하나님의 말씀으로 지어진 줄을 우리가 아나니

보이는 것은 나타난 것으로 말미암아 된 것이 아니니라… ⁶믿음
이 없이는 하나님을 기쁘시게 하지 못하나니 하나님께 나아가
는 자는 반드시 그가 계신 것과 또한 그가 자기를 찾는 자들에
게 상 주시는 이심을 믿어야 할지니라… ²⁴믿음으로 모세는 장
성하여 바로의 공주의 아들이라 칭함 받기를 거절하고 ²⁵도리어
하나님의 백성과 함께 고난받기를 잠시 죄악의 낙을 누리는 것
보다 더 좋아하고 ²⁶그리스도를 위하여 받는 수모를 애굽의 모
든 보화보다 더 큰 재물로 여겼으니 이는 상 주심을 바라봄이라
²⁷믿음으로 애굽을 떠나 왕의 노함을 무서워하지 아니하고 곧
보이지 아니하는 자를 보는 것같이 하여 참았으며

벧전 1:7~9 ⁷너희 믿음의 확실함은 불로 연단하여도 없어질 금
보다 더 귀하여 예수 그리스도께서 나타나실 때에 칭찬과 영
광과 존귀를 얻게 할 것이니라 ⁸예수를 너희가 보지 못하였으
나 사랑하는도다 이제도 보지 못하나 믿고 말할 수 없는 영광
스러운 즐거움으로 기뻐하니 ⁹믿음의 결국 곧 영혼의 구원을 받
음이라

도마는 주님을 보았다는 다른 제자들의 말을 듣고 한동안 의심했
지만, 여드레를 지나 부활하신 예수님을 직접 만나 뵙고 '나의 주님
이시요 나의 하나님이시니이다'라는 믿음의 고백을 했습니다. 예수
님을 뵙지 못한 모든 사람들에게는, 도마를 만나 주신 그 은혜만 하
더라도 흠모할 만한 큰 복이라고 생각하는데, 예수께서는 '나를 보
지 못하고 믿는 자들은 복되도다'라고 하셨습니다. 예수님을 보지
못하고 믿는, 모든 사람들의 궁금증을 불러일으키는 '복'에 대해서
상고해 보겠습니다.

'믿음 장'으로 일컬어지는 히 11:6은 "믿음이 없이는 하나님을 기쁘시게 하지 못하나니 하나님께 나아가는 자는 반드시 그가 계신 것과 또한 그가 자기를 찾는 자들에게 상 주시는 이심을 믿어야 할지니라"라고 증거하고 있습니다. 많은 믿음의 선조 가운데, 모세는 믿음으로 그리스도를 위하여 받는 수모에 대해 상 주심을 바라보고, 보이지 않는 자를 보는 것같이 하여 참았음을 증거하고 있습니다. 이러한 믿음의 확실함에 대해 베드로 사도는 예수께서 나타나실 때, 칭찬과 영광과 존귀를 얻게 할 것이라고 격려하고 있습니다.

이 믿음에 대해 롬 10:17은 "그러므로 믿음은 들음에서 나며 들음은 그리스도의 말씀으로 말미암았느니라"라고 하였고, 예수께서는 요 6:63에서 "살리는 것은 영이니 육은 무익하니라 내가 너희에게 이른 말은 영이요 생명이라"라고 하셨습니다. 또한 요 17:20에서는 "내가 비옵는 것은 이 사람들만 위함이 아니요 또 그들의 말로 말미암아 나를 믿는 사람들도 위함이니"라고 하심으로, 예수님의 말씀에 순종하여 모든 민족에게, 예수께서 분부하신 모든 것을 가르쳐 지키게 하는 것이 세상 끝 날까지 예수와 항상 함께 있음을 경험하며 확증하는 것임을 가르쳐 주셨습니다.

그러므로 우리가 지금까지 예수님을 보지 못하고 믿을 수 있는 것은 썩지 아니할 씨, 곧 살아 있고 항상 있는 하나님의 말씀으로 인함입니다. 즉 세세토록 있는 주의 말씀으로 우리를 거듭나게 해주신 복을 믿고, 할렐루야로 하나님께 감사와 찬송을 드립니다.

마 28:18~20 [18]예수께서 나아와 말씀하여 이르시되 하늘과 땅의 모든 권세를 내게 주셨으니 [19]그러므로 너희는 가서 모든 민족을 제자로 삼아 아버지와 아들과 성령의 이름으로 세례(침례)를 베풀고 [20]내가 너희에게 분부한 모든 것을 가르쳐 지키게 하

라 볼지어다 내가 세상 끝날까지 너희와 항상 함께 있으리라 하시니라

요 17:20~22 ²⁰내가 비옵는 것은 이 사람들만 위함이 아니요 또 그들의 말로 말미암아 나를 믿는 사람들도 위함이니 ²¹아버지여, 아버지께서 내 안에, 내가 아버지 안에 있는 것같이 그들도 다 하나가 되어 우리 안에 있게 하사 세상으로 아버지께서 나를 보내신 것을 믿게 하옵소서 ²²내게 주신 영광을 내가 그들에게 주었사오니 이는 우리가 하나가 된 것같이 그들도 하나가 되게 하려 함이니이다

벧전 1:23~25 ²³너희가 거듭난 것은 썩어질 씨로 된 것이 아니요 썩지 아니할 씨로 된 것이니 살아 있고 항상 있는 하나님의 말씀으로 되었느니라 ²⁴그러므로 모든 육체는 풀과 같고 그 모든 영광은 풀의 꽃과 같으니 풀은 마르고 꽃은 떨어지되 ²⁵오직 주의 말씀은 세세토록 있도다 하였으니 너희에게 전한 복음이 곧 이 말씀이니라

80.
이 땅에 무섭고(기괴하고) 놀라운 일이 있도다

신 18:15~22 ¹⁵네 하나님 여호와께서 너희 가운데 네 형제 중에서 너를 위하여 나와 같은 선지자 하나를 일으키시리니 너희는 그의 말을 들을지니라 ¹⁶이것이 곧 네가 총회의 날에 호렙산에서 네 하나님 여호와께 구한 것이라 곧 네가 말하기를 내가 다시는 내 하나님 여호와의 음성을 듣지 않게 하시고 다시는 이 큰 불을 보지 않게 하소서 두렵건대 내가 죽을까 하나이다 하매 ¹⁷여호와께서 내게 이르시되 그들의 말이 옳도다 ¹⁸내가 그들의 형제 중에서 너와 같은 선지자 하나를 그들을 위하여 일으키고 내 말을 그 입에 두리니 내가 그에게 명령하는 것을 그가 무리에게 다 말하리라 ¹⁹누구든지 내 이름으로 전하는 내 말을 듣지 아니하는 자는 내게 벌을 받을 것이요 ²⁰만일 어떤 선지자가 내가 전하라고 명령하지 아니한 말을 제 마음대로 내 이름으로 전하든지 다른 신들의 이름으로 말하면 그 선지자는 죽임을 당하리라 하셨느니라 ²¹네가 마음속으로 이르기를 그 말이 여호와께서 이르신 말씀인지 우리가 어떻게 알리요 하리라 ²²만일 선지자가 있어 여호와의 이름으로 말한 일에 증험도 없고 성취함도 없으면 이는 여호와께서 말씀하신 것이 아니요 그 선지자가 제

마음대로 한 말이니 너는 그를 두려워하지 말지니라

왕상 22:19~28 [19]미가야가 이르되 그런즉 왕은 여호와의 말씀을 들으소서 내가 보니 여호와께서 그의 보좌에 앉으셨고 하늘의 만군이 그의 좌우편에 모시고 서 있는데 [20]여호와께서 말씀하시기를 누가 아합을 꾀어 그를 길르앗 라못에 올라가서 죽게 할꼬 하시니 하나는 이렇게 하겠다 하고 또 하나는 저렇게 하겠다 하였는데 [21]한 영이 나아와 여호와 앞에 서서 말하되 내가 그를 꾀겠나이다 [22]여호와께서 그에게 이르시되 어떻게 하겠느냐 이르되 내가 나가서 거짓말하는 영이 되어 그의 모든 선지자들의 입에 있겠나이다 여호와께서 이르시되 너는 꾀겠고 또 이루리라 나가서 그리하라 하셨은즉 [23]이제 여호와께서 거짓말하는 영을 왕의 이 모든 선지자의 입에 넣으셨고 또 여호와께서 왕에 대하여 화를 말씀하셨나이다 [24]그나아나의 아들 시드기야가 가까이 와서 미가야의 뺨을 치며 이르되 여호와의 영이 나를 떠나 어디로 가서 네게 말씀하시더냐 [25]미가야가 이르되 네가 골방에 들어가서 숨는 그날에 보리라 [26]이스라엘의 왕이 이르되 미가야를 잡아 성주 아몬과 왕자 요아스에게로 끌고 돌아가서 [27]말하기를 왕의 말씀이 이놈을 옥에 가두고 내가 평안히 돌아올 때까지 고생의 떡과 고생의 물을 먹이라 하였다 하라 [28]미가야가 이르되 왕이 참으로 평안히 돌아오시게 될진대 여호와께서 나를 통하여 말씀하지 아니하셨으리이다 또 이르되 너희 백성들아 다 들을지어다 하니라

렘 5:30~31 [30]이 땅에 무섭고 놀라운 일이 있도다 [31]선지자들은 거짓을 예언하며 제사장들은 자기 권력으로 다스리며 내 백

성은 그것을 좋게 여기니 마지막에는 너희가 어찌하려느냐

선지자들은 거짓을 예언하며 제사장들은 자기 권력으로 다스리며 하나님의 백성은 그것을 좋게 여기는, 이 무섭고(개역, 기괴하고) 놀라운 일이 어떻게 가능한 것일까요? 특히 선지자들이 거짓을 예언하는 것에 대해서 성경이 증거하는 두 가지 경우를 살펴보겠습니다. 첫 번째는, 신 18장 말씀대로 어떤 선지자가 하나님께서 전하라고 명령하지 않은 말을 제 마음대로, 하나님의 이름 또는 다른 신들의 이름으로 말하는 경우입니다. 두 번째는, 왕상 22장 말씀대로 여호와께서 거짓말하는 영을 왕의 모든 선지자의 입에 넣어서 거짓 예언을 하게 하시는 경우입니다.

신명기와 열왕기상과 예레미야의 말씀은, 하나님께서 예수 그리스도를 이 땅에 보내시기 전, 옛 언약(구약)의 시대를 배경으로 하고 있습니다. 그러나 만일 지금 새 언약(신약)의 시대를 살고 있는 우리에게 이와 같은 유사한 일이 있다면, 우리가 듣는 그 말이 하나님께서 전하라고 하신 말씀인지 어떻게 알 수 있겠습니까?

첫 번째 경우처럼, 제 마음대로 여호와의 이름이나 다른 신들의 이름으로 말하는 선지자는 죽임을 당하리라 하셨으며, 만일 여호와의 이름으로 말한 일에 증험도 없고 성취함도 없으면, 이는 여호와께서 말씀하신 것이 아니라고 가르쳐 주셨습니다. 제 마음대로 여호와의 이름이나 다른 신들의 이름으로 말하는 선지자가 죽임을 당하는 것은 구약 시대의 경우라고 생각합니다. 그러나 지금 신약 시대에도 하나님의 말씀을 전하는 사람들이 있어, 하나님의 이름으로 말한 일에 증험도 없고 성취함도 없으면, 이것은 하나님께서 말씀하신 것이 아닌 것으로 분별할 것입니다. 이것은 예나 지금이나 동일하다고 생각합니다.

모세가 언급한 '나 같은 선지자 하나를 세울 것'이라는 말씀은, 행 3:11~26의 베드로가 솔로몬 행각에서 설교한 내용대로, 하나님의 아들 예수 그리스도를 통해서 이루셨습니다. 또한 사무엘 때부터 이어 말한 모든 선지자도 이때를 가리켜 말하였고, '너희는 선지자들의 자손이요, 하나님의 언약의 자손'임을 증거했습니다.

이어서 두 번째 경우처럼, 하나님께서 허락하셔서 거짓된 진리를 전하는 사람들의 언행은 어떻게 분별할 수 있겠습니까? 살후 2장에서는 '악한 자의 나타남은 사탄의 활동을 따라 모든 능력과 표적과 거짓 기적과 불의의 모든 속임으로 멸망하는 자들에게 있음으로, 하나님이 미혹의 역사를 그들에게 보내사 거짓 것을 믿게 하심은 진리를 믿지 않고 불의를 좋아하는 모든 자들로 하여금 심판을 받게 하려 하심'을 증거하고, 딤후 4:3~4은 "때가 이르리니 사람이 바른 교훈을 받지 아니하며 귀가 가려워서 자기의 사욕을 따를 스승을 많이 두고 또 그 귀를 진리에서 돌이켜 허탄한 이야기를 따르리라"라고 증거하고 있습니다.

결론적으로, 고전 2장에서는 이러한 일은 영적인 것이기 때문에 '사람의 지혜가 가르친 말로 아니하고 오직 성령께서 가르치신 것으로 하니 영적인 일은 영적인 것으로 분별한다'라고 증거하고, 한 걸음 더 나아가서, 갈 5장에서는 '성령을 따라 행하라' 하시고, '만일 우리가 성령으로 살면 또한 성령으로 행하리라' 하였습니다. 이 사실을 성경을 통해 확인해 보겠습니다.

고전 2:10~16 ^{10}오직 하나님이 성령으로 이것을 우리에게 보이셨으니 성령은 모든 것 곧 하나님의 깊은 것까지도 통달하시느니라 ^{11}사람의 일을 사람의 속에 있는 영 외에 누가 알리요 이와 같이 하나님의 일도 하나님의 영 외에는 아무도 알지 못하느니라 ¹²우리가 세상의 영을 받지 아니하고 오직 하나님으로부터 온 영을 받았으니 이는 우리로 하여금 하나님께서 우리에게 은혜로 주신 것들을 알게 하려 하심이라 ¹³우리가 이것을 말하거니와 사람의 지혜가 가르친 말로 아니하고 오직 성령께서 가르치신 것으로 하니 영적인 일은 영적인 것으로 분별하느니라 ¹⁴육에 속한 사람은 하나님의 성령의 일들을 받지 아니하나니 이는 그것들이 그에게는 어리석게 보임이요, 또 그는 그것들을 알 수도 없나니 그러한 일은 영적으로 분별되기 때문이라 ¹⁵신령한 자는 모든 것을 판단하나 자기는 아무에게도 판단을 받지 아니하느니라 ¹⁶누가 주의 마음을 알아서 주를 가르치겠느냐 그러나 우리가 그리스도의 마음을 가졌느니라

갈 5:16~26 ¹⁶내가 이르노니 너희는 성령을 따라 행하라 그리하면 육체의 욕심을 이루지 아니하리라 ¹⁷육체의 소욕은 성령을 거스르고 성령은 육체를 거스르나니 이 둘이 서로 대적함으로 너희가 원하는 것을 하지 못하게 하려 함이니라 ¹⁸너희가 만일 성령의 인도하시는 바가 되면 율법 아래에 있지 아니하리라 ¹⁹육체의 일은 분명하니 곧 음행과 더러운 것과 호색과 ²⁰우상 숭배와 주술과 원수 맺는 것과 분쟁과 시기와 분냄과 당 짓는 것과 분열함과 이단과 ²¹투기와 술 취함과 방탕함과 또 그와 같은 것들이라 전에 너희에게 경계한 것 같이 경계하노니 이런 일을 하는 자들은 하나님의 나라를 유업으로 받지 못할 것이요 ²²오직 성령의 열매는 사랑과 희락과 화평과 오래 참음과 자비와 양선과 충성과 ²³온유와 절제니 이같은 것을 금지할 법이 없느니라 ²⁴그리스도 예수의 사람들은 육체와 함께 그 정욕과 탐심을 십자가에 못 박았느니라 ²⁵만일 우리가 성령으로 살면 또

한 성령으로 행할지니 ²⁶헛된 영광을 구하여 서로 노엽게 하거나 서로 투기하지 말지니라

살후 2:1~12 ¹형제들아 우리가 너희에게 구하는 것은 우리 주 예수 그리스도의 강림하심과 우리가 그 앞에 모임에 관하여 ²영으로나 또는 말로나 또는 우리에게서 받았다 하는 편지로나 주의 날이 이르렀다고 해서 쉽게 마음이 흔들리거나 두려워하거나 하지 말아야 한다는 것이라 ³누가 어떻게 하여도 너희가 미혹되지 말라 먼저 배교하는 일이 있고 저 불법의 사람 곧 멸망의 아들이 나타나기 전에는 그날이 이르지 아니하리니 ⁴그는 대적하는 자라 신이라고 불리는 모든 것과 숭배함을 받는 것에 대항하여 그 위에 자기를 높이고 하나님의 성전에 앉아 자기를 하나님이라고 내세우느니라 ⁵내가 너희와 함께 있을 때에 이 일을 너희에게 말한 것을 기억하지 못하느냐 ⁶너희는 지금 그로 하여금 그의 때에 나타나게 하려 하여 막는 것이 있는 것을 아나니 ⁷불법의 비밀이 이미 활동하였으나 지금은 그것을 막는 자가 있어 그중에서 옮겨질 때까지 하리라 ⁸그때에 불법한 자가 나타나리니 주 예수께서 그 입의 기운으로 그를 죽이시고 강림하여 나타나심으로 폐하시리라 ⁹악한 자의 나타남은 사탄의 활동을 따라 모든 능력과 표적과 거짓 기적과 ¹⁰불의의 모든 속임으로 멸망하는 자들에게 있으리니 이는 그들이 진리의 사랑을 받지 아니하여 구원함을 받지 못함이라 ¹¹이러므로 하나님이 미혹의 역사를 그들에게 보내사 거짓 것을 믿게 하심은 ¹²진리를 믿지 않고 불의를 좋아하는 모든 자들로 하여금 심판을 받게 하려 하심이라

81.
맡은 자들에게 주장하는 자세를 하지 말고 양 무리의 본이 되라

사 40:10~11 ¹⁰보라 주 여호와께서 장차 강한 자로 임하실 것이요 친히 그의 팔로 다스리실 것이라 보라 상급이 그에게 있고 보응이 그의 앞에 있으며 ¹¹그는 목자같이 양 떼를 먹이시며 어린 양을 그 팔로 모아 품에 안으시며 젖먹이는 암컷들을 온순히 인도하시리로다

마 23:1~12 ¹이에 예수께서 무리와 제자들에게 말씀하여 이르시되 ²서기관들과 바리새인들이 모세의 자리에 앉았으니 ³그러므로 무엇이든지 그들이 말하는 바는 행하고 지키되 그들이 하는 행위는 본받지 말라 그들은 말만 하고 행하지 아니하며 ⁴또 무거운 짐을 묶어 사람의 어깨에 지우되 자기는 이것을 한 손가락으로도 움직이려 하지 아니하며 ⁵그들의 모든 행위를 사람에게 보이고자 하나니 곧 그 경문 띠를 넓게 하며 옷술을 길게 하고 ⁶잔치의 윗자리와 회당의 높은 자리와 ⁷시장에서 문안 받는 것과 사람에게 랍비라 칭함을 받는 것을 좋아하느니라 ⁸그러나 너희는 랍비라 칭함을 받지 말라 너희 선생은 하나요 너희는 다 형제니라 ⁹땅에 있는 자를 아버지라 하지 말라 너희의 아버지

는 한 분이시니 곧 하늘에 계신 이시니라 ¹⁰또한 지도자라 칭함을 받지 말라 너희의 지도자는 한 분이시니 곧 그리스도시니라 ¹¹너희 중에 큰 자는 너희를 섬기는 자가 되어야 하리라 ¹²누구든지 자기를 높이는 자는 낮아지고 누구든지 자기를 낮추는 자는 높아지리라

벧전 5:1~4 ¹너희 중 장로들에게 권하노니 나는 함께 장로 된 자요 그리스도의 고난의 증인이요 나타날 영광에 참여할 자니라 ²너희 중에 있는 하나님의 양 무리를 치되 억지로 하지 말고 하나님의 뜻을 따라 자원함으로 하며 더러운 이득을 위하여 하지 말고 기꺼이 하며 ³맡은 자들에게 주장하는 자세를 하지 말고 양 무리의 본이 되라 ⁴그리하면 목자장이 나타나실 때에 시들지 아니하는 영광의 관을 얻으리라

'맡은 자들에게 주장하는 자세를 하지 말고 양 무리의 본이 되라'는 말씀은, 예수께서 부활하신 후 디베랴 호수에서 밤새 고기잡이를 했으나 아무것도 잡지 못해 지쳐 있는 제자들에게, 세 번째 자기를 나타내셔서 함께 조반을 드시고, 베드로에게 세 번이나 '내 어린 양을 먹이라, 내 양을 치라, 내 양을 먹이라'(요 21:15~17)는 말씀으로 목자의 사명을 주심으로, 그 사명을 예수님으로부터 직접 받은 베드로가, 그와 함께 장로 된 자들, 특히 목자의 소명을 받은 자들에게 권면하는 말씀입니다.

'너희 중에 있는 하나님의 양 무리를 치되 억지로 하지 말고 하나님의 뜻을 따라 자원함으로 하며 더러운 이득을 위하여 하지 말고 기꺼이 하며'라는 말씀에 따라, 목자의 실천 덕목을 하나하나 마음에 새기던 중에, 마지막 덕목인 '맡은 자들에게 주장하는 자세를 하

지 말고 양 무리의 본이 되라'라는 말씀이 심한 궁금증을 불러일으킵니다.

시편 23편에서 다윗은, 자신의 목자이신 여호와께서 그를 푸른 풀밭에 누이시고, 쉴 만한 물가로 인도하시며, 주의 지팡이와 막대기가 그를 안위하심을 노래하고 있습니다. 목자의 지팡이와 막대기는 내부적으로 양들을 잘 인도하기 위해서, 또 외부적으로는 해로운 짐승들과 도적들을 막기 위해서 필요한 도구들이라고 생각합니다. 목자의 일상은 때로는 고요할 수도, 때로는 목숨을 건 사투도 있으리라 짐작이 됩니다. 이러한 상황에서 어떻게 양 무리에게 주장하는 자세를 하지 않고 본이 될 수 있는지 계속되는 궁금증을 가지고, 실제로 외삼촌 라반의 양 떼를 20년간 돌보았던 야곱의 생생한 경험담과 목자와 관련된 하나님의 말씀들을 살펴보겠습니다.

창 31:38~40 [38]내가 이 이십 년을 외삼촌과 함께하였거니와 외삼촌의 암양들이나 암염소들이 낙태하지 아니하였고 또 외삼촌의 양 떼의 숫양을 내가 먹지 아니하였으며 [39]물려 찢긴 것은 내가 외삼촌에게로 가져가지 아니하고 낮에 도둑을 맞았든지 밤에 도둑을 맞았든지 외삼촌이 그것을 내 손에서 찾았으므로 내가 스스로 그것을 보충하였으며 [40]내가 이와 같이 낮에는 더위와 밤에는 추위를 무릅쓰고 눈 붙일 겨를도 없이 지냈나이다

요 10:11~15 [11]나는 선한 목자라 선한 목자는 양들을 위하여 목숨을 버리거니와 [12]삯꾼은 목자가 아니요 양도 제 양이 아니라 이리가 오는 것을 보면 양을 버리고 달아나나니 이리가 양을 물어 가고 또 헤치느니라 [13]달아나는 것은 그가 삯꾼인 까닭에 양을 돌보지 아니함이나 [14]나는 선한 목자라 나는 내 양을 알고 양

도 나를 아는 것이 ¹⁵아버지께서 나를 아시고 내가 아버지를 아는 것 같으니 나는 양을 위하여 목숨을 버리노라

엡 4:11~12 ¹¹그가 어떤 사람은 사도로, 어떤 사람은 선지자로, 어떤 사람은 복음 전하는 자로, 어떤 사람은 목사와 교사로 삼으셨으니 ¹²이는 성도를 온전하게 하여 봉사의 일을 하게 하며 그리스도의 몸을 세우려 하심이라

예수 그리스도의 몸 된 교회를 세우기 위해서 다양한 은사들과 직분들, 특히 목사(목자)와 교사의 직분을 주신 예수께서, 마 23장에서는 '랍비(선생)와 지도자로 칭함을 받지 말라'라고 하셨습니다. 계속되는 궁금증을 풀 수 있는 실마리를, 이어서 주시는 말씀 가운데서 주셨습니다. 너희 선생은 하나, 너희 아버지는 하늘에 계신 한 분, 너희 지도자는 한 분, 곧 그리스도이시고 너희는 다 형제라는 말씀입니다. '너희는 다 형제'라는 의미는 곧 모두가 양들이라는 의미일 것입니다. 물론 많은 양 무리 가운데는 엄마 양, 아빠 양, 아들, 딸, 즉 형제자매 된 많은 양들이 앞서고 뒤서며 섞여 있을 것입니다. 그러나 아무리 수를 셀 수 없는 많은 양들이 있더라도, 선한 목자는 예수 그리스도 한 분뿐이십니다. 아마도 그래서 이사야 선지자도 사 40:11에서 자식들을 먹이고, 가르치고, 길러야 하는 엄마 양들을 '젖 먹이는 암컷들'로 비유했으리라고 생각합니다. 아멘입니다. 유일한 선생이신 예수님으로부터 직접 목자의 사명을 받은 베드로 사도의 권면과 함께, 양들을 위해 목숨을 버리신 선한 목자를 본받아, 하나님의 복음뿐 아니라 목숨까지도 주기를 기뻐하던 이방인의 사도인 바울의 권면을 기억해 봅니다. 때로는 아버지로서 그리스도 예수 안에서 복음으로 자녀들을 낳고, 때로는 어머니로서 자녀들 속에 그리스도의 형

상을 이루기까지 다시 해산하는 수고를 하며, 때로는 유순한 유모로서 자기 자녀를 기름과 같이 사랑으로 젖 먹이는 암컷의 직분을 잘 감당했던 그는, 고전 11:1에서 "내가 그리스도를 본받는 자가 된 것같이 너희는 나를 본받는 자가 되라"라고 하고, 빌 4:9에서는 "너희는 내게 배우고 받고 듣고 본 바를 행하라 그리하면 평강의 하나님이 너희와 함께 계시리라"라고 간곡하게 권면하고 있습니다.

시 23:1~4 ¹여호와는 나의 목자시니 내게 부족함이 없으리로다 ²그가 나를 푸른 풀밭에 누이시며 쉴 만한 물가로 인도하시는도다 ³내 영혼을 소생시키시고 자기 이름을 위하여 의의 길로 인도하시는도다 ⁴내가 사망의 음침한 골짜기로 다닐지라도 해를 두려워하지 않을 것은 주께서 나와 함께 하심이라 주의 지팡이와 막대기가 나를 안위하시나이다

고전 4:14~16 ¹⁴내가 너희를 부끄럽게 하려고 이것을 쓰는 것이 아니라 오직 너희를 내 사랑하는 자녀같이 권하려 하는 것이라 ¹⁵그리스도 안에서 일만 스승이 있으되 아버지는 많지 아니하니 그리스도 예수 안에서 내가 복음으로써 너희를 낳았음이라 ¹⁶그러므로 내가 너희에게 권하노니 너희는 나를 본받는 자가 되라

갈 4:19~20 ¹⁹나의 자녀들아 너희 속에 그리스도의 형상을 이루기까지 다시 너희를 위하여 해산하는 수고를 하노니 ²⁰내가 이제라도 너희와 함께 있어 내 언성을 높이려 함은 너희에 대하여 의혹이 있음이라

살전 2:7~8 ⁷우리는 그리스도의 사도로서 마땅히 권위를 주장

할 수 있으나 도리어 너희 가운데서 유순한 자가 되어 유모가 자기 자녀를 기름과 같이 하였으니 ⁸우리가 이같이 너희를 사모하여 하나님의 복음뿐 아니라 우리의 목숨까지도 너희에게 주기를 기뻐함은 너희가 우리의 사랑하는 자 됨이라

82.
예수 그리스도와 영생을 함께 살 형제와 자매와 어머니

마 12:46~50 ⁴⁶예수께서 무리에게 말씀하실 때에 그의 어머니와 동생들이 예수께 말하려고 밖에 섰더니 ⁴⁷한 사람이 예수께 여짜오되 보소서 당신의 어머니와 동생들이 당신께 말하려고 밖에 서 있나이다 하니 ⁴⁸말하던 사람에게 대답하여 이르시되 누가 내 어머니이며 내 동생들이냐 하시고 ⁴⁹손을 내밀어 제자들을 가리켜 이르시되 나의 어머니와 나의 동생들을 보라 ⁵⁰누구든지 하늘에 계신 내 아버지의 뜻대로 하는 자가 내 형제요 자매요 어머니이니라 하시더라

요 1:12~13 ¹²영접하는 자 곧 그 이름을 믿는 자들에게는 하나님의 자녀가 되는 권세를 주셨으니 ¹³이는 혈통으로나 육정으로나 사람의 뜻으로 나지 아니하고 오직 하나님께로부터 난 자들이니라

요 19:25~27 ²⁵예수의 십자가 곁에는 그 어머니와 이모와 글로바의 아내 마리아와 막달라 마리아가 섰는지라 ²⁶예수께서 자기의 어머니와 사랑하시는 제자가 곁에 서 있는 것을 보시고 자기

어머니께 말씀하시되 여자여 보소서 아들이니이다 하시고 ²⁷또 그 제자에게 이르시되 보라 네 어머니라 하신대 그때부터 그 제자가 자기 집에 모시니라

요 20:16~18 ¹⁶예수께서 마리아야 하시거늘 마리아가 돌이켜 히브리 말로 랍오니 하니 (이는 선생님이라는 말이라) ¹⁷예수께서 이르시되 나를 붙들지 말라 내가 아직 아버지께로 올라가지 아니하였노라 너는 내 형제들에게 가서 이르되 내가 내 아버지 곧 너희 아버지, 내 하나님 곧 너희 하나님께로 올라간다 하라 하시니 ¹⁸막달라 마리아가 가서 제자들에게 내가 주를 보았다 하고 또 주께서 자기에게 이렇게 말씀하셨다 이르니라

행 2:36~47 ³⁶그런즉 이스라엘 온 집은 확실히 알지니 너희가 십자가에 못 박은 이 예수를 하나님이 주와 그리스도가 되게 하셨느니라 하니라 ³⁷그들이 이 말을 듣고 마음에 찔려 베드로와 다른 사도들에게 물어 이르되 형제들아 우리가 어찌할꼬 하거늘 ³⁸베드로가 이르되 너희가 회개하여 각각 예수 그리스도의 이름으로 세례(침례)를 받고 죄 사함을 받으라 그리하면 성령의 선물을 받으리니 ³⁹이 약속은 너희와 너희 자녀와 모든 먼 데 사람 곧 주 우리 하나님이 얼마든지 부르시는 자들에게 하신 것이라 하고 ⁴⁰또 여러 말로 확증하며 권하여 이르되 너희가 이 패역한 세대에서 구원을 받으라 하니 ⁴¹그 말을 받은 사람들은 세례(침례)를 받으매 이날에 신도의 수가 삼천이나 더하더라 ⁴²그들이 사도의 가르침을 받아 서로 교제하고 떡을 떼며 오로지 기도하기를 힘쓰니라 ⁴³사람마다 두려워하는데 사도들로 말미암아 기사와 표적이 많이 나타나니 ⁴⁴믿는 사람이 다 함께 있어 모

든 물건을 서로 통용하고 ⁴⁵또 재산과 소유를 팔아 각 사람의 필요를 따라 나눠 주며 ⁴⁶날마다 마음을 같이하여 성전에 모이기를 힘쓰고 집에서 떡을 떼며 기쁨과 순전한 마음으로 음식을 먹고 ⁴⁷하나님을 찬미하며 또 온 백성에게 칭송을 받으니 주께서 구원받는 사람을 날마다 더하게 하시니라

행 4:32~37 ³²믿는 무리가 한마음과 한뜻이 되어 모든 물건을 서로 통용하고 자기 재물을 조금이라도 자기 것이라 하는 이가 하나도 없더라 ³³사도들이 큰 권능으로 주 예수의 부활을 증언하니 무리가 큰 은혜를 받아 ³⁴그중에 가난한 사람이 없으니 이는 밭과 집 있는 자는 팔아 그 판 것의 값을 가져다가 ³⁵사도들의 발 앞에 두매 그들이 각 사람의 필요를 따라 나누어 줌이라 ³⁶구브로에서 난 레위족 사람이 있으니 이름은 요셉이라 사도들이 일컬어 바나바라(번역하면 위로의 아들이라) 하니 ³⁷그가 밭이 있으매 팔아 그 값을 가지고 사도들의 발 앞에 두니라

행 17:26~27 ²⁶인류의 모든 족속을 한 혈통으로 만드사 온 땅에 살게 하시고 그들의 연대를 정하시며 거주의 경계를 한정하셨으니 ²⁷이는 사람으로 혹 하나님을 더듬어 찾아 발견하게 하려 하심이로되 그는 우리 각 사람에게서 멀리 계시지 아니하도다

하나님께서는 인류의 모든 족속을 아담의 한 혈통으로 만드사, 하와와 연합하여 둘이 한 몸을 이루게 하셨습니다. 그 결과로 거의 모든 사람들은 혈통과 육정과 사람의 뜻대로 살아갑니다. 대충 사람의 생각으로 어림잡아도, 육천 년 이상이 지났기 때문에 정확한 계보나 족보, 그에 따른 촌수를 셈하기 어려울 뿐이지, 첫 사람 아담

의 후손인 유색인종, 무색인종을 포함한 모든 사람들은 한 피를 받아 한 몸 이룬 일가친척인 것이 분명한 사실입니다. 하나님의 말씀(성경)을 세세토록 변함이 없는 진리의 말씀으로 믿는다면, 우리 모든 사람들이 남이 아니라는 것도 불변의 사실일 것입니다.

대부분의 사람들은 보통 가족이나 식구라고 생각하는 사람들과는 내 것, 네 것을 잘 따지지 않습니다. 그러나 가족이나 식구가 아닌 남이라고 생각하는 사람들과는 철저하게 내 것, 네 것을 따지는 것이 당연하기도 하고, 익숙하게 몸에 밴 습관이기도 할 것입니다. 물론 현대인들이 살아가는 다양한 삶의 방식과 습관에는 다양한 예외도 많이 있을 것입니다. 예를 들면 어려운 이웃을 위한 구제, 봉사, 헌신 등 살신성인의 자세와 이타주의의 신념으로 살기도 하고 죽기도 하는 존경스러운 분들입니다.

일부 사람들은 앞에서 예로든 존경스러운 위인들을 통해서 이웃이나 타자와의 사랑을 경험하기도 하지만, 대부분의 경우에는 가족이라는 공동체를 통해서 식구들이나 타자와의 사랑을 경험하는 것이 일반적일 것입니다. 다른 설명이 필요 없는 가족 또는 가정이라는 사랑의 공동체가 있는 사람이라면, 누구든지 생각만 해도 뭉클해지고, 가슴 한편이 저려 오는 것을 숨길 수 없을 것입니다.

그러나 이렇게 가족과 가정에서 나누는 사랑이 한없이 귀하고 숭고하더라도 그것이 일시적이고, 부분적이며, 제한적이라는 사실 또한 부인할 수 없는 것입니다. 물론 이러한 전제에도 해당하지 않는 많은 사례들이 있다는 것 또한 슬프기도 하지만 인정하지 않을 수 없는 현실이기도 합니다. 예를 들어 태어날 때부터 가족과 가정의 사랑을 전혀 경험할 수 없는 경우와, 그렇지 않은 가족과 가정이 있다고 할지라도, 그 안에서 이웃들이 상상할 수도 없는 불행한 삶을 살아가는 경우가 있습니다. 이러한 현실들은 롬 12:3의 "내게 주신 은혜로 말미암아 너희 각 사람에게 말하노니 마땅히 생각할 그 이상의 생각을 품지 말고 오직 하나님께서 각 사람에게 나누어 주신 믿음의 분량대로 지혜롭게 생각하라"라는 말씀에 의탁해야 할 문제라고 생각합니다.

필자도 비교적 오랫동안 성경을 공부하면서, 개인적으로는 도저히 이해하기가 쉽지 않고, 경험해 볼 수도 없는 꿈과 같은 이야기의 실상을 성경에서 보고, 듣고, 배우고, 이해하며 경험할 수 있었습니다. 이제부터 예수 그리스도와 영생 곧 일백 년, 일천 년, 일만 년이 아닌 영원한 생명을 함께 살아갈 형제와 자매와 모친 된 사람들과 관련된 말씀들을 상고해 보겠습니다.

이 사람들 역시 첫 사람 아담의 혈통으로 태어나 육정과 사람의 뜻으로 살았지만, 혈과 육은 하나님의 나라를 유업으로 받을 수 없기에 복음을 듣고, 회개하고, 예수 그리스도의 이름으로 세례(침례)를 받고, 죄 사함을 받고, 하나님의 살아 있고 항상 있는 말씀으로 거듭난 사람들일 것입니다. 성경은 이들을 요 1:13에서 "이는 혈통으로나 육정으로나 사람의 뜻으로 나지 아니하고 오직 하나님께로부터 난 자들이니라" 하고, 약 1:18에서는 "그가 그 피조물 중에 우리로 한 첫 열매가 되게 하시려고 자기의 뜻을 따라 진리의 말씀으로 우리를 낳으셨느니라"라고 증거하고 있습니다.

예수께서는 '하늘에 계신 내 아버지의 뜻대로 행하는 자라야 천국에 들어가리라'라고 말씀하시고, 그들을 '아름다운 열매를 맺는 좋은 나무'로 비유하시고, '그의 열매로 그들을 알리라'라고 하셨습니다.

> 마 7:19~21 [19]아름다운 열매를 맺지 아니하는 나무마다 찍혀 불에 던져지느니라 [20]이러므로 그들의 열매로 그들을 알리라

²¹나더러 주여 주여 하는 자마다 다 천국에 들어갈 것이 아니요 다만 하늘에 계신 내 아버지의 뜻대로 행하는 자라야 들어가리라

하늘에 계신 아버지의 뜻대로 행하는 자들이 어떻게, 얼마나 아름다운 열매를 맺는지는, 이미 행 2장과 4장에서 증거하고 있습니다. 그 열매는, 곧 온 백성에게 칭송을 받고 주께서 구원받는 사람을 날마다 더하게 하시고, 믿는 무리가 한마음과 한뜻이 되어 모든 물건을 서로 통용하고, 자기 재물을 조금이라도 자기 것이라 하는 이가 없는 예수 그리스도의 몸 된 교회임을 증거하고 있습니다.

인류 모든 족속을 한 혈통으로 만드신 하나님께서는, 아담을 깊이 잠들게 하시고, 아담의 갈빗대 하나를 취하여 돕는 배필인 하와를 만드시고, 남자가 부모를 떠나 그 아내와 합하여 둘이 한 몸을 이루라고 하셨습니다. 그 말씀대로, 예수께서 하늘에 계신 아버지를 떠나 십자가에서 죽으시고 사흘 만에 부활하심으로 하나님이 자기 피로 사신 교회, 즉 신부와 한 몸을 이루는 혼인 잔치를 준비하기 시작하셨습니다. 이를 엡 5:31~32은 "그러므로 사람이 부모를 떠나 그의 아내와 합하여 그 둘이 한 육체가 될지니 이 비밀이 크도다 나는 그리스도와 교회에 대하여 말하노라"라고 증거하고 있습니다.

비록 탐욕으로 인해, 성령을 속인 아나니아와 삽비라의 일과 스데반의 순교 그리고 그날에, 예루살렘에 큰 핍박이 난 일로, 사도 외에는 다 유대와 사마리아 모든 땅으로 흩어지는 등 예루살렘에 있는 교회가 큰 손상과 피해를 당했지만, 이것은 예수 그리스도의 몸인 생명의 공동체, 사랑의 공동체가 예수께서 죽음 가운데 부활 승천하신 후, 오순절에 성령 강림하심을 통해 갓 태어난 어린아이와 같은 신약 시대의 초대 교회가 감당해야만 하는 일이었습니다. 이것은 마귀의 간계에 의한, 정사와 권세와 어둠의 세상 주관자들과, 하늘에 있는 악한 영들과의 큰 싸움의 서막에 불과했습니다. 물론 이 싸움은 우리의 힘만으로는 도저히 이길 수 없는 것임을 날마다, 순간마다 경험하고 있습니다. 그러나 이 싸움은 예수께서 십자가 고난을 당하시기 전에 이미, 요 16:33 하반절에서 "세상에서는 너희가 환난을 당하나 담대하라 내가 세상을 이기었노라"라고 승전 선언을 하셨다는 사실을 믿음으로, 주님과 함께 참전하고 있는 것입니다.

예수 그리스도와 함께 영생을 누릴, 하나님의 뜻대로 행하는 자들의 삶에 대해서, 특히 그의 몸 된 지체들, 즉 교회에게 주시는 비유의 말씀을 두 가지로 정리해 보면 이렇습니다. 하나는 하나님께서 정한 때까지, 이 세상의 권세를 잡고 있는 마귀의 간계를 대적하기 위해, 하나님의 전신갑주를 입고, 예수께서 이미 승전고를 울리신 이 영적 전쟁에 참전하는 것과, 또 하나는 신랑 되신 예수께서, 혼인 잔치 후에 신부와 함께 할 거처를 예비하러 가셨는데, 예비하면 다시 오시겠다고 약속하신 대로, 신부 된 교회도 신랑이신 예수 그리스도를 위한 단장을 예비하는 삶이라고 생각합니다.

만왕의 왕이시며, 만주의 주이신 아버지 하나님의 맏아들이시며, 신랑이신 예수 그리스도께 합당한 신부로 단장되기 위해, 그리스도의 장성한 분량의 충만한 데까지 이르기를 권면하는 말씀들을 상고해 보겠습니다.

> 요 14:1~3 ¹너희는 마음에 근심하지 말라 하나님을 믿으니 또 나를 믿으라 ²내 아버지 집에 거할 곳이 많도다 그렇지 않으면 너희에게 일렀으리라 내가 너희를 위하여 거처를 예비하러 가노니 ³가서 너희를 위하여 거처를 예비하면 내가 다시 와서 너희를 내게로 영접하여 나 있는 곳에 너희도 있게 하리라

엡 4:13~16 ¹³우리가 다 하나님의 아들을 믿는 것과 아는 일에 하나가 되어 온전한 사람을 이루어 그리스도의 장성한 분량이 충만한 데까지 이르리니 ¹⁴이는 우리가 이제부터 어린아이가 되지 아니하여 사람의 속임수와 간사한 유혹에 빠져 온갖 교훈의 풍조에 밀려 요동하지 않게 하려 함이라 ¹⁵오직 사랑 안에서 참된 것을 하여 범사에 그에게까지 자랄지라 그는 머리니 곧 그리스도라 ¹⁶그에게서 온몸이 각 마디를 통하여 도움을 받음으로 연결되고 결합되어 각 지체의 분량대로 역사하여 그 몸을 자라게 하며 사랑 안에서 스스로 세우느니라

엡 6:10~17 ¹⁰끝으로 너희가 주 안에서와 그 힘의 능력으로 강건하여지고 ¹¹마귀의 간계를 능히 대적하기 위하여 하나님의 전신 갑주를 입으라 ¹²우리의 씨름은 혈과 육을 상대하는 것이 아니요 통치자들과 권세들과 이 어둠의 세상 주관자들과 하늘에 있는 악의 영들을 상대함이라 ¹³그러므로 하나님의 전신 갑주를 취하라 이는 악한 날에 너희가 능히 대적하고 모든 일을 행한 후에 서기 위함이라 ¹⁴그런즉 서서 진리로 너희 허리 띠를 띠고 의의 호심경을 붙이고 ¹⁵평안의 복음이 준비한 것으로 신을 신고 ¹⁶모든 것 위에 믿음의 방패를 가지고 이로써 능히 악한 자의 모든 불화살을 소멸하고 ¹⁷구원의 투구와 성령의 검 곧 하나님의 말씀을 가지라

계 21:1~2 ¹또 내가 새 하늘과 새 땅을 보니 처음 하늘과 처음 땅이 없어졌고 바다도 다시 있지 않더라 ²또 내가 보매 거룩한 성 새 예루살렘이 하나님께로부터 하늘에서 내려오니 그 준비한 것이 신부가 남편을 위하여 단장한 것 같더라

이번 주제에 대한 결론을 정리해 보겠습니다. 예수 그리스도와 영생을 함께 살아가야 할 형제와 자매의 삶이 어떠해야 하는지, 하늘에 계신 아버지의 뜻대로 행하는 자들의 삶은 어떠한 것인지를, 예루살렘 교회에서 증거 된 삶을 통해서 보고, 듣고, 배울 수 있을 것입니다. 이를 실천하는 것이 곧 하늘에 계신 아버지의 뜻대로 행하는 것임은 두말할 필요가 없을 것입니다. 다만 한 가지 애석한 것은 아나니아와 삽비라를 통한 마귀의 간계와 함께 예루살렘 교회의 큰 핍박으로 디아스포라(diaspora)가 되면서, 가시적으로도 빛과 소금의 역할로 아름다운 열매를 맺던 교회의 삶이 지하화되고, 수면 아래로 가라앉는 계기가 되었다는 것입니다. 이것을 조금 더 구체적이고 사실적으로 생각해 보면, 마치 궁극적인 아름다운 열매를 예표하는 살아 있는 씨앗이, 차갑고 어두운 흙 속으로 심겨지기 직전까지, 그 생명력을 발산하는 모습, 즉 장래의 형체인 열매를 품고 있는 씨에 비유하고 싶습니다.

그러나 또 한 가지 분명히 기억해야 할 사실이 있습니다. 예수 그리스도의 몸 된 교회가, 아무리 많은 핍박과 고난을 통해서 상처와 고통을 받고, 곧 생명이 소멸될 것 같은 죽음의 위기와 암흑기를 당하더라도, 예수 그리스도께서 자신의 피로 값 주고 사신 교회를 신부 삼아 영생을 함께하시기까지 보호하신다는 사실입니다.

'주여, 주여' 하며 살고 있는 자칭 그리스도인들 중, 하나님의 뜻대로 행하는 그리스도인, 즉 하늘에 계시는 아버지의 마음을 기쁘시게 해드리는 그리스도인이 누구인지, 얼마나 되는지 외모를 보고는 알 수 없습니다. 그러나 지금 이 순간 '유일하신 참 하나님과 그가 보내신 자 예수 그리스도를 아는'(요 17:3 참조) 모든 자칭 그리스도인들이 각자의 삶을 돌아보고, 자신들의 믿음을 확증하는 계기가 되었으면 좋겠습니다.

이 세상에서 하나님을 전혀 모르고 살아가는 사람들도 대부분은 '피는 물보다 더 진하다'는 속설대로, 한 번뿐인 일생을 살면서, 이 모양 저 모양으로, 물보다 더 진한 혈통과 육정으로 맺어진 피의 사랑을 나누며 살아왔고, 지금도 그렇게 진한 사랑을 나누며 살아가고 있습니다. 그런데 그리스도인이라고 자칭하는 사람들이, 더 나아가 서로를 그리스도인으로, 하나님의 자녀로 생각하고 형제자매로 칭하는 사람들과, 한 아버지의 사랑을 받고 성도로 부르심을 받았다고 칭하는 사람들과, 단 한 번의 일생이 아닌 영원한 생을 함께 살아야 하는 사람들이, 땅에 속한 첫 사람 아담의 생령(산 영)에 의해서도 한 피를 물려받았지만, 이제는 하늘에 속한 둘째 사람, 마지막 아담의 살려주는 영이 되신 예수 그리스도의 영원한 속죄를 이루신 피에 의해 한 몸으로, 각각의 지체들로, 교회로 부르심을 받은 사람들과는 어떠한 삶을 나누며 살고 있는지, 또한 앞으로는 어떠한 삶을 나누며 살아야 하는가를 깊이 생각하며, 하나님의 뜻대로 행하는 삶을 살 수 있기를 예수님의 이름으로 간절히 기도합니다. 아멘.

창 2:18~25 [18]여호와 하나님이 이르시되 사람이 혼자 사는 것이 좋지 아니하니 내가 그를 위하여 돕는 배필을 지으리라 하시니라 [19]여호와 하나님이 흙으로 각종 들짐승과 공중의 각종 새를 지으시고 아담이 무엇이라고 부르나 보시려고 그것들을 그에게로 이끌어 가시니 아담이 각 생물을 부르는 것이 곧 그 이름이 되었더라 [20]아담이 모든 가축과 공중의 새와 들의 모든 짐승에게 이름을 주니라 아담이 돕는 배필이 없으므로 [21]여호와 하나님이 아담을 깊이 잠들게 하시니 잠들매 그가 그 갈빗대 하나를 취하고 살로 대신 채우시고 [22]여호와 하나님이 아담에게서 취하신 그 갈빗대로 여자를 만드시고 그를 아담에게로 이끌어 오시니 ²³아담이 이르되 이는 내 뼈 중의 뼈요 살 중의 살이라 이것을 남자에게서 취하였은즉 여자라 부르리라 하니라 ²⁴이러므로 남자가 부모를 떠나 그의 아내와 합하여 둘이 한 몸을 이룰지로다 ²⁵아담과 그의 아내 두 사람이 벌거벗었으나 부끄러워하지 아니하니라

행 8:1~3 ¹사울은 그가 죽임 당함을 마땅히 여기더라 그날에 예루살렘에 있는 교회에 큰 박해가 있어 사도 외에는 다 유대와 사마리아 모든 땅으로 흩어지니라 ²경건한 사람들이 스데반을 장사하고 위하여 크게 울더라 ³사울이 교회를 잔멸할새 각 집에 들어가 남녀를 끌어다가 옥에 넘기니라

행 20:28 여러분은 자기를 위하여 또는 온 양 떼를 위하여 삼가라 성령이 그들 가운데 여러분을 감독자로 삼고 하나님이 자기 피로 사신 교회를 보살피게 하셨느니라

고전 15:45~50 ⁴⁵기록된 바 첫 사람 아담은 생령이 되었다 함과 같이 마지막 아담은 살려 주는 영이 되었나니 ⁴⁶그러나 먼저는 신령한 사람이 아니요 육의 사람이요 그 다음에 신령한 사람이니라 ⁴⁷첫 사람은 땅에서 났으니 흙에 속한 자이거니와 둘째 사람은 하늘에서 나셨느니라 ⁴⁸무릇 흙에 속한 자들은 저 흙에 속한 자와 같고 무릇 하늘에 속한 자들은 저 하늘에 속한 이와 같으니 ⁴⁹우리가 흙에 속한 자의 형상을 입은 것같이 또한 하늘에 속한 이의 형상을 입으리라 ⁵⁰형제들아 내가 이것을 말하노니 혈과 육은 하나님 나라를 이어받을 수 없고 또한 썩는 것은 썩지 아니하는 것을 유업으로 받지 못하느니라

히 9:11~14 ¹¹그리스도께서는 장래 좋은 일의 대제사장으로 오사 손으로 짓지 아니한 것 곧 이 창조에 속하지 아니한 더 크고 온전한 장막으로 말미암아 ¹²염소와 송아지의 피로 하지 아니하고 오직 자기의 피로 영원한 속죄를 이루사 단번에 성소에 들어가셨느니라 ¹³염소와 황소의 피와 및 암송아지의 재를 부정한 자에게 뿌려 그 육체를 정결하게 하여 거룩하게 하거든 ¹⁴하물며 영원하신 성령으로 말미암아 흠 없는 자기를 하나님께 드린 그리스도의 피가 어찌 너희 양심을 죽은 행실에서 깨끗하게 하고 살아 계신 하나님을 섬기게 하지 못하겠느냐

83.
썩어질 씨와 썩지 아니할 씨

요 12:23~25 ²³예수께서 대답하여 이르시되 인자가 영광을 얻을 때가 왔도다 ²⁴내가 진실로 진실로 너희에게 이르노니 한 알의 밀이 땅에 떨어져 죽지 아니하면 한 알 그대로 있고 죽으면 많은 열매를 맺느니라 ²⁵자기의 생명을 사랑하는 자는 잃어버릴 것이요 이 세상에서 자기의 생명을 미워하는 자는 영생하도록 보전하리라

고전 15:35~58 ³⁵누가 묻기를 죽은 자들이 어떻게 다시 살아나며 어떠한 몸으로 오느냐 하리니 ³⁶어리석은 자여 네가 뿌리는 씨가 죽지 않으면 살아나지 못하겠고 ³⁷또 네가 뿌리는 것은 장래의 형체를 뿌리는 것이 아니요 다만 밀이나 다른 것의 알맹이뿐이로되 ³⁸하나님이 그 뜻대로 그에게 형체를 주시되 각 종자에게 그 형체를 주시느니라 ³⁹육체는 다 같은 육체가 아니니 하나는 사람의 육체요 하나는 짐승의 육체요 하나는 새의 육체요 하나는 물고기의 육체라 ⁴⁰하늘에 속한 형체도 있고 땅에 속한 형체도 있으나 하늘에 속한 것의 영광이 따로 있고 땅에 속한 것의 영광이 따로 있으니 ⁴¹해의 영광이 다르고 달의 영광이

다르며 별의 영광도 다른데 별과 별의 영광이 다르도다 [42]죽은 자의 부활도 그와 같으니 썩을 것으로 심고 썩지 아니할 것으로 다시 살아나며 [43]욕된 것으로 심고 영광스러운 것으로 다시 살아나며 약한 것으로 심고 강한 것으로 다시 살아나며 [44]육의 몸으로 심고 신령한 몸으로 다시 살아나나니 육의 몸이 있은즉 또 영의 몸도 있느니라 [45]기록된 바 첫 사람 아담은 생령이 되었다 함과 같이 마지막 아담은 살려 주는 영이 되었나니 [46]그러나 먼저는 신령한 사람이 아니요 육의 사람이요 그다음에 신령한 사람이니라 [47]첫 사람은 땅에서 났으니 흙에 속한 자이거니와 둘째 사람은 하늘에서 나셨느니라 [48]무릇 흙에 속한 자들은 저 흙에 속한 자와 같고 무릇 하늘에 속한 자들은 저 하늘에 속한 이와 같으니 [49]우리가 흙에 속한 자의 형상을 입은 것같이 또한 하늘에 속한 이의 형상을 입으리라 [50]형제들아 내가 이것을 말하노니 혈과 육은 하나님 나라를 이어받을 수 없고 또한 썩는 것은 썩지 아니하는 것을 유업으로 받지 못하느니라 [51]보라 내가 너희에게 비밀을 말하노니 우리가 다 잠잘 것이 아니요 마지막 나팔에 순식간에 홀연히 다 변화되리니 [52]나팔 소리가 나매 죽은 자들이 썩지 아니할 것으로 다시 살아나고 우리도 변화되리라 [53]이 썩을 것이 반드시 썩지 아니할 것을 입겠고 이 죽을 것이 죽지 아니함을 입으리로다 [54]이 썩을 것이 썩지 아니함을 입고 이 죽을 것이 죽지 아니함을 입을 때에는 사망을 삼키고 이기리라고 기록된 말씀이 이루어지리라 [55]사망아 너의 승리가 어디 있느냐 사망아 네가 쏘는 것이 어디 있느냐 [56]사망이 쏘는 것은 죄요 죄의 권능은 율법이라 [57]우리 주 예수 그리스도로 말미암아 우리에게 승리를 주시는 하나님께 감사하노니 [58]그러므로 내 사랑하는 형제들아 견실하며 흔들리지 말고 항상 주의 일

에 더욱 힘쓰는 자들이 되라 이는 너희 수고가 주 안에서 헛되지 않은 줄 앎이라

벧전 1:3~4, 23 ³우리 주 예수 그리스도의 아버지 하나님을 찬송하리로다 그의 많으신 긍휼대로 예수 그리스도를 죽은 자 가운데서 부활하게 하심으로 말미암아 우리를 거듭나게 하사 산 소망이 있게 하시며 ⁴썩지 않고 더럽지 않고 쇠하지 아니하는 유업을 잇게 하시나니 곧 너희를 위하여 하늘에 간직하신 것이라… ²³너희가 거듭난 것은 썩어질 씨로 된 것이 아니요 썩지 아니할 씨로 된 것이니 살아 있고 항상 있는 하나님의 말씀으로 되었느니라

성경은 우리에게 썩어질 씨와 썩지 아니할 씨에 대하여 여러 부분과 여러 모양으로 설명해 주고 있습니다. 그중 가장 많은 부분이 첫째는, 하나님의 장자이시며 첫 열매이신 예수 그리스도, 이어서 둘째, 셋째로 이어지는 많은 자녀들과, 많은 열매들의 죽음과 부활에 대한 비유일 것입니다. 예수께서도 자신의 죽음과 부활에 대해, 한 알의 밀이 땅에 떨어져 죽으면 많은 열매를 맺는 것으로 비유하셨고, 사도행전의 저자인 누가는 선지자 다윗이 예수 그리스도의 부활을 미리 보고 말한 것을, 행 2:30~32에서 "³⁰그는 선지자라 하나님이 이미 맹세하사 그 자손 중에서 한 사람을 그 위에 앉게 하리라 하심을 알고 ³¹미리 본 고로 그리스도의 부활을 말하되 그가 음부에 버림이 되지 않고 그의 육신이 썩음을 당하지 아니하시리라 하더니 ³²이 예수를 하나님이 살리신지라 우리가 다 이 일에 증인이로다"라고 증거하고 있습니다.

사도 바울은 고전 15장에서, 죽은 자와 산 자의 부활에 대해 42절

에서는 "죽은 자의 부활도 그와 같으니 썩을 것으로 심고 썩지 아니할 것으로 다시 살아나며"라고 증거하며, 51~54절에서는 "[51]보라 내가 너희에게 비밀을 말하노니 우리가 다 잠잘 것이 아니요 마지막 나팔에 순식간에 홀연히 다 변화되리니 [52]나팔 소리가 나매 죽은 자들이 썩지 아니할 것으로 다시 살아나고 우리도 변화되리라 [53]이 썩을 것이 반드시 썩지 아니할 것을 입겠고 이 죽을 것이 죽지 아니함을 입으리로다 [54]이 썩을 것이 썩지 아니함을 입고 이 죽을 것이 죽지 아니함을 입을 때에는 사망을 삼키고 이기리라고 기록된 말씀이 이루어지리라"라고 말씀하고 있습니다.

이제 죽음과 부활에 이어서, 다른 비유에 대해서도 살펴보겠습니다. 먼저 썩을 양식과 영생하도록 있는 양식, 그리고 썩지 아니함을 구하는 자에게 주시는 영생과, 불의를 따르는 자에게 주시는 진노와 분노, 썩을 면류관과 썩지 아니할 것, 자기의 육체를 위하여 심는 자가 거둘 썩어질 것과, 성령을 위하여 심는 자가 거둘 영생, 영원하신 왕 곧 썩지 아니하고 보이지 아니하고 홀로 하나이신 하나님을 찬양, 이어서 예수 그리스도 안에서 아내 된 자들의 단장은, '오직 마음에 숨은 사람을 온유하고 안정한 심령의 썩지 아니할 것으로 하라 이는 하나님 앞에 값진 것이니라'라는 말씀은 우리의 심중에 깊이 새겨야 할 것입니다.

> 요 6:27~29 [27]썩을 양식을 위하여 일하지 말고 영생하도록 있는 양식을 위하여 하라 이 양식은 인자가 너희에게 주리니 인자는 아버지 하나님께서 인치신 자니라 [28]그들이 묻되 우리가 어떻게 하여야 하나님의 일을 하오리이까 [29]예수께서 대답하여 이르시되 하나님께서 보내신 이를 믿는 것이 하나님의 일이니

라 하시니

행 2:23~32 ²³그가 하나님께서 정하신 뜻과 미리 아신 대로 내준 바 되었거늘 너희가 법 없는 자들의 손을 빌려 못 박아 죽였으나 ²⁴하나님께서 그를 사망의 고통에서 풀어 살리셨으니 이는 그가 사망에 매여 있을 수 없었음이라 ²⁵다윗이 그를 가리켜 이르되 내가 항상 내 앞에 계신 주를 뵈었음이여 나로 요동하지 않게 하기 위하여 그가 내 우편에 계시도다 ²⁶그러므로 내 마음이 기뻐하였고 내 혀도 즐거워하였으며 육체도 희망에 거하리니 ²⁷이는 내 영혼을 음부에 버리지 아니하시며 주의 거룩한 자로 썩음을 당하지 않게 하실 것임이로다 ²⁸주께서 생명의 길을 내게 보이셨으니 주 앞에서 내게 기쁨이 충만하게 하시리로다 하였으므로 ²⁹형제들아 내가 조상 다윗에 대하여 담대히 말할 수 있노니 다윗이 죽어 장사되어 그 묘가 오늘까지 우리 중에 있도다 ³⁰그는 선지자라 하나님이 이미 맹세하사 그 자손 중에서 한 사람을 그 위에 앉게 하리라 하심을 알고 ³¹미리 본 고로 그리스도의 부활을 말하되 그가 음부에 버림이 되지 않고 그의 육신이 썩음을 당하지 아니하시리라 하더니 ³²이 예수를 하나님이 살리신지라 우리가 다 이 일에 증인이로다

롬 2:6~8 ⁶하나님께서 각 사람에게 그 행한 대로 보응하시되 ⁷참고 선을 행하여 영광과 존귀와 썩지 아니함을 구하는 자에게는 영생으로 하시고 ⁸오직 당을 지어 진리를 따르지 아니하고 불의를 따르는 자에게는 진노와 분노로 하시리라

고전 9:25 이기기를 다투는 자마다 모든 일에 절제하나니 그들

은 썩을 승리자의 관을 얻고자 하되 우리는 썩지 아니할 것을 얻고자 하노라

갈 6:7~8 ⁷스스로 속이지 말라 하나님은 업신여김을 받지 아니하시나니 사람이 무엇으로 심든지 그대로 거두리라 ⁸자기의 육체를 위하여 심는 자는 육체로부터 썩어질 것을 거두고 성령을 위하여 심는 자는 성령으로부터 영생을 거두리라

딤전 1:17 영원하신 왕 곧 썩지 아니하고 보이지 아니하고 홀로 하나이신 하나님께 존귀와 영광이 영원무궁하도록 있을지어다 아멘

벧전 3:3~4 ³너희의 단장은 머리를 꾸미고 금을 차고 아름다운 옷을 입는 외모로 하지 말고 ⁴오직 마음에 숨은 사람을 온유하고 안정한 심령의 썩지 아니할 것으로 하라 이는 하나님 앞에 값진 것이니라

84.
내가 진실로 속히 오리라

마 24:32~44 ³²무화과나무의 비유를 배우라 그 가지가 연하여지고 잎사귀를 내면 여름이 가까운 줄을 아나니 ³³이와 같이 너희도 이 모든 일을 보거든 인자가 가까이 곧 문 앞에 이른 줄 알라 ³⁴내가 진실로 너희에게 말하노니 이 세대가 지나가기 전에 이 일이 다 일어나리라 ³⁵천지는 없어질지언정 내 말은 없어지지 아니하리라 ³⁶그러나 그날과 그때는 아무도 모르나니 하늘의 천사들도, 아들도 모르고 오직 아버지만 아시느니라 ³⁷노아의 때와 같이 인자의 임함도 그러하리라 ³⁸홍수 전에 노아가 방주에 들어가던 날까지 사람들이 먹고 마시고 장가들고 시집가고 있으면서 ³⁹홍수가 나서 그들을 다 멸하기까지 깨닫지 못하였으니 인자의 임함도 이와 같으리라 ⁴⁰그때에 두 사람이 밭에 있으매 한 사람은 데려가고 한 사람은 버려둠을 당할 것이요 ⁴¹두 여자가 맷돌질을 하고 있으매 한 사람은 데려가고 한 사람은 버려둠을 당할 것이니라 ⁴²그러므로 깨어 있으라 어느 날에 너희 주가 임할는지 너희가 알지 못함이니라 ⁴³너희도 아는 바니 만일 집 주인이 도둑이 어느 시각에 올 줄을 알았더라면 깨어 있어 그 집을 뚫지 못하게 하였으리라 ⁴⁴이러므로 너희도 준

비하고 있으라 생각하지 않은 때에 인자가 오리라

행 1:6~7 ⁶그들이 모였을 때에 예수께 여쭈어 이르되 주께서 이스라엘 나라를 회복하심이 이때니이까 하니 ⁷이르시되 때와 시기는 아버지께서 자기의 권한에 두셨으니 너희가 알 바 아니요

살후 2:1~4 ¹형제들아 우리가 너희에게 구하는 것은 우리 주 예수 그리스도의 강림하심과 우리가 그 앞에 모임에 관하여 ²영으로나 또는 말로나 또는 우리에게서 받았다 하는 편지로나 주의 날이 이르렀다고 해서 쉽게 마음이 흔들리거나 두려워하거나 하지 말아야 한다는 것이라 ³누가 어떻게 하여도 너희가 미혹되지 말라 먼저 배교하는 일이 있고 저 불법의 사람 곧 멸망의 아들이 나타나기 전에는 그날이 이르지 아니하리니 ⁴그는 대적하는 자라 신이라고 불리는 모든 것과 숭배함을 받는 것에 대항하여 그 위에 자기를 높이고 하나님의 성전에 앉아 자기를 하나님이라고 내세우느니라

벧후 3:8~13 ⁸사랑하는 자들아 주께는 하루가 천 년 같고 천 년이 하루 같다는 이 한 가지를 잊지 말라 ⁹주의 약속은 어떤 이들이 더디다고 생각하는 것같이 더딘 것이 아니라 오직 주께서는 너희를 대하여 오래 참으사 아무도 멸망하지 아니하고 다 회개하기에 이르기를 원하시느니라 ¹⁰그러나 주의 날이 도둑같이 오리니 그날에는 하늘이 큰 소리로 떠나가고 물질이 뜨거운 불에 풀어지고 땅과 그중에 있는 모든 일이 드러나리로다 ¹¹이 모든 것이 이렇게 풀어지리니 너희가 어떠한 사람이 되어야 마땅하냐 거룩한 행실과 경건함으로 ¹²하나님의 날이 임하기를 바라보

고 간절히 사모하라 그날에 하늘이 불에 타서 풀어지고 물질이 뜨거운 불에 녹아지려니와 [13]우리는 그의 약속대로 의가 있는 곳인 새 하늘과 새 땅을 바라보도다

계 1:1 예수 그리스도의 계시라 이는 하나님이 그에게 주사 반드시 속히 일어날 일들을 그 종들에게 보이시려고 그의 천사를 그 종 요한에게 보내어 알게 하신 것이라

계 22:6~7, 10~12, 20~21 [6]또 그가 내게 말하기를 이 말은 신실하고 참된지라 주 곧 선지자들의 영의 하나님이 그의 종들에게 반드시 속히 되어질 일을 보이시려고 그의 천사를 보내셨도다 [7]보라 내가 속히 오리니 이 두루마리의 예언의 말씀을 지키는 자는 복이 있으리라 하더라… [10]또 내게 말하되 이 두루마리의 예언의 말씀을 인봉하지 말라 때가 가까우니라 [11]불의를 행하는 자는 그대로 불의를 행하고 더러운 자는 그대로 더럽고 의로운 자는 그대로 의를 행하고 거룩한 자는 그대로 거룩하게 하라 [12]보라 내가 속히 오리니 내가 줄 상이 내게 있어 각 사람에게 그가 행한 대로 갚아 주리라… [20]이것들을 증언하신 이가 이르시되 내가 진실로 속히 오리라 하시거늘 아멘 주 예수여 오시옵소서 [21]주 예수의 은혜가 모든 자들에게 있을지어다 아멘

예수께서는 자신의 재림과 관련해서, 유독 계 1:1에서 시작해서 마지막 장, 절에 이르기까지 반드시 속히 될 일들과, 때가 가까움 그리고 속히 오리라는 말씀을 여러 번 반복하셨습니다. 물론 이외에도 복음서를 통하여 하신 많은 비유의 말씀 중, 무화과나무 비유를 통해서도 말씀하시고, 사도 바울은 살후 2장에서 예수 그리스도께

서 강림하시기 전에, 불법의 사람 곧 멸망의 아들이 나타나 배교하는 일이 있을 것도 알려 주셨습니다.

반드시 속히 될 일들, 때가 가까움, '내가 속히 오리라'는 말씀으로만 생각한다면, 마음이 동요할 정도로 긴박함을 느끼지 않을 수 없겠지만, 성경은 우리에게 주의 날이 이르렀다고 해서, 쉽게 마음이 흔들리거나 두려워하거나 미혹되지 말라고 경각심을 줍니다. '주께는 하루가 천 년 같고 천 년이 하루 같다는 이 한 가지를 잊지 말라'는 말씀을 보면, 일반적으로 사람들이 생각하는 시간의 길고 짧음으로 주님의 시간을 이해하기는 어렵다고 생각합니다. 욥 36:26은 "하나님은 높으시니 우리가 그를 알 수 없고 그의 햇수를 헤아릴 수 없느니라", 그리고 전 3:11 하반절은 "그러나 하나님이 하시는 일의 시종을 사람으로 측량할 수 없게 하셨도다"라고 증거하고 있습니다.

이사야 선지자는 사 55:8~9에서 "이는 내 생각이 너희의 생각과 다르며 내 길은 너희의 길과 다름이니라 여호와의 말씀이니라 이는 하늘이 땅보다 높음같이 내 길은 너희의 길보다 높으며 내 생각은 너희의 생각보다 높음이니라"라고 증거하고, 예수께서도 '그날과 그때는 아무도 모르나니 하늘의 천사들도, 아들도 모르고 오직 아버지만 아시느니라'라고 말씀하셨습니다.

그러므로 예수님의 재림에 대해서, 그날과 그때가 언제(when)인가에만 관심을 집중하기보다, 어떻게(how), 어떠한 과정으로 오시는가에 더 많은 관심을 기울이는 것이 '내가 진실로 속히 오리라'는 말씀을 올바르게 이해하는 데 더 도움이 된다고 생각합니다.

그것의 일환으로, 맏아들 예수 그리스도의 혼인 잔치를 준비하시는 아버지 하나님의 마음과, 예수 그리스도께서 아내 될 신부를 영접하기 위한 거처를 예비하는 신랑의 마음 표현, 즉 기대와 설렘으로 가득 찬 간절함의 표현으로 이해할 수도 있다고 생각합니다. 그래서 예수께서는 요 14:1~3에서 "너희는 마음에 근심하지 말라 하나님을 믿으니 또 나를 믿으라 내 아버지 집에 거할 곳이 많도다 그렇지 않으면 너희에게 일렀으리라 내가 너희를 위하여 거처를 예비하러 가노니 가서 너희를 위하여 거처를 예비하면 내가 다시 와서 너희를 내게로 영접하여 나 있는 곳에 너희도 있게 하리라"라고 말씀하셨습니다.

그러므로 신랑이신 예수 그리스도께서 신부를 위해서 거처를 예비하는 일과 함께, 계 21:2에서 "또 내가 보매 거룩한 성 새 예루살렘이 하나님께로부터 하늘에서 내려오니 그 준비한 것이 신부가 남편을 위하여 단장한 것 같더라"라고 기록된 대로, 예수 그리스도의 신부 된 교회가 신랑을 맞기 위한 단장을 마칠 때, 아버지 하나님께서 예비하신 혼인 잔치의 성례를 온전히 이룰 수 있을 것입니다. 이렇게 예수 그리스도의 신부가 단장되는 과정을 롬 11장과 엡 2장의 말씀을 통해 상고해 보겠습니다.

롬 11:25~27 [25]형제들아 너희가 스스로 지혜 있다 하면서 이 신비를 너희가 모르기를 내가 원하지 아니하노니 이 신비는 이방인의 충만한 수가 들어오기까지 이스라엘의 더러는 우둔하게 된 것이라 [26]그리하여 온 이스라엘이 구원을 받으리라 기록된 바 구원자가 시온에서 오사 야곱에게서 경건하지 않은 것을 돌이키시겠고 [27]내가 그들의 죄를 없이 할 때에 그들에게 이루어질 내 언약이 이것이라 함과 같으니라

엡 2:11~22 [11]그러므로 생각하라 너희는 그때에 육체로는 이방인이요 손으로 육체에 행한 할례를 받은 무리라 칭하는 자들로부터 할례를 받지 않은 무리라 칭함을 받는 자들이라 [12]그때에

너희는 그리스도 밖에 있었고 이스라엘 나라 밖의 사람이라 약속의 언약들에 대하여는 외인이요 세상에서 소망이 없고 하나님도 없는 자이더니 [13]이제는 전에 멀리 있던 너희가 그리스도 예수 안에서 그리스도의 피로 가까워졌느니라 [14]그는 우리의 화평이신지라 둘로 하나를 만드사 원수 된 것 곧 중간에 막힌 담을 자기 육체로 허시고 [15]법조문으로 된 계명의 율법을 폐하셨으니 이는 이 둘로 자기 안에서 한 새 사람을 지어 화평하게 하시고 [16]또 십자가로 이 둘을 한 몸으로 하나님과 화목하게 하려 하심이라 원수 된 것을 십자가로 소멸하시고 [17]또 오셔서 먼 데 있는 너희에게 평안을 전하시고 가까운 데 있는 자들에게 평안을 전하셨으니 [18]이는 그로 말미암아 우리 둘이 한 성령 안에서 아버지께 나아감을 얻게 하려 하심이라 [19]그러므로 이제부터 너희는 외인도 아니요 나그네도 아니요 오직 성도들과 동일한 시민이요 하나님의 권속이라 [20]너희는 사도들과 선지자들의 터 위에 세우심을 입은 자라 그리스도 예수께서 친히 모퉁잇돌이 되셨느니라 [21]그의 안에서 건물마다 서로 연결하여 주 안에서 성전이 되어 가고 [22]너희도 성령 안에서 하나님이 거하실 처소가 되기 위하여 그리스도 예수 안에서 함께 지어져 가느니라

'내가 진실로 속히 오리라'라는 주님의 음성을 듣고, 이 주제를 마무리하면서, 신랑 되신 예수께서 사랑하는 신부와의 연합을 위해, 얼마나 간절하게 이 혼인 잔치를 기대하며 예비하시는가를, 이 땅에서 사랑하는 제자들과 함께 마지막 유월절 만찬을 나누시며 '내가 포도나무에서 난 것을 이제부터 내 아버지의 나라에서 새것으로 너희와 함께 마시는 날까지 마시지 아니하리라'라고 말씀하신 것을 통해 짐작해 볼 수 있으며, 그 신부 역시 '내가 잘지라도 마음은 깨었

는데 나의 사랑하는 자의 소리가 들리는구나' 하는 고백으로, 그 신랑과 같은 마음인 것을 확인할 수 있을 것입니다.

마 26:26~30 ²⁶그들이 먹을 때에 예수께서 떡을 가지사 축복하시고 떼어 제자들에게 주시며 이르시되 받아서 먹으라 이것은 내 몸이니라 하시고 ²⁷또 잔을 가지사 감사 기도 하시고 그들에게 주시며 이르시되 너희가 다 이것을 마시라 ²⁸이것은 죄 사함을 얻게 하려고 많은 사람을 위하여 흘리는바 나의 피 곧 언약의 피니라 ²⁹그러나 너희에게 이르노니 내가 포도나무에서 난 것을 이제부터 내 아버지의 나라에서 새것으로 너희와 함께 마시는 날까지 마시지 아니하리라 하시니라 ³⁰이에 그들이 찬미하고 감람산으로 나아가니라

아 5:2 내가 잘지라도 마음은 깨었는데 나의 사랑하는 자의 소리가 들리는구나 문을 두드려 이르기를 나의 누이, 나의 사랑, 나의 비둘기, 나의 완전한 자야 문을 열어 다오 내 머리에는 이슬이, 내 머리털에는 밤이슬이 가득하였다 하는구나

85.
믿음 안에 있는가 너희 자신을 시험하고 확증하라

고후 13:5 너희는 믿음 안에 있는가 너희 자신을 시험하고 너희 자신을 확증하라 예수 그리스도께서 너희 안에 계신 줄을 너희가 스스로 알지 못하느냐 그렇지 않으면 너희는 버림받은 자니라

엡 3:12 우리가 그 안에서 그를 믿음으로 말미암아 담대함과 확신을 가지고 하나님께 나아감을 얻느니라

살전 1:4~5 ⁴하나님의 사랑하심을 받은 형제들아 너희를 택하심을 아노라 ⁵이는 우리 복음이 너희에게 말로만 이른 것이 아니라 또한 능력과 성령과 큰 확신으로 된 것임이라 우리가 너희 가운데서 너희를 위하여 어떤 사람이 된 것은 너희가 아는 바와 같으니라

히 3:14 우리가 시작할 때에 확신한 것을 끝까지 견고히 잡고 있으면 그리스도와 함께 참여한 자가 되리라

우리가 예수 그리스도를 믿음으로 말미암아, 담대함을 가지고 하나님 앞에 나아갈 수 있는 것은, 하나님께서 우리에게 믿음의 확신을 주시기 때문입니다. 그래서 히 3장에서는, 우리가 시작할 때 확신한 것을 끝까지 견고히 잡고 있을 것을 권면하고 있습니다. 그런데 고후 13장에서는 여기에서 한 걸음 더 나아가 '너희는 믿음 안에 있는가 너희 자신을 시험하고 너희 자신을 확증하라'라고 강권하고 있습니다. 믿음 안에 있는가를 검증해서, 확실하게 증명해 보라는 것으로 이해한다면, 이제 공은 자신이 믿음 안에 있다고 확신하고 있는 모든 사람 각자에게 넘어간 것이라고 할 수 있을 것입니다. '나는 오늘 당장 죽어도 천국에 간다 또는 갈 수 있다'는 믿음의 확신이 있는데, 이것은 과연 무엇에 근거한 것이며, 이러한 믿음의 확신이 과연 천국행과 구원, 영생을 보장해 주거나, 보증해 줄 수 있는가 하는 의구심이 일어나는 것을 진솔하게 고백하지 않을 수 없습니다. 예수께서 마 7장과 눅 13장에서 하신 말씀을 기억하면, 더욱 긴장하지 않을 수 없는 것 같습니다.

마 7:21~23 [21]나더러 주여 주여 하는 자마다 다 천국에 들어갈 것이 아니요 다만 하늘에 계신 내 아버지의 뜻대로 행하는 자라야 들어가리라 [22]그날에 많은 사람이 나더러 이르되 주여 주여 우리가 주의 이름으로 선지자 노릇 하며 주의 이름으로 귀신을 쫓아내며 주의 이름으로 많은 권능을 행하지 아니하였나이까 하리니 [23]그때에 내가 그들에게 밝히 말하되 내가 너희를 도무지 알지 못하니 불법을 행하는 자들아 내게서 떠나가라 하리라

눅 13:22~27 [22]예수께서 각 성 각 마을로 다니사 가르치시며

예루살렘으로 여행하시더니 ²³어떤 사람이 여짜오되 주여 구원을 받는 자가 적으니이까 그들에게 이르시되 ²⁴좁은 문으로 들어가기를 힘쓰라 내가 너희에게 이르노니 들어가기를 구하여도 못하는 자가 많으리라 ²⁵집 주인이 일어나 문을 한 번 닫은 후에 너희가 밖에 서서 문을 두드리며 주여 열어 주소서 하면 그가 대답하여 이르되 나는 너희가 어디에서 온 자인지 알지 못하노라 하리니 ²⁶그때에 너희가 말하되 우리는 주 앞에서 먹고 마셨으며 주는 또한 우리의 길거리에서 가르치셨나이다 하나 ²⁷그가 너희에게 말하여 이르되 나는 너희가 어디에서 왔는지 알지 못하노라 행악하는 모든 자들아 나를 떠나가라 하리라

물론 하나님께 대한 믿음과 이 믿음의 확신은, 하나님의 은혜로 주어진 선물인 것을 분명하게 잘 알고 있습니다. 왜냐하면 이것은 제가 스스로 꾸며내거나, 만들어 낼 수 없는 것이기 때문입니다. 그러므로 이러한 믿음과 확신을 주신 하나님을 찬송하며 무한한 감사를 드립니다. 그럼에도 불구하고 한 가지 꼭 기억해야 할 것은, 이러한 믿음의 확신이 나의 천국행과 구원과 영생을 모두 보장하거나 보증해 주는 것은 아니라는 사실입니다. 왜냐하면 믿음의 확신을 가지고, 믿음 안에서 성령을 따라 살기 원하는 마음과, 성령을 거스르고 육체의 소욕을 따르게 하는 본성이 서로 대적하는 것을, 일상에서 어렵지 않게 경험할 수 있기 때문입니다.

갈 5:16~17 ¹⁶내가 이르노니 너희는 성령을 따라 행하라 그리하면 육체의 욕심을 이루지 아니하리라 ¹⁷육체의 소욕은 성령을 거스르고 성령은 육체를 거스르나니 이 둘이 서로 대적함으로 너희가 원하는 것을 하지 못하게 하려 함이니라

그렇다면 우리가 믿음 안에 있는가를 어떻게 시험하고 확증할 수 있겠습니까? 하나님께서 이번 주제로 주신 본문 가운데서 실마리를 찾아보고 싶습니다. '너희가 믿음 안에 있는가' 하는 질문을 '예수 그리스도께서 너희 안에 계신 줄을 너희가 스스로 알지 못하느냐' 하는 문답으로, 즉 동격의 질문이면서도 답을 찾을 수 있는 실마리로 이해하고 싶습니다. 예수께서는 사랑하는 제자들이 다 자기를 버리고 흩어질 것을 미리 아시고, 요 16:32에서 "보라 너희가 다 각각 제 곳으로 흩어지고 나를 혼자 둘 때가 오나니 벌써 왔도다 그러나 내가 혼자 있는 것이 아니라 아버지께서 나와 함께 계시느니라"라고 말씀하시고, 이어서 기도하시는 중에, 요 17:21에서 "아버지여, 아버지께서 내 안에, 내가 아버지 안에 있는 것같이 그들도 다 하나가 되어 우리 안에 있게 하사 세상으로 아버지께서 나를 보내신 것을 믿게 하옵소서"라고 말씀하셨습니다.

예수께서 제자들이 다 떠나고 혼자 계신 상황에서도 '아버지께서 나와 함께 계시느니라'라고 하시고, '아버지께서 내 안에, 내가 아버지 안에 있다'라고 하신 근거는 요 8:29에 "나를 보내신 이가 나와 함께하시도다 나는 항상 그가 기뻐하시는 일을 행하므로 나를 혼자 두지 아니하셨느니라"라고 하신 말씀에서 찾을 수 있습니다. 그러므로 내가 믿음 안에 있다는 것과, 예수 그리스도께서 내 안에 계신다는 것을 나 스스로 잘 알 수 있는 것은, 나의 믿음의 확신 여부에서 더 나아가, 내가 항상 아버지의 기뻐하시는 일을 행하는지 그 여부에 따라 검증하는 것이, 가장 확실하게 증명할 수 있는 척도라고 생각합니다.

이번에는 바울 서신에 있는 말씀들을 통해서, 내가 믿음 안에 있다는 사실 또 예수 그리스도께서 내 안에 계신 사실들을 시험하고 확증해 보겠습니다.

롬 14:7~8 ⁷우리 중에 누구든지 자기를 위하여 사는 자가 없고 자기를 위하여 죽는 자도 없도다 ⁸우리가 살아도 주를 위하여 살고 죽어도 주를 위하여 죽나니 그러므로 사나 죽으나 우리가 주의 것이로다

갈 2:20 내가 그리스도와 함께 십자가에 못 박혔나니 그런즉 이제는 내가 사는 것이 아니요 오직 내 안에 그리스도께서 사시는 것이라 이제 내가 육체 가운데 사는 것은 나를 사랑하사 나를 위하여 자기 자신을 버리신 하나님의 아들을 믿는 믿음 안에서 사는 것이라

갈 6:17 이 후로는 누구든지 나를 괴롭게 하지 말라 내가 내 몸에 예수의 흔적을 지니고 있노라

내가 살아도 주를 위하여 살고 죽어도 주를 위하여 죽나니 그러므로 나의 살고 죽는 것을 주님께 맡긴 것이 사실인지, 내가 그리스도와 함께 십자가에 못 박혔나니 그런즉 이제는 내가 사는 것이 아니요 오직 내 안에 그리스도께서 사시는 것이 사실인지는, 진정 내 몸에 있는 예수의 흔적으로 확증할 수 있을 것입니다. 이 사실에 대한 가장 공명정대한 판단과 심판은, 나를 인정해 주고 지지해 주는 다수의 사람들과 내 믿음의 고백 또는 확신의 여부가 아니라, 아버지 하나님으로부터, 인자됨으로 말미암아, 심판하는 권세를 받으신 예수 그리스도께서 하신다는 것을, 주님이 다시 오실 때까지 늘 기억하며 살 수 있기를 예수님의 이름으로 기도합니다. 아멘.

요 5:22~23, 27 ²²아버지께서 아무도 심판하지 아니하시고 심

판을 다 아들에게 맡기셨으니 ^{23}이는 모든 사람으로 아버지를 공경하는 것같이 아들을 공경하게 하려 하심이라 아들을 공경하지 아니하는 자는 그를 보내신 아버지도 공경하지 아니하느니라… ^{27}또 인자됨으로 말미암아 심판하는 권한을 주셨느니라

고전 4:3~5 ^{3}너희에게나 다른 사람에게나 판단 받는 것이 내게는 매우 작은 일이라 나도 나를 판단하지 아니하노니 ^{4}내가 자책할 아무것도 깨닫지 못하나 이로 말미암아 의롭다 함을 얻지 못하노라 다만 나를 심판하실 이는 주시니라 ^{5}그러므로 때가 이르기 전 곧 주께서 오시기까지 아무것도 판단하지 말라 그가 어둠에 감추인 것들을 드러내고 마음의 뜻을 나타내시리니 그 때에 각 사람에게 하나님으로부터 칭찬이 있으리라

86.
그 아들과 함께 모든 것을 주신 아버지 하나님 :

아들 예수 그리스도, 하나님의 자녀가 되는 권세, 만물, 영광, 심판하는 권한(권세), 죄를 사하는 권능(권세) 등

요 1:12~13 ¹²영접하는 자 곧 그 이름을 믿는 자들에게는 하나님의 자녀가 되는 권세를 주셨으니 ¹³이는 혈통으로나 육정으로나 사람의 뜻으로 나지 아니하고 오직 하나님께로부터 난 자들이니라

요 17:22 내게 주신 영광을 내가 그들에게 주었사오니 이는 우리가 하나가 된 것같이 그들도 하나가 되게 하려 함이니이다

요 20:22~23 ²²이 말씀을 하시고 그들을 향하사 숨을 내쉬며 이르시되 성령을 받으라 ²³너희가 누구의 죄든지 사하면 사하여질 것이요 누구의 죄든지 그대로 두면 그대로 있으리라 하시니라

롬 8:32 자기 아들을 아끼지 아니하시고 우리 모든 사람을 위하여 내주신 이가 어찌 그 아들과 함께 모든 것을 우리에게 주시지 아니하겠느냐

고전 3:21~23 ²¹그런즉 누구든지 사람을 자랑하지 말라 만물이 다 너희 것임이라 ²²바울이나 아볼로나 게바나 세계나 생명이나 사망이나 지금 것이나 장래 것이나 다 너희의 것이요 ²³너희는 그리스도의 것이요 그리스도는 하나님의 것이니라

심판하는 권한(권세)과 죄를 사하는 권능(권세)에 대한 부분은 〈새한글성경〉과 부분적으로 번역을 비교하며 참조해 보겠습니다.

마 19:27~28 ²⁷이에 베드로가 대답하여 이르되 보소서 우리가 모든 것을 버리고 주를 따랐사온대 그런즉 우리가 무엇을 얻으리이까 ²⁸예수께서 이르시되 내가 진실로 너희에게 이르노니 세상이 새롭게 되어 인자가 자기 영광의 보좌에 앉을 때에 나를 따르는 너희도 열두 보좌에 앉아 이스라엘 열두 지파를 심판하리라

고전 6:1~3 ¹너희 중에 누가 다른 이와 더불어 다툼이 있는데 구태여 불의한 자들 앞에서 고발하고 성도 앞에서 하지 아니하느냐 ²성도가 세상을 판단할 것을 너희가 알지 못하느냐 세상도 너희에게 판단을 받겠거든 지극히 작은 일 판단하기를 감당하지 못하겠느냐 ³우리가 천사를 판단할 것을 너희가 알지 못하느냐 그러하거든 하물며 세상 일이랴

새한글 고전 6:1~3 ¹여러분 가운데서 누군가가 다른 사람한테 시빗거리가 있을 때 어떻게 합니까? 성도들 앞이 아니고 불의한 사람들 앞에서 함부로 판결을 받으려고 합니까? ²여러분은 성도들이 세상을 심판하리라는 것을 알지 못합니까? 세상이 여

러분에게 심판을 받는 터인데, 여러분은 아주 사소한 문제도 판결할 능력이 없습니까? ³여러분은 우리가 천사들을 심판하리라는 것을 알지 못합니까? 일상의 일은 말할 것도 없고요.

계 20:4 상 또 내가 보좌들을 보니 거기에 앉은 자들이 있어 심판하는 권세를 받았더라

마 9:1~8 ¹예수께서 배에 오르사 건너가 본 동네에 이르시니 ²침상에 누운 중풍병자를 사람들이 데리고 오거늘 예수께서 그들의 믿음을 보시고 중풍병자에게 이르시되 작은 자야 안심하라 네 죄 사함을 받았느니라 ³어떤 서기관들이 속으로 이르되 이 사람이 신성을 모독하도다 ⁴예수께서 그 생각을 아시고 이르시되 너희가 어찌하여 마음에 악한 생각을 하느냐 ⁵네 죄 사함을 받았느니라 하는 말과 일어나 걸어가라 하는 말 중에 어느 것이 쉽겠느냐 ⁶그러나 인자가 세상에서 죄를 사하는 권능이 있는 줄을 너희로 알게 하려 하노라 하시고 중풍병자에게 말씀하시되 일어나 네 침상을 가지고 집으로 가라 하시니 ⁷그가 일어나 집으로 돌아가거늘 ⁸무리가 보고 두려워하며 이런 권능을 사람에게 주신 하나님께 영광을 돌리니라

새한글 마 9:8 무리들이 보고 두려워했다. 또 사람들에게 이런 대단한 권한을 주신 하나님께 영광을 돌렸다.

⟨Nestle-Aland Novum Testamentum Graece⟩
τοῖς ἀνθρώποις 명사 3격(여격) 남성 복수 / 사람들에게

하나님의 독생자 예수 그리스도, 성령, 성경, 천사들, 믿음, 소망, 사랑, 십자가 죽음, 구속(죄 사함), 구원, 부활, 생명(영생), 평안(평강), 기쁨, 찬송, 기도, 은혜, 감사, 어두움, 빛, 하늘, 땅, 바다, 각종 식물, 해, 달, 별, 각종 새와 물고기, 각종 동물, 하나님의 형상과 모양대로 만드신 사람, 남자와 여자, 사람과 모든 생물들의 생육과 번성에 필요한 미생물과 무생물, 유기질과 무기질, 각종 원소 등을 포함한 모든 만물, 이외에도 하나님 아버지께서 주시는 각양 좋은 은사와 온전한 선물들을 낱낱이 기록한다면, 시간과 지면이 부족할 것입니다.

그 아들 예수 그리스도와 함께 모든 것을 우리에게 주신 아버지 하나님께 무한한 감사와 찬송과 영광을 올려드립니다. 아멘.

약 1:17 온갖 좋은 은사와 온전한 선물이 다 위로부터 빛들의 아버지께로부터 내려오나니 그는 변함도 없으시고 회전하는 그림자도 없으시니라

87.
균등하게 하려 함

출 16:11~18 ¹¹여호와께서 모세에게 말씀하여 이르시되 ¹²내가 이스라엘 자손의 원망함을 들었노라 그들에게 말하여 이르기를 너희가 해 질 때에는 고기를 먹고 아침에는 떡으로 배부르리니 내가 여호와 너희의 하나님인 줄 알리라 하라 하시니라 ¹³저녁에는 메추라기가 와서 진에 덮이고 아침에는 이슬이 진 주위에 있더니 ¹⁴그 이슬이 마른 후에 광야 지면에 작고 둥글며 서리 같이 가는 것이 있는지라 ¹⁵이스라엘 자손이 보고 그것이 무엇인지 알지 못하여 서로 이르되 이것이 무엇이냐 하니 모세가 그들에게 이르되 이는 여호와께서 너희에게 주어 먹게 하신 양식이라 ¹⁶여호와께서 이같이 명령하시기를 너희 각 사람은 먹을 만큼만 이것을 거둘지니 곧 너희 사람 수효대로 한 사람에 한 오멜씩 거두되 각 사람이 그의 장막에 있는 자들을 위하여 거둘지니라 하셨느니라 ¹⁷이스라엘 자손이 그같이 하였더니 그 거둔 것이 많기도 하고 적기도 하나 ¹⁸오멜로 되어 본즉 많이 거둔 자도 남음이 없고 적게 거둔 자도 부족함이 없이 각 사람은 먹을 만큼만 거두었더라

삼상 30:18~25 ¹⁸다윗이 아말렉 사람들이 빼앗아 갔던 모든 것을 도로 찾고 그의 두 아내를 구원하였고 ¹⁹그들이 약탈하였던 것 곧 무리의 자녀들이나 빼앗겼던 것은 크고 작은 것을 막론하고 아무것도 잃은 것이 없이 모두 다윗이 도로 찾아왔고 ²⁰다윗이 또 양 떼와 소 떼를 다 되찾았더니 무리가 그 가축들을 앞에 몰고 가며 이르되 이는 다윗의 전리품이라 하였더라 ²¹다윗이 전에 피곤하여 능히 자기를 따르지 못하므로 브솔 시내에 머물게 한 이백 명에게 오매 그들이 다윗과 그와 함께 한 백성을 영접하러 나오는지라 다윗이 그 백성에게 이르러 문안하매 ²²다윗과 함께 갔던 자들 가운데 악한 자와 불량배들이 다 이르되 그들이 우리와 함께 가지 아니하였은즉 우리가 도로 찾은 물건은 무엇이든지 그들에게 주지 말고 각자의 처자만 데리고 떠나가게 하라 하는지라 ²³다윗이 이르되 나의 형제들아 여호와께서 우리를 보호하시고 우리를 치러 온 그 군대를 우리 손에 넘기셨은즉 그가 우리에게 주신 것을 너희가 이같이 못하리라 ²⁴이 일에 누가 너희에게 듣겠느냐 전장에 내려갔던 자의 분깃이나 소유물 곁에 머물렀던 자의 분깃이 동일할지니 같이 분배할 것이니라 하고 ²⁵그날부터 다윗이 이것으로 이스라엘의 율례와 규례를 삼았더니 오늘까지 이르니라

고후 8:9~15 ⁹우리 주 예수 그리스도의 은혜를 너희가 알거니와 부요하신 이로서 너희를 위하여 가난하게 되심은 그의 가난함으로 말미암아 너희를 부요하게 하려 하심이라 ¹⁰이 일에 관하여 나의 뜻을 알리노니 이 일은 너희에게 유익함이라 너희가 일 년 전에 행하기를 먼저 시작할 뿐 아니라 원하기도 하였은즉 ¹¹이제는 하던 일을 성취할지니 마음에 원하던 것과 같이 완성

하되 있는 대로 하라 ¹²할 마음만 있으면 있는 대로 받으실 터이요 없는 것은 받지 아니하시리라 ¹³이는 다른 사람들은 평안하게 하고 너희는 곤고하게 하려는 것이 아니요 균등하게 하려 함이니 ¹⁴이제 너희의 넉넉한 것으로 그들의 부족한 것을 보충함은 후에 그들의 넉넉한 것으로 너희의 부족한 것을 보충하여 균등하게 하려 함이라 ¹⁵기록된 것같이 많이 거둔 자도 남지 아니하였고 적게 거둔 자도 모자라지 아니하였느니라

사도 바울은 성도를 섬기는 일에 대하여, 아버지 하나님께서 그의 자녀들을 균등하게 하시는 것으로 이해하고, 하나님께서 이스라엘 백성에게 40년 동안 광야 생활을 하게 하신 것을 떠올렸습니다. 그들이 만나를 거둘 때, 그 거둔 것이 많기도 하고 적기도 하나, 오멜로 되어 본즉 많이 거둔 자도 남음이 없고, 적게 거둔 자도 부족함이 없이 각 사람이 먹을 만큼만 거두게 하신 하나님의 마음을 헤아렸던 것 같습니다. 다윗도 전장에 내려갔던 자의 분깃이나 소유물 곁에 머물렀던 자의 분깃을 동일하게 분배하여, 이것을 이스라엘의 율례와 규례를 삼은 것은, 아마도 같은 깨달음을 주신 것 같습니다.

이어서 예수께서 천국을 마치 품꾼을 얻어 포도원에 들여보내려고, 이른 아침에 나간 집 주인과 같이 비유하신 말씀을 상고해 보겠습니다. 집 주인이 이른 아침 처음 나갔을 때, 품꾼들과 하루 한 데나리온씩을 약속하여 포도원에 들여보내고 제3시, 6시, 9시, 11시에는 장터에 놀고 서 있는 사람들에게 상당하게 줄 것을 약속하고 포도원에 들여보냈습니다. 날이 저물고 청지기를 통해 삯을 줄 때는, 나중 온 자로부터 시작하여 먼저 온 자까지 모두에게 똑같이 한 데나리온씩을 주게 했습니다. 예수께서는 이 비유를 통해, 나중 된 자로서 먼저 되고 먼저 된 자로서 나중 되는 것을 가르쳐주시고, 또한

한 데나리온의 약속과 상당하게 주는 것은 모든 품꾼들에게 균등하게 주신다는 것을 깨닫게 하셨습니다.

그래서 히브리서 기자도, 예수께서 하나님의 자녀들과 같은 모양으로 혈과 육을 함께 지니시고 인자(사람의 아들)로 오셔서 하나님의 뜻을 이루시는 것이 '예수 그리스도께서 범사에 형제들과 같이 되심이 마땅하다'라고 증거합니다. 이것은 예수 그리스도께서 형제들과 균등하게 되셨음을 입증하는 것이 아닐까 생각합니다.

마 20:1~16 [1]천국은 마치 품꾼을 얻어 포도원에 들여보내려고 이른 아침에 나간 집 주인과 같으니 [2]그가 하루 한 데나리온씩 품꾼들과 약속하여 포도원에 들여보내고 [3]또 제삼시에 나가 보니 장터에 놀고 서 있는 사람들이 또 있는지라 [4]그들에게 이르되 너희도 포도원에 들어가라 내가 너희에게 상당하게 주리라 하니 그들이 가고 [5]제육시와 제구시에 또 나가 그와 같이 하고 [6]제십일시에도 나가 보니 서 있는 사람들이 또 있는지라 이르되 너희는 어찌하여 종일토록 놀고 여기 서 있느냐 [7]이르되 우리를 품꾼으로 쓰는 이가 없음이니이다 이르되 너희도 포도원에 들어가라 하니라 [8]저물매 포도원 주인이 청지기에게 이르되 품꾼들을 불러 나중 온 자로부터 시작하여 먼저 온 자까지 삯을 주라 하니 [9]제십일시에 온 자들이 와서 한 데나리온씩을 받거늘 [10]먼저 온 자들이 와서 더 받을 줄 알았더니 그들도 한 데나리온씩 받은지라 [11]받은 후 집 주인을 원망하여 이르되 [12]나중 온 이 사람들은 한 시간밖에 일하지 아니하였거늘 그들을 종일 수고하며 더위를 견딘 우리와 같게 하였나이다 [13]주인이 그 중의 한 사람에게 대답하여 이르되 친구여 내가 네게 잘못한 것이 없노라 네가 나와 한 데나리온의 약속을 하지 아니하였느냐 [14]네 것이나 가지고 가라 나중 온 이 사람에게 너와 같이 주는 것이 내 뜻이니라 [15]내 것을 가지고 내 뜻대로 할 것이 아니냐 내가 선하므로 네가 악하게 보느냐 [16]이와 같이 나중 된 자로서 먼저 되고 먼저 된 자로서 나중 되리라

히 2:11~18 [11]거룩하게 하시는 이와 거룩하게 함을 입은 자들이 다 한 근원에서 난지라 그러므로 형제라 부르시기를 부끄러워하지 아니하시고 [12]이르시되 내가 주의 이름을 내 형제들에게 선포하고 내가 주를 교회 중에서 찬송하리라 하셨으며 [13]또다시 내가 그를 의지하리라 하시고 또다시 볼지어다 나와 및 하나님께서 내게 주신 자녀라 하셨으니 [14]자녀들은 혈과 육에 속하였으매 그도 또한 같은 모양으로 혈과 육을 함께 지니심은 죽음을 통하여 죽음의 세력을 잡은 자 곧 마귀를 멸하시며 [15]또 죽기를 무서워하므로 한평생 매여 종노릇 하는 모든 자들을 놓아주려 하심이니 [16]이는 확실히 천사들을 붙들어 주려 하심이 아니요 오직 아브라함의 자손을 붙들어 주려 하심이라 [17]그러므로 그가 범사에 형제들과 같이 되심이 마땅하도다 이는 하나님의 일에 자비하고 신실한 대제사장이 되어 백성의 죄를 속량하려 하심이라 [18]그가 시험을 받아 고난을 당하셨은즉 시험받는 자들을 능히 도우실 수 있느니라

88.
땅에서는 외국인과 나그네임을 증언함 :
본향 찾는 자임을 나타냄

요 1:12~13 ¹²영접하는 자 곧 그 이름을 믿는 자들에게는 하나님의 자녀가 되는 권세를 주셨으니 ¹³이는 혈통으로나 육정으로나 사람의 뜻으로 나지 아니하고 오직 하나님께로부터 난 자들이니라

요 8:23 예수께서 이르시되 너희는 아래에서 났고 나는 위에서 났으며 너희는 이 세상에 속하였고 나는 이 세상에 속하지 아니하였느니라

히 2:11 거룩하게 하시는 이와 거룩하게 함을 입은 자들이 다 한 근원에서 난지라 그러므로 형제라 부르시기를 부끄러워하지 아니하시고

히 11:8~16 ⁸믿음으로 아브라함은 부르심을 받았을 때에 순종하여 장래의 유업으로 받을 땅에 나아갈새 갈 바를 알지 못하고 나아갔으며 ⁹믿음으로 그가 이방의 땅에 있는 것같이 약속의

땅에 거류하여 동일한 약속을 유업으로 함께 받은 이삭 및 야곱과 더불어 장막에 거하였으니 ¹⁰이는 그가 하나님이 계획하시고 지으실 터가 있는 성을 바랐음이라 ¹¹믿음으로 사라 자신도 나이가 많아 단산하였으나 잉태할 수 있는 힘을 얻었으니 이는 약속하신 이를 미쁘신 줄 알았음이라 ¹²이러므로 죽은 자와 같은 한 사람으로 말미암아 하늘의 허다한 별과 또 해변의 무수한 모래와 같이 많은 후손이 생육하였느니라 ¹³이 사람들은 다 믿음을 따라 죽었으며 약속을 받지 못하였으되 그것들을 멀리서 보고 환영하며 또 땅에서는 외국인과 나그네임을 증언하였으니 ¹⁴그들이 이같이 말하는 것은 자기들이 본향 찾는 자임을 나타냄이라 ¹⁵그들이 나온 바 본향을 생각하였더라면 돌아갈 기회가 있었으려니와 ¹⁶그들이 이제는 더 나은 본향을 사모하니 곧 하늘에 있는 것이라 이러므로 하나님이 그들의 하나님이라 일컬음 받으심을 부끄러워하지 아니하시고 그들을 위하여 한 성을 예비하셨느니라

하나님의 부르심을 받은 믿음의 선조들은, 자신들이 본향 찾는 자임을 나타내기 위해서, 땅에서는 외국인과 나그네임을 증언했습니다. 그들이 사모하며 찾던 본향은 땅에 있는 것이 아닌 하늘에 있는 더 나은 본향이었습니다. 예수님의 말씀대로 그는 위에서 났으며, 아담과 하와의 후손인 우리는 아래에서 났음에도, 히브리서 기자는 '거룩하게 하시는 이와 거룩하게 함을 입은 자들이 다 한 근원에서 난지라'라고 증거하고 있습니다. 예수 그리스도를 영접하고, 그 이름을 믿음으로 하나님의 자녀가 되는 권세를 받은 자들은 '혈통으로나 육정으로나 사람의 뜻으로 나지 아니하고, 오직 하나님께로부터 난 자들'이기 때문에 사도 바울도 고전 1:30에서 "너희는 하나님으로

부터 나서 그리스도 예수 안에 있고 예수는 하나님으로부터 나와서 우리에게 지혜와 의로움과 거룩함과 구원함이 되셨으니"라고 증거하고 있습니다. 하나님으로부터 난 사실과 함께, 위에서 나는 사실에 대해서는 요 3장의 말씀을 통해 상고해 보겠습니다.

> 요 3:1~8 ¹그런데 바리새인 중에 니고데모라 하는 사람이 있으니 유대인의 지도자라 ²그가 밤에 예수께 와서 이르되 랍비여 우리가 당신은 하나님께로부터 오신 선생인 줄 아나이다 하나님이 함께하시지 아니하시면 당신이 행하시는 이 표적을 아무도 할 수 없음이니이다 ³예수께서 대답하여 이르시되 진실로 진실로 네게 이르노니 사람이 거듭나지 아니하면 하나님의 나라를 볼 수 없느니라 ⁴니고데모가 이르되 사람이 늙으면 어떻게 날 수 있사옵나이까 두 번째 모태에 들어갔다가 날 수 있사옵나이까 ⁵예수께서 대답하시되 진실로 진실로 네게 이르노니 사람이 물과 성령으로 나지 아니하면 하나님의 나라에 들어갈 수 없느니라 ⁶육으로 난 것은 육이요 영으로 난 것은 영이니 ⁷내가 네게 거듭나야 하겠다 하는 말을 놀랍게 여기지 말라 ⁸바람이 임의로 불매 네가 그 소리는 들어도 어디서 와서 어디로 가는지 알지 못하나니 성령으로 난 사람도 다 그러하니라

본문 가운데 3절의 '거듭나지'와 7절의 '거듭나야'로 번역된 부분은 원문 성경 〈Nestle-Aland Novum Testamentum Graece〉에서 'ἄνωθεν'(아노덴)이라는 단어를 사용하는데 〈신약성서 신학사전〉을 참고해 보겠습니다.

> ἄνωθεν. 신약과 신약 이외 모두에서 ἄνωθεν은 부사이다. a.

장소를 나타내는 부사. '위로부터'(마 27:51); b. 시간을 나타내는 부사. '일찍부터'(행 26:5); c. 그 외에 다른 의미는 '처음부터'(한글개역, '근원부터')(눅 1:3)와 d. '다시'(갈 4:9). 요한복음 3:3, 7에서 첫 번째 용법인 '위로부터'의 해석을 취하는 경향이 있다.[1]

이어서 a.의 용법을 취한 새한글성경과 d.의 용법을 취한 새번역성경을 비교해 보겠습니다.

새한글 요 3:3, 7 ³예수님이 그에게 대답하셨다. "아멘 아멘 그대에게 말합니다. 누구든 위로부터 태어나지 않으면 하나님 나라를 볼 수 없습니다."… ⁷놀라워하지 마세요. 내가 그대에게 '여러분은 위로부터 태어나야만 합니다.' 하고 말했다고 해서요.

새번역 요 3:3, 7 ³예수께서 그에게 말씀하셨다. "내가 진정으로 진정으로 너에게 말한다. 누구든지 다시 나지 않으면, 하나님 나라를 볼 수 없다."… ⁷너희가 다시 태어나야 한다고 내가 말한 것을, 너는 이상히 여기지 말아라.

새한글성경의 번역대로 '위로부터 태어나는 것'은 아래와 대비되는 장소의 의미를 언급하지만, 새번역성경의 번역대로 '다시 나지 않으면'에서, d.의 '다시'에는 '새로이, 새롭게'의 의미와 함께, 첫 번째에 이어서 두 번째의 '거듭'이라는 시간의 의미까지 포함하고 있습니다.

이 지점에서 새롭게 제기되는 의문은, 더 나은 본향이 하늘에 있는 것인데 '첫 번째 본향인 하늘에서 태어난 것은 언제인가' 하는 시

---

[1] G. 킷텔 외 다수, 〈신약성서 신학사전〉, 번역위원회역, 요단출판사, 1993. 67.

간적인 문제를, 어떻게 이해할 수 있는가 하는 것입니다. 예수께서는 니고데모에게 '육으로 난 것은 육이요 영으로 난 것은 영이니 내가 네게 거듭나야 하겠다는 말을 놀랍게 여기지 말라'라고 하심으로, 육으로 난 것은 아래에서 난 것이고, 영으로 난 것은 위에서 난 것임을 가르쳐 주셨습니다. 영과 육, 그리고 본향과의 시간적인 문제는 히브리서 기자의 증거대로 '만물을 그 발아래에 복종하게 하셨느니라 하였으니 만물로 그에게 복종하게 하셨은즉 복종하지 않은 것이 하나도 없어야 하겠으나 지금 우리가 만물이 아직 그에게 복종하고 있는 것을 보지 못하고'라는 말씀을 믿음으로 이해할 수 있다면, 같은 믿음으로 이러한 이치(理致) 또한 이해할 수 있을 것입니다. 굳이 부연한다면, 영원하신 하나님은 영이시며, 시간(과거, 현재, 미래)과 공간의 제약을 받지 않으시고 무소부재(無所不在)하시는 창조주이시며, 주관자이심을 성경과 그가 만드신 만물을 통해 분명히 보여 주시고, 듣게 해주시고, 느끼고, 깨닫고, 믿게 해주셨습니다.

요 4:24 하나님은 영이시니 예배하는 자가 영과 진리로 예배할지니라

딤전 1:17 영원하신 왕 곧 썩지 아니하고 보이지 아니하고 홀로 하나이신 하나님께 존귀와 영광이 영원무궁하도록 있을지어다 아멘

히 2:5~10 ⁵하나님이 우리가 말하는바 장차 올 세상을 천사들에게 복종하게 하심이 아니니라 ⁶그러나 누구인가가 어디에서 증언하여 이르되 사람이 무엇이기에 주께서 그를 생각하시며 인자가 무엇이기에 주께서 그를 돌보시나이까 ⁷그를 잠시 동안

천사보다 못하게 하시며 영광과 존귀로 관을 씌우시며 ^{8}만물을 그 발아래에 복종하게 하셨느니라 하였으니 만물로 그에게 복종하게 하셨은즉 복종하지 않은 것이 하나도 없어야 하겠으나 지금 우리가 만물이 아직 그에게 복종하고 있는 것을 보지 못하고 ^{9}오직 우리가 천사들보다 잠시 동안 못하게 하심을 입은 자 곧 죽음의 고난 받으심으로 말미암아 영광과 존귀로 관을 쓰신 예수를 보니 이를 행하심은 하나님의 은혜로 말미암아 모든 사람을 위하여 죽음을 맛보려 하심이라 ^{10}그러므로 만물이 그를 위하고 또한 그로 말미암은 이가 많은 아들들을 이끌어 영광에 들어가게 하시는 일에 그들의 구원의 창시자를 고난을 통하여 온전하게 하심이 합당하도다

히 13:8 예수 그리스도는 어제나 오늘이나 영원토록 동일하시니라

89.
세상이 미워하는 이유와 하나님께서 미워하시는 것

마 24:9 그때에 사람들이 너희를 환난에 넘겨주겠으며 너희를 죽이리니 너희가 내 이름 때문에 모든 민족에게 미움을 받으리라

막 13:13 또 너희가 내 이름으로 말미암아 모든 사람에게 미움을 받을 것이나 끝까지 견디는 자는 구원을 받으리라

눅 21:17~19 [17]또 너희가 내 이름으로 말미암아 모든 사람에게 미움을 받을 것이나 [18]너희 머리털 하나도 상하지 아니하리라 [19]너희의 인내로 너희 영혼을 얻으리라

요 17:14 내가 아버지의 말씀을 그들에게 주었사오매 세상이 그들을 미워하였사오니 이는 내가 세상에 속하지 아니함같이 그들도 세상에 속하지 아니함으로 인함이니이다

사복음서를 대조해 보면, 예수님의 행적에 대해 공관복음(마태복음, 마가복음, 누가복음)에서는 동일하거나 비슷한 내용이 상당히 많음

을 알 수 있습니다. 그러나 요한복음을 포함한 사복음서에는 동일하거나 비슷한 부분이 상대적으로 많지 않기 때문에, 그러한 부분에 더 많은 관심을 갖게 됩니다. 하나님의 백성들이 세상에서 모든 사람들에게 미움을 받으리라는 말씀도, 공관복음에서는 예수께서 재림과 세상 끝의 징조와 더불어 재난과 환난의 때에 있을 일들과 함께 말씀하시고, 요한복음에서는 예수께서 로마 군병들에게 잡히시기 전, 아버지 하나님께 드리는 마지막 기도 중에 말씀하셨습니다. 이 말씀을 듣고, 보면서 자연스럽게 갖게 되는 질문은, 엡 5:8~9에서 "너희가 전에는 어둠이더니 이제는 주 안에서 빛이라 빛의 자녀들처럼 행하라 빛의 열매는 모든 착함과 의로움과 진실함에 있느니라"라고 하신 대로, 대부분의 많은 하나님의 자녀들이 빛의 자녀들처럼, 빛의 열매를 맺고 사는 삶을 목적 삼고 추구함에도 불구하고, 예수 그리스도의 이름으로 말미암아 세상과 모든 사람에게 미움을 받는 일이 어떻게 있을 것인가 하는 것입니다. 물론 말씀대로 이루실 것을 기정사실로 믿으면서 한편으로는, 이러한 궁금함을 하나님의 말씀을 통해 확인해 보고자 합니다.

　예수께서는 그 이유에 대해 요 7:7에서 "세상이 너희를 미워하지 아니하되 나를 미워하나니 이는 내가 세상의 일들을 악하다고 증언함이라" 하시고, 이어서 요 15:18~19에서는 "세상이 너희를 미워하면 너희보다 먼저 나를 미워한 줄을 알라 너희가 세상에 속하였으면 세상이 자기의 것을 사랑할 것이나 너희는 세상에 속한 자가 아니요 도리어 내가 너희를 세상에서 택하였기 때문에 세상이 너희를 미워하느니라"라고 말씀하시며 궁금증을 풀어 주셨습니다. 아마도 이 세상에 속해 있는 모든 사람이 같은 세상에 살면서도, 이 땅에서는 외국인임과 나그네임을 증언하며, 하늘에 있는 더 나은 본향을 사모하는 그리스도 예수의 종 된 삶이, 사람의 생각만으로는 도저히 이해하기 어려운 이질감을 더하는 것이 아닐까 짐작해 봅니다.

이제 하나님께서 미워하시는 것에 대한 말씀을 상고해 보겠습니다. 가장 먼저 떠오르는 것은, 예수께서는 공생애 사역 중 사람들을 책망도 하시고 때로는 화가 임하는 저주도 가끔 하시는데, 대표적인 것이 만민이 기도하는 집인 하나님의 성전을 강도의 소굴과 장사하는 집으로 만든 것을 책망하시며 청결하게 하신 것(요 2:13~17)과, '화 있을진저 외식하는 서기관들과 바리새인들이여' 하시면서, 그 안에 외식과 불법이 가득한 것을 책망하신 것입니다.

이외에도 하나님의 일을 생각하지 아니하고 도리어 사람의 일을 생각함으로 책망받은 베드로(마 16:21~24)와, 예수께서 시장해서 드실 수 있는 열매를 찾으실 때, 잎사귀 외에 아무것도 없어 그때부터 영원토록 열매를 맺지 못하는 저주를 받고 말라버린 무화과나무(마 21:18~19) 사례에서 보듯이, 예수께서 책망하시고 또 저주하신 모든 것(사람, 사물, 사건 등)이 곧 하나님께서 미워하시는 것이라고 생각합니다. 직접적으로는 눅 16장에서 '사람 중에 높임을 받는 것도 하나님께 미움을 받는 것이라' 하셨습니다. 이어서 구약을 통해서 주신 말씀들도 상고해 보겠습니다.

눅 16:14~15 ¹⁴바리새인들은 돈을 좋아하는 자들이라 이 모든 것을 듣고 비웃거늘 ¹⁵예수께서 이르시되 너희는 사람 앞에서 스스로 옳다 하는 자들이나 너희 마음을 하나님께서 아시나니 사람 중에 높임을 받는 그것은 하나님 앞에 미움을 받는 것이니라

신 16:21~22 ²¹네 하나님 여호와를 위하여 쌓은 제단 곁에 어떤 나무로든지 아세라 상을 세우지 말며 ²²자기를 위하여 주상을

세우지 말라 네 하나님 여호와께서 미워하시느니라

시 5:4~6 ⁴주는 죄악을 기뻐하는 신이 아니시니 악이 주와 함께 머물지 못하며 ⁵오만한 자들이 주의 목전에 서지 못하리이다 주는 모든 행악자를 미워하시며 ⁶거짓말하는 자들을 멸망시키시리이다 여호와께서는 피 흘리기를 즐기는 자와 속이는 자를 싫어하시나이다

잠 3:32~33 ³²대저 패역한 자는 여호와께서 미워하시나 정직한 자에게는 그의 교통하심이 있으며 ³³악인의 집에는 여호와의 저주가 있거니와 의인의 집에는 복이 있느니라

잠 6:16~19 ¹⁶여호와께서 미워하시는 것 곧 그의 마음에 싫어하시는 것이 예닐곱 가지이니 ¹⁷곧 교만한 눈과 거짓된 혀와 무죄한 자의 피를 흘리는 손과 ¹⁸악한 계교를 꾀하는 마음과 빨리 악으로 달려가는 발과 ¹⁹거짓을 말하는 망령된 증인과 및 형제 사이를 이간하는 자이니라

잠 11:20 마음이 굽은 자는 여호와께 미움을 받아도 행위가 온전한 자는 그의 기뻐하심을 받느니라

잠 12:22 거짓 입술은 여호와께 미움을 받아도 진실하게 행하는 자는 그의 기뻐하심을 받느니라

잠 15:8~9, 26 ⁸악인의 제사는 여호와께서 미워하셔도 정직한 자의 기도는 그가 기뻐하시느니라 ⁹악인의 길은 여호와께서 미

워하셔도 공의를 따라가는 자는 그가 사랑하시느니라… ²⁶악한 꾀는 여호와께서 미워하시나 선한 말은 정결하니라

잠 16:5 무릇 마음이 교만한 자를 여호와께서 미워하시나니 피차 손을 잡을지라도 벌을 면하지 못하리라

잠 17:15 악인을 의롭다 하고 의인을 악하다 하는 이 두 사람은 다 여호와께 미움을 받느니라

잠 20:10, 23 ¹⁰한결같지 않은 저울추와 한결같지 않은 되는 다 여호와께서 미워하시느니라… ²³한결같지 않은 저울추는 여호와께서 미워하시는 것이요 속이는 저울은 좋지 못한 것이니라

말 2:16 이스라엘의 하나님 여호와가 이르노니 나는 이혼하는 것과 옷으로 학대를 가리는 자를 미워하노라 만군의 여호와의 말이니라 그러므로 너희 심령을 삼가 지켜 거짓을 행하지 말지니라

90.
가장 중요하고 확실한 전도 방법

마 28:18~20 ¹⁸예수께서 나아와 말씀하여 이르시되 하늘과 땅의 모든 권세를 내게 주셨으니 ¹⁹그러므로 너희는 가서 모든 민족을 제자로 삼아 아버지와 아들과 성령의 이름으로 세례(침례)를 베풀고 ²⁰내가 너희에게 분부한 모든 것을 가르쳐 지키게 하라 볼지어다 내가 세상 끝날까지 너희와 항상 함께 있으리라 하시니라

막 16:15~18 ¹⁵또 이르시되 너희는 온 천하에 다니며 만민에게 복음을 전파하라 ¹⁶믿고 세례(침례)를 받는 사람은 구원을 얻을 것이요 믿지 않는 사람은 정죄를 받으리라 ¹⁷믿는 자들에게는 이런 표적이 따르리니 곧 그들이 내 이름으로 귀신을 쫓아내며 새 방언을 말하며 ¹⁸뱀을 집어올리며 무슨 독을 마실지라도 해를 받지 아니하며 병든 사람에게 손을 얹은즉 나으리라 하시더라

눅 24:44~49 ⁴⁴또 이르시되 내가 너희와 함께 있을 때에 너희에게 말한바 곧 모세의 율법과 선지자의 글과 시편에 나를 가

리켜 기록된 모든 것이 이루어져야 하리라 한 말이 이것이라 하시고 ⁴⁵이에 그들의 마음을 열어 성경을 깨닫게 하시고 ⁴⁶또 이르시되 이같이 그리스도가 고난을 받고 제삼 일에 죽은 자 가운데서 살아날 것과 ⁴⁷또 그의 이름으로 죄 사함을 받게 하는 회개가 예루살렘에서 시작하여 모든 족속에게 전파될 것이 기록되었으니 ⁴⁸너희는 이 모든 일의 증인이라 ⁴⁹볼지어다 내가 내 아버지께서 약속하신 것을 너희에게 보내리니 너희는 위로부터 능력으로 입혀질 때까지 이 성에 머물라 하시니라

요 13:34~35 ³⁴새 계명을 너희에게 주노니 서로 사랑하라 내가 너희를 사랑한 것같이 너희도 서로 사랑하라 ³⁵너희가 서로 사랑하면 이로써 모든 사람이 너희가 내 제자인 줄 알리라

행 1:8 오직 성령이 너희에게 임하시면 너희가 권능을 받고 예루살렘과 온 유대와 사마리아와 땅끝까지 이르러 내 증인이 되리라 하시니라

딤후 4:1~5 ¹하나님 앞과 살아 있는 자와 죽은 자를 심판하실 그리스도 예수 앞에서 그가 나타나실 것과 그의 나라를 두고 엄히 명하노니 ²너는 말씀을 전파하라 때를 얻든지 못 얻든지 항상 힘쓰라 범사에 오래 참음과 가르침으로 경책하며 경계하며 권하라 ³때가 이르리니 사람이 바른 교훈을 받지 아니하며 귀가 가려워서 자기의 사욕을 따를 스승을 많이 두고 ⁴또 그 귀를 진리에서 돌이켜 허탄한 이야기를 따르리라 ⁵그러나 너는 모든 일에 신중하여 고난을 받으며 전도자의 일을 하며 네 직무를 다하라

하나님의 자녀들이 복음을 듣지 못한 곳에 가서, 모든 민족을 제자로 삼아 아버지와 아들과 성령의 이름으로 세례(침례)를 베풀고, 예수께서 분부하신 모든 것을 지키게 하는 것, 온 천하에 다니며 만민에게 복음을 전파하는 것, 예수 그리스도의 이름으로 죄 사함을 받게 하는 회개가 예루살렘에서 시작하여 모든 족속에게 전파될 것이 기록된 이 모든 일의 증인이 되는 것, 오직 성령이 너희에게 임하시면 너희가 권능을 받고 예루살렘과 온 유대와 사마리아와 땅끝까지 이르러 예수 그리스도의 증인이 되는 것, 하나님의 말씀을 전파하는 일을, 때를 얻든지 못 얻든지 항상 힘쓰는 것, 하나하나가 전도자의 일과 직무로서, 어느 것 하나도 빼놓을 수 없는 중요한 전도 방법이라고 할 수 있습니다.

그러나 굳이 제일(第一)을 선택한다면, 예수께서 주신 새 계명의 말씀에 순종하는 것이라고 생각합니다. 왜냐하면 예수께서는 마 24:14에서 "이 천국 복음이 모든 민족에게 증언되기 위하여 온 세상에 전파되리니 그제야 끝이 오리라"라고 하시고, '예수께서 우리를 사랑한 것같이 우리도 서로 사랑하면 이로써 모든 사람이 우리가 예수 그리스도의 제자인 줄 알리라'고 하셨기 때문입니다.

예수께서는, 거의 일생을 하나님의 말씀(주로 구약 성경)을 공부하고 연구하며, 전하고 가르치는 일에 전념하는 서기관들과 바리새인들에 대해서, '무엇이든지 그들이 말하는 바는 행하고 지키되 그들이 하는 행위는 본받지 말라 그들은 말만 하고 행하지 아니하며'라고 하시고, 심지어 '천국 문을 사람들 앞에서 닫고 자신들도 들어가지 않고 들어가려 하는 자도 들어가지 못하게 하는도다' 하시며 '교인 한 사람을 얻기 위하여 바다와 육지를 두루 다니다가 생기면 그들보다 배나 더 지옥 자식이 되게 하는도다'라고 말씀하셨습니다.

말만 하고 행하지 않는다는 것은, 외식하는 서기관들과 바리새인들뿐만 아니라, 하나님의 말씀을 전하고 가르치는 모든 전도자들이 심비에 새기고, 각자의 삶을 돌아보아야 할 말씀이라고 생각합니다. 그래서 사도 바울은 고전 13:1~3에서 "내가 사람의 방언과 천사의 말을 할지라도 사랑이 없으면 소리 나는 구리와 울리는 꽹과리가 되고 내가 예언하는 능력이 있어 모든 비밀과 모든 지식을 알고 또 산을 옮길 만한 모든 믿음이 있을지라도 사랑이 없으면 내가 아무것도 아니요 내가 내게 있는 모든 것으로 구제하고 또 내 몸을 불사르게 내줄지라도 사랑이 없으면 내게 아무 유익이 없느니라"라고 증거하고 있습니다.

이제 천국 복음 곧 하나님의 말씀을 전하고 가르치는 모든 신실한 전도자들이 예수 그리스도의 말씀에 순종하여, 예수께서 우리를 사랑하신 것같이 우리도 서로 사랑하는 삶을 통해서, 모든 사람이 우리가 예수 그리스도의 제자인 것을 알게 되고, 또한 '이 천국 복음이 모든 민족에게 증언되기 위하여 온 세상에 전파되리니 그제야 끝이 오리라'는 말씀을 이루며 전도의 마침표를 찍는, 하나님의 일에 충성하는 종들이 되시기를 예수님의 이름으로 간절히 기도드립니다. 아멘.

마 23:1~15 ¹이에 예수께서 무리와 제자들에게 말씀하여 이르시되 ²서기관들과 바리새인들이 모세의 자리에 앉았으니 ³그러므로 무엇이든지 그들이 말하는 바는 행하고 지키되 그들이 하는 행위는 본받지 말라 그들은 말만 하고 행하지 아니하며 ⁴또 무거운 짐을 묶어 사람의 어깨에 지우되 자기는 이것을 한 손가락으로도 움직이려 하지 아니하며 ⁵그들의 모든 행위를 사람에게 보이고자 하나니 곧 그 경문 띠를 넓게 하며 옷술을 길게 하고 ⁶잔치의 윗자리와 회당의 높은 자리와 ⁷시장에서 문안받는 것과 사람에게 랍비라 칭함을 받는 것을 좋아하느니라 [8]그러나 너희는 랍비라 칭함을 받지 말라 너희 선생은 하나요 너희는 다 형제니라 [9]땅에 있는 자를 아버지라 하지 말라 너희의 아버지는 한 분이시니 곧 하늘에 계신 이시니라 [10]또한 지도자라 칭함을 받지 말라 너희의 지도자는 한 분이시니 곧 그리스도시니라 [11]너희 중에 큰 자는 너희를 섬기는 자가 되어야 하리라 [12]누구든지 자기를 높이는 자는 낮아지고 누구든지 자기를 낮추는 자는 높아지리라 [13]화 있을진저 외식하는 서기관들과 바리새인들이여 너희는 천국 문을 사람들 앞에서 닫고 너희도 들어가지 않고 들어가려 하는 자도 들어가지 못하게 하는도다 [14](없음) [15]화 있을진저 외식하는 서기관들과 바리새인들이여 너희는 교인 한 사람을 얻기 위하여 바다와 육지를 두루 다니다가 생기면 너희보다 배나 더 지옥 자식이 되게 하는도다

91.
만물보다 거짓되고 심히 부패한 것은 마음이라

창 3:1~6 ¹그런데 뱀은 여호와 하나님이 지으신 들짐승 중에 가장 간교하니라 뱀이 여자에게 물어 이르되 하나님이 참으로 너희에게 동산 모든 나무의 열매를 먹지 말라 하시더냐 ²여자가 뱀에게 말하되 동산 나무의 열매를 우리가 먹을 수 있으나 ³동산 중앙에 있는 나무의 열매는 하나님의 말씀에 너희는 먹지도 말고 만지지도 말라 너희가 죽을까 하노라 하셨느니라 ⁴뱀이 여자에게 이르되 너희가 결코 죽지 아니하리라 ⁵너희가 그것을 먹는 날에는 너희 눈이 밝아져 하나님과 같이 되어 선악을 알 줄 하나님이 아심이니라 ⁶여자가 그 나무를 본즉 먹음직도 하고 보암직도 하고 지혜롭게 할 만큼 탐스럽기도 한 나무인지라 여자가 그 열매를 따먹고 자기와 함께 있는 남편에게도 주매 그도 먹은지라

렘 17:9~11 ⁹만물보다 거짓되고 심히 부패한 것은 마음이라 누가 능히 이를 알리요마는 ¹⁰나 여호와는 심장을 살피며 폐부를 시험하고 각각 그의 행위와 그의 행실대로 보응하나니 ¹¹불의로 치부하는 자는 자고새가 낳지 아니한 알을 품음 같아서 그의 중

년에 그것이 떠나겠고 마침내 어리석은 자가 되리라

고후 11:2~3 ²내가 하나님의 열심으로 너희를 위하여 열심을 내노니 내가 너희를 정결한 처녀로 한 남편인 그리스도께 드리려고 중매함이로다 그러나 나는 ³뱀이 그 간계로 하와를 미혹한 것같이 너희 마음이 그리스도를 향하는 진실함과 깨끗함에서 떠나 부패할까 두려워하노라

하나님께서 만물보다 거짓되고 심히 부패한 것은 마음, 곧 사람의 마음이라고 진단하시는데, 하나님께서는 사람의 심장을 살피며 폐부(허파, 사람의 깊은 속)를 시험하는 분이시므로 의심의 여지가 전혀 없을 것 같습니다. 물론 렘 17장의 서두에는, 유다(이스라엘 남왕국)의 죄와 그에 대한 벌에 대해 언급하고 있지만, 위의 본문은 모든 민족과 모든 사람에게도 적용할 수 말씀으로 생각합니다. 하와가 뱀의 미혹으로 하나님께서 금지한 나무의 열매를 따먹고, 하나님과 같이 되려 했던 탐욕으로 타락한 것같이, 사도 바울은 고린도교회 신자들의 마음이 그리스도를 향하는 진실함과 깨끗함에서 떠나 부패할까 두려워했습니다. 탐욕으로 인해 타락하고 마음이 부패하여, 눈은 보아도 족함이 없고 귀는 들어도 차지 않는 삶을 살아가는 사람들에게, 예수께서는 눅 12:15에서 "모든 탐심을 물리치라 사람의 생명이 그 소유의 넉넉한 데 있지 아니하니라"라고 말씀하시고, 요일 2:15~17은 "이 세상이나 세상에 있는 것들을 사랑하지 말라 누구든지 세상을 사랑하면 아버지의 사랑이 그 안에 있지 아니하니 이는 세상에 있는 모든 것이 육신의 정욕과 안목의 정욕과 이생의 자랑이니 다 아버지께로부터 온 것이 아니요 세상으로부터 온 것이라 이 세상도, 그 정욕도 지나가되 오직 하나님의 뜻을 행하는 자는 영원

히 거하느니라"라고 증거하고 있습니다.

어떻게 우리가 모든 탐심을 물리칠 수 있으며, 이 세상이나 세상에 있는 것들을 사랑하지 않을 수 있는지 골 3장에서는 "옛 사람과 그 행위를 벗어 버리고 새 사람을 입었으니 이는 자기를 창조하신 이의 형상을 따라 지식에까지 새롭게 하심을 입은 자니라"(골 3:9~10) 하고 말씀함으로, 그리스도와 함께 다시 살리심을 받은 사실((53. 탐심은 우상 숭배, 탐하는 자는 곧 우상 숭배자) 참조)을 전제로 하고 있습니다. 이어서 딤전 6장에서는 예수 그리스도의 말씀과 경건에 관한 교훈을 따르지(착념) 않으면, 악한 생각이 나며 마음이 부패해지고, 진리를 잃어버릴 것이라고 경고하고 있습니다.

결론적으로, 만물보다 거짓되고 심히 부패한 마음으로부터 돌이키는 삶을, 하나님의 말씀에 따라 다시 한번 정리해 보겠습니다. 허물과 죄로 죽었던 우리가, 그리스도와 함께 다시 살리심을 받아, 옛 사람과 그 행위를 벗어 버리고 새 사람을 입고, 하나님의 형상을 따라 지식에까지 새롭게 하심을 입은 자로서, 우리 주 예수 그리스도의 말씀과 경건에 관한 교훈을 따르며(착념하며), 먹을 것과 입을 것이 있은즉 족한 줄로 알고, 자족하는 마음으로 살 것을 증거하고 있습니다.

전 1:8 모든 만물이 피곤하다는 것을 사람이 말로 다 말할 수는 없나니 눈은 보아도 족함이 없고 귀는 들어도 가득 차지 아니하도다

눅 12:13~15 ¹³무리 중에 한 사람이 이르되 선생님 내 형을 명하여 유산을 나와 나누게 하소서 하니 ¹⁴이르시되 이 사람아 누가 나를 너희의 재판장이나 물건 나누는 자로 세웠느냐 하시고

¹⁵그들에게 이르시되 삼가 모든 탐심을 물리치라 사람의 생명이 그 소유의 넉넉한 데 있지 아니하니라 하시고

엡 2:1   그는 허물과 죄로 죽었던 너희를 살리셨도다

골 3:1~10   ¹그러므로 너희가 그리스도와 함께 다시 살리심을 받았으면 위의 것을 찾으라 거기는 그리스도께서 하나님 우편에 앉아 계시느니라 ²위의 것을 생각하고 땅의 것을 생각하지 말라 ³이는 너희가 죽었고 너희 생명이 그리스도와 함께 하나님 안에 감추어졌음이라 ⁴우리 생명이신 그리스도께서 나타나실 그때에 너희도 그와 함께 영광 중에 나타나리라 ⁵그러므로 땅에 있는 지체를 죽이라 곧 음란과 부정과 사욕과 악한 정욕과 탐심이니 탐심은 우상 숭배니라 ⁶이것들로 말미암아 하나님의 진노가 임하느니라 ⁷너희도 전에 그 가운데 살 때에는 그 가운데서 행하였으나 ⁸이제는 너희가 이 모든 것을 벗어 버리라 곧 분함과 노여움과 악의와 비방과 너희 입의 부끄러운 말이라 ⁹너희가 서로 거짓말을 하지 말라 옛 사람과 그 행위를 벗어 버리고 ¹⁰새 사람을 입었으니 이는 자기를 창조하신 이의 형상을 따라 지식에까지 새롭게 하심을 입은 자니라

딤전 6:3~8   ³누구든지 다른 교훈을 하며 바른말 곧 우리 주 예수 그리스도의 말씀과 경건에 관한 교훈을 따르지 아니하면 ⁴그는 교만하여 아무것도 알지 못하고 변론과 언쟁을 좋아하는 자니 이로써 투기와 분쟁과 비방과 악한 생각이 나며 ⁵마음이 부패하여지고 진리를 잃어버려 경건을 이익의 방도로 생각하는 자들의 다툼이 일어나느니라 ⁶그러나 자족하는 마음이 있으

면 경건은 큰 이익이 되느니라 [7]우리가 세상에 아무것도 가지고 온 것이 없으매 또한 아무것도 가지고 가지 못하리니 [8]우리가 먹을 것과 입을 것이 있은즉 족한 줄로 알 것이니라

92.
주님(예수 그리스도)의 때와 우리의 때

요 2:1~11 ¹사흘째 되던 날 갈릴리 가나에 혼례가 있어 예수의 어머니도 거기 계시고 ²예수와 그 제자들도 혼례에 청함을 받았더니 ³포도주가 떨어진지라 예수의 어머니가 예수에게 이르되 저들에게 포도주가 없다 하니 ⁴예수께서 이르시되 여자여 나와 무슨 상관이 있나이까 내 때가 아직 이르지 아니하였나이다 ⁵그의 어머니가 하인들에게 이르되 너희에게 무슨 말씀을 하시든지 그대로 하라 하니라 ⁶거기에 유대인의 정결 예식을 따라 두세 통 드는 돌항아리 여섯이 놓였는지라 ⁷예수께서 그들에게 이르시되 항아리에 물을 채우라 하신즉 아귀까지 채우니 ⁸이제는 떠서 연회장에게 갖다 주라 하시매 갖다 주었더니 ⁹연회장은 물로 된 포도주를 맛보고도 어디서 났는지 알지 못하되 물 떠온 하인들은 알더라 연회장이 신랑을 불러 ¹⁰말하되 사람마다 먼저 좋은 포도주를 내고 취한 후에 낮은 것을 내거늘 그대는 지금까지 좋은 포도주를 두었도다 하니라 ¹¹예수께서 이 첫 표적을 갈릴리 가나에서 행하여 그의 영광을 나타내시매 제자들이 그를 믿으니라

요 7:1~10 ¹그 후에 예수께서 갈릴리에서 다니시고 유대에서 다니려 아니하심은 유대인들이 죽이려 함이러라 ²유대인의 명절인 초막절이 가까운지라 ³그 형제들이 예수께 이르되 당신이 행하는 일을 제자들도 보게 여기를 떠나 유대로 가소서 ⁴스스로 나타나기를 구하면서 묻혀서 일하는 사람이 없나니 이 일을 행하려 하거든 자신을 세상에 나타내소서 하니 ⁵이는 그 형제들까지도 예수를 믿지 아니함이러라 ⁶예수께서 이르시되 내 때는 아직 이르지 아니하였거니와 너희 때는 늘 준비되어 있느니라 ⁷세상이 너희를 미워하지 아니하되 나를 미워하나니 이는 내가 세상의 일들을 악하다고 증언함이라 ⁸너희는 명절에 올라가라 내 때가 아직 차지 못하였으니 나는 이 명절에 아직 올라가지 아니하노라 ⁹이 말씀을 하시고 갈릴리에 머물러 계시니라 ¹⁰그 형제들이 명절에 올라간 후에 자기도 올라가시되 나타내지 않고 은밀히 가시니라

요 12:20~33 ²⁰명절에 예배하러 올라온 사람 중에 헬라인 몇이 있는데 ²¹그들이 갈릴리 벳새다 사람 빌립에게 가서 청하여 이르되 선생이여 우리가 예수를 뵈옵고자 하나이다 하니 ²²빌립이 안드레에게 가서 말하고 안드레와 빌립이 예수께 가서 여쭈니 ²³예수께서 대답하여 이르시되 인자가 영광을 얻을 때가 왔도다 ²⁴내가 진실로 진실로 너희에게 이르노니 한 알의 밀이 땅에 떨어져 죽지 아니하면 한 알 그대로 있고 죽으면 많은 열매를 맺느니라 ²⁵자기의 생명을 사랑하는 자는 잃어버릴 것이요 이 세상에서 자기의 생명을 미워하는 자는 영생하도록 보전하리라 ²⁶사람이 나를 섬기려면 나를 따르라 나 있는 곳에 나를 섬기는 자도 거기 있으리니 사람이 나를 섬기면 내 아버지께서

그를 귀히 여기시리라 ²⁷지금 내 마음이 괴로우니 무슨 말을 하리요 아버지여 나를 구원하여 이때를 면하게 하여 주옵소서 그러나 내가 이를 위하여 이때에 왔나이다 ²⁸아버지여, 아버지의 이름을 영광스럽게 하옵소서 하시니 이에 하늘에서 소리가 나서 이르되 내가 이미 영광스럽게 하였고 또다시 영광스럽게 하리라 하시니 ²⁹곁에 서서 들은 무리는 천둥이 울었다고도 하며 또 어떤 이들은 천사가 그에게 말하였다고도 하니 ³⁰예수께서 대답하여 이르시되 이 소리가 난 것은 나를 위한 것이 아니요 너희를 위한 것이니라 ³¹이제 이 세상에 대한 심판이 이르렀으니 이 세상의 임금이 쫓겨나리라 ³²내가 땅에서 들리면 모든 사람을 내게로 이끌겠노라 하시니 ³³이렇게 말씀하심은 자기가 어떠한 죽음으로 죽을 것을 보이심이러라

요 17:1~5 ¹예수께서 이 말씀을 하시고 눈을 들어 하늘을 우러러 이르시되 아버지여 때가 이르렀사오니 아들을 영화롭게 하사 아들로 아버지를 영화롭게 하게 하옵소서 ²아버지께서 아들에게 주신 모든 사람에게 영생을 주게 하시려고 만민을 다스리는 권세를 아들에게 주셨음이로소이다 ³영생은 곧 유일하신 참 하나님과 그가 보내신 자 예수 그리스도를 아는 것이니이다 ⁴아버지께서 내게 하라고 주신 일을 내가 이루어 아버지를 이 세상에서 영화롭게 하였사오니 ⁵아버지여 창세 전에 내가 아버지와 함께 가졌던 영화로써 지금도 아버지와 함께 나를 영화롭게 하옵소서

예수께서는 자기의 때가 아직 이르지 아니하였음에도, 마리아의 청원에 물로 포도주를 만드는 표적으로 그의 영광을 나타내셨습니

다. 또 그를 믿지 않는 형제들이 초막절에 유대(예루살렘)에 올라가 자신을 세상에 나타내라는 부추김과 재촉에도, 그 즉시 올라가지 않으셨지만, 갈릴리에 머무신 후에 나타내지 않고 은밀히 올라가셨습니다. 예수께서 자기의 때를 기다리시면서, 그 형제들의 권유도 어느 정도 동기 부여가 되었을 것으로 짐작됩니다. 그때 동생들에게 '내 때는 아직 이르지 아니하였거니와 너희 때는 늘 준비되어 있느니라'라고 하셨습니다. 물론 동생들이 그 당시에는 예수 그리스도를 믿지 않는 사람들이었지만, 그 후에 예수님의 제자들로 변화된 것을 감안한다면, 하나님께서 영생을 주시기로 작정된 자 모두에게 하신 말씀으로 이해할 수 있을 것입니다.

예수께서 '내 때'라 하심은, 아버지 하나님께서 아들 예수 그리스도를 영화롭게 하사 아들로 아버지를 영화롭게 하는 것, 곧 아버지 하나님께서 아들을 세상에 보내셔서 하라고 주신 일(협의적으로는 예수께서 십자가에서 온 세상의 죄를 위한 화목 제물이 되는 것, 광의적으로는 성경이 예수 그리스도에게 대하여 증거하는 모든 일을 이루는 것)을 온전히 이루어, 아버지 하나님을 이 세상에서 영화롭게 하시고, 창세 전에 예수 그리스도가 아버지와 함께 가졌던 영화로써 지금도 아버지와 함께 예수 그리스도를 영화롭게 하는 것, 곧 그 일을 이루는 때를 가리킨다고 생각합니다.

이제 '너희 때는 늘 준비되어 있느니라'라고 말씀하신 부분들을 상고해 보겠습니다. '너희 때'라 함은, 예수 그리스도로 말미암아 진리로 거룩함을 얻고, 세상으로 보내심을 받아 하라고 주신 일(협의적으로는 각자 개개인을 보내신 하나님의 뜻을 행하며 그의 일을 온전히 이루는 것, 광의적으로는 성경이 예수 그리스도의 제자들에게 명하신 모든 일을 이루는 것)을 온전히 이루어, 예수 그리스도께서 주시는 영광을 받아, 예수 그리스도께서 아버지 하나님과 하나가 된 것같이, 우리도 하나 되게 하려 함을 이루는 그때라고 믿어집니다.

  이어서 '늘 준비되어 있느니라'라고 하신 것은, 경건하지 아니한 사람들의 심판과 멸망의 날까지 우리를 대하여 오래 참으사, 아무도 멸망하지 아니하고, 다 회개하기에 이르기를 원하시는 그날, 그 순간까지 돌아오는 탕자들의 영접을 위해 늘 준비하고 기다리시는 주님의 마음을 역설하신 것으로 믿고 싶습니다.

요 17:16~26 [16]내가 세상에 속하지 아니함같이 그들도 세상에 속하지 아니하였사옵나이다 [17]그들을 진리로 거룩하게 하옵소서 아버지의 말씀은 진리니이다 [18]아버지께서 나를 세상에 보내신 것같이 나도 그들을 세상에 보내었고 [19]또 그들을 위하여 내가 나를 거룩하게 하오니 이는 그들도 진리로 거룩함을 얻게 하려 함이니이다 [20]내가 비옵는 것은 이 사람들만 위함이 아니요 또 그들의 말로 말미암아 나를 믿는 사람들도 위함이니 [21]아버지여, 아버지께서 내 안에, 내가 아버지 안에 있는 것같이 그들도 다 하나가 되어 우리 안에 있게 하사 세상으로 아버지께서 나를 보내신 것을 믿게 하옵소서 [22]내게 주신 영광을 내가 그들에게 주었사오니 이는 우리가 하나가 된 것같이 그들도 하나가 되게 하려 함이니이다 [23]곧 내가 그들 안에 있고 아버지께서 내 안에 계시어 그들로 온전함을 이루어 하나가 되게 하려 함은 아버지께서 나를 보내신 것과 또 나를 사랑하심같이 그들도 사랑하신 것을 세상으로 알게 하려 함이로소이다 [24]아버지여 내게 주신 자도 나 있는 곳에 나와 함께 있어 아버지께서 창세 전부터 나를 사랑하시므로 내게 주신 나의 영광을 그들로 보게 하시기를 원하옵나이다 [25]의로우신 아버지여 세상이 아버지를 알지 못하여도 나는 아버지를 알았사옵고 그들도 아버지께서 나를 보내신 줄 알았사옵나이다 ²⁶내가 아버지의 이름을 그들에게 알게 하였고 또 알게 하리니 이는 나를 사랑하신 사랑이 그들 안에 있고 나도 그들 안에 있게 하려 함이니이다

벧후 3:7~9 ⁷이제 하늘과 땅은 그 동일한 말씀으로 불사르기 위하여 보호하신 바 되어 경건하지 아니한 사람들의 심판과 멸망의 날까지 보존하여 두신 것이니라 ⁸사랑하는 자들아 주께는 하루가 천 년 같고 천 년이 하루 같다는 이 한 가지를 잊지 말라 ⁹주의 약속은 어떤 이들이 더디다고 생각하는 것같이 더딘 것이 아니라 오직 주께서는 너희를 대하여 오래 참으사 아무도 멸망하지 아니하고 다 회개하기에 이르기를 원하시느니라

93.
사람의 칭찬과 하나님의 칭찬

시 49:16~20 ¹⁶사람이 치부하여 그의 집의 영광이 더할 때에 너는 두려워하지 말지어다 ¹⁷그가 죽으매 가져가는 것이 없고 그의 영광이 그를 따라 내려가지 못함이로다 ¹⁸그가 비록 생시에 자기를 축하하며 스스로 좋게 함으로 사람들에게 칭찬을 받을지라도 ¹⁹그들은 그들의 역대 조상들에게로 돌아가리니 영원히 빛을 보지 못하리로다 ²⁰존귀하나 깨닫지 못하는 사람은 멸망하는 짐승 같도다

잠 27:21 도가니로 은을, 풀무로 금을, 칭찬으로 사람을 단련하느니라

눅 4:14~15 ¹⁴예수께서 성령의 능력으로 갈릴리에 돌아가시니 그 소문이 사방에 퍼졌고 ¹⁵친히 그 여러 회당에서 가르치시매 뭇 사람에게 칭송을 받으시더라

눅 6:25~26 ²⁵화 있을진저 너희 지금 배부른 자여 너희는 주리리로다 화 있을진저 너희 지금 웃는 자여 너희가 애통하며 울리

로다 ²⁶모든 사람이 너희를 칭찬하면 화가 있도다 그들의 조상들이 거짓 선지자들에게 이와 같이 하였느니라

칭찬은 사람에게 자신감을 갖게 해주고, 자존심도 세워주며, 자부심도 누리게 해줍니다. 그래서 칭찬으로 사람을 단련한다는 것에 공감을 하게 됩니다. 예수께서도 공생애 사역 초기에는, 눅 4장의 기록대로 뭇사람들에게 칭송받으셨습니다. 그 과정을 마 4:23~25은 "²³예수께서 온 갈릴리에 두루 다니사 그들의 회당에서 가르치시며 천국 복음을 전파하시며 백성 중의 모든 병과 모든 약한 것을 고치시니 ²⁴그의 소문이 온 수리아에 퍼진지라 사람들이 모든 앓는 자 곧 각종 병에 걸려서 고통당하는 자, 귀신 들린 자, 간질하는 자, 중풍병자들을 데려오니 그들을 고치시더라 ²⁵갈릴리와 데가볼리와 예루살렘과 유대와 요단강 건너편에서 수많은 무리가 따르니라"라고 증거하고 있습니다.

예수께서는 공생애 사역 중기와 말기로 넘어가면서, 세상이 악하다고 증거하셔서 미움을 받게 되고, 그를 믿고 따르는 무리와 반대하는 무리가 나누어지게 됩니다. 급기야 십자가의 고난을 당하실 때는, 반대자들의 희롱과 핍박은 물론, 지나가던 자들에게도 모욕받으심에 대해 막 15:29~32은 "²⁹지나가는 자들은 자기 머리를 흔들며 예수를 모욕하여 이르되 아하 성전을 헐고 사흘에 짓는다는 자여 ³⁰네가 너를 구원하여 십자가에서 내려오라 하고 ³¹그와 같이 대제사장들도 서기관들과 함께 희롱하며 서로 말하되 그가 남은 구원하였으되 자기는 구원할 수 없도다 ³²이스라엘의 왕 그리스도가 지금 십자가에서 내려와 우리가 보고 믿게 할지어다 하며 함께 십자가에 못 박힌 자들도 예수를 욕하더라"라고 증거하고 있습니다.

예수께서 무리들의 필요와 원하는 것들을 채워주셨을 때는 칭송

의 대상이 되셨지만, 그렇지 않을 때는 희롱과 핍박과 모욕의 대상이 되셨음을 알 수 있습니다.

이제 예수께서 눅 6장에 '모든 사람이 너희를 칭찬하면 화가 있도다'라고 말씀하신 부분을 살펴보겠습니다. 이것은 '그들의 조상들이 거짓 선지자들에게 이와 같이 하였느니라'라는 말씀으로 보아서, 칭찬을 통해서 사람을 속이기도 하고, 속기도 할 수 있는 양면의 의미를 담고 있음을 가르쳐주신 것 같습니다((80. 이 땅에 무섭고 놀라운 일이 있도다) 참조). 이로 보건대 사람의 칭찬은, 사람을 세워주고 인정해 주는 긍정적인 힘을 불어넣기도 하지만, 편견이나 편애 또는 이해관계에 따른 칭찬은 화가 될 수도 있음을 심중에 새겨야 할 것 같습니다.

이제부터 하나님의 칭찬에 대해 상고해 보겠습니다. 사람의 칭찬과 하나님의 칭찬의 근본적인 차이는, 하나님의 칭찬은 하나님께서 옳다고 인정해 주시는 것(또는 사람)에 기초하고 있기 때문일 것입니다. 이러한 사실을 고후 10:17~18은 "자랑하는 자는 주 안에서 자랑할지니라 옳다 인정함을 받는 자는 자기를 칭찬하는 자가 아니요 오직 주께서 칭찬하시는 자니라"라고 증거하고 있습니다. 바꾸어 말하자면, 오직 주께서 칭찬하는 자가 옳다 인정함을 받을 수밖에 없는 것은, 고전 4:5 하반절에서 "그가 어둠에 감추인 것들을 드러내고 마음의 뜻을 나타내시리니 그때에 각 사람에게 하나님으로부터 칭찬이 있으리라"라고 말씀하였기 때문입니다. 그러므로 하늘 시민권을 소유한 하나님 나라 백성들은, 사람들에게 격려와 희망을 주는 칭찬을 주고 받는 일에도 관심을 가져야 하겠지만, 더욱더 하나님을 찬송하고 예수 그리스도께서 나타나실 때에 주실 칭찬을 갈망하기를 소원해 봅니다.

고전 4:1~5 ¹사람이 마땅히 우리를 그리스도의 일꾼이요 하나님의 비밀을 맡은 자로 여길지어다 ²그리고 맡은 자들에게 구할 것은 충성이니라 ³너희에게나 다른 사람에게나 판단 받는 것이 내게는 매우 작은 일이라 나도 나를 판단하지 아니하노니 ⁴내가 자책할 아무것도 깨닫지 못하나 이로 말미암아 의롭다 함을 얻지 못하노라 다만 나를 심판하실 이는 주시니라 ⁵그러므로 때가 이르기 전 곧 주께서 오시기까지 아무것도 판단하지 말라 그가 어둠에 감추인 것들을 드러내고 마음의 뜻을 나타내시리니 그때에 각 사람에게 하나님으로부터 칭찬이 있으리라

벧전 1:7 너희 믿음의 확실함은 불로 연단하여도 없어질 금보다 더 귀하여 예수 그리스도께서 나타나실 때에 칭찬과 영광과 존귀를 얻게 할 것이니라

94.
회개에 합당한 열매의 확인

눅 3:7~14 ⁷요한이 세례(침례)받으러 나아오는 무리에게 이르되 독사의 자식들아 누가 너희에게 일러 장차 올 진노를 피하라 하더냐 ⁸그러므로 회개에 합당한 열매를 맺고 속으로 아브라함이 우리 조상이라 말하지 말라 내가 너희에게 이르노니 하나님이 능히 이 돌들로도 아브라함의 자손이 되게 하시리라 ⁹이미 도끼가 나무뿌리에 놓였으니 좋은 열매 맺지 아니하는 나무마다 찍혀 불에 던져지리라 ¹⁰무리가 물어 이르되 그러면 우리가 무엇을 하리이까 ¹¹대답하여 이르되 옷 두 벌 있는 자는 옷 없는 자에게 나눠 줄 것이요 먹을 것이 있는 자도 그렇게 할 것이니라 하고 ¹²세리들도 세례(침례)를 받고자 하여 와서 이르되 선생이여 우리는 무엇을 하리이까 하매 ¹³이르되 부과된 것 외에는 거두지 말라 하고 ¹⁴군인들도 물어 이르되 우리는 무엇을 하리이까 하매 이르되 사람에게서 강탈하지 말며 거짓으로 고발하지 말고 받는 급료를 족한 줄로 알라 하니라

눅 15:11~24 ¹¹또 이르시되 어떤 사람에게 두 아들이 있는데 ¹²그 둘째가 아버지에게 말하되 아버지여 재산 중에서 내게 돌

아들 분깃을 내게 주소서 하는지라 아버지가 그 살림을 각각 나눠 주었더니 [13]그 후 며칠이 안 되어 둘째 아들이 재물을 다 모아 가지고 먼 나라에 가 거기서 허랑방탕하여 그 재산을 낭비하더니 [14]다 없앤 후 그 나라에 크게 흉년이 들어 그가 비로소 궁핍한지라 [15]가서 그 나라 백성 중 한 사람에게 붙여 사니 그가 그를 들로 보내어 돼지를 치게 하였는데 [16]그가 돼지 먹는 쥐엄 열매로 배를 채우고자 하되 주는 자가 없는지라 [17]이에 스스로 돌이켜 이르되 내 아버지에게는 양식이 풍족한 품꾼이 얼마나 많은가 나는 여기서 주려 죽는구나 [18]내가 일어나 아버지께 가서 이르기를 아버지 내가 하늘과 아버지께 죄를 지었사오니 [19]지금부터는 아버지의 아들이라 일컬음을 감당하지 못하겠나이다 나를 품꾼의 하나로 보소서 하리라 하고 [20]이에 일어나서 아버지께로 돌아가니라 아직도 거리가 먼데 아버지가 그를 보고 측은히 여겨 달려가 목을 안고 입을 맞추니 [21]아들이 이르되 아버지 내가 하늘과 아버지께 죄를 지었사오니 지금부터는 아버지의 아들이라 일컬음을 감당하지 못하겠나이다 하나 [22]아버지는 종들에게 이르되 제일 좋은 옷을 내어다가 입히고 손에 가락지를 끼우고 발에 신을 신기라 [23]그리고 살진 송아지를 끌어다가 잡으라 우리가 먹고 즐기자 [24]이 내 아들은 죽었다가 다시 살아났으며 내가 잃었다가 다시 얻었노라 하니 그들이 즐거워하더라

요한에게 세례(침례)를 받으러 나아온 무리와 세리들과 군인들은 '우리가 무엇을 하리이까' 하고 물었습니다. 요한이 그들에게 대답한 내용의 요점은 '회개에 합당한 열매를 맺으라'는 것이었습니다. 이것을 실천하기 위해서 조금 더 근본적으로 접근해 보면, 마 22장의 말

씀에 따르면 '하나님을 사랑하고 이웃을 사랑함으로써 온 율법과 선지자의 강령을 이루라'라는 것이고, 롬 13장의 말씀에 따르면 '남을 사랑하는 자는 율법을 다 이루는 것이고, 사랑은 이웃에게 악을 행치 아니하므로 율법을 완성하는 것'이며, 엡 4장의 말씀에 따르면 '유혹의 욕심을 따라 썩어져 가는 구습을 따르는 옛사람을 벗어 버리고 오직 너희의 심령이 새롭게 되어 하나님을 따라 의와 진리의 거룩함으로 지으심을 받은 새 사람을 입으라'라는 의미라고 생각할 수 있을 것입니다.

이번에는 예수께서 말씀하신 돌아온 탕자 비유를 통해서, 회개한 사람들이 맺어야 하는 회개에 합당한 열매에 대해 상고해 보겠습니다. '이 내 아들은 죽었다가 다시 살아났으며 내가 잃었다가 다시 얻었노라'는 아버지의 선언과 환영하는 잔치를 통해, 스스로 타락해서 저버렸던 아들의 지위와 권리가 회복되었음을 알 수 있습니다. 문제는 다음 날 아침부터 시작됩니다. 만일 이 아들이 굶어서 죽게 되는 것을 깨닫고, 일어나 아버지께 가서 이르기를 '아버지 내가 하늘과 아버지께 죄를 지었사오니 지금부터는 아버지의 아들이라 일컬음을 감당하지 못하겠나이다. 나를 품꾼의 하나로 보소서 하리라'라는 결심을 하고 고백한 대로, 아버지가 주신 좋은 옷을 벗고, 손에 가락지를 빼고, 작업복으로 갈아입고, 작업화를 신고, 품꾼의 하나로서의 삶을 실천하지 않는다면, 과연 그가 회개에 합당한 열매를 맺는 삶을 사는 것인지는 매우 불분명해지고 어려워질 것입니다. 왜냐하면 아들의 지위와 권리를 다 회복한 이 아들이, 이전 모습대로 살아간다면, 죄의 유혹과 옛 습관을 따라 또다시 아버지의 재산을 탐내는 잘못을 반복하지 않으리라는 보장이 없기 때문입니다. 그래서 예수님께서는 우리에게 계속해서 반복적으로, 아버지와 아들의 관계처럼 주인과 종의 관계에 대해서도, 가슴 깊이 새겨야 하는 말씀으로 주신 것 같습니다. 아무쪼록, 들을 귀가 있는 하나님의 자녀라면, 우리도 주인에게 명령받은 일을 다 행한 후에 이르기를 '우리는 무익한 종이라 우리가 하여야 할 일을 한 것뿐이라'라고 고백하는 종이 될 수 있기를 예수님의 이름으로 간절히 기도합니다. 아멘.

마 22:34~40 ³⁴예수께서 사두개인들로 대답할 수 없게 하셨다 함을 바리새인들이 듣고 모였는데 ³⁵그중의 한 율법사가 예수를 시험하여 묻되 ³⁶선생님 율법 중에서 어느 계명이 크니이까 ³⁷예수께서 이르시되 네 마음을 다하고 목숨을 다하고 뜻을 다하여 주 너의 하나님을 사랑하라 하셨으니 ³⁸이것이 크고 첫째 되는 계명이요 ³⁹둘째도 그와 같으니 네 이웃을 네 자신같이 사랑하라 하셨으니 ⁴⁰이 두 계명이 온 율법과 선지자의 강령이니라

눅 17:7~10 ⁷너희 중 누구에게 밭을 갈거나 양을 치거나 하는 종이 있어 밭에서 돌아오면 그더러 곧 와 앉아서 먹으라 말할 자가 있느냐 ⁸도리어 그더러 내 먹을 것을 준비하고 띠를 띠고 내가 먹고 마시는 동안에 수종들고 너는 그 후에 먹고 마시라 하지 않겠느냐 ⁹명한 대로 하였다고 종에게 감사하겠느냐 ¹⁰이와 같이 너희도 명령받은 것을 다 행한 후에 이르기를 우리는 무익한 종이라 우리가 하여야 할 일을 한 것뿐이라 할지니라

롬 13:8~10 ⁸피차 사랑의 빚 외에는 아무에게든지 아무 빚도 지지 말라 남을 사랑하는 자는 율법을 다 이루었느니라 ⁹간음하지 말라, 살인하지 말라, 도둑질하지 말라, 탐내지 말라 한 것과 그 외에 다른 계명이 있을지라도 네 이웃을 네 자신과 같이 사

랑하라 하신 그 말씀 가운데 다 들었느니라 [10]사랑은 이웃에게 악을 행하지 아니하나니 그러므로 사랑은 율법의 완성이니라

엡 4:21~24 [21]진리가 예수 안에 있는 것같이 너희가 참으로 그에게서 듣고 또한 그 안에서 가르침을 받았을진대 [22]너희는 유혹의 욕심을 따라 썩어져 가는 구습을 따르는 옛사람을 벗어 버리고 [23]오직 너희의 심령이 새롭게 되어 [24]하나님을 따라 의와 진리의 거룩함으로 지으심을 받은 새 사람을 입으라

95.
내가 나 된 것은 하나님의 은혜로 된 것임

신 8:11~20 [11]내가 오늘 네게 명하는 여호와의 명령과 법도와 규례를 지키지 아니하고 네 하나님 여호와를 잊어버리지 않도록 삼갈지어다 [12]네가 먹어서 배부르고 아름다운 집을 짓고 거주하게 되며 [13]또 네 소와 양이 번성하며 네 은금이 증식되며 네 소유가 다 풍부하게 될 때에 [14]네 마음이 교만하여 네 하나님 여호와를 잊어버릴까 염려하노라 여호와는 너를 애굽 땅 종 되었던 집에서 이끌어내시고 [15]너를 인도하여 그 광대하고 위험한 광야 곧 불뱀과 전갈이 있고 물이 없는 간조한 땅을 지나게 하셨으며 또 너를 위하여 단단한 반석에서 물을 내셨으며 [16]네 조상들도 알지 못하던 만나를 광야에서 네게 먹이셨나니 이는 다 너를 낮추시며 너를 시험하사 마침내 네게 복을 주려 하심이었느니라 [17]그러나 네가 마음에 이르기를 내 능력과 내 손의 힘으로 내가 이 재물을 얻었다 말할 것이라 [18]네 하나님 여호와를 기억하라 그가 네게 재물 얻을 능력을 주셨음이라 이같이 하심은 네 조상들에게 맹세하신 언약을 오늘과 같이 이루려 하심이니라 [19]네가 만일 네 하나님 여호와를 잊어버리고 다른 신들을 따라 그들을 섬기며 그들에게 절하면 내가 너희에게 증거하노니

너희가 반드시 멸망할 것이라 ²⁰여호와께서 너희 앞에서 멸망시키신 민족들같이 너희도 멸망하리니 이는 너희가 너희의 하나님 여호와의 소리를 청종하지 아니함이니라

렘 30:21~22 ²¹그 영도자는 그들 중에서 나올 것이요 그 통치자도 그들 중에서 나오리라 내가 그를 가까이 오게 하리니 그가 내게 가까이 오리라 참으로 담대한 마음으로 내게 가까이 올 자가 누구냐 여호와의 말씀이니라 ²²너희는 내 백성이 되겠고 나는 너희들의 하나님이 되리라

고전 15:9~10 ⁹나는 사도 중에 가장 작은 자라 나는 하나님의 교회를 박해하였으므로 사도라 칭함 받기를 감당하지 못할 자니라 ¹⁰그러나 내가 나 된 것은 하나님의 은혜로 된 것이니 내게 주신 그의 은혜가 헛되지 아니하여 내가 모든 사도보다 더 많이 수고하였으나 내가 한 것이 아니요 오직 나와 함께하신 하나님의 은혜로라

딤전 1:12~17 ¹²나를 능하게 하신 그리스도 예수 우리 주께 내가 감사함은 나를 충성되이 여겨 내게 직분을 맡기심이니 ¹³내가 전에는 비방자요 박해자요 폭행자였으나 도리어 긍휼을 입은 것은 내가 믿지 아니할 때에 알지 못하고 행하였음이라 ¹⁴우리 주의 은혜가 그리스도 예수 안에 있는 믿음과 사랑과 함께 넘치도록 풍성하였도다 ¹⁵미쁘다 모든 사람이 받을 만한 이 말이여 그리스도 예수께서 죄인을 구원하시려고 세상에 임하셨다 하였도다 죄인 중에 내가 괴수니라 ¹⁶그러나 내가 긍휼을 입은 까닭은 예수 그리스도께서 내게 먼저 일체 오래 참으심을 보이사

후에 주를 믿어 영생 얻는 자들에게 본이 되게 하려 하심이라 ¹⁷영원하신 왕 곧 썩지 아니하고 보이지 아니하고 홀로 하나이신 하나님께 존귀와 영광이 영원무궁하도록 있을지어다 아멘

딤후 1:9 하나님이 우리를 구원하사 거룩하신 소명으로 부르심은 우리의 행위대로 하심이 아니요 오직 자기의 뜻과 영원 전부터 그리스도 예수 안에서 우리에게 주신 은혜대로 하심이라

모세는 이스라엘 백성이 약속의 땅 가나안에 들어가서 의식주가 안정되고 모든 소유가 풍부하게 될 때 마음이 교만하여 이르기를 '내 능력과 내 손의 힘으로 내가 이 재물을 얻었다' 할까 염려하여, '네 하나님 여호와를 기억하라 그가 네게 재물 얻을 능력을 주셨음이라 이같이 하심은 네 조상들에게 맹세하신 언약을 오늘과 같이 이루려 하심이니라'라고 증거했습니다. 예레미야 선지자도 이스라엘이 포로에서 돌아올 것을 예언하면서, 그 영도자와 통치자도 하나님께서 그를 가까이 오게 하므로 그가 하나님께 가까이 오고, 그렇지 않고 담대히 하나님께 가까이 올 자가 없음과, 이스라엘이 하나님의 백성이 되고 여호와가 이스라엘의 하나님이 되리라는 말씀이, 오직 하나님의 언약과 하나님의 사랑으로 이루어짐을 증거하고 있습니다.

이제부터는 바울 서신을 통해서, 그가 기회 있을 때마다 하나님의 은혜를 증거하고, 찬양하는 말씀들을 상고해 보겠습니다. 고전 15장에서는 사울이 바울 된 것도 하나님의 은혜로 된 것이고, 그가 모든 사도보다 더 많이 수고하였으나 그 스스로가 한 것이 아니요, 오직 그와 함께하신 하나님의 은혜임을 강조하고 있습니다. 딤전 1장에서는 바울 자신이 전에는 비방자요 박해자요 폭행자였으나, 주의 은혜가 그리스도 예수 안에 있는 믿음과 사랑과 함께 넘치도록

풍성하므로, 죄인 중에 괴수임을 자처하는 자신을 구원해 주셨음을 고백하고 '영원하신 왕 곧 썩지 아니하고 보이지 아니하고 홀로 하나이신 하나님께 존귀와 영광이 영원무궁하도록 있을지어다 아멘' 하며 하나님을 소리 높여 찬송하고 있습니다.

딤후 1장에서는 '하나님이 우리를 구원하사 거룩하신 소명으로 부르심은 우리의 행위대로 하심이 아니요 오직 자기의 뜻과 영원 전부터 그리스도 예수 안에서 우리에게 주신 은혜대로 하심이라'라고 반복해서 하나님의 은혜를 증거하고 있습니다. 이제 마지막으로 롬 2장과 9장을 통해서는 오직 하나님의 은혜로 나의 나 된 사람들, 즉 마음에 할례를 받은 이면적인 유대인들, 그들의 택하심과 부르심에 대하여는 '육신의 자녀가 하나님의 자녀가 아니요 오직 약속의 자녀가 씨로 여기심을 받느니라' 하시고, 또한 '모세에게 이르시되 내가 긍휼히 여길 자를 긍휼히 여기고 불쌍히 여길 자를 불쌍히 여기리라 하셨으니 그런즉 원하는 자로 말미암음도 아니요 달음박질하는 자로 말미암음도 아니요 오직 긍휼히 여기시는 하나님으로 말미암음이니라'라는 말씀으로 증거하고 있습니다.

> **롬 2:28~29** ²⁸무릇 표면적 유대인이 유대인이 아니요 표면적 육신의 할례가 할례가 아니니라 ²⁹오직 이면적 유대인이 유대인이며 할례는 마음에 할지니 영에 있고 율법 조문에 있지 아니한 것이라 그 칭찬이 사람에게서가 아니요 다만 하나님에게서니라

> **롬 9:6~18** ⁶그러나 하나님의 말씀이 폐하여진 것 같지 않도다 이스라엘에게서 난 그들이 다 이스라엘이 아니요 ⁷또한 아브라함의 씨가 다 그의 자녀가 아니라 오직 이삭으로부터 난 자라야

네 씨라 불리리라 하셨으니 ⁸곧 육신의 자녀가 하나님의 자녀가 아니요 오직 약속의 자녀가 씨로 여기심을 받느니라 ⁹약속의 말씀은 이것이니 명년 이때에 내가 이르리니 사라에게 아들이 있으리라 하심이라 ¹⁰그뿐 아니라 또한 리브가가 우리 조상 이삭 한 사람으로 말미암아 임신하였는데 ¹¹그 자식들이 아직 나지도 아니하고 무슨 선이나 악을 행하지 아니한 때에 택하심을 따라 되는 하나님의 뜻이 행위로 말미암지 않고 오직 부르시는 이로 말미암아 서게 하려 하사 ¹²리브가에게 이르시되 큰 자가 어린 자를 섬기리라 하셨나니 ¹³기록된바 내가 야곱은 사랑하고 에서는 미워하였다 하심과 같으니라 ¹⁴그런즉 우리가 무슨 말을 하리요 하나님께 불의가 있느냐 그럴 수 없느니라 ¹⁵모세에게 이르시되 내가 긍휼히 여길 자를 긍휼히 여기고 불쌍히 여길 자를 불쌍히 여기리라 하셨으니 ¹⁶그런즉 원하는 자로 말미암음도 아니요 달음박질하는 자로 말미암음도 아니요 오직 긍휼히 여기시는 하나님으로 말미암음이니라 ¹⁷성경이 바로에게 이르시되 내가 이 일을 위하여 너를 세웠으니 곧 너로 말미암아 내 능력을 보이고 내 이름이 온 땅에 전파되게 하려 함이라 하셨으니 ¹⁸그런즉 하나님께서 하고자 하시는 자를 긍휼히 여기시고 하고자 하시는 자를 완악하게 하시느니라

맺음말

　95개의 의견서를 쓰면서 설득력 있는 지혜조차 무한히 부족함을 느낌과 동시에, 아직도 마땅히 알아야 하나 알지 못하는 것들이 무궁무진하다는 사실을 깨달을 수 있었습니다. 그렇기에 더욱더 성령의 나타나심과 하나님의 능력을 의지하고, 하나님의 도우심을 간구하는 간절함의 긴장 속에서, 이 글을 쓸 수 있었습니다.

　이러한 몸부림이 비록 미미한 외침일지라도, 하나님의 나라와 그의 의를 구하며, 날마다 죽으며 날마다 부활의 삶을 체험하며 살아가는 하나님의 자녀들 한 사람 한 사람에게, 자신의 삶이 그리스도의 장성한 분량이 충만한 데까지 이르기를 소원하는 모든 사람들에게, 자신의 신앙의 삶을 개혁하는 희망의 작은 불씨가 되어, 이 말세지말(末世之末)의 시대를 살고 있는 우리에게 제2의 종교개혁의 작은 불씨가 되기를 소망해 봅니다.

　이제 이 글을 마무리하면서 계속되는 아쉬움은, 아직도 산모(엄마)의 초유와 같은 젖을 먹어야 하는 사랑하는 가족들에게, 조금 더 부드럽고 설득력 있는 지혜의 말과 의견을 허락하지 않으심을 고백하지 않을 수 없는 것입니다.

　불필요한 의견을 최소화하기 위해 노력했지만, 이 역시도 여러 면에서 매우 부족함을 느끼면서, 이 모든 부족함 가운데서도 깊은 것까지도 통달하시는 성령으로 감동을 주시고, 성령께서 가르쳐주시는 것으로 영적인 일을 분별할 수 있는 하나님의 은혜를, 하나님의 말씀(성경)을 사모하며 이 글을 대하는 모든 분들에게 허락해 주시기를 두 손 모아 간절히 예수님의 이름으로 기도드립니다. 아멘.

고전 2:1~16 [1]형제들아 내가 너희에게 나아가 하나님의 증거를 전할 때에 말과 지혜의 아름다운 것으로 아니하였나니 [2]내가 너희 중에서 예수 그리스도와 그가 십자가에 못 박히신 것 외에는 아무것도 알지 아니하기로 작정하였음이라 [3]내가 너희 가운데 거할 때에 약하고 두려워하고 심히 떨었노라 [4]내 말과 내 전도함이 설득력 있는 지혜의 말로 하지 아니하고 다만 성령의 나타나심과 능력으로 하여 [5]너희 믿음이 사람의 지혜에 있지 아니하고 다만 하나님의 능력에 있게 하려 하였노라 [6]그러나 우리가 온전한 자들 중에서는 지혜를 말하노니 이는 이 세상의 지혜가 아니요 또 이 세상에서 없어질 통치자들의 지혜도 아니요 [7]오직 은밀한 가운데 있는 하나님의 지혜를 말하는 것으로서 곧 감추어졌던 것인데 하나님이 우리의 영광을 위하여 만세 전에 미리 정하신 것이라 [8]이 지혜는 이 세대의 통치자들이 한 사람도 알지 못하였나니 만일 알았더라면 영광의 주를 십자가에 못 박지 아니하였으리라 [9]기록된 바 하나님이 자기를 사랑하는 자들을 위하여 예비하신 모든 것은 눈으로 보지 못하고 귀로 듣지 못하고 사람의 마음으로 생각하지도 못하였다 함과 같으니라 [10]오직 하나님이 성령으로 이것을 우리에게 보이셨으니 성령은 모든 것 곧 하나님의 깊은 것까지도 통달하시느니라 [11]사람의 일을 사람의 속에 있는 영 외에 누가 알리요 이와 같이 하나님의 일도 하나님의 영 외에는 아무도 알지 못하느니라 [12]우리가 세상의 영을 받지 아니하고 오직 하나님으로부터 온 영을 받았으니 이는 우리로 하여금 하나님께서 우리에게 은혜로 주신 것들을 알게 하려 하심이라 [13]우리가 이것을 말하거니와 사람의 지혜가 가르친 말로 아니하고 오직 성령께서 가르치신 것으로 하니 영적인 일은 영적인 것으로 분별하느니라 [14]육에 속한 사람은 하나님의 성령의 일들을 받지 아니하나니 이는 그것들이 그에게는 어리석게 보임이요, 또 그는 그것들을 알 수도 없나니 그러한 일은 영적으로 분별되기 때문이라 [15]신령한 자는 모든 것을 판단하나 자기는 아무에게도 판단을 받지 아니하느니라 [16]누가 주의 마음을 알아서 주를 가르치겠느냐 그러나 우리가 그리스도의 마음을 가졌느니라

고전 8:1~3 [1]우상의 제물에 대하여는 우리가 다 지식이 있는 줄을 아나 지식은 교만하게 하며 사랑은 덕을 세우나니 [2]만일 누구든지 무엇을 아는 줄로 생각하면 아직도 마땅히 알 것을 알지 못하는 것이요 [3]또 누구든지 하나님을 사랑하면 그 사람은 하나님도 알아 주시느니라

성구 색인_구약

창세기

창 1:1–8	267
창 1:26–28	290
창 1:20–31	166/167
창 2:7	290
창 2:15–17	20
창 2:18–25	343
창 3:1–6	20/390
창 6:5–7	158
창 9:18–27	172
창 11:10, 26–12:3	172/173
창 14:17–20	202
창 17:1	57
창 22:15–18	173
창 31:38–40	330
창 32:24–30	174

출애굽기

출 3:13–15	285
출 6:1–9	206/207
출 16:11–18	369
출 17:1–7	227/228
출 20:3, 17	193
출 20:6	307
출 20:7	285
출 20:21	262
출 33:11상	229
출 34:14	193

레위기

레 11:45	57
레 17:11	25
레 19:2	57
레 20:26	57
레 22:31–33	207

민수기

민 12:1–8	52
민 12:3	227
민 14:1–10	225
민 14:26–38	226
민 16:1–35	198
민 20:1–13	228/229
민 27:12–14	230
민 32:11–13	58

신명기

신 3:25–27	52/53
신 5:10	307
신 5:22	262
신 6:4–5	148
신 8:3	97/313
신 8:11–20	410/411
신 10:16	179

신 16:21-22	382	열왕기상		시 23:1-4	332
신 18:13	57	왕상 8:56	268	시 32:1-2	168
신 18:15-22	322	왕상 15:5	53	시 32:1-7	129
신 21:22-23	27	왕상 22:19-28	323	시 33:6-9	268
신 24:16	196			시 33:12	168
신 32:48-52	230	역대상		시 34:19	299
		대상 21:1-17	198	시 49:16-20	401
여호수아		대상 28:1-6	53/54	시 73:1-12	136
수 2:11하	128	대상 29:10-14	47/48	시 73:9	243
수 9:3-17	198	대상 29:11	47	시 82:6-7	164
수 21:43-45	267/268			시 90:10	298
		역대하		시 97:2	263
사사기		대하 25:1-4	196	시 106:15	49
삿 17:6	24	대하 25:2	58	시 106:32-33	230/231
삿 21:25	24			시 133:1-3	168/250
		욥기		시 139:11-12	263
사무엘상		욥 36:26	355		
삼상 30:18-25	370			잠언	
		시편		잠 3:13-14	168
사무엘하		시 2:11-12	147	잠 3:32-33	383
삼하 21:1-9	198	시 5:4-6	383	잠 6:16-19	383
삼하 22:10-13	263	시 14:1-3	290	잠 11:20	383
삼하 24:1-17	198	시 17:14	137	잠 12:22	383
		시 18:9-11	263	잠 15:8-9, 26	383

잠 16:4	75	사 49:8	128	겔 12:21–28	269
잠 16:5	384	사 55:6–7	128	겔 16:43	235
잠 17:15	384	사 55:8–9	144/355	겔 17:24	269
잠 20:10, 23	384	사 55:10–11	66/268	겔 18:1–4	197
잠 27:21	401	사 59:20	180	겔 18:19–20	197
		사 64:8	292	겔 18:21–23	75
				겔 18:30–32	184

전도서

전 1:8	392
전 3:11하	355

예레미야

렘 4:4	180
렘 5:1	183
렘 5:30–31	323
렘 16:14–15	203
렘 17:5	147
렘 17:9–11	390
렘 18:1–6	292/293
렘 23:5–8	203
렘 24:4–7	204
렘 30:21–22	411
렘 31:29–30	196
렘 32:36–42	204

겔 20:9	285/286
겔 20:14	285/286
겔 20:22	285/286
겔 20:39	285/286
겔 20:44	285/286
겔 22:14	269
겔 33:10–11	184
겔 33:30–31	243
겔 36:20–32	286/287
겔 36:33–36	270

아가

아 5:2	358

이사야

사 1:27–28	179
사 2:22	291
사 25:6–8	126
사 40:10–11	328/331
사 42:8	288
사 43:14–21	175
사 43:25	288
사 45:9–12	292
사 48:1	288
사 48:9–11	288

다니엘

단 12:2	118

에스겔

겔 7:1–9	234
겔 11:17–21	235

아모스

암 8:11–13	313

하박국

합 2:4	206
합 2:4하	303

스가랴

슥 13:8-9	75

말라기

말 1:6	288
말 1:6-14	45/46
말 2:16	384
말 3:7-10	46
말 3:16-18	289

성구 색인_신약

마태복음					
마 1:1	175	마 6:9–10	100/289	마 10:22	83
마 1:18–25	175/176	마 6:9–15	152	마 10:37	43/193
마 1:21	258	마 6:24	193	마 10:38	18
마 3:1–12	15	마 6:27	293	마 10:38–39	27/28
마 3:16–17	131	마 7:1–5	150	마 10:40–42	240
마 4:1–4	313	마 7:7–8	49	마 11:2–6	114/210/211
마 4:4	97	마 7:13–14	93	마 11:15–17	114
마 4:17	19	마 7:15–23	91	마 12:31–32	133
마 4:23–25	210/402	마 7:19–21	338/339	마 12:34–35	231
마 5:11–12	240	마 7:21	64	마 12:36–37	231
마 5:17–20	219	마 7:21–23	110/272/360	마 12:46–50	334
마 5:21–22	231	마 7:22–23	64	마 13:1–23	273
마 5:27~28	231	마 8:15–20	108	마 13:44–46	71
마 5:33–37	293	마 8:21–22	113	마 15:24	176
마 5:43–48	161	마 9:1–8	367	마 16:13–20	107
마 5:48	57	마 9:9–13	310	마 16:21–23	145
마 6:1–4	237	마 10:1	61	마 16:21–24	382
		마 10:5–6	176	마 16:24	18

마 16:24-26	39	마 26:34	43	||||||누가복음||||||	
마 16:27	236	마 26:36-41	29/30	눅 2:34-35	264
마 17:5	131	마 26:36-46	247/248	눅 3:7-14	405
마 18:15-20	108	마 26:39	56	눅 4:14-15	401
마 18:21-22	152	마 28:18-20	275/320/385	눅 4:16-21	282
마 18:21-35	157/158			눅 5:17	61
마 19:27-28	366	||||||마가복음||||||		눅 5:31-32	19
마 20:1-16	372/373	막 1:14-15	16	눅 6:25-26	401/402
마 21:18-19	382	막 3:20-30	133/134	눅 6:34-35	240/241
마 21:18-22	62	막 4:1-20	87/88	눅 6:37	150
마 21:28-32	245	막 4:26-29	66	눅 6:46-49	242
마 22:34-40	307/408	막 4:39-41	62	눅 7:36-50	305/306
마 22:35-40	193/194	막 9:23	60	눅 7:47-50	79
마 23:1-12	328/329	막 10:29-30	73	눅 8:16-18	272
마 23:1-15	388/389	막 11:25	152	눅 8:49-56	116
마 23:23	48	막 12:28-34	71/72	눅 9:23	254
마 23:25-28	232	막 13:13	380	눅 11:1-4	153
마 24:9	380	막 14:32-42	100/101	눅 11:42	48
마 24:32-35	270	막 14:36	56	눅 12:13-15	194/392/393
마 24:32-44	352	막 14:50	68	눅 12:15	391
마 25:14-30	274	막 15:29-32	402	눅 12:16-21	139
마 25:31-46	238/239	막 16:15-18	385	눅 13:1-9	180
마 26:26-30	358	막 16:17-18	60	눅 13:22-24	93
마 26:31	211			눅 13:22-27	360/361

눅 13:22–30	91/92/252	‖‖‖‖‖요한복음‖‖‖‖‖		요 5:28–29	236
눅 13:24	76	요 1:1–3	97	요 5:30	99
눅 14:25–35	276	요 1:9–13	77/164	요 5:39	315
눅 14:26	43	요 1:12–13	334/365/374	요 5:39–40	73
눅 15:1–10	182	요 1:13	338	요 6:14–15	279
눅 15:11–24	405/406	요 1:14	97	요 6:26–29	99
눅 16:13	44/141	요 1:29	153/311	요 6:27	96
눅 16:14–15	382	요 12:1–11	395	요 6:27–29	349
눅 17:5–6	63	요 2:13–17	382	요 6:37–40	100
눅 17:7–10	408	요 3:1–8	376	요 6:37–45	77
눅 18:8하	94	요 3:16	21/307	요 6:40	273
눅 18:9–14	254/255	요 3:17	220	요 6:47–59	96/97
눅 18:24–27	141	요 3:17–18	258	요 6:63	97/320
눅 19:1–10	79/80	요 4:13–14	143	요 7:7	381
눅 19:9–10	264	요 4:22	176	요 7:1–10	396
눅 20:27–40	116/117	요 4:24	378	요 8:23	374
눅 21:17–19	380	요 4:31–34	99	요 8:28–30	132
눅 22:31–34	184	요 4:39–42	315	요 8:29	50/280/362
눅 22:42	56	요 5:19–21	132/161	요 8:38	132
눅 23:41상	32	요 5:19–29	118/119	요 8:31–32	280
눅 22:44	248	요 5:21–30	264/265	요 8:31–36	282/283
눅 23:39–43	253	요 5:22–23	363	요 9:1–3	296
눅 24:44–49	385/386	요 5:24	249	요 9:39–41	258
		요 5:27	363	요 10:7–9	94/95

요 10:11–15	330/331	요 15:5	280	요 19:25–27	334
요 10:14–18	211	요 15:7	51	요 19:28–30	36
요 10:17–18	123/248	요 15:8–10	280	요 19:30	68
요 10:34	36/165	요 15:12–14	221/250	요 20:16–18	335
요 11:11–14	115	요 15:14–15	132	요 20:22–23	365
요 11:21–27	115	요 15:18–19	381	요 20:24–29	318
요 11:25–26	123	요 15:22–27	188/189	요 21:15–17	42/194/329
요 11:41–42상	50	요 16:7–11	130	요 21:19–22	185
요 12:20–33	396/397	요 16:9	21		
요 12:23–25	346	요 16:32	362	||||||사도행전||||||	
요 12:24–25	123	요 16:33하	340	행 1:6–7	353
요 12:24–26	274	요 17:1–5	397	행 1:8	386
요 12:47–48	258/259	요 17:3	342	행 2:23–32	350
요 12:48	270	요 17:3,14	189	행 2:30–32	348
요 13:1–10	21	요 17:6	289	행 2:36–47	335/336
요 13:12–15	161/162	요 17:7	61	행 2:43–47	80
요 13:14–15	275	요 17:14	380	행 3:11–26	325
요 13:34–35	250/275/ 280/386	요 17:16–26	399	행 3:16	60
		요 17:17	58	행 4:32–37	44/336
요 14:1–3	311/340/356	요 17:20–22	321	행 8:1–3	344
요 14:6	95	요 17:21	362	행 9:1–5	37
요 14:15	307	요 17:22	365	행 10:38	61
요 14:21–24	307/308	요 17:26	289	행 13:21–23	53
요 14:27	142	요 18:36–38	279	행 13:22하	250

색인 425

행 13:47-48	77/78	롬 3:19-28	222/223	롬 8:23-25	302
행 16:27-34	80	롬 3:19-31	154/155	롬 8:24-25	68
행 17:11	73/316	롬 3:23	19/28/199	롬 8:29-30	165
행 17:22-31	189/190	롬 3:23-28	22/23	롬 8:32	365
행 17:25	306	롬 3:28-31	219	롬 9:1-8	176/177
행 17:26-27	336	롬 3:31	221	롬 9:6-18	74/75/413/414
행 17:30-31	19	롬 4:17	248	롬 9:15-16	255
행 19:8-12	68/69	롬 5:1-4	142	롬 10:4,10	206
행 20:28	344	롬 5:8	221/307	롬 10:1-13	207/208
행 20:28하	107	롬 5:12	20	롬 10:9-10	81/85/86/109
행 24:14-15	119	롬 5:13	23	롬 10:10	82
		롬 5:12-21	200/201	롬 10:17	320
‖‖‖‖‖‖‖로마서‖‖‖‖‖‖‖		롬 5:20-21	255	롬 11:1-5	177
롬 1:2-4	206	롬 6:5-9	18	롬 11:25-27	356
롬 1:17	311	롬 6:17-18	283	롬 11:25-33	178
롬 1:17하	303	롬 6:22	59	롬 12:3	337
롬 1:18-25	293/294	롬 7:4-13	223/224	롬 12:17-18	160
롬 1:18-2:8	186/187	롬 7:7-8	23	롬 12:19	150
롬 2:1-2	150	롬 8:1-2	149/283	롬 13:8-10	221/308/408
롬 2:6-8	236/350	롬 8:3-4	27/28	롬 13:11	83
롬 2:12-16	22/190	롬 8:5-8	145/146	롬 13:11-14	113
롬 2:28-29	413	롬 8:12-17	34	롬 14:7-8	24/47/363
롬 3:1-2	176	롬 8:14-17	165	롬 14:7-9	110/257
롬 3:10	19	롬 8:18-22	283/284	롬 14:10-13	150/151

롬 14:23하	21/23/24	고전 12:12	111	고후 4:10–11	34
롬 14:13–23	155/156	고전 12:26–27	112	고후 5:9–10	265
롬 15:4	229/230	고전 12:31–13:13	66/67	고후 5:14–15	256
		고전 13:1–3	388	고후 5:17	33
|||||| 고린도전서 ||||||		고전 13:8–10	65	고후 5:21	30
고전 1:18–25	17	고전 13:13	302	고후 6:2	128
고전 1:30	375	고전 15:1–2	84	고후 7:1	59
고전 1:30–31	206	고전 15:1–8	121	고후 8:9–15	370/371
고전 2:1–5	316	고전 15:9–10	240/411	고후 9:6–7	48
고전 2:10–16	325/326	고전 15:10	54/61	고후 10:3–6	316
고전 3:21–23	366	고전 15:12–22	121/122	고후 10:17–18	403
고전 4:1–5	404	고전 15:21–22	200	고후 11:2–3	391
고전 4:3–5	151/364	고전 15:22–28	124	고후 12:7–10	54
고전 4:4	54	고전 15:31	31/111	고후 13:5	109/359
고전 4:5하	403	고전 15:35–44	122/123		
고전 4:14–16	332	고전 15:35–58	346/347	|||||| 갈라디아서 ||||||	
고전 6:1–3	366	고전 15:45–50	344	갈 1:15	82
고전 8:9–13	38	고전 15:50–54	119/120	갈 2:20	111/363
고전 9:16–18	239	고전 15:55–56	124	갈 3:13	27
고전 9:25	350	고전 16:21–22	147/159	갈 3:26–29	181
고전 9:26–27	83			갈 4:19–20	332
고전 10:31	47/257	|||||| 고린도후서 ||||||		갈 5:5–6	302
고전 11:1	31/70/162/332	고후 1:5–6	299	갈 5:6하	306
고전 12:3	64/109	고후 4:8–16	31/32	갈 5:16–17	146/361

색인 427

갈 5:16–26	326	엡 3:4	103	빌 3:17	162
갈 5:24	111	엡 3:12	359	빌 4:9	35/162
갈 6:7–8	351	엡 4:1–16	217	빌 4:13	61
갈 6:17	363	엡 4:11–12	331		
		엡 4:13–16	341	**골로새서**	
에베소서		엡 4:21–24	409	골 1:13–23	106
엡 1:3–6	81/167	엡 4:29	232	골 1:18	112
엡 1:3–14	170/171	엡 4:31–32	153	골 1:24–29	36
엡 1:4–5	82	엡 5:3–7	191	골 1:28–29	58
엡 1:11–12	56	엡 5:8–9	381	골 2:1–3	106
엡 1:17–23	215/216	엡 5:14	113	골 2:2	103
엡 1:20–23	103	엡 5:22–33	105/106/218	골 2:11–15	125
엡 1:22–23	37/112	엡 5:25–27	59	골 3:1–4	144
엡 2:1	393	엡 5:31–32	339	골 3:1–10	393
엡 2:1–5	158/159	엡 6:10–17	341	골 3:5–6	191
엡 2:1–7	245/246	엡 6:18	63	골 3:9–10	392
엡 2:1–10	40/41/381	엡 6:23	303	골 3:13–14	156
엡 2:2–3	76	엡 6:24	148		
엡 2:8	24/256			**데살로니가전서**	
엡 2:8–9	23/302	**빌립보서**		살전 1:2–4	303/304
엡 2:11–22	103/104/216/356/357	빌 1:29	34	살전 1:4–5	359
		빌 2:5–11	101/102	살전 2:7–8	332/333
엡 2:14–18	220	빌 2:12	83	살전 4:3–8	59
엡 3:1–11	104/105	빌 3:10–14	35/83	살전 4:13–18	120

살전 5:16–18	63	**데모데후서**		히 2:11–18	373
		딤후 1:8	299	히 2:14–16	125
데살로니가후서		딤후 1:9	78/412	히 2:14–18	284
살후 1:3–5	299	딤후 1:10	125	히 3:14	359
살후 2:1–4	353	딤후 1:15	69	히 3:15–4:2	208
살후 2:1–12	327	딤후 2:3–4	300	히 4:12–13	98/262/317
살후 3:2	76	딤후 3:1–5	39	히 4:15	30
		딤후 3:5	243	히 5:7–10	61/102/247
디모데전서		딤후 3:15–17	316	히 5:8–10	300
딤전 1:9–11	222	딤후 4:1–5	386	히 6:1–3	58
딤전 1:12–17	411/412	딤후 4:3–4	325	히 6:4–6	134
딤전 1:15	32/311	딤후 4:5–16	69/70	히 6:7–8	67
딤전 1:17	351/378	딤후 4:20	70	히 6:9	84
딤전 2:4	76/265			히 7:1–10	201/202
딤전 3:15하	107	**디도서**		히 7:16–19	220
딤전 4:3–4	325	딛 1:16	242	히 9:11–12	25
딤전 4:9–10	181	딛 3:3–7	78/256	히 9:11–14	345
딤전 5:22	185			히 9:22	25
딤전 6:3–8	393/394	**히브리서**		히 9:27–28	84/265/310
딤전 6:7–10	140	히 1:1–2	82	히 10:11–18	25/26
딤전 6:15	24	히 2:5–9	126	히 10:19–22	58/59
딤전 6:15–16	169	히 2:5–10	378/379	히 10:26–31	134/135
		히 2:9–10	300	히 10:32–36	241
		히 2:11	374	히 10:38상	303

히 10:38-39	209	약 2:12	232	벧전 4:7-8	308
히 11:1	68	약 3:1-12	232/233	벧전 4:11	233
히 11:1-3	318	약 4:1-3	63	벧전 4:12-14	38
히 11:3	270	약 4:11-12	151	벧전 4:12-19	297/298
히 11:6	241/319/320	약 4:12	265	벧전 4:15-16	185
히 11:8-16	212/374/375	약 4:13-17	72/291	벧전 4:17-18	95
히 11:24-26	241/300	약 4:17	21	벧전 5:1-4	329
히 11:24-27	319	약 5:1-5	140/141	벧전 5:8-11	298
히 11:32-40	213	약 5:10-11	300		
히 12:2	24			||||||베드로후서||||||	
히 12:4	35	||||||베드로전서||||||		벧후 1:3-11	163
히 12:4-13	32	벧전 1:3-4	348	벧후 2:1-3	194/195
히 12:14	160	벧전 1:7	404	벧후 2:12-14	195
히 12:22-24	214	벧전 1:7-9	319	벧후 3:3-13	294/295
히 13:5	140	벧전 1:8-9	209	벧후 3:8-13	353/354
히 13:8	379	벧전 1:15-16	59	벧후 3:7-9	400
히 13:12-13	35	벧전 1:23	98/348	벧후 3:9	76
히 13:14-15	171	벧전 1:23-25	169/270/321		
		벧전 2:1-2	84	||||||요한일서||||||	
||||||야고보서||||||		벧전 2:1-3	146	요일 1:1-4	251
약 1:17	263/368	벧전 2:18-25	296/297	요일 1:5	263
약 1:18	98/169/338	벧전 2:22-25	30	요일 1:8-9	129
약 1:19	232	벧전 3:3-4	351	요일 1:8-10	21
약 1:22-25	243/244	벧전 3:14-17	297	요일 1:10	130

요일 2:1–2	153	요일 4:8,16	306	계 2:8–11	301
요일 2:1–6	311/312	요일 4:19–21	159	계 3:14–19	138
요일 2:2	21	요일 5:9–12	130/131	계 19:4–5	171
요일 2:15–17	391	요일 5:14	56	계 20:4상	367
요일 3:4–5	30	요일 5:14–15	49	계 20:7–15	126/127
요일 3:4–11	312	요일 5:16–17	134	계 20:11–15	265/266
요일 3:9	311			계 21:1–2	214/341
요일 3:13–16	249	||||||유다서||||||||		계 21:2	356
요일 3:14	303	유 1:5하	49	계 21:1–4	218
요일 3:16	275	유 1:9–10	151	계 22:6–7	354
요일 3:17–20	251			계 22:10–12	236/354
요일 3:21–22	50	||||||요한계시록||||||		계 22:12	241
요일 3:21–24	51	계 1:1	354	계 22:20–21	354
요일 4:7–21	308/309	계 2:4–5	148		

제2의 종교개혁의 작은 불씨
95개의 의견서

1판 1쇄 인쇄 _ 2024년 11월 11일
1판 1쇄 발행 _ 2024년 11월 21일

지은이 _ 남명식
펴낸이 _ 이형규
펴낸곳 _ 쿰란출판사

주소 _ 서울특별시 종로구 이화장길 6
편집부 _ 745-1007, 745-1301~2, 743-1300
영업부 _ 747-1004, FAX 745-8490
본사평생전화번호 _ 0502-756-1004
홈페이지 _ http://www.qumran.co.kr
E-mail _ qrbooks@daum.net / qrbooks@gmail.com
한글인터넷주소 _ 쿰란, 쿰란출판사
페이스북 _ www.facebook.com/qumranpeople
인스타그램 _ www.instagram.com/qrbooks
등록 _ 제1-670호(1988.2.27)
책임교열 _ 최찬미·강찬휘

ⓒ 남명식 2024 ISBN 979-11-6143-970-9 93230

책값은 뒤표지에 있습니다.
이 출판물은 저작권법에 의해 보호를 받는 저작물이므로 무단 복제할 수 없습니다.
파본(破本)은 구입처에서 교환해 드립니다.